Três décadas de História da Ciência:

Percursos e Diálogos Plurais

Conselho Editorial da Editora Livraria da Física

Amílcar Pinto Martins - Universidade Aberta de Portugal

Arthur Belford Powell - Rutgers University, Newark, USA

Carlos Aldemir Farias da Silva - Universidade Federal do Pará

Emmánuel Lizcano Fernandes - UNED, Madri

Iran Abreu Mendes - Universidade Federal do Pará

José D'Assunção Barros - Universidade Federal Rural do Rio de Janeiro

Luis Radford - Universidade Laurentienne, Canadá

Manoel de Campos Almeida - Pontifícia Universidade Católica do Paraná

Maria Aparecida Viggiani Bicudo - Universidade Estadual Paulista - UNESP/Rio Claro

Maria da Conceição Xavier de Almeida - Universidade Federal do Rio Grande do Norte

Maria do Socorro de Sousa - Universidade Federal do Ceará

Maria Luisa Oliveras - Universidade de Granada, Espanha

Maria Marly de Oliveira - Universidade Federal Rural de Pernambuco

Raquel Gonçalves-Maia - Universidade de Lisboa

Teresa Vergani - Universidade Aberta de Portugal

Cibelle Celestino Silva
Maria Elice de Brzezinski Prestes
Thaís Cyrino de Mello Forato

(Organizadoras)

Três décadas de História da Ciência:

Percursos e Diálogos Plurais

2024

Copyright © 2024 as organizadoras
1ª Edição

Direção editorial: Victor Pereira Marinho e José Roberto Marinho

Capa: Fabrício Ribeiro
Projeto gráfico e diagramação: Fabrício Ribeiro

Edição revisada segundo o Novo Acordo Ortográfico da Língua Portuguesa

Dados Internacionais de Catalogação na publicação (CIP)
(Câmara Brasileira do Livro, SP, Brasil)

Três décadas de história da ciência: percursos e diálogos plurais / organizadoras Cibelle Celestino Silva, Maria Elice de Brzezinski Prestes, Thaís Cyrino de Mello Forato. – São Paulo: LF Editorial, 2024.

Vários autores.
Bibliografia.
ISBN 978-65-5563- 424-2

1. Ciência - História 2. Ciência - Historiografia 3. Pesquisas I. Silva, Cibelle Celestino. II. Prestes, Maria Elice de Brzezinski. III. Forato, Thaís Cyrino de Mello.

24-193745   CDD- 509

Índices para catálogo sistemático:
1. Ciência: História 509

Tábata Alves da Silva - Bibliotecária - CRB-8/9253

Todos os direitos reservados. Nenhuma parte desta obra poderá ser reproduzida sejam quais forem os meios empregados sem a permissão da Editora.
Aos infratores aplicam-se as sanções previstas nos artigos 102, 104, 106 e 107 da Lei Nº 9.610, de 19 de fevereiro de 1998

LF Editorial
www.livrariadafisica.com.br
www.lfeditorial.com.br
(11) 3815-8688 | Loja do Instituto de Física da USP
(11) 3936-3413 | Editora

Para as(os) historiadoras(es) da ciência que virão

Sumário

Apresentação: E por falar em historiografia...   ix
Maria Elice de Brzezinski Prestes, Thaís Cyrino de Mello Forato e Cibelle Celestino Silva

01   **Introdução: A criação do Grupo de História e Teoria da Ciência (GHTC) na Universidade Estadual de Campinas**   01
Roberto de Andrade Martins

02   **Inteligência humana e tecnologia**   09
Alberto Cupani

03   **A evolução biológica e a visão de mundo de Theodosius Dobzhansky**   36
Aldo Mellender de Araújo

04   **Historias de las ciências: aportes de la Astronomía Cultural**   57
Alejandro Martín López

05   **Traduzindo os "fits" de Isaac Newton: um conceito, várias versões**   83
Breno Arsioli Moura

06   **Os satélites de Júpiter como relógios celestes: o debate sobre a finitude da velocidade da luz no século XVII**   112
Cibelle Celestino Silva e Rafael Laporte

07	**A respeito de revoluções: Einstein, teorias da relatividade e a História da Ciência**	137
	Gildo Magalhães	
08	**La importancia del estudio de la historia, la teoría y la enseñanza de las ciencias: el caso de la unificación de la teoría evolutiva en Biología**	157
	Susana Gisela Lamas	
09	**Objetos virtuais de aprendizagem relacionados à pressão atmosférica: exemplares analisados sob um viés epistemológico e histórico**	170
	Juliana Hidalgo, Milton Schivani e Mykaell Silva	
10	**A busca por justiça em casos de envenenamento por Rádio: depoimentos em tribunal na década de 1920**	201
	Karel Pontes Leal e Thaís Cyrino de Mello Forato	
11	**De volta às pessoas e suas materialidades: significados renovados às biografias científicas**	224
	Maria Elice de Brzezinski Prestes e Marcelo Monetti Pavani	
12	**Determinismo y temporalidade**	254
	Olimpia Lombardi	
13	**Notas sobre o desenvolvimento da história das ciências como campo de pesquisa**	299
	Olival Freire	

14 Os primeiros experimentos de James Prescott Joule sobre o calor gerado pela eletricidade em condutores metálicos: uma leitura orientada   303

Roberto de Andrade Martins

15 Fontes históricas e etno-históricas da Astronomia Cultural no Brasil   324

Walmir Cardoso

Apresentação:
E por falar em historiografia...

Parte dos trabalhos publicados neste livro emergiram por ocasião do "Ciclo de Seminários Celebrativos dos 30 anos do GHTC" realizado de 04 a 29 de outubro de 2021. As palestras foram na modalidade online, com transmissão síncrona no YouTube. À época do Ciclo, foi ainda produzido um vídeo curto em que os membros do GHTC dão depoimentos sobre a história do Grupo. O programa completo do Ciclo, as gravações dos seminários e o vídeo permanecem disponíveis no site do GHTC e no Canal GHTC no YouTube[1]. Naquele aniversário do GHTC, o Grupo de História, Teoria e Ensino de Ciências criado pelo Professor Roberto de Andrade Martins, pesquisadores(as) de universidades do Brasil, Argentina, Alemanha, Suíça e Estados Unidos, que tiveram estreita relação com o grupo – desde codocência em disciplinas de história da ciência, publicações de livros e artigos, editoria de periódicos, comitês de associações científicas e organização de eventos – foram convidados(as) a apresentar seus temas atuais de pesquisa.

Além daqueles(as) convidados(as), alguns membros do GHTC também ofereceram contribuições para somarem-se a este volume. Com o objetivo prioritário de dar visibilidade à variedade temática de colaboradores, optou-se por apresentar os capítulos na ordem alfabética dos nomes de autoria. Para a Introdução do volume, convidamos o professor Roberto Martins para que historiasse o seu percurso acadêmico, contextualizando as celebrações e a presente publicação.

Desse modo, Roberto Martins oferece seu depoimento pessoal em "A criação do Grupo de História e Teoria da Ciência (GHTC) na Universidade Estadual de Campinas" (capítulo 1). São indicadas as três linhas de pesquisa e de orientação na pós-

---

[1] Disponível em <www.ghtc.usp.br> e em <https://www.youtube.com/channel/UC-nuakDxxoPcAAt7DjVt_QA>.

graduação do Instituto de Física da Unicamp, em torno dos fundamentos da física, da história conceitual da ciência internacional e da ciência e técnica em Portugal e Brasil, do Renascimento até 1900. Para contextualizar a criação do grupo de pesquisa, Martins traça, de sua perspectiva pessoal, os marcos da institucionalização da pesquisa em história da ciência no Brasil, a partir dos anos 1970. É desse panorama que emerge a trajetória pessoal que o pesquisador passa a apresentar.

O percurso profissional de Roberto Martins espelha em grande medida o movimento da historiografia da ciência mundial, de que tratamos aqui brevemente e ao qual buscamos relacionar as contribuições deste volume. Para dar início a esses posicionamentos, trazemos as palavras de Carlo Ginzburg:

> O ataque cético à cientificidade das narrações históricas insistiu em seu caráter subjetivo, que as assimilaria às narrações ficcionais. As narrações históricas não falariam da realidade, mas sim de quem as construiu. Inútil objetar que um elemento construtivo está presente em certa medida até nas chamadas ciências "duras": mesmo estas foram objeto de uma crítica análoga àquela [...]. Ler os testemunhos históricos a contrapelo, como Walter Benjamin sugeria, contra as indicações de quem os produziu – embora, naturalmente, deva se levar em conta essas intenções – significa supor que todo texto inclui elementos incontrolados. [...] Os historiadores (e, de outra maneira, também os poetas) têm como ofício alguma coisa que é parte da vida de todos: destrinchar o entrelaçamento de verdadeiro, falso e fictício que é a trama do nosso estar no mundo. (Ginzburg, 2007, pp. 9-14)

O ofício de contadores(as) de histórias sobre os estudos da natureza e a relação humanidade-natureza é guardador de saberes desde as primeiras civilizações. Além dos mais diversos registros arqueológicos, e também por meio de mitos e de tradições orais, saberes primevos foram e têm sido transmitidos ao longo de gerações, e os relatos sobre eles têm sido plurais (D´Ambrósio, 2018; Martins, 2010). Essa diversidade temporal, geográfica e pessoal da coleta, seleção e indagação "aos fios e aos rastros", nos dizeres de Carlo Ginzburg, – sobre as práticas e crenças que se busca extrair de uma variedade de manuscritos e outros objetos históricos – é parte do que este livro busca tratar.

Desde pelo menos os anos 1960, os ideais de "objetividade" da ciência foram problematizados pelos e pelas historiadoras da ciência, assim como pelas feministas que rejeitaram a noção de "objeto" de conhecimento como "uma coisa passiva e inerte" (Haraway, [1991], 2023, p. 344). A história da ciência também abandonava o empiricismo baconiano e a própria noção de "fatos científicos" (Fleck, [1935], 1979) retratados na historiografia da ciência das décadas anteriores. Nesse momento também, a história da ciência rompia com a busca das velhas sínteses narrativas abrangentes e se abria às outras disciplinas (Levin, 1999, p. 322-323) – notadamente as meta-científicas, seja a filosofia da ciência, a sociologia da ciência ou a psicologia da ciência.

Detalhamento desse panorama aparece em "Notas sobre o desenvolvimento da história das ciências como campo de pesquisa" (capítulo 13), de Olival Freire. Ele reflete sobre a formação do campo de pesquisa em história das ciências e sobre os desafios atuais para o seu desenvolvimento, discutindo os principais fatores intelectuais e epistemológicos que contribuíram para a formação do campo, bem como fatores contextuais e profissionais que contribuíram para o seu fortalecimento.

Justamente, em "Determinismo y temporalidad" (capítulo 12), Olimpia Lombardi traz a história da passagem do determinismo ontológico, como uma propriedade do real, que atravessou a modernidade até início do século XX, para duas noções distintas de determinismo, ambas legítimas e relacionadas com o tempo.

Herdeiros e artesãos de uma nova historiografia da ciência, os participantes deste volume trazem seus relatos/narrativas peculiares, procurando lidar com as bases do seu ofício:

> Temos no passado uma situação complexa, que se transforma gradualmente em outra situação complexa que é o presente. [...] Temos, porém, um grande problema: em cada instante, há um número praticamente infinito de circunstâncias que poderiam ser estudadas. [...] A partir do caos histórico, o historiador cria uma

> ordem compreensível, através de um processo de seleção daquilo que é descrito e pelas conexões que ele próprio inventa. Mesmo se sua seleção não levar a uma história linear, houve uma omissão de inúmeros aspectos, e uma grande simplificação da complexidade histórica. (Martins, 2010, p. 5-7)

Amparados pelos pressupostos teórico-metodológicos de seu ofício, historiadores (as) das ciências, desde Kuhn ([1962] 2012), não ignoram o caráter subjetivo das narrativas históricas. A omissão das contribuições de diferentes civilizações, de grupos étnicos diversos, de mulheres, de colaboradores e a propagação das versões históricas sobre um seleto grupo de prodígios, aclamados como fundadores de inúmeros campos de pesquisa das ciências, perpetuava valores tendenciosos e atendia a objetivos perversos (Rosa, Alves-Brito, Pinheiro, 2020). As pesquisas atuais da historiografia da ciência apresentam uma diversidade de enfoques para cada objeto historiado. Este, aliás, também foi alargado em sua historicidade própria e se espelha em temas como o das mulheres na ciência (Silva, 2007; Brito & Martins, 2008; Lima, 2019), da ciência "central" e "periférica" (Filgueiras, 2001), dos saberes ancestrais, inclusive sobre seus mitos fundantes, lendas e ditos populares (D'Ambrosio, 2020).

> A história da ciência recente foi profundamente moldada pelas interações de seus historiadores com estudiosos de outras disciplinas entre as ciências sociais e as humanidades. Nessas trocas, os historiadores da ciência tanto ofertaram quanto receberam [...]. (Nyhart, 2016, p. 8)

O resultado dessas interações foi que os historiadores da ciência, seguindo Lynn Nyhart, tornaram o mundo bem maior, "mais densamente povoado e mais complexo do que já foi" e enfrentam hoje os desafios de atuar num "terreno intelectual multinível" (Nyhart, 2016, p. 16).

Entende-se a construção do conhecimento científico socialmente, em dependência direta das circunstâncias locais, suas pessoas, epistemes e políticas, ao contrário do ideário de uma ciência ahistórica, atemporal, universal, neutra e "objetiva".

Em "Traduzindo os 'fits' de Isaac Newton: um conceito, várias versões" (capítulo 5), Breno Arsioli Moura trata em seu texto das modificações de significados e processo de tradução de termos novos em diferentes línguas, em particular do termo "fits". Este foi introduzido em 1704 por Isaac Newton em seu livro *Óptica* para nomear um conceito elaborado para explicar a formação dos anéis coloridos em películas finas. Moura mostra que as traduções para o francês, o latim, o italiano e o português contribuíram para que esse conceito ficasse ainda mais incompreensível aos leitores dessas línguas.

Entende-se a ciência não mais como um domínio apartado, em que o estudioso opera despido de tudo o que não sejam materiais e métodos. O historiador se interessa em mostrar como essa não era a percepção nem mesmo dos cientistas icônicos do século XX. "A evolução biológica e a visão de mundo de Theodosius Dobzhansky" (capítulo 3), de Aldo Mellender de Araújo, olha para os textos silenciados, varridos para debaixo dos tapetes, pela historiografia predecessora. Dobzhansky, o notável geneticista, um dentre os arquitetos da Síntese Moderna da evolução, "sem rodeios", em 1967, registra palavras sem dúvida "constrangedoras" aos colegas afeitos à visão positivista de ciência: sua intenção era a de incluir a biologia numa *Weltanschauung*, numa visão de mundo.

Entende-se o fazer científico também como uma prática sobre materialidades, sobre objetos epistêmicos, da produção da escrita à tecnologia das imagens, dos instrumentos aos modelos.

"Os satélites de Júpiter como relógios celestes: o debate sobre a finitude da velocidade da luz no século XVII" (capítulo 6), relato de pesquisa realizada por Cibelle Celestino Silva e Rafael Laporte, mostra o movimento complexo e coletivo da filosofia natural, ao longo do século XVII, envolvendo debates, diferentes concepções sobre a natureza da luz e a utilização de fenômenos astronômicos para medir sua velocidade. Dentre as conclusões interessantes, vemos a influência das ideias de Descartes sobre a luz dificultando a aceitação da explicação proposta por Roemer, e as motivações econômicas e geopolíticas das pesquisas realizadas no

Observatório de Paris, na obtenção de formas confiáveis de se determinar a posição correta de navegadores e na confecção de mapas precisos para a colonização europeia.

Entende-se o movimento do conhecimento científico em suas diversas práticas de comunicação e circulação.

Em "Inteligência humana e tecnologia" (capítulo 2), Alberto Cupani toma, assim como tomou em 2020 no ciclo de seminários celebrativos do GHTC, a inteligência artificial. Ele discute a relação da inteligência humana com artefatos e sistemas tecnológicos enfatizando as ideias de que os seres humanos somos "naturalmente ciborgues", isto é, organismos ciberneticamente modificados, no sentido de que vivemos e pensamos em constante relacionamento com recursos não biológicos, tecnológicos.

Em "Os primeiros experimentos de James Prescott Joule sobre o calor gerado pela eletricidade em condutores metálicos: uma leitura orientada" (capítulo 14), Roberto de Andrade Martins comenta a respeito da leitura crítica de fontes primárias, indicando algumas técnicas que podem ser utilizadas ao abordar uma fonte científica primária. As técnicas indicadas são exemplificadas por comentários acerca do trabalho de Joule de 1841, seguidas por uma tradução para o português desse trabalho no qual o autor apresentou alguns experimentos procurando fundamentar a relação de proporcionalidade conhecida como "lei de Joule" ou "efeito Joule".

Tais trabalhos exemplificam os efeitos decorrentes da virada historiográfica fundamental dos anos 1970: a própria ciência tomada como algo que possui um caráter histórico e contingente (Nyhart, 2016, p. 8-16). Nas últimas décadas, novos desafios surgiram com a emergência climática, a grande disparidade social, a xenofobia, os racismos estruturais diversos, as opressões de gênero e os radicalismos políticos (De Mello Forato et al., 2023).

A historicidade de tais narrativas, incrementadas desde os oitocentos, vêm contribuindo para demarcar fronteiras geográficas, étnico-raciais, de gênero e de classe social, com suas mensagens subjacentes sobre quem pode praticar, desenvolver e acessar a ciência.

Aqui entre nós, Ubiratan D'Ambrósio (2004; 2021) denunciava, desde as últimas décadas do século XX, como as histórias elitistas de uma ciência "central" definiam e perpetuavam a relação colonialista de subserviência entre povos e também contribuíam para manter a vil e brutal miséria para uma enorme parcela da população mundial. Conhecimentos relacionados a cultos ou à simbologia de natureza religiosa, crônicas e outros modelos de registros, que ampliam consideravelmente nosso entendimento sobre o passado, embora se constituam também importantes fontes primárias, foram preteridos ou negligenciados. O historiador da ciência, refletia George Canguilhem, não limitava mais o olhar às ciências do passado, mas a todo o passado das ciências (Canguilhem, 1968). Segundo D'Ambrosio (2020), o desenvolvimento de instrumentos de análise dessas fontes tem se mostrado de crescente importância no estabelecimento de uma historiografia mais adequada aos países e às culturas periféricas.

É o caso de um grande desafio, por exemplo, a arte de se lidar com uma pluralidade de fontes primárias de outras culturas e seus registros peculiares, sobre o conhecimento do mundo natural. Alves-Brito (2023) nos lembra como Walter Benjamin, em 1921, discutiu o papel de aspectos históricos e de contextos pessoais e sociais nos processos de compreensão e de tradução. Passados cerca de 100 anos, as últimas décadas têm trazido interesses e preocupações com a construção de relatos históricos acerca de saberes tradicionais de comunidades ribeirinhas, extrativistas e quilombolas, por exemplo, e de saberes originários de povos indígenas, que também foram se constituindo como saberes tradicionais.

> [...] como um(a) tradutor(a) que não tem certas experiências — aquelas que acontecem no chão dos territórios negros ou das aldeias indígenas urbanas e rurais — poderá traduzir as sensações que perpassam sobretudo as lutas políticas dos corpos-territórios-pensamentos negros e indígenas? Como esses(as) tradutores(as) poderão exercer o seu ofício sem cair na armadilha da exotização e da folclorização dos corpos negros e dos povos indígenas, fazendo leituras estáticas do seu espaço-tempo histórico com embasamento colonial? (Alves-Brito, 2023, p. 4)

Este é, de fato, um grande desafio. Nos processos complexos de interpretar e narrar as inter-relações entre o ambiente natural e cultural em que cada objeto histórico ou cada indivíduo estão imersos, buscando conciliar as inúmeras historicidades de grupos protagonistas em suas idiossincrasias, vão se constituindo as narrativas sobre como o conhecimento das ciências da natureza foi sendo organizado e compartilhado por distintos povos, na sua busca de sobrevivência e transcendência (D'Ambrósio, 2021). Quando se pensa na história das ciências ocidental, que foi sintetizada e elaborada em uma determinada época e em uma região específica do planeta, os sistemas de conhecimentos "são então expropriados pela estrutura de poder; através de sua difusão, são devolvidos ao povo, mediante filtros institucionais (códigos, normas, escolas, diplomas e certificados), que mistificam o conhecimento" (D'Ambrosio, 2021, p. 17).

Os debates acerca da interpretação dos saberes afro diaspóricos, dos povos originários indígenas e ainda de outras comunidades tradicionais está vivo e envolvendo diferentes especialistas. Na perspectiva da astronomia das culturas ou da etnoastronomia, este livro traz dois capítulos em que pesquisadores discutem os saberes ameríndios.

Alejandro Martín López, em "Histórias de las Ciências: Aportes de la Astronomía Cultural" (capítulo 4) argumenta que a astronomia cultural é uma área interdisciplinar que se ocupa do estudo dos conhecimentos, práticas e relações com o mundo dos diversos grupos humanos, entendidos como produtos socioculturais e historicamente situados. Em seu texto, Alejandro Martín López, mostra os aportes que a astronomia cultural pode trazer para a história da ciência.

Por outro lado, em "Fontes históricas e etno-históricas da Astronomia Cultural no Brasil" (capítulo 15), Walmir Cardoso delineia três gerações indicadoras de períodos distintos da construção desse campo acadêmico em nosso país. Discorrendo sobre os agentes sociais envolvidos e os reflexos produzidos no campo pelas fontes utilizadas, o autor põe à luz o contexto de produção e as bases epistemológicas que o sustentam. A discussão aprofundada sobre a documentação *sobre* e *dos* povos originários oferece contribuição relevante para o desenvolvimento da produção na área.

Entre historiadores da ciência, é imperativa a reflexão sobre o papel das ciências da natureza e de suas instituições nas forças que moldaram e moldam o mundo (D'Ambrosio, 2018).

Em "A respeito de revoluções: Einstein, Teorias da Relatividade e a História da Ciência" (capítulo 7), Gildo Magalhães aborda o tema controvérsias na ciência, particularmente as que envolveram os trabalhos publicados por Einstein sobre a teoria restrita e a teoria geral da relatividade. Desde suas publicações diversos cientistas continuaram a trabalhar sobre o assunto, sem aceitar os postulados adotados por Einstein, o que ilustra a noção adotada de controvérsia.

Em "A busca por justiça em casos de envenenamento por Rádio: depoimentos em tribunal, na década de 1920" (capítulo 10), de Karel Pontes Leal e Thaís Cyrino de Mello Forato, expõem o caso das funcionárias de empresa estado-unidense que durante a Primeira Guerra Mundial pintaram números luminosos nos mostradores de relógios usando a própria língua para apontar os pincéis com a tinta radioativa. Os autores traçam o percurso tortuoso do julgamento instaurado após alguns médicos descobrirem que aquelas mulheres estavam morrendo de anemia e radium necrose. Ficam evidentes os efeitos perversos dos que arvoram uma ciência sem mediação social e uma ação litigiosa parcial e condenável travestida de justiça.

Em "De volta às pessoas e suas materialidades: significados renovados às biografias científicas" (capítulo 11), Maria Elice de Brzezinski Prestes e Marcelo Monetti Pavani retomam esse antigo tema. Com o abandono do foco nos "grandes homens" a partir de uma abordagem laudatória, e a adoção de uma perspectiva contextual – em que as trajetórias dos indivíduos são integradas às de outros atores, como grupos de pesquisa e instituições científicas, práticas, técnicas e instrumentos – a noção de biografia sofreu uma expansão desde a segunda metade do século XX. O capítulo retoma a trajetória do gênero biográfico para a reflexão histórica da ciência, discute a transformação que o gênero sofreu desde a década de 1970 e aponta motivos pelos quais as biografias continuam sendo um gênero relevante para a pesquisa em história da ciência.

Outra abordagem da história da ciência explorada desde meados do século passado é aquela voltada à educação científica.

Uma possibilidade de contribuição que as diferentes perspectivas historiográficas oferecem ao ensino de ciências é representada por Juliana Hidalgo, Milton Schivani e Mykaell Silva em "Objetos Virtuais de Aprendizagem Relacionados à Pressão Atmosférica: Exemplares Analisados sob um Viés Epistemológico e Histórico" (capítulo 9). A autora e os autores avaliam o uso de episódios históricos no ensino de ciências, relacionados ao conceito de pressão atmosférica e à controvérsia sobre a existência do vazio, presentes em simuladores virtuais. A análise evidencia uma fundamentação historiográfica anacrônica, de caráter laudatório, contrapondo realizações de alguns personagens em detrimento de outros. Além disso, os objetos fomentam visões epistemológicas simplistas de ciência, como o empirismo-indutivista e o individualismo. Os autores encerram alertando para o aspecto atrativo do recurso, e os riscos de seus usos acríticos na educação.

Em "La Importancia del Estudio de la Historia, la Teoría y la Enseñanza de las Ciencias: El Caso de la Unificación de la Teoría Evolutiva en Biología (capítulo 8), Susana Gisela Lamas toma a questão filosófica da unificação da biologia em torno da teoria evolucionista. Analisando as três principais obras de referência sobre o tema adotadas em cursos de formação em ciências biológicas no Brasil e na Argentina, Lamas delineia o continuísmo que seus autores traçam no pensamento biológico desde Darwin, e ruptura com relação a Lamarck. Identificando as perspectivas em que aqueles manuais de ensino foram produzidos, a autora expõe as fragilidades do ideal de unificação e ressalta a contribuição que o ensino da história das teorias e práticas científicas traz para a formação crítica dos futuros profissionais da área.

As editoras não podem encerrar esta apresentação sem antes agradecer a confiança, e paciência, dos colaboradores para a publicação deste livro. Também não podem deixar de mencionar que sem a participação entusiasmada dos estudantes de pós-graduação que nos vêm acompanhando, este trabalho não teria sido possível – a todas elas e eles, nosso mais sincero agradecimento.

Maria Elice de Brzezinski Prestes
Thaís Cyrino de Mello Forato
Cibelle Celestino Silva

REFERÊNCIAS BIBLIOGRÁFICAS

ALVES-BRITO, Alan. Cosmopolíticas da tradução: a potência epistêmica das literaturas negras e indígenas. *Organon*, **38** (75): 1-22, jan./jul. 2023.

BRITO, Ana Paula O. P. M.; MARTINS, Lilian A.-C. P. Wilson, Stevens e a determinação de sexo por cromossomos: uma controvérsia. Pp. 405-414, in: LORENZANO; Pablo; MIGUEL, Hernán. (Orgs.). *Filosofía e Historia de la Ciencia en el Cono Sur*. V. 2. Buenos Aires: C.C.C. Educando, 2008.

CANGUILHEM, Georges. Études d'Histoire et de Philosophie des Sciences. Seconde ed. Paris: J. Vrin, 1970.

D'AMBROSIO, Ubiratan. Tendências historiográficas na história da ciência. In: Ana Maria Alfonso-Goldfarb; Maria Helena Roxo Beltran, orgs. *Escrevendo a história da ciência: tendências, propostas e discussões historiográficas*. São Paulo, EDUC, p. 165-200, 2004.

D'AMBROSIO, Ubiratan. Etnomatemática, justiça social e sustentabilidade. *Estudos Avançados*, **32** (94): 189-204, 2018.

D'AMBROSIO, Ubiratan. *Etnomatemática: elo entre as tradições e a modernidade*. 6ª ed. Belo Horizonte: Autêntica, 2020.

D'AMBROSIO, Ubiratan. Bases Historiográficas e Metodológicas para uma História e Filosofia das Ciências na América Latina. *Revista História da Matemática para Professores*, **7** (1): 14-25, 2021.

De MELLO FORATO, Thaís C.; De Lima, Isabelle. P. C.; Ferreira, Gabriela K. History of physics and socioscientific issues: approaching gender and social justice. In TAŞAR, M. F. and HERON, P. (Eds). *The International Handbook of Physics Education Research: Physics Education Research Special Topics*. Melville, New York: AIP Publishing, 2023, pp. 8-1–8-30.

FILGUEIRAS, Carlos A. L. A História da Ciência e o objeto de seu estudo: confrontos entre a ciência periférica, a ciência central e a ciência marginal. *Química Nova*, **24** (5): 709-712, 2001.

FLECK, Ludwik. Genesis and Development of a Scientific Fact. [*Entstehung und Entwicklung einer wissenschaftlichen Tatsache: Einführung in die Lehre vom Denkstil und Denskkollektiv*, 1935]. Edited by Thaddeus J. Trenn & Robert K. Merton. Translated by Fred Bradley and Thaddeus J. Trenn. Foreword by Thomas S. Kuhn. Chicago: The University of Chicago Press, 1979.

GINZBURG, Carlo. *O fio e os rastros*: *verdadeiro, falso, fictício*. Trad. Rosa Freire d'Aguiar e Eduardo Brandão. São Paulo: Companhia das Letras, 2007.

HARAWAY, Donna. *A reivindicação da natureza: Símios, ciborgues e mulheres*. [1991]. Trad. Rodrigo Tadeu Gonçalves. São Paulo: WMF Martins Fontes, 2023.

KUHN, Thomas S. *The Structure of Scientific Revolutions: 50th Anniversary Edition*. [1962] Chicago: The University of Chicago Press, 2012.

LEVIN, Miriam R. Center and Periphery in the History of Science. Pp. 322-346, in: FOX-GENOVESE, Elizabeth; LASCH-QUINN, Elisabeth (Eds.). *Reconstructing History: The Emergence of a New Historical Society*. London: Routledge, 1999.

LIMA, Isabelle P. C. *Lise Meitner e a Fissão Nuclear: Caminhos para uma narrativa feminista*. Salvador, 2019. Tese (Doutorado em Ensino, Filosofia e História das Ciências) –

Programa de Pós-Graduação em Ensino, Filosofia e História das Ciências, Universidade Federal da Bahia.

MARTINS, Roberto A. Seria possível uma história da ciência totalmente neutra, sem qualquer aspecto whig? *Boletim de História e Filosofia da Biologia*, **4** (3): 4-7, set. 2010.

NYHART, Lynn K. Historiography of the History of Science. Pp. 7-22, in: LIGHTMAN, Bernard. (Ed.). *A companion to the History of Science*. Chichester, UK: Wiley Blackwell, 2016.

ROSA, Katemari; ALVES-BRITO, Alan; PINHEIRO, Bárbara C. S. Pós-verdade para quem? Fatos produzidos por uma ciência racista. *Caderno Brasileiro de Ensino de Física*, **37**, (3): 1440--1468, 2020.

SILVA, Marcos R. Rosalind Franklin e seu papel na construção do modelo da dupla-hélice do DNA. *Filosofia e História da Biologia*, **2**: 297-310, 2007.

Introdução:
A criação do Grupo de História e Teoria da Ciência (GHTC) na Universidade Estadual de Campinas

Roberto de Andrade Martins
Professor aposentado da Universidade Estadual de Campinas
Universidade Federal de São Paulo
roberto.andrade.martins@gmail.com

1 INTRODUÇÃO

Vou apresentar aqui meu depoimento pessoal sobre como se deu a criação do Grupo de História e Teoria da Ciência (GHTC) na Universidade Estadual de Campinas, em 1991.

O GHTC foi criado como um grupo de pesquisas sobre história e filosofia das ciências. Inicialmente, a palavra "Ensino" não fazia parte do nome do grupo. Ela foi adicionada depois que me aposentei, em dezembro de 2010, quando o grupo passou para a USP, sob a responsabilidade das professoras Cibelle Celestino Silva (coordenadora) e Maria Elice de Brzezinski Prestes (coordenadora adjunta). Desde 2011, o GHTC passou a se chamar "Grupo de História, Teoria e Ensino de Ciências".

2 LINHAS DE PESQUISA

O GHTC foi estruturado dentro do Departamento de Raios Cósmicos, Cronologia e Altas Energias do Instituto de Física "Gleb Wataghin", da Unicamp. Na época, muitas pessoas de dentro do Instituto e de fora dele acharam estranho que houvesse um grupo de história e filosofia da ciência dentro dessa instituição. Depois, foram se acostumando.

A criação deste grupo foi acompanhada pela oficialização das minhas linhas de pesquisa e de orientação na pós-graduação do

Instituto de Física. Essas três linhas de pesquisa, que já tinham sido aprovadas em 1990, foram as seguintes:

(1) Fundamentos da física: Relatividade, gravitação e eletromagnetismo. [L355]

Pesquisas sobre as bases teóricas, metodológicas, históricas, epistemológicas e experimentais de algumas teorias da física contemporânea, com o objetivo de esclarecer a fundamentação das mesmas, sugerir novos desenvolvimentos e testes, explorar novas abordagens, bem como discutir a viabilidade de alternativas.

(2) História conceitual da ciência internacional – estudo de casos [L354]

Análise histórica detalhada de episódios da história da ciência, a partir do estudo de textos científicos originais (bibliografia primária), com utilização de estudos historiográficos, visando o esclarecimento do desenvolvimento das concepções científicas e examinando questões metodológicas e epistemológicas associadas ao processo de elaboração do pensamento científico.

(3) Ciência e técnica em Portugal e Brasil, do Renascimento até 1900 [L353]

Levantamento de fontes documentais, impressas ou manuscritas, relativas ao desenvolvimento científico e técnico do Brasil, de Portugal e de suas colônias, e criação de um conjunto de bancos de dados sobre o assunto. Estudos bibliométricos e estatísticos referentes à produção científica e técnica luso-brasileira. Pesquisas sobre aspectos específicos do desenvolvimento científico e técnico luso-brasileiro nesse período.

Antes da criação do GHTC, eu já orientava estudantes de pós-graduação do Instituto de Física "Gleb Wataghin", mas apenas sobre temas de física. A aprovação dessas outras duas linhas de pesquisa, permitiu que fossem orientados trabalhos históricos dentro da instituição.

No nome original do GHTC não constava a palavra "Ensino" e ela também não figura na descrição das áreas de pesquisa acima. No entanto, sempre considerei o uso educacional da História da Ciência como uma aplicação importante da área, tendo publicado em 1990 um artigo sobre o assunto.

Para entendermos o contexto da criação do GHTC, vou comentar um pouco sobre a situação institucional, no Brasil, dos estudos sobre história da ciência nessa época; e depois vou indicar rapidamente minha própria trajetória até 1991.

3 A PESQUISA EM HISTÓRIA DA CIÊNCIA, NO BRASIL, ATÉ 1991

Meu objetivo aqui não é fazer um estudo detalhado sobre como surgiram as pesquisas sobre história da ciência no Brasil e sim apresentar um recorte pessoal e subjetivo desse tema, centralizado nos aspectos de institucionalização da área – e não em pesquisas isoladas que existiam. Vou abordar principalmente os seguintes indicadores do processo de institucionalização:

- Grupos de pesquisa
- Cursos de pós-graduação
- Associações científicas
- Congressos e outros eventos especializados
- Periódicos específicos

No Brasil, o estudo da história da ciência começou sob a forma de amadora, como atividade desenvolvida em tempo parcial por profissionais de várias áreas (física, matemática, química, biologia, engenharia, arquitetura, medicina...). Quase sempre, era considerada como um assunto para ser estudado e ensinado por pessoas mais idosas, que já tinham passado de sua fase científica ou técnica produtiva. Independentemente do mérito individual dessas pessoas, não se pode dizer que a história da ciência estivesse sendo institucionalizada, nesse período.

Na década de 1970 formou-se um grupo de história da ciência no Departamento de História da Universidade de São Paulo, sob a liderança de Simão Mathias, professor aposentado do Instituto de Química. O interesse desse grupo se focalizou principalmente na história da ciência e da tecnologia no Brasil. Este foi o grupo de pesquisa mais antigo de que se tem notícia, na área.

Nesse período, no Brasil, não existia nenhuma pós-graduação específica sobre História da Ciência. Os primeiros cursos foram criados na década de 1990. Porém, em torno de 1975, começaram a ser orientadas dissertações de pós-graduação sobre essa temática dentro da linha de História Social da Pós-Graduação do Departamento de História da USP. Em outras universidades também surgiram dissertações e teses sobre temas de história da ciência, como por exemplo na COPPE (antiga Coordenação dos Programas de Pós-Graduação em Engenharia) da Universidade Federal do Rio de Janeiro.

Na Universidade Estadual de Campinas, o prof. Oswaldo Porchat Pereira da Silva organizou, em 1977, o Centro de Lógica, Epistemologia e História da Ciência (CLE). Inicialmente, o CLE congregava principalmente filósofos e matemáticos. Em 1978, o CLE começou a organizar encontros anuais sobre história e filosofia da ciência e em 1980 iniciou a publicação da revista Cadernos de História e Filosofia da Ciência, sob a direção do prof. Zeljko Loparic.

No final de 1983 foi criada a Sociedade Brasileira de História da Ciência (SBHC), por iniciativa do grupo do Departamento de História da USP. O primeiro presidente foi o prof. Simão Mathias. Em 1985, a SBHC iniciou a Revista da SBHC, que depois passou a se chamar Revista Brasileira de História da Ciência; e no ano seguinte essa Sociedade começou a organizar seminários nacionais de História da Ciência e da Tecnologia, realizados a cada dois anos.

A partir de 1985 foi iniciada uma série anual de Colóquios de História da Ciência organizados pelo CLE da Unicamp. No Rio de Janeiro, onde já existia o grupo associado à COPPE, foi criado em 1985 o Museu de Astronomia e Ciências Afins (MAST), dedicado tanto à história das ciências quanto à sua divulgação. No ano seguinte, foi fundada a Casa de Oswaldo Cruz, como órgão da Fundação Oswaldo Cruz, onde logo se desenvolveu um importante grupo de história da Medicina. Em 1987 o MAST iniciou a publicação da revista Perspicillum que, infelizmente, teve uma duração curta.

Além desses grupos, havia muitas outras pessoas isoladas, espalhadas por todo o Brasil, que pesquisavam e ensinavam a história das ciências. Como já foi indicado antes, diversos cursos de pós-graduação permitiram a orientação de dissertações e teses de natureza histórica, embora não fossem programas específicos sobre história da ciência. Em muitos congressos gerais (como os da Sociedade Brasileira para o Progresso da Ciência – SBPC) eram apresentados trabalhos sobre história da ciência e da tecnologia; da mesma forma, periódicos não especializados também publicavam trabalhos sobre temas de história da ciência. A área estava começando a se estruturar, mas ainda era muito fragmentada e pouco institucionalizada.

4 MINHA TRAJETÓRIA PESSOAL, ATÉ A CRIAÇÃO DO GHTC

Agora, vou descrever um pouco da minha trajetória pessoal e como me encaixo nesse desenvolvimento da história da ciência, até a criação do Grupo de História e Teoria da Ciência, em 1991.

Estudei história da ciência (especialmente da física, da astronomia e da química) por conta própria, desde quando era estudante de ensino médio. Durante minha graduação em Física, na Universidade de São Paulo, continuei a realizar muitas leituras sobre o assunto e em 1971 criei, com colegas, a publicação Protofísica: revista semicientífica aperiódica, que divulgava trabalhos sobre história, filosofia da ciência e fundamentos da física.

Em 1974 e 1975, quando era docente da Universidade Estadual de Londrina, apresentei minhas primeiras comunicações sobre história da ciência em Reuniões Anuais da SBPC.

Comecei a lecionar uma disciplina de história da física em 1976, quando me tornei professor da Universidade Federal do Paraná (UFPR). Na época, preparei para meus alunos uma apostila com o conteúdo das aulas, com 360 páginas. Depois, ministrei a disciplina de Evolução do Pensamento Filosófico e Científico no Departamento de Filosofia da UFPR. Nessa mesma época, comecei a publicar meus primeiros artigos. Em 1979 consegui uma bolsa de produtividade em pesquisa do Conselho Nacional de Desenvolvimento Científico e Tecnológico (CNPq) para desenvolver um projeto sobre história e filosofia da ciência. Obtive também auxílios do CNPq que me permitiram adquirir livros e fazer viagens para consultar e copiar material bibliográfico em bibliotecas de São Paulo e Rio de Janeiro. Obtinha muitas cópias de artigos do Brasil e do exterior, utilizando o serviço COMUT/IBICT e outros recursos, como a British Library Lending Service.

Em 1979 comecei a estreitar relações com o grupo da Unicamp e, no ano seguinte, tornei-me membro do CLE, a convite do prof. Oswaldo Porchat, embora continuasse morando e trabalhando em Curitiba. Desde esse ano, comecei a participar dos encontros anuais de história e filosofia da ciência promovidos pelo CLE, como convidado.

Em 1983 fui contratado pelo Instituto de Física "Gleb Wataghin" da Unicamp. Na época, não tinha ainda pós-graduação, mas já contava com cerca de 15 publicações. Comecei então a desenvolver intensas atividades de História da Ciência junto ao Centro de Lógica, iniciando a organização dos Colóquios de História da Ciência (seis Colóquios organizados de 1985 até 1990), assumindo depois a editoria da revista Cadernos de História e Filosofia da Ciência e desenvolvendo um projeto de criação de uma biblioteca e de um arquivo histórico.

De 1985 a 1987 fui professor de disciplinas de História da Ciência na pós-graduação em Lógica e Filosofia da Ciência da Unicamp. Em 1987 obtive meu título de doutor em Lógica e Filosofia da Ciência, por defesa direta de tese, sem orientador, por autorização do Conselho Universitário da Unicamp. Nessa ocasião, eu já contava com a publicação de 30 trabalhos. Consegui quotas de bolsas de Iniciação Científica e de Aperfeiçoamento para projetos de história da ciência e recursos significativos para a área, através da FAPESP e do CNPq. Foram também contratados funcionários para auxiliar o desenvolvimento da área, no CLE, e houve uma expansão muito grande do espaço físico daquele Centro.

Em 1987 comecei a organizar um movimento nacional para a criação de uma área de história da ciência e da tecnologia no CNPq. Realizamos reuniões em diversas instituições e elaboramos um projeto de desenvolvimento da área, do qual fui relator. O "Projeto Nacional de História da Ciência e da Tecnologia" (PRONAHCT) foi submetido ao CNPq e aprovado em 1988. Porém, depois de alguns meses o programa foi desativado.

No final da década de 1980, obtive recursos significativos para a biblioteca e o arquivo de história da ciência do Centro de Lógica: US$250,000 da FINEP e US$60,000 da FAPESP.

Em dezembro de 1989 fui eleito presidente da SBHC, exercendo o mandato até o final de 1991 e coordenando o 3º Seminário Nacional de História da Ciência e da Tecnologia, que foi realizado em Águas de Lindóia.

Em 1989 comecei a planejar um curso de pós-graduação em história da ciência. Como primeiro passo, consegui a aprovação de um curso de especialização em história da ciência, com duração de dois anos, ministrado nos períodos de férias escolares (janeiro-fevereiro e julho). As unidades responsáveis pelo curso eram o Departamento de História do Instituto de Filosofia e Ciências Humanas (IFCH) e o Centro de Lógica. Fui o coordenador do curso. Foi feita uma seleção dos alunos em 1989 e as aulas começaram em 1990.

Infelizmente, em 1990 ocorreram graves desentendimentos com algumas pessoas do CLE, que não vou descrever, e que me levaram a me afastar totalmente daquele Centro e de suas atividades. Foi nessa situação que solicitei a criação de minhas áreas de pesquisa no Instituto de Física e, depois, a criação do GHTC em meu Departamento.

Em 1991, passei a concentrar minhas atividades no Instituto de Física, continuando, no entanto, a desenvolver atividades mais amplas, como a direção da SBHC, cuja revista havia sido interrompida e que reativei nesse ano; a orientação de dissertações e teses sobre história da ciência em outras unidades da Unicamp, como o Instituto de Biologia e a Faculdade de Tecnologia dos Alimentos; o prosseguimento do curso de especialização em história da ciência, que estava vinculado ao CLE e ao Depto. de História e que só pôde chegar à sua conclusão graças ao apoio direto da Reitoria; e a orientação de bolsistas de Iniciação

Científica e Aperfeiçoamento de várias unidades da Unicamp. A defesa das monografias de conclusão do Curso de Especialização em História da Ciência foi realizada no Instituto de Física.

É claro que, diante do que aconteceu, foi impossível criar o curso de pós-graduação em história da ciência na Unicamp, como era minha intenção. A criação de uma grande infraestrutura para pesquisa, que eu estava desenvolvendo junto ao CLE, também não teve prosseguimento. Precisei então me voltar para um trabalho em pequena escala, e foi assim que o GHTC começou, com orientação de estudantes, realização de pesquisas individuais e pequenos projetos. Em 1991, dei início ao projeto Lusodat de bases de dados sobre ciência e técnica em Portugal e Brasil, do Renascimento até 1900, com apoios da FAPESP e do CNPq. A primeira estudante de pós-graduação do Instituto de Física da Unicamp que pôde desenvolver comigo uma dissertação histórica foi a professora Cibelle Celestino Silva.

Mantive a coordenação do GHTC de 1991 até o final de 2010, quando me aposentei e o Grupo foi transferido para a USP, sob a coordenação das professoras Cibelle Celestino Silva e Maria Elice de Brzezinski Prestes.

Agora, mais de 30 anos depois da tempestade que abalou meu trabalho inicial na Unicamp e que me levou à criação do GHTC, tenho uma enorme satisfação de ver que esse trabalho prosperou, teve ramificações institucionais fora da Unicamp e que, depois de minha aposentadoria em 2010, continuou a crescer e a dar frutos.

Inteligência Humana e Tecnologia

Alberto Cupani
Universidade Federal de Santa Catarina
cupani.alberto@gmail.com

1 INTRODUÇÃO

A relação da tecnologia com a inteligência humana pode parecer óbvia, sendo a primeira quase evidentemente produto da segunda. No entanto, e como ocorre quando abordamos qualquer problema filosófico, a obviedade deixa de ser tal ao tratar de esclarecer aquela relação. Temos que escolher um significado preciso de "inteligência", admitir que ela pode ser teórica ou prática, e que não se esgota em uma capacidade intelectual, haja vista que parece haver inteligência corporal e até uma emocional. Descobrimos que a inteligência humana depende, por sua vez, da tecnologia, e que esta última, ao se desenvolver de maneira vertiginosa, produz a chamada "inteligência artificial". Para alguns estudiosos, a IA ameaça com dar à luz uma superinteligência que poderia superar as capacidades do homem e até governa-lo. Enquanto isso não ocorre, constatamos que os variados problemas que desafiam a inteligência humana tendem a ser reduzidos, na sociedade industrial (ou seja, tecnológica) a questões técnicas, o que faz temer um empobrecimento da sensibilidade e da criatividade humanas. Neste capítulo me proponho a chamar a atenção do leitor ou da leitora sobre esses problemas e riscos.

2 A TECNOLOGIA IMPLICA O PENSAMENTO INTELIGENTE

A inteligência é algo notoriamente difícil de definir. Vamos tomar aqui o termo como denotando a capacidade de resolver problemas, práticos ou teóricos, de maneira não instintiva[1]. Inspirando-se em Whitehead (*The Function of Reason*, 1929), o filósofo norte-americano F. Ferré distingue entre inteligência prática, cujo propósito é sobreviver ou melhorar as condições de vida, e a inteligência teorética (ou razão), que visa a compreender (Ferré, 1995 [1988], p. 33)[2]. Tanto a ciência como a tecnologia, argumenta o autor, nasceram da conjunção de ambas as formas de inteligência a partir da Modernidade.

> A ciência moderna, tal como se desenvolveu a partir do século dezessete, é o produto conjunto da inteligência teorética e prática, e o mesmo vale para a tecnologia. Nenhuma deu origem à outra. Elas são gêmeas não idênticas dos mesmos progenitores. (Ferré, 1995 [1988], p. 44)

O comentário anterior sugere que não teria havido, propriamente, tecnologia, senão a partir da Modernidade. No entanto, essa maneira de entender a tecnologia tornaria um mistério a existência de construções prodigiosas anteriores à época moderna (pirâmides, aquedutos, catedrais na tradição ocidental, e monumentos das culturas asiáticas e americanas), porque sua construção dificilmente teria sido possível apenas com base no método de ensaio e erro. É necessário supor que a inteligência teórica, ainda que pré-científica, possibilitou aquelas façanhas, e o mesmo pode dizer-se de produções pré-industriais como a tecelagem artesanal, que ostentam amiúde admirável requinte.

A posição de Ferré é diferente: ele parece atribuir à inteligência prática tradicional (que constitui, por sua vez, um disciplinamento da "mentalidade" ou capacidade de perceber alternativas possíveis à situação atual) a origem daquelas construções[3]. A inteligência prática encontra algum método para realizar algo desejável. Uma vez provada a sua eficácia, contenta-se com esse método, sem procurar algo novo ou que sirva para

---

[1] Para outros significados de "inteligência" (capacidade de planificar, de pensar abstratamente, de compreender ideias complexas, e outros), ver Deary, 2001.
[2] Inteligência prática, parecem ter, como é já sabido, alguns animais.
[3] Isso se deduz de sua tese sobre o início da combinação de ambas as inteligências na Modernidade europeia (Ferré, 1995 [1988], p. 38).

outros casos[4]. A inteligência teórica, por sua vez, visa entender o mundo, raciocina abstratamente, questiona os métodos utilizados pela inteligência prática, faz inferências sobre eventos distantes e inventa coisas novas. Por isso, Ferré reserva para o início da Modernidade a aplicação sistemática da inteligência teórica para aperfeiçoar a inteligência prática e vice-versa. Dessa maneira, tanto a ciência de base tecnológica, como a tecnologia de base científica nascem juntas.

Eu reitero a minha opinião de que construções surpreendentes do passado devem ser o produto da inteligência teórica, aplicada a resolver os problemas enfrentados pela inteligência prática, *ao menos em algum grau*. O próprio Frederick Ferré admite que a inteligência, prática ou teórica, admite diferentes graus (e estilos) (Ferré, 1995, cap. 3). Parece razoável, por conseguinte, sustentar que, assim como a ciência moderna teve práticas precursoras (e não apenas no Ocidente clássico e medieval, mas em outras culturas, como a chinesa e a árabe), as criações tecnológicas modernas e contemporâneas foram precedidas por realizações que resultaram da combinação de ambos os tipos de inteligência. Isso não invalida a constatação de que a combinação sistemática, consciente e deliberada de ambos os tipos de inteligência ocorreu apenas desde o começo da Modernidade europeia. A existência da tecnologia supõe a aplicação, socialmente organizada e institucionalizada, da inteligência teórica a serviço da inteligência prática conforme os diversos problemas que esta última enfrenta.

Por outra parte, conforme o psicólogo cognitivo Howard Gardner (Gardner, 2016), "inteligência" seria uma denominação geral que damos a diversas habilidades. Nossa inteligência seria, na verdade, múltipla: linguística, lógico-matemática, musical, espacial, corporal, etc.[5] Em cada uma de suas dimensões, ser inteligente equivale a resolver determinados problemas e ser criativo, conforme determinado "campo" (instituição) que assim o

---

[4] Ortega y Gasset fazia já uma observação semelhante a propósito da construção das pirâmides (Ortega y Gasset, 1965, p. 86).
[5] Segundo Daniel Goleman haveria até uma inteligência emocional (Goleman, 2011).

decide[6]. Se Gardner tiver razão (a sua tese é discutida), diversas tecnologias expandiriam diferentes manifestações da nossa inteligência.

Cabe ainda mencionar que a inteligência prática se diversifica conforme as diversas atividades humanas (Sternberg *et al.*, 2000). Entendida como "a habilidade para adaptar-se um determinado ambiente cotidiano, dando-lhe forma e selecionando-o", a inteligência prática é "uma forma de desenvolver uma perícia [*expertise*]" para lidar com tarefas (*Ibid.*, p. 1). Não manifesta a mesma inteligência prática um acadêmico que um administrador, um homem de negócios que um militar. Ela pode ser estimulada ou viabilizada pelas tecnologias disponíveis. Por sua vez, estas últimas resultam do exercício da inteligência prática, auxiliada pela teórica, como já vimos.

3 PROBLEMAS QUE DESAFIAM A INTELIGÊNCIA

Podemos entender por "problema" uma dificuldade prática ou teórica que requer uma solução ou convida a buscá-la. Temos um problema quando a fechadura da porta que precisamos abrir está emperrada, quando nossos salários não são suficientes para nosso modo de vida ou quando alguém nos agride. Temos também um problema quando queremos resolver uma equação, quando não entendemos o significado de uma obra de arte ou quando nos perguntamos se Deus existe.

Os problemas humanos são de índoles muito diversas, como todo mundo sabe. Sem pretensão de sermos exaustivos podemos diferenciar as seguintes classes:

Problemas *técnicos* (e tecnológicos): saber como melhorar o desempenho de um veículo, aprimorar a receita de uma refeição ou calcular a trajetória de um foguete.

Problemas *científicos*, sejam eles da ciência básica (como testar a teoria x?; como explicar o evento y?; como surgiu a

---

[6] Por exemplo, a escola e a academia consagram a inteligência linguística e lógico-matemática, ao passo que as organizações esportivas o fazem com o domínio do corpo.

sociedade z?) ou da ciência aplicada (pesquisar determinado vírus para produzir uma vacina; ou questões de genética para aprimorar as lavouras; ou modos de comportamento humano para influenciar consumidores ou eleitores).

Problemas *filosóficos* como: existe a natureza humana? Qual é a índole dos valores? Como definir a verdade?

Problemas *éticos*, como quando nos perguntamos como respeitar a diferença de gênero, como evitar nos intrometermos na privacidade de alguém ou como estabelecer relações sociais justas.

Problemas *religiosos* e *teológicos*: como interpretar um texto sagrado? Como lidar com a tentação do ateísmo? Como conciliar a bondade divina com o sofrimento humano?

Problemas *políticos*, como quando precisamos conciliar os interesses de diferentes grupos de poder, quando queremos reivindicar nossos direitos ou quando devemos resistir a abusos de autoridade.

Problemas *jurídicos*: como interpretar adequadamente uma determinada lei? Como aplicá-la de maneira justa? Como determinar a culpabilidade de um réu?

Problemas *terapêuticos*, ou seja, os enfrentados pelos profissionais da saúde (médicos, enfermeiros, psicólogos) no diagnóstico e tratamento de doenças, bem como na prevenção das mesmas.

Problemas *pedagógicos*: como ensinar corretamente uma matéria? Como promover a criatividade e o senso crítico nos discentes? Como institucionalizar a interdisciplinaridade?

Problemas *sociais*: como reduzir a violência em uma cidade? Como lidar com o tráfico de drogas? Como assimilar os imigrantes?

Problemas *ecológicos*: como enfrentar o aquecimento global? Como proteger as espécies ameaçadas pela ação humana? Em que consiste, precisamente, a sustentabilidade de um crescimento econômico-social?

Problemas *artísticos*: como representar/expressar/simbolizar um determinado assunto? (Conforme a concepção da arte que a pessoa defenda).

Por último (*but not least*), os problemas *existenciais*: como dar um sentido à minha vida? Sou verdadeiramente amado pela pessoa que amo?

Em todos esses casos, nossa inteligência é "chamada" a encontrar uma solução satisfatória. É evidente que tal solução varia com a natureza do problema, como se adverte ao considerar problemas bem diferentes. Não pode esperar-se uma resposta científica, por exemplo, para um problema religioso (nem vice-versa). Igualmente, um problema artístico não pode ser resolvido com critérios terapêuticos, ou um problema político com critérios pedagógicos. Naturalmente, existem casos intermediários em que as soluções podem parcialmente advir de outros âmbitos, como problemas ecológicos enfrentados com critérios e recursos sociais, e problemas éticos auxiliados por reflexões filosóficas.

4 PROBLEMAS TÉCNICOS E PROBLEMAS NÃO-TÉCNICOS

Os problemas técnicos (e tecnológicos, na medida em que a tecnologia prolonga a técnica) estão bem definidos[7], possuem uma solução prevista e existem meios e métodos conhecidos para resolvê-los.

Já os problemas não técnicos (ou seja, todos os demais em nossa relação anterior) não estão bem ou completamente definidos[8]; não têm uma solução previsível (e nem garantida). Os meios e métodos disponíveis não são sempre suficientes para resolvê-los; podem resultar insolúveis (o que pode acarretar que tenhamos que conviver com eles); podem revelar-se como pseudoproblemas; podem enfim desembocar em paradoxos ou dilemas.

Nos problemas não técnicos torna-se importante o exercício do que a filosofia clássica chamou de prudência (isto é, o critério amadurecido, que provém da experiência), bem como a prática da

---

[7] São percebidos por isso como "simples", o que não equivale a serem fáceis.
[8] São "complexos". Casos típicos: o "problema do aquecimento global", e o "problema da violência urbana".

casuística, principalmente no que tange a problemas éticos, jurídicos e terapêuticos[9].

Note-se que a solução de *qualquer tipo* de problema exige *decisões* e *criatividade*. Os problemas técnicos as exigem menos, em razão inversa à padronização dos recursos em jogo: conceitos, premissas, parâmetros, métodos, valores[10]. No limite, as decisões e a criatividade reduzem-se, no caso dos problemas técnicos, à escolha entre alternativas dadas e à inovação dentro de um mesmo tipo ou estilo de pensamento.

Alguns problemas têm uma dimensão normativa, incluem um "se deveria", ou "não se deveria". Por exemplo: testar uma hipótese pode exigir usar seres humanos como cobaias, o que não é eticamente lícito. Garantir a ordem social exige o controle da vida das pessoas, o que atenta contra sua liberdade, tornando-se questionável (que limite deveria ter esse controle?). No caso de problemas não técnicos (políticos, pedagógicos, ecológicos, etc.), essa dimensão normativa é entendida conforme os valores predominantes em determinada época, cultura, classe social, etc[11]. Note-se que o "deveria" dos problemas não técnicos refere-se principalmente aos fins perseguidos, ao passo que no caso dos problemas técnicos refere-se principalmente aos meios utilizados[12].

A tecnologia é a forma mais aperfeiçoada que a humanidade encontrou para resolver problemas técnicos, desde os mais triviais (como elevar sólidos ou coar um líquido) até aos mais sofisticados (como detectar um tumor ou voar). Ela nos auxilia também na solução de diversos problemas não técnicos, como os ecológicos,

---

[9] Uso aqui "casuística" em sentido positivo: atenção às peculiaridades de cada caso.
[10] Pense-se nos problemas da "ciência normal" descritos por Thomas Kuhn (1970), e nos problemas convencionais em Lógica e Matemática.
[11] Entre nós (?), talvez os direitos humanos funcionem como critério geral.
[12] O problema de escolher ou inventar uma metodologia didática responde a determinada noção da assimilação de um conteúdo e, mais amplamente, a certo ideal educativo. Já uma furadeira deve ser eficiente por critérios que se referem ao seu funcionamento (precisão, forma anatômica, peso, velocidade, consumo de energia, custo...) em relação com a finalidade que a define (furar).

os terapêuticos, os econômicos e os pedagógicos. No entanto, cabe observar desde já que a sociedade tecnológica nos induz a tratar todo tipo de problema como se fossem técnicos ou tecnológicos, buscando a solução, ou ainda a melhor solução (por mais eficiente e rápida) dos mesmos[13]. Nossa inteligência (que parece ser flexível e até múltipla) é reduzida a um funcionamento-padrão, semelhante ao da "inteligência artificial" que abordaremos mais adiante. Retomarei esta observação no final do presente artigo.

5 A NOSSA INTELIGÊNCIA DEPENDE DA TECNOLOGIA

O filósofo e cientista cognitivo britânico Andrew Clark (1957-), defende, no seu livro *Natural-Born Cyborgs* (2003), que os seres humanos somos "naturalmente ciborgues", isto é, organismos cibernéticamente modificados, não apenas no caso de portarmos alguma peça ou dispositivo artificial em nosso corpo (implante, prótese, marca-passo), mas no sentido de que vivemos e pensamos em constante relacionamento com recursos externos, não biológicos. Nossa capacidade de pensar, em particular, não poderia ter-se desenvolvido como o fez, não fosse pela invenção de recursos técnico/tecnológicos desde os primórdios da existência humana.

Essa "hibridação cognitiva" é, para o autor, um aspecto da nossa humanidade:

> Vemos algo da "trilha fóssil cognitiva" do ciborgue na sucessão de poderosas tecnologias cognitivas que começa com a linguagem e a habilidade de calcular, toma forma primeiramente em textos escritos e numerais, depois nas impressões primitivas (sem tipos móveis), para continuar com as revoluções dos tipos móveis e a imprensa, e mais recentemente com a codificação digital que leva o texto, o som e a imagem a um formato uniforme e amplamente transmissível. Tais tecnologias, uma vez instaladas e

---

[13] Cabe observar que os próprios problemas técnicos e suas soluções podem acabar sendo, na realidade, *idealizações* de problemas mais complexos. As consequências de uma invenção ou de um sistema tecnológico, por exemplo, não podem ser totalmente controladas e nem totalmente previstas.

>funcionando nos diversos aparatos e instituições que nos rodeiam, fazem muito mais do que permitir o armazenamento e a transmissão das ideias. Eles constituem, quero dizer, uma cascata de "atualização da instrumentalização cognitiva" [*mindware upgrade*]: mudanças cognitivas em que a arquitetura efetiva da mente humana é alterada e transformada. (Clark, 2003, p. 4)

Conforme o autor, o que nos impede de perceber nossa natureza de ciborgues é um "antigo preconceito ocidental": acreditar que nossa mente é algo especial e muito diferente do restante da ordem natural. Embora já não associemos nossa mente tão frequentemente com a crença na alma ou no espírito, seguimos acreditando que ela "reside" no nosso cérebro, dentro da nossa cabeça. Segundo Clark, a sua intenção é combater essa ilusão "e mostrar de que modo uma complexa matriz de cérebro, corpo e tecnologia pode constituir a máquina de resolver problemas que deveríamos identificar apropriadamente como *nós mesmos*" (Clark, 2003, p. 27).

Chegamos, assim, ao nosso assunto: a relação da inteligência com a tecnologia: o "sistema inteligente" (Clark) que confronta o mundo, individual e coletivamente, está constituído por agentes biológicos mais os apoios, recursos e relações que possibilitam o pensamento e a ação humanos. Retomando a noção do homem como "fazedor de ferramentas" (*man the toolmaker*), o autor afirma que muitas ferramentas não são apenas ajudas e apoios externos, mas partes integrais do sistema de solução de problemas que identificamos como "inteligência humana". Esses instrumentos deveriam ser vistos como o que realmente são: partes do "aparelho computacional" que constitui nossa mente (Clark, 2003, p. 6). E ilustra o ponto com um exemplo trivial: o uso de papel e lápis para calcular. "O cérebro – comenta Clark – ensambla a sua operação com o recurso simbólico externo" (*Ibidem*). A extensão desse exemplo para o uso do computador é óbvia.

Com o desenvolvimento exponencial da tecnologia – principalmente, a relativa a processamento e comunicação de informação – a capacidade de nossa inteligência para resolver problemas amplia-se vertiginosamente. Nesse processo, não apenas nossas mentes, mas até as nossas identidades tornam-se profundamente entremeadas com nossos instrumentos, máquinas, suportes, códigos e objetos quotidianos semi-inteligentes. Assim como não "usamos", literalmente, nosso cérebro, mas é o funcionamento do mesmo que nos faz ser quem somos e o que somos, assim também as tecnologias com que lidamos se incorporam à nossa personalidade de modo a "tornar-se mais e mais difícil dizer onde o mundo termina e a pessoa começa" (Clark, 2003, p. 7). Por sua vez, o mundo constitui para nós, cada vez mais, um sistema de apoios e instrumentos tecnológicos para nossa percepção, nosso pensamento, nossas emoções e nossa ação[14]. Os ambientes de moradia, de trabalho e de lazer estão cada vez mais cheios de aparelhos "inteligentes" (*smart*) que dialogam entre si, e de cuja rede nos servimos[15].

Lembrando que o nosso cérebro funciona em grande medida sem que tenhamos consciência de suas operações, Clark faz notar que os recursos de que nos servimos cotidianamente tornam-se por assim dizer "transparentes", quase inconscientes, para nós (uma outra forma de apontar para nossa identificação com eles): não focamos a nossa atenção nem na caneta com que escrevemos, nem no relógio que consultamos, nem no celular com que nos comunicamos. E, no entanto, é mediante eles que estamos lidando com nossos problemas, triviais ou extraordinários. Dessa maneira, nos transformamos em sistemas inteligentes distribuídos em nosso cérebro, nosso corpo e nosso mundo[16]. Sistemas que, além do mais,

---

[14] "A mesma denominação da unidade móvel [o celular] como primariamente um telefone é agora duvidosa, na medida em que mais e mais fabricantes o veem antes como uma ponte eletrônica multifuncional entre o portador e um universo invisível, porém poderoso de informação, controle e resposta" (Clark, 2003, p. 27).
[15] Essa rede veio a ser denominada "internet das coisas" (IoT, *internet of things*, em inglês). A denominação foi proposta pelo pesquisador Kevin Ashton, do MIT, em 1999.
[16] O desempenho de um motorista de carro ou de um piloto de avião, comandando o veículo através de um painel cada vez mais cheio de instrumentos ilustra claramente essa integração.

não estão limitados ao lugar em que fisicamente nos encontramos (podemos estar "telepresentes" em qualquer parte do mundo), ao passo que a noção da sua dimensão corporal se modifica com frequência: repare-se em como sentimos nosso corpo diferentemente ao andar de bicicleta, ao passar por uma porta automática, ao observar algo através de binóculos[17]. E assim, "[t]ecnologias transparentes bem ajustadas têm o potencial de impactar o que nos sentimos capazes de fazer, onde sentimos que estamos situados, e *que classe de problemas nos sentimos capazes de resolver*" (Clark, 2003, p. 34, grifo meu).

As tecnologias que inventamos e de que nos servimos estimulam, por sua vez, o desenvolvimento da nossa inteligência, como já foi mencionado. Tornamo-nos cada vez mais capazes de resolver velhos e novos problemas, nas mais diversas atividades. "Não devemos nunca subestimar – escreve Clark – a medida em que nossas habilidades como artistas, poetas, matemáticos, e assim por diante, podem ser modeladas por nosso uso de apoios [*props*] e meios [*media*] externos" (Clark, 2003, p. 77). A evolução tecnológica "expande e reforma o espaço da racionalidade humana", pois existem evidências científicas de que "o ambiente em que nossos cérebros crescem e se desenvolvem pode efetivamente ajudar a estruturar o cérebro de formas muito profundas" (*Ibidem*, 84)[18].

As ideias de Clark podem ser complementadas com a tese de Davis Baird (1954-), filósofo norte-americano, que sustenta em seu livro *Thing Knowledge: A Philosophy of Scientific Instruments* (2004) não serem os instrumentos científicos (uma bússola, um microscópio, um computador, um sequenciador de ADN) meros portadores do conhecimento, mas constituírem conhecimento

---

[17] O fenomenólogo Don Ihde descreve as diversas maneiras em que nos relacionamos com os artefatos tecnológicos (ver Ihde, 1990, cap. 5). Nossa relação com o tempo também se alterou com o uso (e a evolução) dos relógios, conduzindo-nos a uma cultura de "tempo disciplinado" (Clark, 2003, p. 40).

[18] Essa aptidão humana é permitida pela plasticidade do cérebro e possibilitada pela infância muito mais longa do ser humano. Ambos fatores resultam em uma mente capaz de desenvolver-se muito mais e diferentemente dos outros animais (Clark, 2003, p. 85).

materializado. Se os instrumentos são portadores de conhecimento, isso não ocorre sempre do mesmo modo. Baird propõe distinguir entre três tipos de artefatos epistemicamente significativos, três classes de "conhecimento-coisa" ou "conhecimento coisificado" (*thing-knowledge*). Existem, por um lado, os artefatos que *representam*, como os planetários dos séculos XVIII e XIX, e o modelo helicoidal da molécula de DNA; por outro, os artefatos que mostram o *conhecimento em ação* (*working knowledge*), como a bomba de ar e o cíclotron; por fim, temos os artefatos que *sintetizam* (*encapsulate*) conhecimento, de uma régua até a um espectrômetro.

Conforme Baird, é da maior importância reconhecer como conhecimento (digamos, corporificado), e não apenas como auxiliares do conhecimento, os artefatos antes mencionados[19]. Ao incluirmos em nossa visão do saber humano o "conhecimento coisificado", modificamos a nossa compreensão da história e das relações entre ciência e tecnologia. A mudança de percepção aqui proposta não é fácil – comenta Baird – pois a materialidade dos instrumentos passa despercebida até para os analistas da tecnologia, quando os caracterizam como "portadores de informação" e resultados de ideias. É significativo, acrescenta, que a materialidade dos artefatos seja percebida (admitida) tão somente ao fabricá-los ou quando quebram. "Porém, crenças acerca de artefatos não são elas próprias os artefatos", corrige nosso autor (Baird, 2004, p. 148). E o engajamento direto com os materiais é um dos componentes do progresso em nosso conhecimento do mundo. Por isso, conclui Baird, o desenho de artefatos não consiste apenas em lidar com ideias, mas cobre "o mútuo emprego do material e do proposicional", bem como "formas híbridas" tais como gráficos, simulações por computador e modelos materiais.

---

[19] Na opinião de Baird, o papel do pensamento e da linguagem tem sido sobrestimado, na tradição filosófica ocidental, com relação ao papel da ação e do uso de instrumentos para a obtenção do conhecimento. Teorias e textos passaram por ser os únicos portadores de conhecimento, para filósofos, historiadores e até para sociólogos da ciência (Baird, 2004, p. 7).

Embora Baird não tematize nesse livro especificamente a inteligência, fica óbvio que nosso pensamento e nossa ação inteligentes (em particular, nossa capacidade de resolver inteligentemente nossos problemas, depende dos instrumentos de que, circunstancialmente e/ou por educação dispomos. E não apenas na pesquisa científica, mas na vida cotidiana.

Outro complemento importante às ideias de Clark provém do volume interdisciplinar *Intelligence and Technology* (2005), editado por Robert Sternberg e David Preiss[20]. Criticando a crença tradicional em um fator geral de inteligência, o livro confirma a tese de Clark:

> Quando as ferramentas cognitivas são levadas em consideração, a imagem da inteligência que surge é muito diferente da teoria [do fator] *g*. Na verdade, uma consideração da tecnologia nos leva a ver a inteligência como configurada [*shaped*] pelos recursos externos que um sujeito tem à mão: um roteiro [*script*], um sistema numérico, um mapa, ou um computador, para mencionar apenas alguns. (Sternberg & Preiss, 2005, p. 199)

Além disso, as pesquisas constatam que as tecnologias ao mesmo tempo refletem e influenciam o desenvolvimento cognitivo humano, que a inteligência humana se "reinventa" em relação com as tecnologias de que se dispõe, que amiúde é necessário levar em consideração o contexto tecnológico específico para entender um dado comportamento inteligente e que a noção implícita de inteligência de um grupo social depende das ferramentas culturais com que lida[21].

---

[20] Trata-se de um trabalho em colaboração em que participaram psicólogos e educadores, pesquisando empiricamente questões relativas ao modo como diferentes tecnologias influenciam as habilidades humanas, principalmente as cognitivas, não apenas no âmbito do ensino/aprendizagem, mas também no mundo do trabalho. A descrição das pesquisas e seus resultados reforça a credibilidade das conclusões contidas no livro.

[21] Não pode surpreender, portanto, que em nossa sociedade tão permeada pelo uso do computador, a inteligência seja amiúde identificada com a velocidade para processar informação.

6 A INTELIGÊNCIA ARTIFICIAL (IA)

A denominada de inteligência artificial[22] consiste em sistemas de processamento de informação (*softwares*), "máquinas virtuais" (MV) que imitam o funcionamento da mente humana (Boden, 2018). A mente humana, por sua vez, pode ser entendida como o conjunto de MVs funcionando em paralelo e interagindo. Ainda que a pesquisa em IA tenha como um dos seus propósitos entender o funcionamento do cérebro e da mente humana (um assunto ao qual voltarei), interessa-nos neste momento as aplicações práticas dessa pesquisa, que se traduzem nos diversos programas, governados por algoritmos, de que dispomos como ferramentas e que influenciam cada vez mais nossa consciência[23]. Calcular, redigir e traduzir textos, buscar ou analisar informação[24], aprender, projetar objetos, gerir uma empresa, administrar a produção ou venda de mercadorias, operar no mercado financeiro, nos comunicar e proteger a comunicação, prever eventos, e inúmeras outras atividades próprias dos diversos empreendimentos humanos são hoje realizadas mediante a inteligência artificial, encarnada nos diversos artefatos governados por computadores e globalizada pela internet. Cada vez mais, os profissionais (advogados, médicos, educadores, administradores, árbitros de esportes, políticos) são auxiliados por recursos que têm por base a IA, e que os ajudam a tomar decisões ou até parecem as oferecer prontas. Sentenças, diagnósticos, avaliações, diretrizes, medidas disciplinares e estratégias tornam-se assim mais seguras. A automação – um desenvolvimento lógico da IA – faz com que um número crescente de tarefas seja realizado por máquinas autônomas (na indústria, no transporte, na agricultura, na comunicação...), aliviando o esforço humano e permitindo façanhas como a exploração do espaço. De

---

[22] Batizada como tal por John MacCarthy, cientista norte-americano da computação, em 1956.
[23] Cabe lembrar que um algoritmo é, em Informática, um conjunto de regras e procedimentos lógicos perfeitamente definidos que levam à solução de um problema em um número finito de etapas.
[24] "A ferramenta de busca do Google é, provavelmente, o maior sistema de IA já criado" (Bostrom, 2014, posição 795 da ed. Kindle).

resto, e como é sabido, os programas algorítmicos estão se desenvolvendo de maneira prodigiosa, aprendendo a aprender e criar[25].

Mas, é a IA uma verdadeira inteligência? No livro *What computers can't do* (O que os computadores não podem fazer), publicado originariamente em 1972 e reeditado como *What computers still can't do* (O que os computadores ainda não podem fazer) em 1992, o filósofo norte-americano Hubert Dreyfus (1929-2017) criticou a tentativa de emular artificialmente a inteligência humana, atacando as bases biológicas, psicológicas, epistemológicas e ontológicas do projeto[26]. Dreyfus, de formação fenomenológica, rejeitava que a inteligência humana pudesse ser reduzida à manipulação de representações simbólicas mediante regras, alegando que, ao agirmos de maneira inteligente, o fazemos de um modo *holístico*, com sentido da *relevância* dos dados e envolvendo-nos em determinada atividade que tem um propósito. Na maioria das ações inteligentes – argumentava – não seguimos necessariamente regras nem calculamos rapidamente possibilidades de resultados. O projeto da IA obedece a uma noção "representacionalista" do conhecimento (de origem cartesiana), que identifica compreensão com análise e mente com manipulação de símbolos. Segundo Dreyfus, o projeto de uma "razão artificial" era, não apenas errado, como também pernicioso, pois "confirmaria a compreensão do homem como um objeto" e influenciaria negativamente a vida humana (Dreyfus, 1992, p. 78). Como veremos, tal preocupação é compartilhada por outros estudiosos.

A crítica de Dreyfus permanece como um clássico na matéria. Em 1980, outro filósofo norte-americano, John Searle (1932-), objetou as pretensões da IA de reproduzir estados cognitivos humanos, mediante um experimento mental denominado de "quarto chinês" no artigo "Minds, brains, and programs". Searle

---

[25] Existem já programas que compõem música e escrevem textos. E programas que jogam (xadrez, gamão, palavras cruzadas) derrotaram jogadores humanos desde a década de 1990 (Bostrom, 2014).
[26] Tenho apresentado essas críticas com certo detalhamento em (Cupani, 2017).

imagina a si mesmo enclausurado num quarto e recebendo por uma abertura na parede textos com perguntas formuladas por um chinês em sua língua (idioma que Searle desconhece). Se estiver equipado com dicionários, manuais e obras desse tipo que lhe permitissem relacionar os caracteres chineses entre si, Searle poderia enviar para o exterior, por uma outra abertura, as respostas àquelas perguntas, sem ter entendido nada do conteúdo desse diálogo[27]. Dessa maneira, Searle achou ter provado que os sistemas de IA a rigor não *entendem* o que processam, à diferença da mente humana. O argumento de Searle foi e continua sendo discutido entre defensores e críticos da IA, mas ele focou uma questão central, levantada por outro experimento mental conhecido como "teste de Turing". O matemático britânico Alan Turing (1912-1954) imaginou, em seu artigo "Computing Machinery and Intelligence" (1950), uma máquina que pudesse responder a perguntas de um ser humano, ao mesmo tempo que outro ser humano as respondesse também. Se o interrogador, ignorante de que um dos seus interlocutores é uma máquina, não conseguir distinguir as respostas da máquina das respostas da outra pessoa, isso mostraria que as máquinas podem pensar (ou mais exatamente, podem se comportar como se pensassem)[28].

Está em questão, por conseguinte, o significado das expressões "pensar" e "conhecer" quando aplicadas à IA. Se as máquinas, a rigor, não pensam nem conhecem, então a sua "inteligência" é algo bem diferente da humana. É interessante que o filósofo Mário Bunge (1919-2020), de posição teórica bem diferente da Fenomenologia, também tenha criticado a equiparação do cérebro humano com um computador (noção que denomina de "computacionalismo")[29]. Bunge observa que os processos mentais

---

[27] As entradas e saídas da informação simbolizam, obviamente, o input e o output de um programa de computador.
[28] Razão pela qual Turing referia-se a seu teste como um "jogo de imitação". Este é, aliás, um ponto amiúde observado pelos críticos do "teste".
[29] Bunge, físico de formação, concebia a filosofia como um saber rigoroso, compatível com o da ciência. Para ele, doutrinas como a Fenomenologia eram "subjetivistas".

humanos em sua maioria não são computações, que estas últimas são operações entre símbolos (ao passo que as operações mentais são processos neuronais), que os processos mentais (supostos *softwares*) não podem ser separados do cérebro (suposto *hardware*), e que o computacionalismo corta os laços entre cognição, emoção, motivação e sociabilidade, próprios do cérebro humano (Bunge, 2017, cap. 12). Para o autor, os fenômenos mentais, por conseguinte, a inteligência, poderão ser explicados tão somente pelo progresso da neurociência, junto com a psicologia e a sociologia (Bunge, 2017, p. 251) e não pela sua simulação mediante o computador[30].

Por sua vez, Margaret Boden (2018 [2016])[31], apontando que uma inteligência artificial *geral* é o objetivo mais importante (e ainda longe de ser alcançado) da pesquisa em IA, observa que os computadores a rigor não captam o significado do que "leem" ou "dizem", e que não entendem as imagens visuais que registram (como os humanos o fazemos). Mais importante ainda, a IA carece de algo equivalente ao senso comum humano, da capacidade de colocar a situação-problema dentro de um âmbito maior pressuposto de experiências e conhecimentos, e do sentido da relevância das informações (a menos que o sistema seja programado para detectar determinada relevância). Tampouco ela tem, como a inteligência humana, relação com a corporeidade. Além do mais – continua Boden – um agente de IA é um sistema autocontido, "autônomo", ao passo que a inteligência humana é amiúde *distribuída* entre a pessoa que age e outros agentes[32]. Até a (surpreendente) criatividade de alguns programas têm ainda limitações: os romances e *scripts* escritos por robôs são medíocres

---

[30] Contra Bunge, cabe registrar que avanços na simulação completa do cérebro (*Whole-brain emulation, WBE*) estão ocorrendo mediante a combinação da IA e a neurociência (Boden, 2018 [2016], pos. 2763).
[31] Margaret Boden (1936-) é uma pesquisadora em ciência cognitiva da Universidade de Sussex (UK).
[32] É deste modo que se realizam ações como manobrar um navio. Mas também é "distribuída" a cognição individual na medida em que integra subsistemas cognitivos, motivacionais e emocionais (Boden, 2018 [2016], pos. 1191).

(Boden, 2018 [2016], pos. 1371). Insistindo nas carências dos sistemas de IA, Boden afirma:

> Uma IAG [inteligência artificial geral] verdadeiramente inteligente deveria possuir consciência. Por exemplo, ela focaria (prestaria atenção a, seria consciente de) diferentes coisas em diferentes momentos. Um sistema de nível humano seria capaz também de deliberar e de refletir sobre si mesmo. Ele geraria ideias criativas e eventualmente as avaliaria. Sem essas capacidades, não poderia gerar um desempenho que pareça inteligente. (Boden, 2018 [2016], pos. 2312)

Boden recapitula suas críticas afirmando que: "a IA nos ensinou que a mente humana é imensamente mais rica, e mais subtil, do que os psicólogos previamente imaginaram. Em verdade, essa é a principal lição a ser aprendida da IA" (Boden, 2018 [2016], pos. 1157)[33].

7 A "SINGULARIDADE"

Os desenvolvimentos da inteligência artificial levam alguns pensadores a conjecturar a existência futura (talvez não tão distante) de uma superinteligência que, para bem ou para mal, venha se impor à humanidade[34]. Tratar-se-ia de um sistema (ou conjunto de sistemas) que, após alcançarem as habilidades próprias

---

[33] Cabe mencionar que a sua detalhada crítica da IA não impede Boden de apreciar as suas vantagens nem as novas possibilidades que abre para a inteligência humana, como a arte gerada por computador, ou a construção e robôs que ajudam a cuidar de crianças e idosos. E considera a tradução por máquinas "espantosamente bem-sucedida", ao menos para textos técnicos de reduzido vocabulário (Boden, 2018 [2016], pos. 1446). Convém reparar que, se autores como Gardner tiverem razão e não existir, a rigor uma inteligência humana geral, a questão de uma IA analogamente geral deveria ser repensada.

[34] John (Jack) Good (1926-2009), cientista da computação e colaborador de Alan Turing, predisse em 1965 a existência de uma "máquina inteligente" que "superaria em muito as atividades intelectuais de qualquer homem, não importa o quanto for inteligente" (*apud* Boden, 2018 [2016], pos. 2661).

da inteligência humana, a superassem. Essa inteligência mais do que humana é denominada às vezes de "Singularidade"[35].

O filósofo sueco Niklas Bostrom (1973-)[36], professor em Oxford, explora quase exaustivamente o tema no seu livro *Superintelligence: Paths, Dangers, Strategies* (2014). Conforme Bostrom, a superinteligência poderá ser alcançada por diversos caminhos: pelo avanço da pesquisa em inteligência artificial (ou seja, pelo desenvolvimento de algoritmos evolutivos[37] cada vez mais capazes de aprendizagem), pela emulação do cérebro humano (vale dizer, pela produção de um cérebro artificial), pelo aprimoramento das capacidades cognitivas humanas mediante a engenharia genética, pelo desenvolvimento de sofisticadas interfaces homem-máquina ou pela formação de redes e organizações (isto é, pela montagem de uma inteligência coletiva) (Bostrom, 2018 [2014], pos. 998). De todas essas vias, Bostrom considera como mais promissora, pelo seu ritmo de crescimento, a da inteligência artificial, que reproduz, aceleradamente, a evolução natural da inteligência humana. Outra via fecunda, porém, mais demorada, é a da emulação do cérebro. Menos factíveis parecem-lhe as restantes vias, sobretudo a curto prazo[38].

Mesmo sendo a pesquisa em IA a perspectiva mais favorável, Bostrom sujeita o advento da superinteligência ao alcance de um

---

[35] "Technological singularity", ou simplesmente "the singularity". Termo cunhado pelo matemático e físico John Von Neumann em 1957, e popularizada pelo escritor e cientista norte-americano Vernor Vinge (1944-) na década de 1990. Outro "profeta" da singularidade é o tecnólogo Raymond Kurzweil (1948-), diretor de engenharia do Google. Bostrom prefere evitar essa expressão por ser ela usada com diversas conotações.

[36] Bostrom é um pensador particularmente relevante para nosso tema, porque suas pesquisas e reflexões focam o futuro da humanidade e as consequências a longo prazo das invenções humanas. Também por ser fundador e diretor de importantes instituições como o Instituto para o Futuro da Humanidade da Universidade de Oxford e o Instituto para Pesquisa Estratégica em Inteligência Artificial.

[37] Os algoritmos evolutivos são métodos de otimização e busca de soluções inspirados na evolução biológica.

[38] Bostrom acha verossímil que alguma forma de superinteligência possa ser produzida até 2050 (Bostrom, 2018 [2014], pos. 987).

sistema de IA *geral*, porque os programas até hoje desenvolvidos, embora tenham resultados fantásticos, são específicos (isto é, aplicam-se apenas a uma determinada tarefa). Outra diferença, e muito importante, entre a superinteligência e a inteligência humana reside em que esta última inclui consciência e percepção do sentido das informações, como já vimos. No entanto, alerta Bostrom:

> Uma inteligência artificial não precisa necessariamente se parecer muito com a mente humana. IAs poderiam ser — e provavelmente a maioria delas será — completamente diferentes da inteligência humana [...] Além do mais, os sistemas que definem os objetivos das IAs podem divergir completamente da maneira como a mente humana define objetivos. (Bostrom, 2018 [2014], pos. 1273 e 1280)

O que torna mais perigosa uma eventual superinteligência é que ela poderia "não ser sábia", isto é, não perceber o que de veras é importante na/para a vida humana (Bostrom, 2018 [2014], pos. 2083). Isto é, ela poderia ser cega ou indiferente a questões cruciais como justiça, liberdade, saúde, democracia, etc.

Note-se que, uma vez produzida, uma superinteligência igual à humana, porém muito mais veloz do que ela, geraria quase inevitavelmente a inteligência super-humana, o que não implica que isso venha a acontecer subitamente[39]. O mais provável é uma transição paulatina das formas de inteligência humana hoje existentes (em nível individual ou coletivo), e uma futura superinteligência (ASI, *Artificial Superhuman Intelligence*).

Margaret Boden (Boden, 2018 [2016], cap. 7), ela própria cética quanto ao advento da Singularidade, elenca alguns prognósticos de pessimistas e otimistas sobre as consequências de tal ocorrência. Os pensadores pessimistas, como Vernor Vinge, temem que a ASI implique no fim da civilização e até da

---

[39] Menos possível ainda seria que ela surgisse de maneira espontânea, por exemplo, como um surto a partir da Internet, ela própria um esboço de IA coletiva. Afirma Bostrom: "[...]desenvolver uma inteligência de máquina já seria um feito extremamente difícil e demandaria um árduo trabalho de engenharia, sendo inconcebível supor que pudesse surgir de forma espontânea" (Bostrom, 2018 [2014], pos. 1931).

humanidade. Alguns preveem robôs malignos governando homens reduzidos a anões. Para outros, a Singularidade não teria intenção maligna, mas seria enormemente daninha de qualquer modo, sobretudo porque seria indiferente a nosso destino, como o somos com relação ao restante mundo animal. Existe quem conjecture que ela poderia ser usada apenas para consultas, não para agir sobre/no mundo, mas a ASI poderia espalhar fatos, falsidades e viroses pela Internet, prejudicando a vida humana. Outros ainda imaginam que os produtos da inteligência super-humana, após terem entendido a nossa inteligência, farão como que façamos por eles o "trabalho sujo" em diversas atividades, subornando-nos ou ameaçando-nos para consegui-lo.

Algumas previsões otimistas são para Boden ainda mais desafiadoras. Sobretudo, as de Kurzweil[40] (*The Age of Intelligent Machines*,1990; *The Age of Spiritual Machines*, 1998) de que poderemos viver em um mundo virtual e eliminar a morte pessoal (o corpo morreria, mas as personalidades e memórias seriam conservadas pelos computadores), doutrina batizada como "trans-humanismo" ou "pós-humanismo". Os "ciborgues" transumanos teriam diversos implantes diretamente conectados aos cérebros, e próteses para membros ou órgãos dos sentidos. O conhecimento racional, bem como como o estado de ânimo, seria potencializado mediante drogas. Calculando que a ISA poderia ser alcançada em torno de 2045, Kurzweil prevê a desaparição da guerra, da doença e da pobreza, bem como uma "explosão" de arte e ciência. Quando tudo isso se tornasse habitual, seria visto como "natural". Essas transformações da vida humana têm consequências sócio-políticas: as concepções de igualitarismo e democracia serão desafiadas, porque novas subespécies poderão ser geradas a partir de humanos suficientemente ricos para explorar essas possibilidades. Em todo caso, a Singularidade traria consigo um mundo em que a diferença

---

[40] Raymond Kurzweil (1948-) é um escritor estadunidense, também inventor, tecnólogo e empresário, famoso por suas predições, várias delas confirmadas, sobre o futuro da humanidade mediante o desenvolvimento da IA, a nanotecnologia e a biotecnologia.

entre homem e máquina, realidade física e virtual, iria desaparecer[41].

Como adiantei, Margaret Boden é cética quanto ao advento da Singularidade. A IA é segundo ela menos prometedora do que muitos pensam. Muitas coisas a IA ainda não pode fazer, pois requerem o senso humano de relevância. Também: IA está focada na inteligência racional, ignorando a social/emotiva. Uma IAG que pudesse interagir plenamente com nosso mundo necessitaria tudo isso. Mesmo assim, Boden admite que não há obstáculo *em princípio* para que a IA alcance o nível da inteligência humana (provavelmente, sem consciência). A questão é se ela é possível *na prática*, o que Boden acha duvidoso de momento. Os conhecimentos necessários sobre o funcionamento do cérebro (e até sobre sua estrutura física, química e biológica) são imensos. Por outra parte, os fundos necessários para as pesquisas são gigantescos[42].

Para Boden, mais importante do que o (improvável) advento da Singularidade são as preocupações e medidas que a previsão de uma inteligência artificial igual à humana (passo prévio à Singularidade) suscita. A IAG poderia carecer de critério para desencadear ou deter processos automáticos programados[43]. A

---

[41] Kurzweil tempera seu otimismo – comenta Boden – admitindo que a inteligência é "inerentemente incontrolável", e que não se divisam estratégias que possam garantir de modo absoluto que a IA irá encarnar a ética e os valores humanos (*apud* Boden, 2018 [2016], pos. 2679)

[42] A autora ilustra a magnitude desse esforço financeiro necessário citando iniciativas como o *Human Brain Project*, da União Europeia (2013), no valor de 1 bilhão de libras, e o projeto *Brain*, também de 2013, lançado pelo presidente B. Obama com um orçamento de 3 bilhões de dólares, mais um "montante significativo" de contribuição privada, ambos atingindo apenas parte dos conhecimentos requeridos (Boden, 2018 [2016], cap.7, pos. 2772).

[43] Boden lembra que, durante a "crise dos mísseis" entre EUA e a URSS em 1960, foi a intervenção de operadores humanos decidindo não atender o alerta de sistemas que pediam um ataque defensivo contra a URSS o que evitou que se desencadeasse a guerra. Os operadores julgaram que o comportamento dos soviéticos não parecia indicar que estivessem dispostos a atacar. Um sistema de IA careceria dessa capacidade de julgamento (Boden, 2018 [2016], pos. 2821 a

utilização cada vez maior de robôs na indústria e outras atividades está provocando um desemprego que pode tornar-se massivo e atingir não apenas os operários, mas também os administradores e outros profissionais. As pessoas desempregadas (ou ainda não empregadas) podem achar difícil capacitar-se para outras tarefas, cada vez mais sofisticadas, no universo tecnológico. O uso e o comportamento de sistemas autônomos, como os drones e os carros autodirigidos, suscita questões de atribuição de responsabilidade, legal e moral. Com efeito: quem seria o responsável por um acidente provocado por um desses veículos? O designer, fabricante, o dono, o usuário? E poderia alguém ser responsabilizado por *não* usar um recurso de IA disponível (p.e., um médico para um diagnóstico)? A utilização de robôs humanoides, carentes de empatia, para cuidar de idosos, de pessoas desvalidas ou de crianças, é, na opinião de Boden, "arriscada na prática e eticamente duvidosa": as pessoas podem ser de certo modo enganadas, o que atenta contra sua dignidade. Pode alguém, conversar ou discutir *verdadeiramente* com um "parceiro" dessa índole, ou ser *verdadeiramente* compreendido por ele? Por sua vez, robôs cuidadores de crianças podem prejudicar seu desenvolvimento social e linguístico, ao substituir a comunicação normal entre a criança e seus semelhantes. Problemas parecidos suscita o uso de robôs como parceiros sexuais, um uso que reduz o amor ao prazer sensorial. Outro aspecto da vida humana atingido é a privacidade, cada vez mais ameaçada pela disseminação, voluntária ou não percebida, das informações pessoais. Também o está a segurança cibernética, pela proliferação de "hackers" e a dificuldade de gerar algoritmos imunes a eles. *Last but not least*, as aplicações militares da IA são igualmente ameaçadoras, como armas que podem decidir quais alvos atacar ou robôs soldados, com habilidades para o combate e a destruição maximizadas e nenhuma semelhança psicológica com combatentes humanos.

Entre as medidas para enfrentar uma possível IAG, Boden menciona a iniciativa da ONU e do *Human Rights Watch* de banir

---

2830). A mesma questão (decisões de máquina vs. decisões humanas) foi tratado no filme *Sully* (de 2016).

as armas completamente autônomas (tratado infelizmente ainda não assinado à época de publicação do seu livro). Entre as instituições fundadas na perspectiva do advento da IAG e da Superinteligência, Boden cita o *Centre for the Study of Existential Risk* (CSER) em Cambridge, o *Future of Humanity Institute* (FHI) em Oxford, o *Future of Life Institute* (FLI) em Boston e o *Machine Intelligence Research Institute* (MIRI) em Berkeley (Boden, 2018 [2016], pos. 2916-2917). As duas últimas instituições visam, entre outros, o propósito de alertar os responsáveis de políticas e influenciadores da opinião pública sobre os riscos da IA. Entre os esforços de pesquisa visando alcançar uma *Friendly* IA[44], isto [é, uma IA que ajude e não prejudique a humanidade], cabe mencionar ainda o código de conduta para os robôs proposto pelo escritor Issac Asimov (1920-1992)[45].

8 CONCLUSÕES

Não resta dúvida de que, entre outras vantagens, os artefatos e sistemas tecnológicos aumentam e estendem a nossa atividade inteligente. Na medida em que o agir inteligente implica valores tais como eficiência, controle e rapidez, a tecnologia certamente amplia, ao parecer indefinidamente, essa nossa habilidade. A quase onipresença dos sistemas de IA na vida urbana dos países industrialmente avançados, que invade também os países menos desenvolvidos, faz com que as atividades humanas se conformem cada vez mais a padrões "inteligentes", sobretudo no que tange à produção, o transporte e as comunicações. A globalização crescente converte enfim a Terra em um planeta "inteligente". Não deveríamos subestimar, acredito, a importância dessa modificação da existência humana, que torna a humanidade mais capaz, ainda, de todas as atividades que podemos prezar, da ciência ao comércio, da administração ao esporte, da arte à educação. Em todas elas encontra a inteligência natural do ser humano meios tecnológicos

---

[44] Expressão criada pelo *blogger* estadunidense Eliezer Yudkowsky (1940-), defensor desse tipo de IA.
[45] Sobre a problemática do comportamento moral dos artefatos, ver Wallach & Allen, 2009.

para alcançar novos fins. Quando duvidamos dessa vantagem, basta lembrar as condições de vida de outras épocas, às vezes não muito distantes, para apreciarmos a importância do progresso tecnológico.

É verdade, porém, que esse mesmo progresso implica no aumento das capacidades humanas que tememos: a guerra e toda forma de violência, como o terrorismo, a exploração sem medida dos recursos naturais, e o exercício do poder de controle das populações pelas elites dominantes, sejam elas políticas, empresariais ou religiosas. Também essas capacidades se tornaram "inteligentes".

Interessa-me, todavia, apontar para aspectos mais subtis da relação entre a inteligência e a tecnologia. Como já mencionei, esta última nos condiciona para enxergarmos todos os problemas com que nos deparamos como se fossem questões técnicas (o que nem sempre são). O resultado é que a "solução" do problema equivale em verdade à adequação do indivíduo (ou do grupo) às condições e exigências da sociedade tecnológica e sua lógica[46]. São diversas as manifestações dessa tendência. A aspiração à tecnocracia, ou seja, o governo dos técnicos; os livros e cursos de autoajuda, em que os problemas das pessoas parecem poder ser resolvidos mediante alguma receita; a economia e a administração "científicas"; a proliferação de artefatos que substituem os seres humanos na regulação e o controle da circulação e a comunicação (caixas, cancelas, portas, etc. automáticas), e até as tentativas de tratar cientificamente os problemas éticos (como em Bunge, 1989). A inteligência artificial é usada cada vez mais para monitorar as nossas vidas, transformando-nos em objetos controláveis e manipuláveis. Programas que armazenam dados sobre nossa identidade e nossa vida cotidiana, nos vigiam e nos induzem a pensar de certa maneira, a desejar ou temer coisas, a comprar e até

---

[46] O que foi antecipado pelos filósofos da Escola de Frankfurt (Theodor Adorno e Max Horkheimer) na década de 1940.

a votar[47]. Em resumo: é de se temer que a nossa inteligência, como pessoas, se converta cada vez mais em inteligência de máquina, e que sejamos mais "inteligentes", mas que as decisões não sejam propriamente nossas.

De qualquer modo, não se deve esquecer que, nesta matéria mais do que em outras, as mudanças (principalmente, invenções e inovações) ocorrem constante e rapidamente. Todas as ponderações do presente capítulo podem estar sendo afetadas, neste preciso momento, por essas mudanças.

REFERÊNCIAS BIBLIOGRÁFICAS

BAIRD, Davis. *Thing Knowledge: A Philosophy of Scientific Instruments*. Berkeley: University of California Press, 2004.

BODEN, Margaret. *Artificial Intelligence: A Short Introduction*. [2016]. Oxford University Press, 2018. E-book.

BOSTROM, Niklas. *Superinteligência: Perigos, caminhos e estratégias para um mundo novo*. [2014]. Trad. Clemente Gentil Penna e Patrícia Jeremias. Rio de Janeiro: Darkside Books, 2018. E-book.

BUNGE, Mário. *The Good and the Right*. Dordrecht: Reidel, 1989. (Treatise on Basic Philosophy, vol. 8)

BUNGE, Mário. *Matéria e mente: Uma investigação filosófica*. Trad. Gita K. Guinsburg. [2010]. São Paulo: Perspectiva, 2017.

CLARK, Andrew. *Natural-Born Cyborgs: Minds, Technologies, and the Future of Human Intelligence*. Oxford/New York: Oxford University Press, 2003.

CUPANI, Alberto. *Filosofia da tecnologia: Um convite*. 3ª ed. Florianópolis: Editora da UFSC, 2017.

DEARY, Ian J. *Intelligence: A Very Short Introduction*. Oxford: Oxford University Press, 2001.

---

[47] Aludo à intervenção clandestina da empresa *Cambridge Analytica* nas eleições norte-americanas de 2016, influenciando os votantes mediante dados colhidos no *Facebook*.

DREYFUS, Hubert L. *What Computers Still can't do: A Critique of Artificial Reason*. Cambridge: The MIT Press, 1992.

FERRE, Frederick. *Philosophy of Technology*. [1988]. Athens/London: The University of Georgia Press, 1995.

GOLEMAN, Daniel. *Inteligência emocional*. [1995]. Rio de Janeiro: Objetiva, 2011.

IHDE, Don. *Technology and the Lifeworld: From Garden to Earth*. Bloomington: Indiana Univeristy Press, 1990.

GARDNER, Howard. *Estructuras de la mente: La teoría de las inteligencias múltiples*. [*Frames of Mind: The Theory of Multiple Intelligences*, 1993]. México: Fondo de Cultura Económica, 2016.

KUHN, Thomas. *The Structure of Scientific Revolutions*. 2nd. Chicago: Chicago University Press, 1970.

ORTEGA Y GASSET, José. *Meditación de la técnica*. [1933]. Madrid: Espasa-Calpe, 1965.

STERNBERG, Robert J.; FORSYTHE, George B.; HEDLUND, Jennifer; HORVATH, Joseph A.; WAGENER, Richard K.; WILLIAMS, Wendy M.; SNOOK, Scott A.; GRIGORENKO, Elena A. *Practical Intelligence in Everyday Life*. Cambridge (UK): Cambridge University Press, 2000.

STERNBERG, Robert J.; PREISS, David D. (Eds.) *Intelligence and technology: The impact of Tools on the Nature and Development of Human Abilities*. Mahwah/London: Lawrence Erlbaum Associates Publishers, 2005.

WALLACH, Wendell; ALLEN, Colin. *Moral Machines: Teaching Robots Right from Wrong*. Oxford: Oxford University Press, 2009.

A evolução biológica e a visão de mundo de Theodosius Dobzhansky

Aldo Mellender de Araújo
Departamento de Genética, Instituto de Biociências,
Universidade Federal do Rio Grande do Sul
aldo1806@gmail.com

A evolução biológica, suas evidências e seus processos, formaram um eixo direcionador na vida deste cientista tão conhecido. Ele próprio declarou, em entrevista ao historiador da biologia Garland Allen, não publicada, mas posteriormente transcrita em capítulo de livro, que:

> O meu interesse em genética veio do meu interesse em evolução – o meu interesse em evolução, eu posso dizer, foi filosófico, ele veio primeiro; o interesse em genética veio a partir daí. Portanto, eu não tive dúvidas, desde o começo, que era isso que eu queria fazer. (Dobzhansky citado em Allen, 1994, p. 94)

O que se nota aqui é que, além do interesse em evolução, há uma outra dimensão, a filosófica segundo ele próprio. Parece ser lícito inferir que o filosófico neste caso tenha sido, se não religioso, pelo menos foi como uma visão de mundo. É interessante que em nenhum de seus livros de cunho estritamente científicos esta dimensão aparece; ela se torna visível em algumas obras de divulgação, bem como em artigos gerais sobre evolução, todas de alta qualidade. Uma exceção foi o capítulo sobre evolução humana, integrante de um livro-texto escrito por quatro nomes influentes na síntese moderna, teve apenas uma edição (Dobzhansky *et al.*, 1977). A obra é de excelente qualidade e provavelmente não teve uma outra edição devido ao fato de que Dobzhansky veio a falecer em dezembro de 1975, durante a preparação final do texto. O capítulo 14 (Evolution of Mankind), escrito por Dobzhansky, contém um parágrafo com a seguinte redação:

> O homem é, inquestionavelmente, o resultado mais dominante e competente, de um modo geral, do processo evolutivo. [...] Portanto, se a humanidade vier a se tornar extinta, seria o primeiro caso de suicídio evolutivo de uma espécie biológica. (Dobzhansky *et al.*, 1977, p. 441)

Um pouco mais adiante, na página 443, ele diz: "O nascimento de uma criança é agonizantemente doloroso, o que é um absurdo biológico". Esta e outras afirmações, constituem na verdade juízos de valor, antes do que uma redação científica; elas foram discutidas em Araújo (2000; 2020).

O objetivo deste trabalho será examinar um dos seus últimos livros, onde ele explicita a sua visão de mundo, na qual a evolução biológica tem um papel preponderante.

THE BIOLOGY OF ULTIMATE CONCERN

Essa obra foi originalmente publicada em 1967 e reeditada em 1971 como parte de uma coleção denominada *Perspectives in Humanism*, coordenada por Ruth Neander, que foi a edição utilizada no presente artigo. Uma tradução do título poderia ser, *A biologia da preocupação final (última)*, pois é a isso que o seu conteúdo remete o leitor.

Dobzhansky é direto na sua escrita, sem rodeios, como se pode ver no Prefácio do livro em questão:

> Permitam-me, então, deixar claro a natureza da minha empreitada. Esta não é uma tentativa de produzir uma filosofia a partir da biologia, mas ao invés disso, é o de incluir a biologia em uma *Weltanschauung*. (Dobzhansky, 1971 [1967], p. 2)

A *Weltanschaunng* a que ele se refere, pode ser vista como um conjunto de valores, impressões e sentimentos de natureza intuitiva, independentes de uma reflexão prévia, sobre o mundo. É também conhecida como "cosmovisão", ou ainda "visão de mundo". Mas Dobzhansky esclarece que o sentido desta palavra, em alemão, é mais profundo, de tal modo que a tradução para "visão de mundo" (*world view*) subverte ligeiramente o sentido original. Segundo ele, o termo latino *credo* está sendo utilizado mais apropriadamente como sinônimo de *Weltanschauung*, a qual estaria mais relacionada ao que Paul Tillich (teólogo muito citado por ele) chamou de *ultimate concern*, como sendo a essência da religião no sentido mais amplo e inclusivo[1]. Dobzhansky parece estar certo quanto a diferença entre *Weltanschauung* e *world view*, pois o filósofo Albert N. Wolters (1983) destaca que esta expressão foi empregada pela primeira vez por Kant, passando depois pelo idealismo alemão e o romantismo, tal que, por volta de 1840, o sentido do termo ficou estabelecido como uma visão global da vida e do mundo, aparentado com a filosofia, mas sem pretensões racionais, aproximadamente como foi definida acima. Ao final do século XIX o termo já era familiar ao mundo ocidental.

Na perspectiva biológica e evolutiva, diz ele, os organismos de um modo geral apresentam a "sabedoria do corpo" (*wisdom of the body*), isto é, a habilidade de reagir às mudanças ambientais onde suas capacidades de sobrevivência e reprodução seriam otimizadas pela seleção natural. Os humanos, por sua vez, adquiriram a "sabedoria da humanidade" (*wisdom of humanity*); esta sabedoria é fruto da autoconsciência (*self-awareness*), que permite ao ser humano ver-se como um objeto, dentre outros objetos. O sentido amplo de ser uma "pessoa", produziu a experiência de liberdade, da noção do bem e do mal. Mais ainda, diz ele na página 7, "a evolução é uma fonte de esperança para o ser humano"[2]:

> Seguramente o evolucionismo moderno não resgatou a Terra à posição de centro do universo. No entanto, embora o universo não seja geocêntrico, ele pode, concebivelmente, ser antropocêntrico. O humano, este misterioso produto do mundo da evolução, pode também ser seu protagonista e, finalmente, seu piloto. De qualquer modo, o mundo não é

---

[1] Paul Tillich discute o significado de "estar preocupado de forma última" (*being ultimately concerned*) no capítulo 2 da sua obra *Teologia Sistemática* (1984, p. 180).

[2] Estou fazendo uma tradução livre da palavra *man*, como humano, como é a tendência atual e não exatamente "homem".

fixo, não acabado, não imutável. Tudo nele está envolvido no fluxo evolutivo e desenvolvimento. (Dobzhansky, 1971 [1967], p. 7)

Seguindo nesta visão antropocêntrica e otimista, ele sustenta logo a seguir que se o mundo evolui, em algum momento ele será diferente do que é hoje e, em consequência, a humanidade poderá dirigi-lo para o que considerar bom e desejável. Certamente que esta capacidade será possível graças ao avanço científico; pode-se detestar a ciência e a natureza, diz ele, mas é cada vez mais difícil ignorá-la. Para realizarmos o famoso adágio "conhece a ti mesmo", certamente que a ciência não é suficiente; no entanto, se um *credo* coerente não pode ser derivado da ciência, sem ela isso será impossível. A conclusão do capítulo 1, mais uma vez, é direta e franca:

> Este pequeno livro não tem a pretensão de ser um tratado de biologia filosófica ou de uma filosofia biológica. Ele consiste em ensaios sobre aqueles aspectos particulares da ciência que foram especialmente influentes na formação do meu credo pessoal. (Dobzhansky, 1971 [1967], p. 11)

O capítulo 2, intitulado "Sobre deuses das lacunas" trata especialmente da contribuição da ciência para uma *Weltanschauung* (ou um *credo*, como ele passou a referir). É bem provável que ninguém discordará da afirmação de que a experiência de uma nova descoberta ou verdade é uma experiência estimulante. Entre os que duvidam desta afirmação haverá os que sustentam que há certos mistérios no mundo onde a ciência não está capacitada a contribuir. Para estes, o preenchimento destas lacunas no conhecimento deve ser encontrado em Deus. Eis aí, provavelmente, a raiz histórica do conflito entre ciência e religião; quem sabe, talvez aí estejam as origens da separação entre ciência e religião, a partir da segunda metade do século XIX. É um resumo desta história onde ciência e religião tomam caminhos diferentes que ocupa o autor neste capítulo, escrito de modo particular para os leitores não versados em biologia. Ali se discute, por exemplo, as concepções vitalista e mecanicista sobre a vida de um modo geral e, em particular, o desenvolvimento embrionário. É interessante também notar que a argumentação de Dobzhansky irá conduzi-lo a uma controvérsia que aconteceu durante a redação do livro: de um lado, a chamada biologia composicionista, darwiniana, ou ainda, organísmica, representadas pelos estudos clássicos de evolução e de outro, a biologia cartesiana ou reducionista, representada pela nascente biologia molecular[3]. Para ele, estes são dois caminhos explicativos legítimos e necessários, mas que fazem perguntas diferentes e, naturalmente, obtém respostas diferentes. Ele conclui no sentido de distensionar o conflito:

> Permitam-me destacar, entretanto, que não há uma dicotomia profunda. As explicações darwiniana e cartesiana tem sentido em todos os níveis biológicos, embora elas olhem os problemas da vida a partir de ângulos diferentes. Eles não rivalizam ou competem, mas são complementares. (Dobzhansky, 1971 [1967], p. 22)

A partir deste ponto ele irá discutir, utilizando como exemplo básico o desenvolvimento embrionário dos humanos, a origem da mente. Dentre vários autores citados está Sewall Wright, seu grande amigo e inspirador, "ídolo", como ele dirá em uma carta. Wright foi um dos importantes teóricos da evolução, o qual, juntamente com os ingleses John B. S. Haldane e Ronald A. Fisher estabeleceram as bases matemáticas da teoria que viria a ser chamada de "síntese evolutiva" ou "teoria sintética da evolução" (excelente análise em Smocovitis 1996 e 2020). Para Sewall Wright, a emergência da mente a partir a partir da não-mente, seria simplesmente mágico. Para fugir deste problema, o pensamento lógico deste autor supôs que a única solução satisfatória seria admitir que, embora o desenvolvimento embrionário de um ser humano possa ser explicado inteiramente por razões físico-químicas e se a mente não surgiu por pura mágica, então ela deve estar presente em suas células e nas moléculas e átomos que o

---

[3] A apresentação desta controvérsia, suas idas e vindas, foi muito bem discutida por Michael Dietrich em artigo de 1998. Edward O. Wilson (1994) a fez sob um ângulo bem pessoal.

compõem. Dobzhansky não concorda com este panpsiquismo do amigo; a saída que ele encontra é, mais uma vez, na evolução:

> A origem evolutiva da mente parece não necessitar de "mágica". Cada um de nós sabe que a sua própria mente não foi sempre o que é agora. Suas primeiras manifestações ocorreram em algum momento da infância; ela cresceu e atingiu a sua forma atual por estágios e gradações no processo da vida. Nada há que eu possa ver que proíba um processo análogo na evolução. A capacidade de desenvolver uma mente surgiu na espécie humana ou em seus ancestrais próximos ou remotos e cresceu até tomar a forma presente. O quão gradual foi este processo de crescimento e formação é uma outra questão. (Dobzhansky, 1971 [1967], p. 32)

O surgimento da mente, tal como outras características que apareceram na evolução, corresponderam a crises na evolução, momentos de virada de novas formas de ser. A estas inovações radicais ele chamou de emergências, ou transcendências do processo evolutivo. A mente humana, diz ele, não surgiu de alguma forma rudimentar de mente de moléculas e átomos; a evolução, não é um simples desempacotamento de algo escondido, ela é fonte de novidades. Todavia, essas considerações o levam a uma pergunta que ele designa como "espinhosa": estaria determinado que estas novas formas de ser apareceriam na história da vida? Não sabendo a resposta ele destaca que para uma mente finita e limitada, só é possível responder a tal pergunta de modo poético, como o fez Teilhard de Chardin, o padre jesuíta autor de *Le Phénomène Humain* (1955). Dobzhansky foi um grande admirador deste paleoantropólogo, tendo inclusive sido presidente da *American Teilhard de Chardin Association*, em 1969 (Ford, 1977). Mesmo sendo uma resposta poética, nada justifica que onde a ciência não é capaz de explicar, isso seja preenchido pelo "deus das lacunas"; esses estão mortos, diz Dobzhansky ao final do capítulo.

É a partir do capítulo 3 "Evolução e transcendência", que ele tratará do argumento principal do livro. As primeiras páginas são dedicadas aos múltiplos sentidos da palavra "evolução". Para o sentido biológico do termo, ele propõe "mudança sustentada em uma sucessão de gerações" (p. 36). Apesar deste início, seu objetivo a seguir é comentar sobre os mitos de criação em várias culturas. A narrativa do livro do Gênesis, por exemplo, é a-histórica e não evolucionista em relação ao universo e aos humanos; segundo ele, esta narrativa prevaleceu até aproximadamente o Renascimento, quando explicações científicas a ela se opuseram. Uma visão diferente é a da tradição hindu Vishnu Purana, para quem o mundo é cíclico, consistindo em criação e dissolução. De acordo com esta tradição, o universo se repetiria a cada 311 bilhões de anos, um valor colossal, comenta o autor, comparados aos modestos 5 bilhões de anos da origem do universo segundo os astrofísicos[4]. No entanto, para ele a tradição do Cristianismo apresenta uma visão evolucionista e histórica: o mundo teve um começo e terá um fim. Mais ainda, em um dado momento histórico, Deus assumiu a forma humana e viveu entre estes. O ser humano passou a exercer então um papel central, a dar um sentido histórico ao mundo.

Uma vez que a evolução biológica é o meio termo entre a evolução cósmica e a humana, cabe perguntar se estas três partes seriam independentes uma da outra, ou fariam parte de um processo de evolução universal. Esta seria uma forma alternativa de perguntar como os seres vivos surgiram da matriz não-viva e como a consciência e autoconsciência teriam surgido a partir dos processos fisiológicos nos nossos ancestrais. Neste cenário, diz ele, é preciso separar duas posições bem diferentes, ambas excessivamente simplistas: uma delas supõe saltos, descontinuidades no processo vida e não-vida e entre humanidade e animalidade. A outra, ignora as diferenças entre a evolução cósmica, biológica, humana, perdendo assim, a noção de novidade evolutiva. Uma das soluções para esta dicotomia seria a ideia de dimensões da existência, dos marxistas dialéticos, para quem as

---

[4] Naturalmente que Dobzhansky está usando valores admitidos em meados da década de 1960. O valor estimado atualmente para o Big Bang é de cerca de 15 bilhões de anos (Cordani, 2003), mesmo assim, um valor muito menor do que o suposto na tradição Vishnu Purana.

dimensões inorgânica, orgânica e humana tem, cada uma, suas leis peculiares. Neste sentido, Dobzhansky propõe que atingir um novo nível seria um ponto crítico, para o qual ele usa a expressão "transcendência evolutiva". Transcender é ir além dos limites, ultrapassar o comum. A outra, é a visão do teólogo Paul Tillich, comentada brevemente em parágrafos anteriores.

A origem da vida e a origem dos seres humanos constituem dois dos eventos mais críticos a se explicar; são duas transcendências. As origens da humanidade são discutidas nas páginas seguintes, de acordo com o registro fóssil disponível nos anos 60 do século XX[5]. Dobzhansky destaca em particular os Neandertais, que na época eram considerados uma subespécie do *Homo sapiens*, pelo fato de já praticarem o enterro de seus mortos. Para o autor, isso seria um sinal de humanização e, acima de tudo, que eles já possuíam a ideia de "consciência de morte" (*death-awareness*) e também a noção da "preocupação final" (*ultimate concern*), um tema que ele irá desenvolver no capítulo seguinte. O restante do capítulo é dedicado ao advento da cultura entre os humanos, bem como ao pensamento abstrato, a linguagem e o uso de símbolos. A comparação com outros animais é inevitável para Dobzhansky e neste sentido ele destaca que:

> Assim considerada, a espécie humana é não apenas muito bem-sucedida, mas a mais sucedida de todas as espécies que a evolução biológica produziu. [...] A evolução biológica transcendeu a si mesma na "revolução" humana. Um novo nível, ou dimensão, foi alcançada. A luz do espírito humano começou a brilhar. O humanum nasceu. (Dobzhansky, 1971 [1967], p. 58)

Ao desenvolver estas ideias, ele sustenta ainda que tais qualidades não surgiram "do nada", mas constituíram uma nova unidade, uma vez que o adjetivo *humanum* também pode ser aplicado a alguns animais. Baseado em outros autores contemporâneos, ele admite

---

[5] Duas boas atualizações sobre evolução humana podem ser encontradas em dois livros recentes, para um público amplo: um, organizado por Évelyne Heyer (2019) e a de Silvana Condemi e François Savatier (2019).

que aves, por exemplo, podem formar ideias abstratas, não verbais. A linguagem das abelhas, a dança, é simbólica também, ao indicar fontes de alimento. Da mesma forma, o ato de brincar, entre jovens animais e jovens humanos, serve para preparar o indivíduo para suas futuras atividades. Neste sentido ele já havia mencionado Darwin, na sua obra sobre as origens dos humanos e a seleção sexual (*Descent of man*, 1871), onde aquele autor sustenta que as diferenças entre os humanos e os animais "superiores" eram apenas de grau, não de tipo. Seria possível acreditar, que o *humanum* teria surgido por um somatório de acidentes? Não, diz ele, ao criticar alguns autores que assim pensaram, mutações não constituem evolução, são apenas o material bruto para tanto. Esta capacidade seria dada à seleção natural, "um mecanismo cibernético, que transmite informação sobre o estado do ambiente para o genótipo" (Dobzhansky, 1971 [1967], p. 60). Ele reforça ainda esta afirmação, ao dizer que a seleção natural é um processo criativo na evolução, capaz de gerar novidades que não existiam antes. Os últimos parágrafos deste capítulo procuram esclarecer que, apesar desta propriedade criativa da seleção natural, não se deve pensar que a evolução foi ou é, predeterminada.

Ao citar Dostoievsky, para quem os humanos necessitam não apenas do insondável e do infinito, mas também deste pequeno planeta onde habitam, Dobzhansky irá inquirir sobre a origem da consciência de morte, o tema do capítulo 4. Teria a consciência de morte sido objeto de criação especial por uma entidade divina, como sustentou John Eccles, o grande neurocientista do século XX? Para Dobzhansky, há tanto de divino na criação da autoconsciência como em qualquer evento natural. Como ele reforça na página 68, "a autoconsciência é uma das características mais fundamentais da espécie humana; ela é uma novidade evolutiva":

> [...] a espécie biológica da qual a espécie humana se originou tinha apenas rudimentos de autoconsciência, ou talvez nem a tivesse. A autoconsciência trouxe, entretanto, a companhia sombria do medo, da ansiedade e consciência de morte. (Dobzhansky, 1971 [1967], p. 68)

A propósito, este sabor amargo da consciência de morte fica eloquente em uma passagem do seu diário:

> Sábado, 16 de fevereiro de 1952.
>
> Eu estou atravessando uma crise espiritual e espero que seus resultados sejam benéficos. O ponto de partida é, naturalmente, o medo da morte e um medo de que a morte esteja próxima. Eu senti falta de intimidade e Natasha e eu permanecemos algum tempo juntos, choramos várias vezes. Eu sinto um enorme desejo de viver e toda a minha alma se revolta contra a morte[6].

Uma vez que cerimônias de sepultamento foram reveladas nos estudos arqueológicos e paleontológicos, a preocupação com os mortos constituiria um dos universais culturais da humanidade. Todavia, destaca Dobzhansky, isso não quer dizer que haveria genes específicos para tal. Segundo ele, os genes tornaram possível a cultura e sua manutenção, mas os genes não determinariam qual cultura particular surgiria, como, ou ainda em que lugar; de modo análogo, a linguagem e a fala. Teria a seleção natural um papel na origem da consciência de morte? Depois de algumas considerações biológicas ele conclui que esta consciência é um tipo de traço característico da nossa espécie, mas que não haveria evidência de que fosse adaptativa. Diz ele que isto é um elemento em um complexo de faculdades mentais, cujo núcleo seria a autoconsciência, a capacidade de pensamento abstrato, uso de símbolos e a linguagem. Como complemento, ele diz:

> Outras consequências são menos óbvias, mas não menos importantes. Tendo se tornado consciente da morte o humano provou o Fruto Proibido. Esta consciência é uma

---

[6] Na continuação, ele dirá que iniciou a redação de um artigo sobre ciência e religião, mas que deixou para continuar mais adiante, talvez publicando um livro sobre o assunto. Tanto os diários, assim como um farto material inédito sobre Dobzhansky, foram obtidos junto à Biblioteca da *American Philosophical Society*, na Philadelphia, EUA, com a ajuda de William B. Provine (1942-2015), com quem estive em duas oportunidades, nos anos 90, na Cornell University, Ithaca, New York.

> das fontes, possivelmente a fonte primária da preocupação última. (Dobzhansky, 1971 [1967], p. 76-77)

No entanto, para acautelar o leitor ele afirma que não deseja igualar o medo e pressentimentos de morte com a preocupação última. A situação é complexa, complementa, pois os estudos feitos em religiões antigas não foram conclusivos. Um dos últimos parágrafos deste capítulo procura explicitar que aqueles que acreditam em alguma forma de imortalidade e ressurreição em algum momento futuro, não estão menos preocupados com a transitoriedade do ser humano do que aqueles que veem na morte a aniquilação final. A diferença, diz ele, é entender que a nossa existência temporal é como um preparo para algo futuro e permanente:

> Um crente na imortalidade pode, portanto, olhar a sua própria salvação como sua preocupação última e como objetivo da sua vida. Se não há imortalidade, a situação se torna enormemente mais complexa e difícil. Um significado na vida pode apenas ser encontrado em algo maior do que, mas incluindo a personalidade. (Dobzhansky, 1971 [1967], p. 81)

Na busca por significado na existência, tema do penúltimo capítulo do livro, Dobzhansky usa mais uma vez seu grande conhecimento biológico e evolutivo, para comparar a condição de animal social, dos humanos, com a socialidade em outros primatas. Ele concorda com Aristóteles, para quem seríamos um *politikon zoon*, um animal social que vive em cidades-estado. Embora a família seja a mais velha e possivelmente a mais antiga das instituições sociais, as suas origens evolutivas ainda permaneceriam um mistério, a despeito de muitos esforços da comunidade de paleoantropólogos. É significativo que ele conjeture que a busca por um significado na vida, para um animal, seria simplesmente a vida em si mesma. Para um humano, porém, esta resposta seria insuficiente. "Eu sei que alguma coisa neste mundo tem um significado e esse é o homem; pois ele é o único ser que exige significado." Esta é uma citação de Albert Camus, o grande escritor argelino, a quem Dobzhansky complementa com o seguinte:

> Aqui está a força e a fraqueza de uma antiga idéia, de que a vida é um fim em si mesmo. Essa idéia sustenta a vida, mas pode ela satisfazer uma mente abençoada, ou amaldiçoada, com a autoconsciência e consciência de morte? Deve um significado da vida humana ser encontrado em alguma coisa além e acima dela, se é que isso pode ser encontrado? (Dobzhansky, 1971 [1967], p. 89)

Muitos autores sustentaram que ao enfrentar a luta pela vida, o ser humano inventou a mágica e desta, a religião. Dobzhansky discorda desta conclusão: para ele, a mágica tem uma função utilitária, a religião é aquilo que inventamos a partir da preocupação última. Além disso, a mágica, por mais que nela acreditemos, não nos dá um significado para a existência. Por mais que a mágica seja útil para a sobrevivência, ela nada nos diz sobre o porquê da existência. "O ser humano está no mundo pela vontade de Deus – completa Dobzhansky – e seu significado é ser um servo de Deus" (Dobzhansky, 1971 [1967], p. 90). Pelo fato de dar-se conta da sua transitoriedade e fragmentariedade, o ser humano tenta superar tais limitações ao tornar-se, pelo menos na sua imaginação, uma parte da vida eterna e do sublime. Esta é uma conclusão a que parecem ter chegado todas as sociedades e culturas que deixaram algum registro histórico. Dobzhansky subscreve a opinião do conhecido historiador Arnold Toynbee, para quem a religião não foi um subproduto da cultura humana, ao contrário, a cultura foi erigida sobre bases religiosas. Os parágrafos seguintes apresentam brevemente a jornada do conhecimento humano, científico e filosófico, onde ciência e religião estiveram ora juntas, ora separadas. Neste contexto, ele menciona Teilhard de Chardin, para ele um dos mais profundos pensadores do nosso tempo e que sofreu uma forte reação da sua própria igreja, a católica, via Sociedade de Jesus, proibindo-o de publicar seus escritos sobre as origens evolutivas do ser humano. "A ciência e a religião tratam de aspectos diferentes da existência", afirma Dobzhansky. Como forma de simplificar esta afirmação, ele propõe que a ciência trata de explicar os fatos do mundo, a religião, o seu significado. Mas há um fato *estupendo* (sic), com o qual as pessoas se confrontaram ao longo de suas existências e este fato é o Homem[7]. Mesmo nesses tempos de ceticismo e agnosticismo, diz ele, não deixamos de questionar, secretamente talvez, sobre velhos temas: minha vida teria algum significado e propósito além e acima do mero manter-me vivo na grande cadeia da existência? Teria o universo no qual vivo, algum significado? Apesar destas dúvidas, Dobzhansky sustenta que não é necessário que coloquemos a religião e a ciência em compartimentos separados[8]. Talvez tenha sido devido a este tipo de afirmação que o historiador da ciência John C. Greene o tenha criticado fortemente, em uma troca de cartas. Por exemplo, em uma carta de 30 de agosto de 1960, Greene diz o seguinte:

> Eu estou perplexo, atônito, perturbado, pelo vocabulário que você, Simpson, Huxley e outros, utilizam ao falar de evolução. Me parece estar totalmente em conflito com seus postulados filosóficos. Você deveria, ou abandonar este vocabulário, ou revisar seus postulados. (Greene citado em Ruse & Greene, 1996, p. 451)

Esta crítica é ampliada em outra carta, mais de um ano depois, 17 de novembro de 1961:

> De nada adianta dizer que o processo cósmico é "naturalmente criativo", ou que ele "transcende a si mesmo". Um enigma refraseado em linguagem poética ainda é um enigma. O que você diria para um físico que lhe afirmasse que seria uma propriedade natural da matéria, ou matéria-energia, transcender a si mesma? (Greene citado em Ruse & Greene, 1996, p. 458-459)

---

[7] Nesta tradução preferi manter o termo original "Man".
[8] Neste aspecto, Dobzhansky parece estar isolado entre seus colegas cientistas, não apenas seus contemporâneos. Stephen J. Gould por exemplo, publicou um pequeno livro, traduzido para o português como *Pilares do Tempo* (2002), onde defende a ideia dos "magistérios não interferentes" para a ciência e para a religião. Enquanto a ciência procura explicar o mundo natural e nesse contexto teria prioridade explicativa, a religião procura explicar o mundo supranatural, divino, e nesse contexto teria prioridade em relação à ciência. Como diz Gould neste livro, esta é uma proposta de convivência pacífica e respeitosa.

A correspondência entre ambos, intercalada por alguns raros contatos pessoais, durou cerca de 10 anos e foi publicada por iniciativa do filósofo Michael Ruse (Ruse & Greene, 1996).

Com um dos mais belos parágrafos do livro, Dobzhansky inicia o sexto e último capítulo, "A síntese Teilhardiana". Suas excepcionais qualidades como escritor aparecem neste parágrafo, cativando leitores com diferentes matizes religiosas, ou nenhuma. Eis apenas o começo:

> Entre dois milhões ou mais de espécies vivendo no mundo neste momento, a humana é a única que experimenta a preocupação final. Ela necessita de fé, de esperança e um propósito para viver e dar significado a sua existência. Ela está neste mundo não por sua própria escolha; ela quer pelo menos evitar o sofrimento; ela quer captar as alegrias que possam estar ao seu alcance. (Dobzhansky, 1971 [1967], p. 108)

É difícil negar tais desejos em qualquer pessoa, seja uma santa ou não. Mas Dobzhansky amplia o seu foco, ao dizer que o humano necessita de amor e de relacionamento com outras pessoas, necessita de autorrespeito, ser respeitado e admirado. Com tais objetivos, ele pode renunciar a prazeres e aceitar a dor e a provação. Muito provavelmente ele estava imaginando a si próprio ao escrever estas linhas. É difícil deixar de lembrar uma foto que faz parte do livro editado por Mark B. Adams (1994), onde, no capítulo escrito pela filha de Dobzhansky, Sophia, ele aparece com ela ainda pequena em uma praia, junto com a esposa Natasha. Esta e a filha estão com roupas de banho, descontraídas, enquanto ele está de calça, camisa, sapatos e meias, lendo um livro sob o guarda-sol. Estaria ele aí renunciando a alguns prazeres que os demais mortais costumam usufruir em período de férias?

Se nós fazemos parte da vida e esta é parte do planeta Terra e este do universo, então necessariamente a humanidade deve ter um significado. Mesmo sendo uma conclusão controversa, devemos conceder ao seu autor uma liberdade maior ao escrever um texto que não é, exatamente, científico, ainda que ele utilize a teoria científica da evolução como eixo para uma síntese entre religião e ciência, como se pode perceber nesta citação:

> O homem moderno deve erguer seus olhos acima das simples alegrias da sobrevivência e da procriação. Ele necessita nada menos do que uma síntese religiosa. Esta síntese não pode ser apenas a repetição de alguma das religiões atuais, mas ela não necessita ser uma nova religião.
>
> [...] O postulado central da síntese deve ser que o universo e tudo nele são produtos da evolução. A síntese deve ser uma síntese evolutiva. (Dobzhansky, 1971 [1967], pp. 109-110)

Ele reconhece que não é fácil para muitos, aceitar estas conclusões. As religiões propõem estabilidade, ao passo que tudo na evolução é mudança (a estabilidade evolutiva é rara). Como um recurso retórico ele apela mais uma vez para Arnold Toynbee, para quem tudo o que é permanente e eterno deve ser traduzido em algo temporário e local, para que seja acessível aos seres humanos. Desta forma, a evolução de uma religião não seria incompatível com verdades permanentes e universais. O Cristianismo seria esta religião evolucionista, pois esta doutrina afirma que o significado da história está na sequência evolutiva da Criação, passando pela Redenção, rumo a uma Cidade de Deus. Coube a um "vidente inspirado" (sic), Teilhard de Chardin, jesuíta francês e paleoantropólogo, relacionar a evolução à preocupação última e esquematizar uma síntese, na qual a evolução "é uma luz iluminando todos os fatos" (Dobzhansky, 1971 [1967], p. 114). Dobzhansky reconhece que a síntese teilhardiana não tem a força de uma demonstração científica, embora a sua grandeza deva ser reconhecida mesmo pelos que não reconhecem a sua validade. Todavia, ao escrever o livro *O Fenômeno Humano*, o próprio Teilhard afirma, em seção por ele chamada de Advertência, que:

> Para ser corretamente compreendido, o livro que aqui apresento deve ser lido, não como uma obra metafísica e menos ainda como uma espécie de ensaio teológico, mas única e exclusivamente como uma dissertação científica. A própria escolha do título o indica. Nada mais que o

> Fenômeno. Mas também todo o Fenômeno. (Teilhard de Chardin, 1995, p. 19)

Em defesa da síntese Teilhardiana, ele afirma que se deve reconhecer sua singularidade para que se possa entender o seu conteúdo:

> O que ele tentou foi algo inteiramente diferente, ou seja, criar uma *Weltanschauung* coerente, incluindo a sua Cristandade mística, bem como o seu conhecimento científico. (Dobzhansky, 1971 [1967], p. 115)

Dobzhansky se dá conta das críticas já feitas sobre a mistura de ciência com religião; ele usa uma comparação bem familiar, dizendo que para muitos elas são como "óleo e água", não se misturam. Mas ele dá um passo adiante, ao defender que qualquer síntese imaginada tem uma utilidade temporal, tendo em vista a possibilidade de mudança futura. "A ciência, a arte, a filosofia, serão diferentes no futuro, em relação ao que são atualmente" (Dobzhansky, 1971 [1967], p. 116).

Um dos pontos mais críticos da síntese Teilhardiana foi sua defesa de que a evolução biológica tem uma orientação; diz o autor de *O Fenômeno Humano:*

> O Homem, não mais centro estático do Mundo – como por muito tempo ele se acreditou; mas eixo e flexa da Evolução – o que é muito mais belo. (Teilhard de Chardin, 1995, p. 28)

Na defesa desta posição, Dobzhansky afirma que esta orientação deve ser examinada com cautela. Primeiro, que a orientação na evolução poderia ser entendida como sendo guiada por um ser supremo, para quem a evolução teria um curso único. Poucos pensadores, diz ele, adotam esta posição. Por outro lado, qualquer mudança evolutiva em um dado tempo, está condicionada por mudanças que aconteceram anteriormente as quais, por sua vez, condicionarão mudanças futuras. A evolução consiste em um conjunto interrelacionado de mudanças, não um conjunto independente de mudanças. A orientação na evolução, consiste em perceber que nós humanos, com o nosso pensamento simbólico e alta tecnologia, não poderíamos ter surgido sem que antes existissem seres vivos com cérebros altamente desenvolvidos e assim retroativamente. A própria vida na Terra, só apareceu depois que nosso sistema solar se formou e a distância Sol-Terra se tornou compatível com condições para a origem da vida. Portanto, diz Dobzhansky, nós podemos denominar a linha evolutiva que produziu a espécie humana como o "eixo privilegiado"[9] do processo evolutivo.

Dobzhansky aprofunda a defesa sobre a orientação na evolução, ao descrevê-la assim:

> [...] vista em retrospecto e na sua totalidade, a evolução é progressiva e neste sentido, direcional e orientada. A evidência de progresso e direcionalidade na evolução biológica é clara o suficiente se o mundo vivo é considerado como um todo. [...] É a totalidade da evolução que ocupa a atenção de Teilhard quase que exclusivamente. (Dobzhansky, 1971 [1967], p. 119)

Uma boa parte da comunidade de evolucionistas, talvez a maioria, não concordaria com Dobzhansky, na sua defesa de progresso e direcionalidade na evolução. Muito já se escreveu sobre isso e simpósios foram organizados para discutir o tema do "progresso" na evolução. O registro fóssil, por exemplo, mostra inúmeros caminhos evolutivos cujo final foi a extinção. A linhagem humana, a qual ele sustenta que na maior parte foi de "anagênese" (linear) e não "cladogênese" (ramificada)[10], é difícil de admitir, mesmo fazendo-se uma concessão de que nas décadas de 1960-1970 o registro fóssil humano ainda era pequeno, comparado ao atual. Outra afirmação de Dobzhansky que merece ser comentada é a seguinte:

---

[9] Esta foi uma expressão sugerida por Teilhard de Chardin em seu famoso livro.
[10] Por anagênese, se entende uma série de mudanças evolutivas contínuas, cada espécie sendo substituída por outra em sequência linear. A cladogênes é a evolução ramificada, com a formação de espécies de modo não linear. Por exemplo, uma espécie ancestral origina duas outras, cada uma das quais originará duas outras e assim sucessivamente.

> Houve uma aceleração geral da evolução. A evolução cósmica necessitou mais tempo do que a biológica e a evolução humana foi de curta duração. (Dobzhansky, 1971 [1967], p. 125)

Surpreendentemente, ele esqueceu algumas questões importantes: para que a vida surgisse na Terra e daí evoluísse para a diversidade que vemos hoje (e no passado, pelos fósseis), nosso planeta precisou perder seu calor intenso, fruto do próprio processo de sua formação. Uma vez originada a vida, ela se desenvolveu por cerca de um bilhão da anos como formas simples, de organismos conhecidos hoje como "procariotos" (cujas células não possuem um núcleo definido). Os primeiros metazoários apareceram por volta dos 650 milhões da anos atrás e o *Homo sapiens* há cerca de 300-200 mil anos (Condemi e Savatier, 2019). Há questões de escala a serem consideradas e Dobzhansky as ignorou, optando por privilegiar uma visão romântica e compatível com sua visão religiosa. A submissão do racional pelo emocional fica evidente nesta passagem:

> A espécie humana atingiu o pico da segurança biológica. É improvável que ela se torne extinta devido a qualquer conflito com seu ambiente físico ou biológico. O homem está habilitado, ou estará em breve, a controlar seus ambientes com sucesso. A extinção da humanidade poderia ocorrer apenas através de uma loucura suicida, tal como uma guerra atômica ou uma catástrofe cósmica. (Dobzhansky, 1971 [1967], p. 129)

Negar a possibilidade de extinção da nossa espécie, seja porque meios venham a ocorrer, é negar todo o conhecimento científico sobre a evolução biológica: não há qualquer registro de uma espécie "imortal", eterna. Sim, é verdade que uma loucura nuclear poderia nos levar à extinção, assim como a colisão com um asteroide suficientemente grande para acabar com o nosso planeta (o registro geológico mostra que eventos desta natureza ocorreram na nossa história, embora insuficientes para acabar com a vida). A espécie *Homo sapiens* um dia deixará de existir e esta deve ter sido uma possibilidade dramática e impensável para Dobzhansky. Se pensarmos na nossa existência atual, não será necessária uma loucura nuclear suicida, ou uma catástrofe cósmica; ela poderá ocorrer simplesmente pelo descaso que temos com os ambientes do nosso planeta. Poderemos chegar a um ponto onde a vida, seja de que nível for, não terá mais condições para sobreviver e reproduzir. Em um dos últimos parágrafos de seu livro, ele prevê o seguinte:

> Longe de nos tornarmos todos iguais, ou de experimentarmos um processo de amalgamento ou coalescência, à medida que a noogênese[11] se aproxima da consumar a megassíntese, se espera que as personalidades humanas cresçam em profundidade e maximizem sua unicidade individual. (Dobzhansky, 1971 [1967], p. 135)

Certamente que se pode discordar de Dobzhansky, seja como cientista ou como um humanista, mas não como um escritor de grande qualidade retórica e persuasiva.

Uma palavra final sobre a busca por síntese entre ciência e religião, tanto em Dobzhansky como Teilhard de Chardin e muitos outros pensadores. Seria este o caminho adequado? Talvez uma proposta alternativa fosse mais viável, a de uma "separação respeitosa e que obedecesse a certo número de princípios" (Gould, 2002, p. 11).

REFERÊNCIAS BIBLIOGRÁFICAS

ADAMS, Mark B. (Ed.). *The Evolution of Theodosius Dobzhansky.* Princeton: Princeton University Press, 1994.

ALLEN, Garland A. Theodosius Dobzhansky, the Morgan Lab, and the Breakdown of the Naturalist/Experimentalist Dichotomy, 1927-1947. Pp. 87-98, in: ADAMS, Mark B. (Ed.). *The Evolution of Theodosius Dobzhansky.* Princeton University Press, 1994.

---

[11] Teilhard de Chardin cria novos termos em *O Fenômeno Humano*; dois deles são, a Noosfera e Noogênese. O primeiro designa o conjunto dos seres pensantes que habitam a Terra, a humanidade. O segundo, refere-se à origem desses seres pensantes.

ARAÚJO, Aldo M. Imanência e transcendência na evolução biológica: A visão de Theodosius Dobzhansky. *Episteme*, **11**: 21-36, 2000.

ARAÚJO, Aldo M. Theodosius Dobzhansky e a biologia evolutiva. *Revista Helius*, **3**: 1417-1439, 2020.

CONDEMI, Silvana; SAVATIER, François. *A Pocket History of Human Evolution: How we Became Sapiens*. New York: The Experiment, 2019.

CORDANI, Umberto G. O planeta Terra e suas origens. Pp. 1-26, in: TEIXEIRA, Wilson; TOLEDO, M. Cristina Motta; FAIRCHILD, Thomas R.; TAIOLLI, Fábio (Orgs.) *Decifrando a Terra*. São Paulo: Oficina de Textos, 2003.

DARWIN, Charles R. *The Descent of Man and Selection in Relation to Sex*. 2 vols. London: John Murray, 1871.

DIETRICH, Michael R. Paradox and Persuation: Negotiating the Place of Molecular Evolution Within Evolutionary Biology. *Journal of the History of Biology*, **31**: 85-111, 1998.

DOBZHANSKY, Theodosius. *The Biology of Ultimate Concern*. New York: World Publishing Company, 1971.

DOBZHANSKY, Theodosius. The evolution of Mankind. Chapter 14, pp. 438-463, in: DOBZHANSKY, Theodosius; AYALA, Francisco J.; STEBBINS, Ledyard G.; VALENTINE, James W. *Evolution*. San Francisco: W. H. Freeman, 1977.

FORD, E. B. Theodosius Gregorievich Dobzhansky: 25 January 1900 - 18 December 1975. *Biographical Memoirs of Fellows of the Royal Society*, **23**: 58-89, 1977.

GOULD, Stephen J. *Pilares do tempo: Ciência e religião na plenitude da vida*. Trad. F. Rangel. Rio de Janeiro: Rocco, 2002.

HEYER, Évelyne (Org.). *Uma incrível história do Homem*. Trad. Julia da Rosa Simões. Porto Alegre: L&PM, 2019.

RUSE, Michael; GREENE, John C. On the Nature of the Evolutionary Process: The Correspondence Between Theodosius Dobzhansky and John C. Green. *Biology and Philosophy*, **11**: 445-491, 1996.

SMOCOVITIS, V. Betty. *Unifying Biology: The Evolutionary Synthesis and Evolutionary Biology*. Princeton, N. Jersey: Princeton University Press, 1996.

SMOCOVITIS, V. Betty. Historicizing the Synthesis: Critical Insights and Pivotal Moments in the Long History of Evolutionary Theory. Pp. 25-45, in: SCHEINER, Samuel M.; MINDELL, David P. (Eds.). *The Theory of Evolution: Principles, Concepts, and Assumptions.* Chicago: The University of Chicago Press, 2020.

TEILHARD DE CHARDIN, Pierre. *O Fenômeno Humano*. Apresentação D. Paulo Evaristo Arns. Introdução, tradução e notas Jose Luiz Archanjo. São Paulo: Cultrix, 1995.

TILLICH, Paul. *Teologia sistemática: Três volumes em um*. Trad. Getúlio Bertelli e Geraldo Korndörfer. São Paulo: Editora Sinodal/ Edições Paulinas, 1984.

WILSON, Edward O. As guerras moleculares. Pp. 217-236, in: WILSON, Edward O. *Naturalista*. Trad. Leonardo Froes. Rio de Janeiro: Nova Fronteira, 1997.

WOLTERS, Albert M. On the Idea of Worldview and its Relation to Philosophy. Pp. 14-25, in: MARSHALL, Paul A.; GRIFFIOEN, S.; MOUW, Richard J. e cols. (Eds.). *Stained Glass*. Michigan: University Press of America, 1983.

Historias de las ciencias: Aportes de la astronomía cultural

Alejandro Martín López
CONICET
Instituto de Ciencias Antropológicas,
Universidad de Buenos Aires
astroamlopez@hotmail.com

1 ¿QUÉ ES –Y QUÉ NO ES- LA ASTRONOMÍA CULTURAL?

Desde la década de 1990 cuando su uso se propuso por primera vez (Iwaniszewski, 1990, 1991; Ruggles & Saunders, 1993) el término "astronomía cultural" ha ido popularizándose, pero dicha popularidad ha venido en parte acompañada de usos equívocos del mismo. Para decirlo brevemente, podríamos caracterizar a la astronomía cultural como un esfuerzo académico interdisciplinario para pensar las relaciones con el cielo de diferentes grupos humanos (grupos étnicos, clases sociales, grupos profesionales, etc.), entendidas como productos socioculturales. Lo cual, claro está, incluye considerar con la misma perspectiva a aquella tradición que podríamos llamar "astronomía académica occidental"[1]. Dicho esto, es necesario enfatizar que se trata de un campo interdisciplinario de estudios académicos y no de un nombre para caracterizar las "extrañas" astronomías de los "otros".

---

[1] Parafraseando a Altman (en prensa: 85) en este texto – tal como lo enuncian autores como Chakrabarty y Trouillot – vamos a usar el término "occidente" en el sentido del imaginario arquetípico que identifica un espacio geográfico y cultural relacionado a Europa occidental y Estados Unidos en una temporalidad especifica contada a partir de distintos hitos (la Reforma, la Ilustración, la Revolución Francesa y la Revolución industrial) conformado como el locus de enunciación de la modernidad hegemónica. Si bien la modernidad hegemónica es más un proyecto que una realidad encarnada en algún lugar o cultura específica, el imaginario social construido alrededor de este recorte espacial, temporal y social funciona como la ubicación mítica de este arquetipo.

Lamentablemente está bastante extendido el uso equívoco del adjetivo "cultural" para caracterizar tradiciones astronómicas que nos resultan exóticas, mientras que la propia tradición astronómica, sin adjetivos calificativos, es imaginada como "La Astronomía", y entendida como una empresa "universal", cultural, social y políticamente aséptica. Pero, justamente, lo que la astronomía cultural como campo académico nos plantea es que todas las tradiciones astronómicas, como todos los emprendimientos humanos, están social y culturalmente situadas y son históricamente contingentes. Es por ello que todos los sistemas astronómicos son objeto de estudio de la astronomía cultural, entendiéndolos como constructos anclados en la experiencia socialmente construida que del mundo tenemos los seres humanos. La astronomía cultural es por tanto una perspectiva académica que busca comprender el conjunto de las relaciones humanas con el cielo.

La astronomía cultural comprende varios subcampos diversos. Posiblemente el más conocido sea la arqueoastronomía, que emplea las técnicas y métodos arqueológicos para acercarse a los sistemas astronómicos a partir de evidencias accesibles a dichos métodos. Entre otros subcampos menos conocidos de la astronomía cultural podemos mencionar a la etnoastronomía (de la que ya hablaremos), cierto tipo específico de aproximación a la historia de la astronomía (tema del que nos ocuparemos también más adelante), cierto enfoque de la educación en astronomía.

2 LA ETNOASTRONOMÍA

En este trabajo nos interesa especialmente hacer mención a algunas de las características particulares de la etnoastronomía. Entendemos que estas son especialmente importantes para orientar la indagación en otros subcampos como la arqueoastronomía y la historia de la astronomía, en los cuales el trabajo con restos materiales y documentos puede hacer perder de vista la perspectiva general de este tipo de estudios.

En términos generales, desarrollando lo que ya hemos sugerido anteriormente (López, 2021a), podríamos decir que la etnoastronomía es una perspectiva, una manera de abordar etnográfica, etnológica y antropológicamente los conocimientos, prácticas y materialidades referentes al cielo de cualquier unidad social contemporánea (como un grupo étnico, una clase, una familia, un grupo profesional, o una institución; tanto "occidentales" como "no-occidentales"), entendiéndolas como parte integral de su vida social y cultural. Busca situar dichos conocimientos y prácticas en su contexto regional y global, así como en su devenir histórico. Se interesa tanto por el conocimiento y prácticas generales, compartidas y en buena parte implícitas (lógicas de la práctica, mundos de la vida, cosmovisiones) como por aquellas más explícitas y frecuentemente asociadas a especialistas (cosmologías, ontologías); entendiendo a todas ellas como conjuntos articulados, pero siempre inacabados y en construcción. Entre las notas que caracterizan la mirada etnoastronómica podemos mencionar: a) el interés centrado en dar cuenta de la perspectiva del grupo estudiado; b) la pregunta por el sentido de las prácticas, los discursos y sus complejos vínculos; c) la intención holística (cualquier aspecto de la vida social debe verse en conexión con el conjunto de la misma); d) la centralidad de la presencia directa del investigador/a y sus vínculos interpersonales con los miembros del grupo estudiado; e) el "extrañamiento" como esfuerzo por desnaturalizar el propio sentido común y el de la sociedad estudiada; f) la "reflexividad" o análisis consciente sobre nuestra propia posición e influencia en la construcción del conocimiento; g) un carácter dominantemente inductivo pero que incluye la comparación, los modelos y las teorías generales; h) la aplicación de muchas técnicas combinadas (como entrevistas -especialmente informales- documentos, historias de vida, elicitaciones, análisis de redes, imágenes, vídeos, audios, encuestas, datos estadísticos, etc.) pero articuladas por la observación participante; i) el compromiso, involucramiento y reciprocidad con la comunidad estudiada y las circunstancias locales.

Entendemos que, de la misma forma que la perspectiva etnográfica y antropológica ha enriquecido en general a la arqueología y la historia, las características que emanan de la "forma de mirar y preguntarse" que caracteriza a la etnoastronomía pueden ser muy enriquecedoras para pensar a la arqueoastronomía y a la historia de la astronomía.

3 HISTORIAS DE LAS ASTRONOMÍAS

Si por una parte es cierto que la historia de la astronomía ha sido y es una de las disciplinas involucradas en la conformación de la astronomía cultural, por otra parte, la astronomía cultural también implica nuevas formas de pensar la historia de la astronomía ¿Qué puede aportar en concreto la astronomía cultural, y en especial la etnoastronomía, a una nueva mirada sobre la historia de la astronomía y en general de la historia de la ciencia?

Entendemos que un aporte crucial es el poner en primer plano el hecho de que la "astronomía académica occidental" no es el único esfuerzo humano explícito, sistemático y profesionalizado para comprender los fenómenos celestes. De hecho, tampoco es el único intento de este tipo del que tenemos constancia escrita. En este sentido, podríamos legítimamente hablar de los abordajes históricos de todo un conjunto de tradiciones astronómicas, mucho más amplio que la "astronomía académica occidental". Es más, muchas de dichas tradiciones se han desarrollado en contacto unas con otras, intercambiando ideas, procedimientos, textos, personas, instrumentos, etc. Ello incluye a la propia "tradición académica occidental" cuyos vínculos e intercambios con otras tradiciones académicas deben ocupar un lugar más relevante en nuestros abordajes históricos.

Por otro lado, la perspectiva de la astronomía cultural, al plantearnos el abordaje de la historia de la astronomía académica occidental, nos invita a tomarnos muy en serio la problematización del propio objeto de estudio. Esta tradición académica no se constituye espontáneamente en una empresa unificada, ni logra ese cometido con igual éxito a lo largo de todo su devenir histórico. En todo caso los procesos de unificación que se han dado en su seno constituyen en sí mismos un problema de estudio. La unificación de sistemas de conocimiento, especialmente a escalas regionales y globales, requiere un intenso trabajo social y descansa sobre una serie muy concreta de circunstancias geopolíticas, de desarrollo de tecnologías de la información, de circulación de bienes, ideas y personas, etc.

Una perspectiva desde la astronomía cultural invita, por otra parte, a la historia de la astronomía a reflexionar más intensamente sobre el carácter social de todo conocimiento y las consecuencias concretas de este hecho.

4 EL CARÁCTER SOCIAL DE TODO CONOCIMIENTO

Vivimos en una realidad socio-cultural-ambiental. Nuestro conocimiento es un producto sociocultural (Bloor, 1998), incluida la astronomía. La construcción social del conocimiento no significa simplemente que se trata de un "trabajo colectivo", ni supone tampoco arbitrariedad. Nuestro mundo es un universo lleno de significados, esquemas de percepción y metáforas organizadas en cosmovisiones y cosmologías, en las que somos introducidos por los demás miembros de nuestra sociedad.

Las cosmovisiones y las cosmologías son polos de un continuo (López, 2021b); estando las cosmovisiones más vinculadas a lógicas de práctica, incorporadas por actividades cotidianas (*habitus*), socialización primaria, imitación y experiencia cotidiana (Bourdieu, 1997). Esto incluye nuestras ideas sobre el cielo. La cosmología se refiere a elaboraciones más explícitas y sistemáticas, muchas veces a cargo de especialistas o profesionales. Un aporte fundamental de la astronomía cultural es el de recordarnos lo imprescindible de aplicar a la astronomía académica occidental algo que aplicamos habitualmente al estudio de sistemas de conocimiento especializado en otras sociedades y culturas: que los sistemas explícitos elaborados por especialistas y que conforman cosmologías descansan sobre el sustrato común de cosmovisiones compartidas por los especialistas y el conjunto del grupo social en el que se insertan. El estudio de los sistemas elaborados por especialistas está obligado a pensarlos en relación a ese sustrato general compartido, que debe ser explicitado y conectado con el conjunto de la vida social. La experiencia de los sentidos limita las posibilidades de cualquier cosmovisión humana, pero no hasta el punto de generar una única opción compatible, en parte porque la percepción misma implica la imposición previa de patrones y presupuestos socioculturales.

El carácter social del conocimiento en cuestión y la necesidad de legitimar ese conocimiento y cumplir con los regímenes de verdad aceptados impone límites a las cosmovisiones posibles en una sociedad dada en un tiempo dado, pero tampoco son absolutos y no determinan unívocamente una única cosmovisión posible. Una cosmovisión no solo implica un conjunto específico de respuestas acerca de cómo es el mundo, también involucra un conjunto de preguntas, objetivos orientadores, criterios de verdad, etc. Los mismos fueron construidos histórica y socialmente; pero cualquier evaluación de sus supuestos metafísicos y ontológicos sería parte de algún sistema construido igualmente histórica y socialmente. Las cosmovisiones tienden a ser naturalizadas, vistas como descripciones obvias y completas de la realidad. Además, están ligados a estructuras sociales y esencialmente al poder, esto implica que en el contexto del orden global contemporáneo (o en cualquier otro orden) la comparación entre ellas nunca es un mero acto "epistemológico", se trata de una lucha por lograr la legitimidad en un escenario específico. Los sistemas de conocimiento están siempre imbricados en el campo social general, con diversos grados de autonomía respecto de él y esto implica que están fuertemente atravesados por el poder. Cuanto más importante sea el cielo para una sociedad, más estarán involucrados sus mecanismos de poder en la gestión de los vínculos con él. Todo sistema de ideas y prácticas sobre el cielo tiene un carácter constitutivamente inacabado y cambiante. Un verdadero diálogo entre culturas, necesita asumir que tienen relaciones jerárquicas entre sí, ligadas a desigualdades políticas, económicas, étnicas, de género, de edad, religión, etc. Porque la construcción del conocimiento está atravesada por relaciones de poder.

La estructura social que sustenta un sistema de conocimiento juega un papel central en la conformación de las propias características del sistema en muchos niveles. Por ejemplo, tiene un gran impacto en la conformación de su estructuración epistémica, ya que la división en "campos" o "áreas" del saber está fuertemente relacionada con la división del trabajo social de la construcción de ese saber. Los modos de transmisión de ese saber también se ven afectados por la estructura social e institucional a cargo de ese proceso. Los regímenes de verdad, cómo y bajo qué condiciones algo se considera verdadero (que suelen ser variados en el seno de una misma sociedad); la forma en que se diferencian los saberes expertos de los saberes legos; el grado de homogeneidad cognitiva que se espera al interior del sistema de especialistas y la forma en que se manejan desacuerdos y discrepancias; la tendencia a construir una impresión de completud o cierre del sistema; el interés en la innovación; las relaciones entre el conocimiento y el conjunto de la vida social; todo ello depende fuertemente de la forma en la que están estructuradas las relaciones sociales en las que descansa la producción, circulación y uso de ese conocimiento. De entre todos los aspectos de la organización social relevantes en este contexto uno muy importante es el de las disputas por el liderazgo.

Otro aspecto que la astronomía cultural tiene para aportar a la historia de la astronomía y a la historia de la ciencia en general es el del rol del cuerpo y las emociones. En los abordajes de los sistemas de conocimiento sobre el cielo de "otras" culturas es frecuente que se reconozca el rol crucial que juega en la construcción de conocimiento el cuerpo y las emociones de los sujetos que construyen dicho conocimiento, junto con los contextos materiales concretos involucrados en el proceso. En los análisis desde la sociología de la ciencia de los últimos tiempos (Latour, 2004) se ha abordado el rol de la materialidad y la corporalidad (aunque yendo al extremo de hacer muchas veces desaparecer los diferentes grados de agencia que distinguen humanos entre sí y a estos de los no-humanos). Pero creemos que dichos abordajes en general no logran integrarse bien con los logros previos de otras aproximaciones que echaron luz sobre las relaciones sociales (Bloor, 1998). En este sentido, volver la mirada a los modos en que integramos estos aspectos al analizar otros mundos sociales es muy revelador, y en ello la astronomía cultural tiene mucho para aportarnos, al analizar con una metodología análoga (obviamente adaptada a las especificidades de cada caso) los sistemas de conocimiento sobre el cielo de todas las sociedades humanas.

Diferentes culturas implican no solo diferentes conceptualizaciones del cosmos, sino también del cuerpo humano, sus sentidos y capacidades, así como del conjunto de lo existente y sus relaciones con la construcción humana de conocimiento. El estudio que la astronomía cultural realiza de estas cuestiones hace que enfoque la historia de la tradición académica occidental sin dar por sentado y desnaturalizando sus concepciones implícitas de cómo se construye conocimiento, cuales capacidades humanas intervienen en ello, como se vinculan las emociones en el proceso, etc. Entendiendo a los sistemas de conocimiento no solo como constructos conceptuales, sino esencialmente como sistemas de práctica, su comprensión implica necesariamente una reflexión profunda sobre los modos en que concretamente se "hace" algo – incluyendo la elaboración de nuevas ideas –, quién lo hace, cuándo, cómo, interactuando con qué otros seres y materialidades.

Desde esta perspectiva es clara la relevancia de tener profundamente en cuenta el carácter social y culturalmente situado de la ciencia para la comprensión de la misma. Pero, como sin duda resultará evidente, existen fuertes obstáculos epistémicos para avanzar en esa dirección cuando pensamos concretamente en la "ciencia moderna occidental". Esas resistencias son constitutivas del propio proceso de conformación del campo científico occidental y por lo tanto de las propias disciplinas científicas desde las que buscamos abordar la ciencia como problema de estudio. Como sabemos, el proceso de conformación de la ciencia moderna occidental está vinculado a su autonomización relativa respecto del campo social general (Bourdieu, 2003). Este proceso está ligado a la construcción de un imaginario vinculado a la autonomía política y cultural de la ciencia. Sobre ese imaginario estaría construida la justificación simbólica de la "independencia" y "universalidad" del conocimiento científico. Por tanto, cualquier cuestionamiento a esos supuestos, cualquier reflexividad, genera una reacción defensiva que vuelve complejo aplicar a la tradición científica occidental lo que esta misma aplica sin problemas a cualquier otra forma de conocimiento, sea este especializado o no. Esto vuelve indispensable un trabajoso proceso de deconstrucción de supuestos para poder abordar con mayor profundidad la ciencia académica occidental en tanto concreto fenómeno ubicado en un cierto tiempo y espacio y enmarcado en una cierta cultura.

Una de las primeras cosas a deconstruir es justamente la supuesta transparencia de un adjetivo como "moderna", aplicado a esta tradición. De hecho, este tipo de construcción de conocimiento ha sido señalada como una de las marcas centrales de modernidad y por tanto su "modernidad" resulta una obviedad.

Pero ello desconoce que los estudios académicos sobre la modernidad reflejan la complejidad de este fenómeno, su carácter inacabado (Habermas, 1987; Latour, 2007; Wittrock, 2000), la coexistencia de múltiples "proyectos modernos" (Asad, 2003; Eisenstadt, 2000; Gaonkar, 1999) y su relación constitutiva con la expansión colonial europea (Chatterjee, 2008; Dussel, 1996; Escobar, 2005; Mignolo, 2009, 2010; Quijano, 1988; Spivak, 2011; Walsh, 2007). De hecho, la propia idea de autonomía relativa del campo científico, o la de la separación de un campo de lo "científico" y otro de lo "religioso" no son características de todos los proyectos modernos.

Es crucial, por lo tanto, prestar atención a la noción de "modernidades", entendidas como proyectos inacabados que se redefinen y transforman localmente, y en ese contexto indagar en que específicos proyectos modernos se enmarcan o son sucesivamente enmarcados diferentes emprendimientos científicos. Concretamente, debemos preguntarnos cosas cómo ¿a qué idea de modernidad, impulsada por qué instituciones y grupos sociales, corresponde la astronomía académica de tal o cual período y ámbito geográfico. De hecho, podemos encontrarnos con importantes heterogeneidades solo con cambiar de institución académica. Ello no significa que no pueda haber regularidades más ampliamente compartidas, o que incluso se puedan construir unidades relativamente sólidas de criterio. Pero ello será solo al precio de un trabajo social concreto, implementado mediante mecanismos concretos que es necesario estudiar y desnaturalizar. Por lo tanto, la propia unidad de nuestro objeto de estudio "la astronomía académica occidental" es parte del problema de investigación y no puede darse por sentado. En ese sentido, un enfoque etno-antropológico del problema construiría definiciones de "ciencia", "astronomía académica" o sus equivalentes solo en tanto y en cuanto surgieran o bien del propio campo o como recursos analíticos útiles para dar cuenta de regularidades observadas en el campo. Dicho de otro modo, lo que sea la "ciencia moderna" no es una "esencia" sino un producto histórico, contingente y socio-culturalmente situado. Las definiciones mismas que esgrimen los propios actores sociales involucrados son programas de la acción, proyectos de lo que aspiran a que la ciencia sea, intentos de imponer o consensuar unos modos del conocer y el hacer que a ellos les parecen impulsables.

Si tomamos el caso específico de la astronomía académica occidental, pensándola como fenómeno sociocultural, esto implica comprender que más allá de la posible utilidad de esta "etiqueta", hay tras ella una realidad múltiple y heterogénea. Pero incluso más que ello, que no se trata de una suerte de "programa único" desarrollado en sucesivas etapas a lo largo de los siglos. Como proceso sociocultural, no tiene una "esencia" o "naturaleza" predefinida. Esta afirmación puede parecer una obviedad, pero nos encontramos con que su opuesto funciona como telón de fondo incuestionado de muchos trabajos. En este sentido la propia historia de la astronomía como disciplina, en su tarea de dar cuenta del devenir histórico de la astronomía académica occidental en general no realiza la necesaria reflexión sobre su propio rol en la construcción de la misma. Las historias, los relatos que nos contamos sobre el pasado de la disciplina la construyen en tanto tal y juegan un rol en los procesos de definición de sus características. En este sentido entendemos que es crucial aplicar a la conceptualización de la astronomía académica o de la ciencia "occidental" lo que sabemos sobre el carácter relacional y contrastivo de los colectivos humanos y la relevancia que por ello tienen los fenómenos de frontera. Los enfoques antropológicos (Barth, 1976) que la astronomía cultural ya viene aplicando en sus abordajes tienen una larga historia abordando desde esta perspectiva los colectivos humanos. Creemos que estos enfoques pueden dar una nueva densidad a los interesantísimos trabajos sobre construcción de fronteras en el abordaje de la ciencia de autores como Gieryn (1997, 1999). Se necesita un enfoque socio-antropológico de los procesos de construcción de fronteras entre diferentes formas de conocimiento de sus relaciones con las distintas formas de organización, institucionalización y distribución social del trabajo, del poder y su papel en la construcción de estas relaciones.

Más allá de sus heterogeneidades internas, los mundos sociales a los que está vinculado el conjunto de lo que llamamos la astronomía académica occidental implican una serie de cosmovisiones con elementos comunes que funcionan como sustrato básico naturalizado sobre el que se construyen las teorías y prácticas académicas. Debemos indagar y desnaturalizar dicho sustrato para comprender las condiciones de posibilidad de las construcciones de conocimiento astronómico académico. Ello implica poner en evidencia metáforas, imágenes y modelos implícitos. Pero no solo aquellos específicamente académicos, sino ante todo los que subyacen tras los mismos. Muchos supuestos sobre el cielo tienen profundas raíces sociales: como su carácter distante, ajeno, aséptico; la necesidad de vincularse con el mismo centralmente por la vista, el carácter "des-encarnado" de la experiencia del espacio celeste; su conexión central con la idea de orden entendido como ley, e incluso la propia separación naturaleza/cultura.

En referencia a los aspectos institucionales, entendemos que la astronomía cultural puede ayudar a integrar con mirada antropológica perspectivas proporcionadas por la sociología de la ciencia, como las discusiones sobre el carácter jerárquico y multicéntrico a nivel global del campo académico (Kreimer,

2000); la existencia de jerarquías disciplinarias; la relevancia no solamente de las instituciones y sus culturas sino de los procesos instituyentes y destituyentes. y el rol de todos estos factores en la regulación del capital científico. Es crucial entender el impacto de las disputas entre los diversos agentes del campo científico no solo como disputas al interior del "juego" social del propio campo, sino también como disputas en torno a las propias reglas de dicho juego social, en las cuales se dan complejos procesos de construcción social de regímenes de verdad y de relevancia de determinados problemas u objetivos.

Para discutir concretamente el potencial de la astronomía cultural para la historia de la astronomía académica occidental, así como a la sociología de la misma, presentaremos brevemente dos ejemplos recientes que hemos desarrollado más extensamente en trabajos previos (López, 2016, 2018; López 2020), pero que aquí presentaremos a fines de ilustrar estas consideraciones más generales. En ambos casos se trata de lo que Mauss (1923-1924) llamaría "hechos sociales totales": es decir, eventos que condensan una gran cantidad de procesos, como una suerte de nodo donde se reúnen muchas líneas de tensión. Son situaciones muy particulares porque cuando uno se encuentra con una de ellas, puede ver en escena, gran cantidad de los "resortes" de un fenómeno social. En ese "punto" del tejido social salen a la luz muchas de las hebras que constituyen el entramado subyacente de fuerzas, divisiones y visiones que conforman la vida del o los grupos en cuestión. Dado el rol clave de los procesos de construcción de frontera en la definición de lo que la astronomía académica occidental es, serán justamente fenómenos de frontera e interacción con otros colectivos los que pondrán en evidencia con mayor facilidad estos elementos.

4.1 Ejemplo 1: Los grandes instrumentos de observación

La construcción de grandes instrumentos de observación es un rasgo importantísimo de la materialidad de la astronomía académica occidental ya desde sus inicios, ejemplo de lo cual es la famosa "Uranibourg" de Tycho Brahe. Tomar en serio la relevancia de la materialidad en los sistemas de conocimientos implica preguntarse en profundidad que dinámicas y características imprimen al espacio social en estudio su vínculo con determinadas materialidades. En el caso de estos grandes instrumentos (observatorios ópticos, de radio, detectores de rayos cósmicos, etc.) podremos ver que su importancia central en el desarrollo del tipo de conocimiento sobre el cielo que busca la academia occidental tiene consecuencias muy concretas. Por mencionar solo algunas, implican importantes cantidades de dinero y desarrollos tecnológicos de punta que vuelven imprescindible la colaboración internacional, la interacción con gobiernos y organismos de financiamiento internacional y que refuerzan la estratificación académica en función del país de procedencia.

Los instrumentos en cuestión requieren grandes extensiones de terreno, muchos de ellos además necesitan estar a mucha distancia de centro urbanos que generan contaminación lumínica, también es frecuente que se requiera que se ubiquen en altura. Todos estos factores llevan estos instrumentos lejos de los grandes centros de financiamiento de los mismos y los ubican en espacio "periféricos" para el orden socio-económico global. Suele tratarse de espacios que por el momento carecen de interés económico para los grandes capitales y que son frecuentemente conceptualizados como "desiertos". Esa calificación de "desierto" refiere tanto a la idea de espacios liminares en términos climáticos y geográficos, como a la de ausencia de presencia humana y especialmente ausencia de "civilización". A ello se le une el rol de la astronomía en la jerarquía de las disciplinas científicas, rol que la presenta como una de las disciplinas más "puras" de entre las que estudian el mundo material. En este sentido la astronomía funciona como paradigma de cientificidad, donde se exacerba el imaginario del que ya hablamos y que propone a la ciencia como actividad "desinteresada", motivada por "altos ideales", sin contacto con la "política", el "lucro" u otros "mezquinos intereses". Todos estos factores se conjugan para que la construcción de grandes instrumentos astronómicos en estos espacios "baldíos" e incivilizados se presente como una empresa civilizadora. Es por ello que es muy habitual que los grandes consorcios internacionales que llevan adelante la construcción y operación de estos instrumentos se presenten a sí mismos mediante un discurso de "pioneros", donde la "ciencia" es la punta de lanza para el desarrollo de zonas "salvajes". El discurso de estos consorcios se dirige esencialmente a las clases medias y altas de los países centrales, que son aquellas que resultan determinantes en el financiamiento de dichos instrumentos. Es por ello que dichos discursos, en tiempos recientes, suelen incorporar referencias al cuidado del medio ambiente y estudios de impacto ambiental, ya que son tópicos que se han vuelto relevantes para dicho público. De hecho, ese interés en estas áreas "periféricas" como "reservorios de naturaleza salvaje" abreva en el mismo imaginario geográfico que está tras la construcción de estos instrumentos.

Pero como seguramente ya resultará evidente, todo este entramado presenta diversas fisuras. En referencia a estos emprendimientos como cuestiones lejanas al "interés económico" y a las "mezquindades políticas", la propia escala de las mismas y la necesidad de interactuar con importantes grupos económicos y agencias gubernamentales para reunir las ingentes cifras necesarias sugiere que es muy difícil pensar estos emprendimientos por fuera de las dinámicas políticas y económicas globales. Por otra parte, esas regiones "marginales" en las que se instalan dichos instrumentos suelen ser de interés para grupos humanos locales. Las "alturas" concitan la atención de muchos colectivos humanos y frecuentemente son relevantes independientemente de si las habitan permanentemente. Es más, muchas de ellas son concebidas como espacios que no deben ser habitados regularmente por los humanos. Además, muchas de estas áreas, por su propio carácter de periferias del orden capitalista, suelen ser espacios a los que el orden global "arroja" a los grupos subalternizados. Consistentemente con el concreto posicionamiento económico y político de estos proyectos, la forma en que los mismos interactúan con las poblaciones locales sigue un esquema de "arriba hacia abajo", primero se negocia con consorcios internacionales y gobiernos nacionales y en última instancia se "presenta" el proyecto a las poblaciones locales. Los intereses de las mismas son "definidos" y "gestionados" por esas instituciones globales, regionales y nacionales. Y si hoy son frecuentes los estudios de impacto ambiental, no hay protocolos previstos para la interacción con la población local. En general los procedimientos son muy similares a los observados en empresas extractivas (mineras, petroleras, etc.): el proyecto ya es una realidad y a la población local no se le da ninguna posibilidad de rechazarlo, se le ofrecen como muestra del carácter civilizador del proyecto pequeñas dádivas (luminaria pública, alguna escuela, algún proyecto de valoración de la cultura local como artefacto de museo) que ni siquiera alcanzan a cubrir lo que los estados nacionales deberían hacer por dichos grupos por el solo hecho de pertenecer a su ciudadanía. Ante cualquier protesta local el discurso de los consorcios plantea la oposición como una lucha entre la "tradición" y el "desarrollo", o el "obscurantismo" y la "ciencia", reeditando los tópicos fundacionales de la disciplina y planteando el conflicto como una reedición de la "persecución de Galileo".

Existen numerosos ejemplos de estas situaciones, desde el conocido caso contemporáneo de las disputas en torno a la construcción del TMT en el volcán Maunakea en Hawai'i, (Casumbal-Salazar, 2014; Herhold, 2015; López, 2018) pasando por los conflictos respecto al observatorio de Mt. Graham en Arizona (Swanner, 2013, 2015), hasta las tensiones en referencia al Centro de lanzamiento de Alcântara y esa Comunidad Quilombola, en Brasil (Braga, 2011).

4.2 Ejemplo 2: Reacciones académicas ante el Terraplanismo

Otro ejemplo paradigmático es el de las reacciones de la astronomía académica occidental ante la reciente visibilización del Terraplanismo. Para abordar este fenómeno concretamente, discutiremos el caso concreto de las reacciones de la comunidad astronómica profesional en Argentina entre 2018 y 2019 (López 2020).

El contexto de estas reacciones se enmarcó en un clima internacional modelado por el posicionamiento del gobierno de

Trump en Estados Unidos en referencia al consenso científico sobre el cambio climático. La actitud del gobierno norteamericano favoreció la visibilización de posturas conspirativas en referencia al cambio climático y en dicho contexto una serie de celebridades mediáticas de ese país expresaron su adhesión a los cuestionamientos terraplanistas sobre la forma de la Tierra. Argentina en ese momento atravesaba una fuerte reducción del presupuesto de ciencia y un debate público –impulsado por el gobierno de Mauricio Macri- sobre la calidad de la ciencia argentina, e incluso la importancia de la ciencia y su impacto económico. En ese contexto se dieron una serie de eventos detonantes. El primero fue que una ciudad del interior argentino (Colón, en Entre Ríos) había autorizado el uso de un predio estatal para la realización de un encuentro de terraplanistas. Poco después el Gobierno de la Ciudad de Buenos Aires organizó un evento en el exterior del planetario de la ciudad que incluía tarot y astrología. Esos sucesos fueron seguidos por algunos otros de similares características.

Estos eventos, en ese contexto, llevaron a una serie de reacciones públicas de instituciones de la ciencia argentina que nos dicen mucho sobre los procesos de construcción de fronteras de lo científico y los imaginarios de los científicos sobre la relación ciencia-sociedad.

Hubo una serie de pronunciamientos públicos que exigían una intervención estatal en favor de la ciencia y que planteaban los eventos recientes como prueba de una competencia entre ciencia y "pseudo-ciencias" por el financiamiento y apoyo público. En estas intervenciones se hablaba de un "aumento inusitado" de las "creencias irracionales". Como respuesta a esta situación, varias instituciones importantes del mundo académico argentino organizaron una serie de dos conferencias públicas para combatir las "pseudo-ciencias".

Es muy revelador observar la caracterización del campo social general, la ciencia y las "pseudo-ciencias" que se hizo en dichas conferencias. El primer punto importante fue que estas conferencias estuvieron casi completamente protagonizadas por académicos de las ciencias exactas y naturales. A pesar de estar analizándose lo que claramente es un fenómeno social, los académicos de las ciencias sociales apenas participaron y sus intervenciones fueron periféricas. Otro punto muy relevante es que el auditorio de las conferencias y el lenguaje y difusión de las mismas se centró en un público mayoritariamente conformado por estudiantes o aficionados a las ciencias naturales, vale decir, un público ya persuadido de los puntos de vista que se expusieron. Este hecho, aunque advertido por los organizadores y conferencistas, no fue alterado mediante ninguna acción concreta.

El análisis de los discursos de los diversos conferencistas invitados mostró diversos aspectos muy reveladores. El primero fue que la aproximación al fenómeno se caracterizó por una metodología muy poco acorde a los cánones de seriedad científica. No solamente porque siendo un fenómeno social casi no participaron científicos sociales, sino que la propia caracterización del fenómeno en discusión estaba basada en el sentido común académico sin someterlo a la más elemental crítica. Solo a modo de ejemplo podemos decir que había una completa ignorancia sobre las raíces históricas del terraplanismo, sus sucesivas fases, sus variantes, los cambios en el número de adherentes al mismo a lo largo del tiempo y en distintas regiones. La caracterización de sus adherentes, o de los adherentes a otras disciplinas "pseudo-científicas" era también inadecuada y mostraba la completa ausencia de cualquier somera revisión de la bibliografía sobre la cuestión. Las categorías de análisis usadas provenían del sentido común y confundían términos distintos (planteándose frecuentemente, por ejemplo, una equivalencia entre religión y pseudociencias y una relación directa y simplista de estas con la "emoción", la "certeza" y la "creencia"). No aparecía referencia a los estudios académicos sobre estos temas, no solo desde perspectivas teóricas, sino especialmente estudios de campo sobre el medio conspirativo, la antropología y sociología de la religión, etc.

La propia caracterización cuantitativa del fenómeno en cuestión daba por autoevidente un aumento "exponencial" de la irracionalidad y la adhesión a fenómenos como el terraplanismo que no se sostenía con ninguna evidencia (de hecho, un análisis de las búsquedas en Google de los términos asociados (López 2020, pp. 110-112) muestra un comportamiento "en sierra" característicos de fenómenos "episódicos" suscitados por menciones públicas).

Las nociones puestas en juego en referencia a la relación entre los científicos y el conjunto de la sociedad daban por sentado un consenso social sobre los beneficios que la ciencia aporta a la vida diaria de los ciudadanos. La comunicación pública de la ciencia no aparecía problematizada y la supuesta falta de adhesión a los criterios científicos como guía general de la conducta se asociaba a la irracionalidad de las personas (Vaccarezza, 2011).

Es interesante contrastar estas impresiones con los trabajos etnográficos existentes sobre el medio conspirativo (Harambam, 2017; Partridge, 2012; Toseland, 2019; Uscinski, DeWitt, & Atkinson, 2018), que señalan que las personas relacionadas con el mismo no presentan perfiles psicológicos o extracciones sociales específicas, y que se trata de personas con una reflexividad, trayectoria educativa y racionalidad sin diferencias sistemáticas con el conjunto de la población. Los mismos trabajos han mostrado las profundas conexiones entre las teorías conspirativas y la desconfianza en las instituciones y sistemas de producción de conocimiento. Las teorías conspirativas son teorías sobre el vínculo entre conocimiento institucionalizado y poder político y económico.

También es interesante comparar las reflexiones de estos académicos con los resultados de la encuesta mundial "Global Gallup Monitor" 2018 (Gallup, 2019) sobre percepciones públicas de la ciencia, la mayor encuesta sobre las actitudes del público hacia la ciencia (involucró 140.000 personas en 144 países). Los datos de esta encuesta muestran que en los países con una mejor distribución del ingreso los encuestados tienen más confianza en la ciencia. De hecho, en los 5 países con la combinación de mayores ingresos y peor distribución (lista que incluye a EE.UU., Argentina y Chile) se encuentra el nivel de confianza más bajo (19%). Otro importante resultado de esta encuesta es la correlación entre la desconfianza en la ciencia y la desconfianza en otras instituciones, especialmente el gobierno local, siendo un segundo factor vinculado la desconfianza en la calidad de la educación científica en la escuela. A esto hay que agregar que una cuarta parte de los encuestados sudamericanos declararon sentirse excluidos de los beneficios de la ciencia tanto a nivel personal como social (representando el porcentaje más alto del mundo) y expresaron simultáneamente su desconfianza en la ciencia.

5 PALABRAS FINALES

A lo largo de este trabajo hemos buscado puntualizar algunas de las potenciales contribuciones de la astronomía cultural a la historia de la astronomía. Hemos planteado que la primera de ellas es pensar a la historia de la astronomía en un sentido amplio, como una serie de "historias de las astronomías". En esta doble pluralización entendemos que, por una parte, la historia de la astronomía es invitada por la astronomía cultural a ampliar su objeto de estudio, mirando más allá de la tradición académica occidental, para estudiar el conjunto de las diversas tradiciones de conocimiento astronómico especializado y registrado documentalmente, en diversos tiempos y geografías, en sus flujos e intercambios, y entendidos en su carácter social, cultural e históricamente situado y contingente. Esto implica poner a la historia de la astronomía en una perspectiva socio-antropológica de la construcción de conocimiento. En línea con ello esta invitación implica también poner en primer plano el carácter inacabado y heterogéneo de cualquiera de estos sistemas, así como su profunda relación con el conocimiento astronómico no especializado y ampliamente compartido por el mundo social en que estos sistemas se desarrollan. En estos sentidos, se trata no solo de ampliar la mirada de la historia de la astronomía sino simultáneamente dejar de tratar a la astronomía académica occidental como un caso especial, un conocimiento universal y no situado, que escaparía de la historia y la cultura. Se trata de dejar de pensar el carácter situado de todo lo que hacemos y pensamos como un mal a evitar y empezar a asumirlo como una de sus características estructurales. Por otra parte, esta pluralización apunta a una reflexividad en el campo de la historia de la astronomía que advierta el carácter performático de los relatos que nos contamos sobre el pasado. Es decir, la historia de la astronomía es parte de las formas en que las astronomías "especializadas" se construyen en cada momento histórico y justifican su funcionamiento e intentan normar su futuro. Desde esa perspectiva hay tantas "historias" como proyectos existen de que es y debe ser una tradición astronómica. Ese carácter situado e implicado (y por lo tanto plural en tanto perspectiva) de la historia de la astronomía es un punto fundamental de las posibilidades de renovación que propone la astronomía cultural.

Otros aspectos no menos importantes se vinculan a la importancia de un enfoque holístico sobre los sistemas de conocimiento, que busque pensarlos en el marco general de la vida social. Eso permite construir de modo más consistente las relaciones entre el "conocimiento experto" y las cosmovisiones compartidas, entendida como condición de la propia existencia de ese campo especializado, no un mero accidente.

Como la etnohistoria ha hecho con la historia en general, la astronomía cultural y en especial la etnoastronomía, puede aportar a la historia de la astronomía un enfoque "etnográfico" sobre el material documental. De ese modo los documentos pasan a ser pensados como un "campo etnográfico" y abordados como tales, incluyendo el proceso de desnaturalización de los propios supuestos de dichos textos.

La diversidad de los saberes especializados sobre el cielo y la especificidad de sus objetivos, métodos, regímenes de verdad, demarcaciones, procesos de institucionalización, etc., es una importante nota que el historiador de la astronomía puede extraer de un enfoque desde la astronomía cultural. Ello le permitirá contemplar con otro panorama las características específicas del sistema que estudia, comparándolas con las de otros sistemas.

El tratamiento "simétrico" del "error" y la "verdad" propuesto por el programa fuerte de Bloor (1998) se ve fuertemente respaldado cuando se adopta la perspectiva socio-antropológica que la astronomía cultural propone y cuando la academia occidental no es el único objeto de estudio. El recuperar el rol crucial del poder y sus asimetrías en la estructuración de la vida social general, incluyendo la generación de conocimiento es fundamental. De hecho, es imprescindible mantener esa relevancia y simultáneamente prestar atención a las materialidades y la diversidad de agencias, de modo que aproximaciones que priorizan el concepto de "red" no oculten un aspecto crucial de las dinámicas involucradas.

En lo que respecta específicamente al tratamiento de la astronomía académica occidental, hemos señalado la relevancia de la astronomía cultural para indicar caminos para desnaturalizar las nociones que se dan por sentadas e incluir una mayor y más sistemática reflexividad del investigador. Asumir como constitutivo el carácter múltiple y contestado de las empresas científicas, estudiando la unidad y homogeneización como procesos específicos, cuyos mecanismos y factores deben ser abordados y que implican una acción social concreta con agentes e instituciones específicos. También resulta importante a partir de la astronomía cultural y teniendo en cuenta las relaciones entre conocimiento y poder evaluar el carácter situado de toda epistemología, y su relación con los roles al interior del campo científico, en especial atendiendo a la dinámica entre establecidos y marginados (Elías, 1998).

Las relaciones entre la astronomía académica occidental y el conjunto de las sociedades para las que resulta relevante debe incluir el análisis de las pretensiones de los académicos por convertir a su ciencia en "la" forma de pensar el cielo y conseguir para ella el impulso de los organismos del estado. Pero incluye comparar eso con la forma en que en general las personas – incluyendo a los propios académicos – suelen conjugar en su vida cotidiana toda una pluralidad de marcos epistémicos, coordinados de diversos modos, con superposiciones y conflictos e incluso "lagunas" epistémicas, las lógicas parciales no son asunto solo de los "otros" (Evans-Pritchard, 1993[1937]) sino que también se dan entre "nosotros". En este marco cobra un sentido más amplio el rol que la confianza y desconfianza respecto a las instituciones que producen o promueven cierto tipo de conocimiento tiene en las actitudes de los legos respecto al mismo. En contextos como el de la presente pandemia COVID-19 se pone en evidencia como las imágenes que la ciencia proyecta de sí misma y el conocimiento que genera tiene repercusiones cruciales en su capacidad de influir en las conductas de personas y gobiernos en instancias críticas. Si se proyecta la idea de autosuficiencia y conocimiento infalible y definitivo cualquier error o provisionalidad será visto como una muestra de una falla del propio sistema en su conjunto. Si no se responde a las razonables demandas de mayor transparencia de los vínculos entre científicos e intereses económicos y políticos ese silencio será interpretado por muchos como indicador de una culpabilidad total. La comunicación pública de la ciencia debería ser entendida como parte integrante del quehacer científico y no como una "extensión" accidental del mismo. La historia de la astronomía como espacio de reflexión sobre el carácter situado de nuestro conocimiento, vale decir como conciencia histórica del camino que ha llevado ese conocimiento a su estado actual, tiene un rol central en esta tarea. La gestión del riesgo, en especial en situaciones de crisis, requiere de instituciones capaces de ese grado de auto reflexión, al que la astronomía cultural está invitando a la historia de la astronomía.

Por todo esto, creemos que la astronomía cultural tiene mucho que aportar a una reflexión histórica crítica sobre las ciencias, en un momento en el que es imprescindible como herramienta para repensar los vínculos entre la academia y las sociedades en las que se desarrolla, para re imaginar la comunicación pública de la ciencia, la enseñanza de las ciencias, así como cuestionar la orientación y los usos del conocimiento científico.

REFERÊNCIAS BIBLIOGRAFICAS

ASAD, Talal. *Formations of the Secular: Christianity, Islam, Modernity*. Stanford: Stanford University Press, 2003.

BARTH, Fredrik. *Los grupos étnicos y sus fronteras*. México D. F.: Fondo de Cultura Económica, 1976.
BLOOR, David. *Conocimiento e imaginario social*. Trans. E. Lizcano & R. Blanco. Barcelona: Editorial Gedisa, 1998.
BOURDIEU, Pierre. *Razones prácticas: Sobre la teoría de la acción*. Trans. T. Kauf. Barcelona: Editorial Anagrama, 1997.
BOURDIEU, Pierre. *Os usos sociais da ciência: Por uma sociologia clínica do campo científico*. Trans. Denice B. Catani. São Paulo: Unesp, 2003.
BRAGA, Yara M. R. d. O. *Território étnico: Conflitos territoriais em Alcântara*. São José dos Campos, 2011. Dissertação (Mestrado em Planejamento Urbano e Regional) - Universidade do Vale do Paraíba. Disponible en <https://bit.ly/2yT16WO>.
CASUMBAL-SALAZAR, Iokepa J. A. (2014). *Multicultural Settler Colonialism and Indigenous Struggle in Hawai'i: The Politics of Astronomy on Mauna a Wākea*. Mānoa, Hawai, 2014. Thesis - University of Hawai'i.
CHATTERJEE, Partha. *La nación en tiempo heterogéneo y otros estudios subalternos*. Buenos Aires: Siglo XXI, 2008.
DUSSEL, Enrique. *The Underside of Modernity*. New Jersey: Humanities Press, 1996.
EISENSTADT, Shmuel N. Multiple Modernities. *Daedalus,* **129** (1): 1-29, 2000.
ELÍAS, Norbert. Ensayo teórico sobre las relaciones entre establecidos y marginados. Pp. 79-138, in WEILER, Vera. (Ed.). *La civilización de los padres y otros ensayos*. Bogotá: Grupo editorial Norma, 1998.
ESCOBAR, Arturo. El "postdesarrollo" como concepto y práctica social. Pp. 17-31, in MATO, D. (Ed.). *Políticas de economía, ambiente y sociedad en tiempos de globalización*. Caracas: Facultad de Ciencias Económicas y Sociales, Universidad Central de Venezuela, 2005.
EVANS-PRITCHARD, Edward E. *Brujería, magia y oráculos entre los Azande*. [1937]. Trans. DESMONTS, A. Barcelona: Editorial Anagrama, 1993.

GALLUP. *Wellcome Global Monitor: First Wave Findings*. London: Wellcome Trust, 2019.

GAONKAR, Dilip P. On Alternative Modernities. *Public Culture*, **11** (1): 1-18, 1999,

GIERYN, Thomas. F. Boundaries of Science. Pp. 293-332, in TAUBER, A. I. (Ed.). *Science and the Quest for Reality*. London: Palgrave Macmillan, 1997.

GIERYN, Thomas. F. *Cultural Boundaries of Science: Credibility on the Line*. Chicago: University of Chicago Press, 1999.

HABERMAS, Jürgen. *The Philosophical Discourse of Modernity*. Cambridge: MIT Press, 1987.

HARAMBAM, Jaron. *'The Truth Is Out There': Conspiracy Culture in an Age of Epistemic Instability*. Roterdam, 2017. Thesis - Erasmus University Rotterdam. Disponible <http://hdl.handle.net/1765/102423>.

HERHOLD, Abby. S. *Hawai'i's Thirty Meter Telescope: Construction of the World's Largest Telescope on a Sacred Temple*. Oslo, 2015. M.A. Thesis - University of Oslo.

IWANISZEWSKI, Stanislaw. Astronomiia kak kul'turnaia sistema. Pp. 67-73, in GURSHTEIN, A. A. (Ed.). *Na rubezhakh poznaniia vselennoy*. Moskva: Nauka, 1990.

IWANISZEWSKI, Stanislaw. Astronomy as a Cultural System. *Interdisciplinarni izsledvaniya*, **18**: 282-288, 1991.

KREIMER, Pablo. ¿Una modernidad periférica? La investigación científica, entre el universalismo y el contexto. Pp. 163-196, in KREIMER, Pablo. *Culturas Científicas y Saberes Locales*. Bogotá: Universidad Nacional de Colombia, 2000.

LATOUR, Bruno. How to Talk About the Body? The Normative Dimension of Science Studies. *Body & Society,* **10** (2-3): 205-229, 2004. doi:10.1177/1357034X04042943

LATOUR, Bruno. *Nunca fuimos moderno: Ensayo de antropología simétrica*. Buenos Aires: Siglo XXI, 2007.

LÓPEZ, Alejandro M. Astronomical Heritage and Aboriginal People: Conflicts and Possibilities. Vol. 11, pp. 142-145, in BENVENUTI, Piero. (Ed.). *Astronomy in Focus. As presented at the IAU XXIX General Assembly. Proceedings of the*

International Astronomical Union. Cambridge: Cambridge University Press, 2016.

LÓPEZ, Alejandro M. Peoples Knocking On Heaven's Doors: Conflicts Between International Astronomical Projects and Local Communities. *Mediterranean Archaeology and Archaeometry,* **18** (4): 439-446, 2018. doi:10.5281/zenodo.1477048

LÓPEZ, Aalejandro M. La batalla por el cielo: Reacciones públicas contemporáneas de la comunidad científica argentina al Terraplanismo. *Cosmovisiones/Cosmovisões,* 2 (1): 93-127, 2020.

LÓPEZ, Alejandro M. Astronomies, Cultures and Education. Paper presented at the *3rd Shaw-IAU Workshop on Astronomy for Education*. What Everybody Should Know about Astronomy Education. Max Planck Institute for Astronomy, Heidelberg, 2021(a).

LÓPEZ, Alejandro M. Cosmovisión y cosmología: Fundamentos histórico-metodológicos para un uso articulado. *Cosmovisiones/Cosmovisões,* 3 (1): 65-115, 2021(b).

MAUSS, Marcel. Essai sur le don: Forme et raison de l'échange dans les sociétés archaïques. *Anné Sociologique, Nouv. Ser.,* **1**: 30-186, 1923-1924.

MIGNOLO, Walter D. La colonialidad: La cara oculta de la Modernidad. Pp. 39-49, in BREITWIESER, Sabine. (Ed.). *Modernologías: Artistas contemporáneos investigan la Modernidad y el Modernismo*. Barcelona: Museo de Arte Contemporáneo de Barcelona, 2009.

MIGNOLO, Walter D. Desobediencia epistémica: Retórica de la modernidad, lógica de la colonialidad y gramática de la descolonialidad. In. Buenos Aires: Ediciones del Signo, 2010.

PARTRIDGE, Christopher. Occulture is Ordinary. Pp. 113-133, in GRANHOLM, Kennet. & ASPREM, Egil. (Eds.). *Contemporary Esotericism*. Sheffield: Equinox, 2012.

QUIJANO, Aníbal. *Modernidad, identidad y utopía en América Latina*. Lima: Sociedad y Política Ediciones, 1988.

RUGGLES, Clive; SAUNDERS, Nicholas. The study of cultural astronomy. Pp. 1-31, in RUGGLES, Clive.; SAUNDERS, Nicholas. (Eds.). *Astronomies and Cultures*. Niwot, Colorado: University Press of Colorado, 1993.

SPIVAK, Gayatri C. *¿Puede hablar el subalterno?* Buenos Aires: Editorial El cuenco de plata, 2011.

SWANNER, Leandra A. *Mountains of Controversy: Narrative and the Making of Contested Landscapes in Post-war American Astronomy.* Harvard, 2013. Ph.D. Thesis - Harvard University.

SWANNER, Leandra A. Contested Spiritual Landscapes in Modern American Astronomy. *Journal of Religion & Society, Supplement 11*, 149-162, 2015.

TOSELAND, Nicholas R. E. (2019). *Truth, 'Conspiracy Theorists', and Theories: An Ethnographic Study of 'Truth-Seeking' in Contemporary Britain.* Durham, 2019. Ph.D. Thesis (Doctor in Philosophy) - Durham University. Available at <http://etheses.dur.ac.uk/13147/>.

USCINSKI, Joseph E.; DEWITT, Darin; ATKINSON, Matthew D. A Web of Conspiracy? Internet and Conspiracy Theory. Pp. 106-131, in DYRENDAL, Asbjørn; ROBERTSON, David G.; ASPREM, Egil. (Eds.). *Handbook of Conspiracy Theory and Contemporary Religion*. Leiden-Boston: Brill, 2018.

VACCAREZZA, Leonardo S. Reflexiones sobre el concepto de cultura científica. Pp. 168-195, in ARELLANO HERNÁNDEZ, Antonio; KREIMER, Pablo. (Eds.). *Estudio social de la ciencia y la tecnología desde América Latina*. Bogotá: Siglo del Hombre, 2011.

WALSH, Catherine. ¿Son posibles unas ciencias sociales/culturales otras? Reflexiones en torno a las epistemologías decoloniales. *Nomadas* (26): 102-113, 2007.

WITTROCK, Bjorn. Modernity: One, None, or Many? European Origins and Modernity as a Global Condition. *Daedalus*, **129** (1): 31-60, 2000.

Traduzindo os "fits" de Isaac Newton: Um Conceito, Várias Versões

Breno Arsioli Moura
Universidade Federal do ABC
breno.moura@ufabc.edu.br

1 INTRODUÇÃO

Em 1704, Isaac Newton (1642-1727) publicou sua principal obra sobre a luz e as cores, o *Óptica*. Composto por três livros, o *Óptica* abordou quase a totalidade dos fenômenos da luz conhecidos até o início do século 18, desde os mais simples e mais conhecidos, como a reflexão e a refração, até os mais recentemente estudados, como a difração e os anéis coloridos em filmes finos. Amplamente lido no século 18, o *Óptica* apresentou mais explicitamente o estilo indutivista de Newton, com proposições e teoremas derivados diretamente dos resultados de observações experimentais, ao menos no Livro I (Silva, 1996; Shapiro, 2002).

Dois anos após ser publicado, o *Óptica* ganhou sua primeira tradução, para o latim, ao contrário do que era usual na época, quando primeiramente as obras eram escritas e publicadas em latim e então traduzidas para línguas vernaculares (Pantin, 2009). Nesse mesmo ano, uma primeira tradução francesa surgiu e foi lida aos membros da prestigiada *Académie Royale des Sciences* de Paris. Outras traduções francesas seriam publicadas em 1720, 1722 e 1787. Ao longo dos séculos, o livro ainda seria traduzido para o alemão (1898), o russo (1927), o italiano (1978) e, enfim, o português brasileiro (1996)[1].

Neste capítulo, analiso um dos efeitos desses processos tradutórios: a tradução do termo "fits", utilizado por Newton para nomear um conceito elaborado para explicar a formação dos anéis

---

[1] Um detalhamento de dezessete edições do *Óptica*, de 1704 a 1952, pode ser vista em Gjsertsen (1986, p. 413-414).

coloridos em películas finas, fenômeno descrito no Livro II do *Óptica*. Altamente controversos e obscuros, os "fits" foram praticamente ignorados ao longo dos séculos seguintes. Buscarei mostrar que a tradução de "fits" para o francês, o latim, o italiano e o português não foi algo trivial e, em muitos casos, contribuiu para que esse conceito ficasse ainda mais incompreensível aos leitores dessas línguas.

Em um primeiro momento, discutirei o que são os "fits", seu processo de elaboração ao longo dos anos e o significado da palavra escolhida por Newton. Em seguida, tratarei das traduções para o francês, o italiano e o português, buscando apontar em que medida os termos utilizados como equivalentes a "fits" na língua de destino conseguiram transportar o significado original da palavra em inglês. Indicarei que nem sempre as traduções possibilitaram uma compreensão adequada do conceito de "fits", como originalmente proposto por Newton.

2 O QUE SÃO OS "FITS"?

O conceito de "fits" está certamente entre as ideias mais complexas e obscuras elaboradas por Newton. Por consequência, está também entre aquelas mais superficialmente debatidas, levando a intepretações distorcidas que a consideram como uma antevisão à dualidade onda-partícula da luz (Moura & Silva, 2008). O fato de Newton nunca ter desenvolvido uma argumentação profunda sobre os "fits" contribui para ambas as conclusões. Por exemplo, restringindo essa discussão apenas aos seus estudos em óptica, basta constatarmos a extensão das discussões sobre a heterogeneidade da luz branca, presentes desde o início da carreira de Newton – em seu caderno de anotações (McGuire & Tamny, 1983), nas *Lectiones Opticae* (Shapiro, 1984) e no artigo "Nova teoria sobre e luz e cores", de 1672 (Silva & Martins, 1996) – e detalhadamente apresentadas no Livro I do *Óptica*; em contraposição, os "fits" ocuparam apenas uma metade do Livro II, onde Newton abordou o fenômeno dos anéis coloridos em filmes finos[2]. A fim de suprir essa lacuna, buscarei detalhar nos trechos seguintes a origem e a fundamentação desse conceito.

A trajetória pregressa dos "fits" começa em 1675, três anos após a "Nova teoria" ter sido publicada nas *Philosophical Transactions* da Royal Society. Nesse artigo, Newton apresentou, pela primeira vez, seus experimentos com prismas, propondo que a luz branca do sol fosse uma mistura heterogênea de raios coloridos, e não algo puro e homogêneo, como geralmente se pensava. O texto provocou uma série de controvérsias entre Newton e outros filósofos naturais da época, como Robert Hooke (1635-1703) e Christiaan Huygens (1629-1695) (Sabra, 1981; Martins & Silva, 2015). Dentre as críticas, estava a de que Newton havia feito uma hipótese para a luz, considerando-a como um corpúsculo. Como uma resposta a uma das cartas de Hooke, Newton enviou ao então secretário da *Royal Society*, Henry Oldenburgh (1615-1677) dois textos, hoje conhecidos por "Hipótese da luz"[3] e "Discurso das observações". Enquanto o último foi mais tarde transportado ao *Óptica* como o conteúdo de boa parte do Livro II (até a Proposição 10 da Parte 3), o primeiro viu apenas excertos serem trazidos à obra final de Newton sobre a luz e cores. A razão foi simples: por ser uma "hipótese", seu conteúdo não poderia fazer parte da filosofia natural newtoniana[4].

No entanto, é no texto "Hipótese da luz" que podemos ver os primeiros traços do que viria a ser o conceito de "fits". Nele, Newton abordou a interação da luz com um possível meio etéreo

---

[2] Newton abordou o fenômeno dos anéis no ensaio "Of colours", escrito em 1666 (McGuire e Tamny, 1983, p. 466-489) e nos artigos "Hipótese da luz" e "Discurso das observações" (Newton, 1958, p. 177-235) – ambos não publicados na época –, mas não abordou o conceito de "fits", que seria desenvolvido apenas na década de 1690 (Shapiro, 1993, p. 136).

[3] A "Hipótese da luz" foi traduzida para o português em Newton (2002, p. 30-54).

[4] No início do Livro I do *Óptica*, Newton deixou clara essa linha de raciocínio: "Meu objetivo neste livro não é explicar as propriedades da luz por hipóteses, mas propô-las e prová-las pelo raciocínio e por experiências, para o que tomarei como premissas as definições e os axiomas que se seguem" (Newton, 1996, p. 39). Para mais detalhes, ver Cohen (2002).

pelo qual ela se propagava, sustentando, entre outros pontos, que o éter poderia estar sujeito a movimentos vibratórios gerados pela interação com os raios luminosos. Partindo deste pressuposto, discutiu a formação dos anéis coloridos em películas finas, que podem ser vistos, por exemplo, em bolhas de sabão, manchas de óleo ou em um sistema de lentes pressionadas uma contra a outra. Nesse último caso, o filme fino é o ar entre as duas lentes (Figura 1). Um efeito parecido pode ser obtido pressionando dois pedaços de vidro um contra o outro. Por conta desses estudos, o fenômeno é conhecido até os dias atuais como "anéis de Newton", mas é explicado por meio do conceito do conceito moderno de interferência entre ondas luminosas.

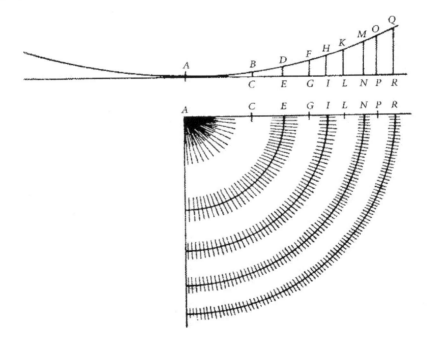

Figura 1. Esquema de Newton na "Hipótese da luz" para mostrar anéis alternadamente claros e escuros formados pela incidência de luz monocromática sobre um sistema de duas lentes pressionadas uma contra a outra. **Fonte**: Newton (2002, p. 49).

Segundo Newton, quando um raio de luz atingisse a superfície de um corpo refrator, ele provocaria vibrações no éter, fazendo com que suas partículas alternadamente se expandissem e se contraíssem, influenciando no progresso desse raio. No fenômeno dos anéis observados em um sistema de lentes pressionadas uma contra a outra, a luz, ao entrar na película fina de ar entre elas, excitaria vibrações no éter que alternadamente refletiriam ou transmitiriam a luz. Iluminando o sistema de lentes com luz monocromática, os anéis seriam, assim, facilmente explicados. Os anéis claros indicariam que, naquela espessura da película, o éter estaria contraído, refletindo os raios; já os anéis escuros sugeririam que, naquela espessura, o meio etéreo estava expandido, permitindo a transmissão do raio. A alternância entre anéis claros e escuros seria uma evidência de que a contração e expansão do éter seriam periódicas, ou seja, a cada incremento proporcional de espessura, observaríamos um mesmo tipo de anel.

No caso da incidência de luz branca, Newton especulou que os raios de cores diferentes variavam em "grandeza", "forma" e "vigor" (Newton, 2002, p. 40), provocando no éter vibrações de diferentes intensidades, ora refletindo anéis de uma cor ora de outra. Por essa razão, veríamos os anéis coloridos. Esse mesmo conceito de vibrações no éter também poderia ser aplicado para explicar a refração e a reflexão parciais da luz quando, por exemplo, os raios luminosos passam do ar para o vidro.

Quando o *Óptica* foi publicado, quase trinta anos depois do "Hipótese", essa discussão não poderia figurar na argumentação principal de Newton, mas parte dela ainda foi aproveitada. O "Discurso das observações", compôs as partes 1, 2 e um grande segmento da parte 3 do Livro II do *Óptica*, com pequenas mudanças. Newton decidiu encerrar esse livro com um escrito inédito, que envolveu justamente a apresentação do conceito de "fits" e sua aplicação no fenômeno dos anéis coloridos em películas espessas[5]. Na Proposição 12 do Livro II, afirmou:

---

[5] Para detalhes sobre o processo de escrita do *Óptica*, ver Shapiro (1992).

> Todo raio de luz, em sua passagem através de qualquer superfície refratora, assume uma certa constituição ou estado transitório que ao longo da trajetória do raio retorna em intervalos iguais e faz com que em cada retorno o raio tenda a ser facilmente transmitido através da próxima superfície refratora e, entre os retornos, a ser facilmente transmitido por ela. (Newton, 1996, p. 210)

Newton modificou ligeiramente a discussão do "Hipótese", atribuindo à luz "uma certa constituição ou estado transitório" que a faria ser alternadamente refletida ou transmitida. Nota-se também que ele foi mais assertivo quanto à periodicidade do fenômeno, ao estabelecer que esse estado transitório retornava "em intervalos iguais". Em seguida, com a clara intenção de estabelecer uma propriedade original da luz que fosse independente de qualquer pressuposto sobre sua natureza ou sua interação com o meio refrator, ele definiu os "fits". Cito o trecho da versão original em inglês:

> The returns of the disposition of any ray to be reflected I will call its *fits* of easy reflection, and those of its disposition to be transmitted its *fits* of easy transmission, and the space it passes between every return and the next return, the interval of its *fits*. (Newton, 1979, p. 281, grifos meus)

Dessa maneira, os "fits" seriam uma propriedade periódica da luz responsável por sua disposição a ser transmitida ou refletida. No fenômeno dos anéis coloridos em películas finas, esse conceito poderia ser aplicado para explicar por que alguns raios coloridos são transmitidos e outros são refletidos em uma mesma espessura, uma vez que cada raio colorido teria "fits" diferentes; em outras palavras, os períodos entre as disposições para cada um ser refletido ou transmitido seriam diferentes. Com incrementos proporcionais de espessura, observaríamos as mesmas cores nos anéis, denotando a periodicidade do fenômeno. No caso da incidência de luz monocromática sobre os filmes finos, a alternância entre anéis claros e escuros também seria facilmente resolvida, uma vez que, dependendo da grandeza da espessura, o raio poderia estar em "fits" de fácil reflexão ou "fits" de fácil transmissão, sendo alternadamente refletido e transmitido. Com os "fits", Newton esperava não depender mais de hipóteses para explicar os anéis coloridos em películas finas e outros fenômenos correlatos. Os "fits" ainda seriam citados na Parte IV do Livro II, a fim de explicar a formação dos anéis de cores em filmes espessos, e nas "Questões" do Livro III[6].

Por que Newton escolheu essa palavra para nomear seu novo conceito? Segundo Shapiro (1993, p. 180), em um primeiro esboço do *Óptica*, Newton havia proposto os termos "fits or passions", excluindo o segundo na versão final. Isso sugere que ele pensou em uma terminologia médica, bastante utilizada na época. De acordo sua etimologia, "fits" pode significar "paroxismo" ou "ataque súbito", sentido empregado desde meados do século 14 na língua inglesa[7]. Newton foi o primeiro a adotá-lo para um fenômeno óptico. Para Shapiro (1993, p. 180-181), Newton provavelmente se inspirou em relatos do comportamento de pessoas adoecidas pela malária, que eram acometidas por uma "febre intermitente", alternando "duas fases opostas, quente e frio".

Portanto, tomando como muito provável que Newton escolheu esse termo de modo preciso, refletindo exatamente o que pensava sobre os "fits", esses podem ser entendidos como mudanças, ocorrências ou disposições súbitas e periódicas dos raios de luz, que fazem com que sejam refletidos ou transmitidos pelo meio[8]. Entretanto, logo a primeira tradução desse termo já apresentou diferenças em relação à ideia original. Apenas dois anos depois da publicação da primeira edição em inglês, foi publicada em 1706 a tradução para o latim do *Óptica*, realizada por Samuel Clarke

---

[6] Especificamente, nas questões 17, 18, 21, 28, 29 e 31. Sobre a utilização dos "fits" para elucidar o fenômeno dos anéis coloridos em filmes espessos, ver Shapiro (2013, p. 188-193).

[7] Disponível em: <https://www.etymonline.com/word/fit#etymonline_v_5981>, acesso em junho de 2022.

[8] Após a publicação do *Óptica*, o conceito de "fits" não foi amplamente adotado pelos filósofos naturais, nem mesmo pelos seguidores de Newton. Para mais detalhes, ver Cantor (1983, p. 83-86).

(1675-1729). Nessa versão, o trecho sobre a definição dos "fits" está assim escrito:

> Accessus sive reversiones dispositionis istius, qua fit ut quilibet radius facilius reflectatur, appello ejus *vices* facilioris reflexionis. Reversiones autem dispositionis istius, qua fit ut idem facilius transmittatur, appello ejus *vices* facilioris transmissus. Et spatium quod inter singulas ejusdem vicis reversiones intercedit, appello intervallum *vicium*. (Newton, 1706, p. 240, grifos meus)

Em um sentido amplo, o termo "vices" pode significar "mudanças, alterações"[9], de onde deriva, por exemplo, a palavra "vicissitude"[10]. Dessa forma, nessa primeira tradução, apenas parte do sentido original dos "fits" parece ter sido assimilada, uma vez que o caráter súbito e periódico do fenômeno não está explícito no termo. Com isso, já se evidencia que a tradução do termo "fits" para outras línguas não foi tarefa descomplicada e que o significado original do termo foi perdido, parcial ou totalmente, como veremos. Nas próximas seções, essa e outras particularidades das traduções do termo "fits" ficarão mais perceptíveis.

3 OS "FITS" EM FRANCÊS

A primeira língua vernacular para a qual o termo "fits" foi traduzido foi o francês, em meados de 1706. Nesse ano, o jovem químico francês Étienne-François Geoffroy (1672-1731) teria lido aos seus colegas da *Académie Royale des Sciences* de Paris um esboço de tradução do *Óptica* para essa língua. O manuscrito original de Geoffroy nunca foi identificado com exatidão, mas acredita-se que seja uma sucinta tradução francesa do *Óptica* hoje localizada na *Bibliothèque de l'Arsenal*, em Paris. Essa primeira tradução francesa é ora uma tradução direta do conteúdo do *Óptica* ora um resumo dos argumentos de Newton. Geoffroy parece ter

---

[9] Disponível em: <https://www.online-latin-dictionary.com/latin-english-dictionary.php?lemma=VICIS100>, acesso em junho de 2022.
[10] Disponível em: <https://www.etymonline.com/word/vicissitude#etymonline_v_7769>, acesso em junho de 2022.

escolhido com precisão o que traduzir do texto, ressaltando pontos que considerava importantes e ignorando outros (Moura, 2022, p. 196).

Felizmente para esta análise, a parte concernente aos "fits" foi traduzida. O trecho em que Newton definiu o conceito, inserido logo após a Proposição 12 da Parte 3 do Livro II, foi traduzido da seguinte maneira:

> Il appelle les retours de cette disposition des rayons à être réfléchi les *accès* ou la disposition de réflexion aisée, et les retours de cette disposition à être transmis *accès* de transmission aisée, et l'espace d'un retour à l'autre les intervalles de ces *accès*. (Anon., s.d., p. 98-99, grifos meus)

Pelo trecho, notamos que o autor do manuscrito francês traduziu "fits" por "accès". Vejamos um dos significados desse termo em um dicionário francês: "Manifestation brusque, souvent violente et de courte durée, d'un phénomène pathologique"[11]. A etimologia da palavra indica que ela era utilizada nessa definição desde o século 14, vindo do termo em latim *"accessus"*[12]. Dessa maneira, observamos que o tradutor francês foi muito engenhoso ao escolher uma palavra adequada para traduzir o termo "fits", conservando o sentido original proposto por Newton de que eles seriam um paroxismo, uma mudança súbita de estado[13]. Curiosamente, nas duas traduções subsequentes do *Óptica*, o termo foi traduzido da mesma maneira. Na tradução realizada por Pierre Coste (1668-1747), o trecho referente à definição dos "fits" foi escrito da seguinte forma:

---

[11] Disponível em: <https://www.larousse.fr/dictionnaires/francais/acc%C3%A8s/420>, acesso em junho de 2022.

[12] Disponível em: <https://www.cnrtl.fr/etymologie/Acc%C3%A8s>, acesso em junho de 2022.

[13] O domínio da língua inglesa é um dos motivos pelos quais atribui-se à Geoffroy a autoria do manuscrito da *Bibliothèque de l'Arsenal*, pois certamente apenas uma pessoa versada tanto nessa língua quanto no francês – como era Geoffroy – poderia captar o sentido correto daquele empregado por Newton (Cohen, 1964; Moura, 2022).

> Les retours de la disposition d'un rayon quelconque à être réfléchi, c'est que j'appellerai ses *accès* de facile réflexion, comme j'appellerai les retours de sa disposition à être transmis, ses *accès* de facile transmission ; et l'espace qui se trouve entre chaque retour, et le retour suivant, je le nommerai l'intervalle de ses *accès*. (Newton, 1722, p. 331, grifos meus)

Em todas as outras menções dos "fits" em trechos subsequentes, o termo também foi traduzido por "accès", indicando que o padrão foi seguido em todo o texto. Naturalmente, podemos nos perguntar se há alguma relação entre a tradução de Geoffroy e a tradução de Coste, uma vez que, destacada a estranheza na escolha da palavra "fits" por Newton, seria igualmente inabitual que dois tradutores diferentes escolhessem o mesmo termo em suas traduções. Pode-se especular, de forma muito ampla, que o manuscrito de Geoffroy tenha caído nas mãos de Coste em algum momento e o influenciado em sua tradução (Moura, 2022, p. 201).

Pouco mais de sessenta anos depois, foi publicada, anonimamente, outra tradução para o *Óptica*, dessa vez realizada por Jean-Paul Marat (1743-1793). Ao contrário da tradução de Coste – criticada por Marat no prefácio –, essa nova versão não apresentou um transporte literal de termos do inglês para o francês, embora não tenha alterado o conteúdo (Blay, 2015, p. 68). Assim como Geoffroy, Marat ofereceu, em muitos trechos, uma descrição dos argumentos de Newton no original, incluindo também algumas notas explicativas. O trecho referente à definição dos "fits" não sofreu alterações significativas quando comparado com as traduções anteriores de Geoffroy e Coste, como pode-se notar no extrato seguinte:

> Les retours de la disposition d'un rayon quelconque à être réfléchi, je les appelle *accès* de facile réflexion; comme j'appelle *accès* de facile transmission, les retours de sa disposition à être transmis. Quant à l'espace qui se trouve entre deux retours, je le nommerai intervalle des *accès*. (Newton, 2015, p. 272, grifos meus)

Assim como Coste, Marat também utilizou o termo "accès" em todas as demais menções aos "fits" tanto no Livro II quanto nas "Questões" do Livro III. Não hesitou em criticar o conceito, porém, afirmando em uma nota logo após o trecho citado anteriormente que este não havia sido bem recebido e que um dos "grandes geômetras" do século, Leonhard Euler (1707-1783), o havia rejeitado (Marat, 2015, p. 357).

As traduções francesas de Geoffroy, Coste e Marat mostram que "accès" se consolidou como o termo equivalente padrão de "fits" nessa língua. De fato, em outros textos franceses, a mesma palavra foi utilizada. Por exemplo, no famoso *Élements de la philosophie de Newton,* escrito por Voltaire (1694-1778) na década de 1730, os "fits" foram mencionados como "accès". Ao comentar sobre a ação dos corpos sobre a luz, ele afirmou:

> Parmi tant de propriétés de la matière, telles que ces *accès* de transmission et de réflexion des traits de lumière, cette répulsion que la lumière éprouve dans le vide, dans les pores des corps et sur les surfaces des corps. (Voltaire, 1879, p. 502, grifo meu)

Vale dizer que esse trecho foi severamente modificado, em comparação com as primeiras edições do *Élements,* de 1738 e 1741[14]. Além disso, curiosamente, quando o *Élements* foi traduzido para o inglês ainda no ano de sua primeira edição, em 1738, o termo "accès" não foi retraduzido para "fits", mas para "starts", perdendo, assim como na versão brasileira discutida mais adiante neste capítulo, todo o sentido proposto por Newton (Voltaire, 1967, p. 146). Essa tradução para o inglês do século 18 ainda é utilizada. Como mais uma evidência da recepção pouco calorosa aos "fits", essa foi a única menção ao conceito em toda a obra de Voltaire.

Na literatura francesa especializada, o termo continuou a ser utilizado (Duhem, 1916; Eisenstaedt, 1996; Leclercq, 2011), o que demonstra que, ao menos nessa língua, não houve variações substanciais, mesmo que seu significado não tenha sido debatido

---

[14] Ver a nota 1 em Voltaire (1879, p. 501-502).

ou contextualizado, a fim de possibilitar uma compreensão mais próxima do conceito, como Newton possivelmente pensou quando escolheu a palavra "fits". Mostrarei nas seções seguintes que esse padrão não se repetiu nas línguas italiana e portuguesa, com o advento de vários termos para traduzir os "fits".

4 OS "FITS" EM ITALIANO

No contexto italiano, a primeira tradução do termo "fits" parece ter sido realizada por um dos principais divulgadores de Newton nessa língua, Francesco Algarotti (1712-1764). Entre 1728 e 1729, Algarotti foi responsável por reproduzir na Itália experimentos com prismas descritos por Newton no Livro I do *Óptica*, em um provável movimento para contrapor as severas críticas feitas por seu compatriota Giovanni Rizzetti (1675-1751) (Hall, 1993, p. 213; Casini, 1995, p. 204). Anos mais tarde, possivelmente influenciado pela convivência com Voltaire e Émilie du Châtelet (1706-1749), Algarotti publicou seu famoso *Il Newtonianismo per le Dame* (1737). O texto é composto de seis diálogos entre um Cavalheiro – o alter ego de Algarotti – e uma Dama, ávida em aprender mais sobre a filosofia natural newtoniana (Moura & Silva, 2015).

Na primeira edição do *Newtonianismo*[15], após discutir a ação de forças atrativas e repulsivas sobre a luz, o Cavalheiro mencionou os "fits":

> Quindi vengono gli *accessi*, o le *veci* delle più facili trasmissione, e riflessione, cioè il medesimo raggio di luce è in un momento trasmesso, e riflettuto nell'altro. (Algarotti, 1737, p. 295, grifos meus)

Assim como no francês "accès", o termo italiano "accessi" ou "accesso" possui uso médico, a fim de indicar um ataque súbito de uma moléstia, e também deriva do latim "*accessus*"[16]. É bastante provável que Algarotti tenha se inspirado na versão francesa do

---
[15] Nas edições posteriores do *Newtonianismo*, o trecho referido foi suprimido.
[16] Disponível em: <http://tlio.ovi.cnr.it/voci/000439.htm>, acesso em junho de 2022.

termo, dado seu contato com Voltaire e Émilie du Châtelet. Por sua vez, Algarotti também ofereceu outra tradução para os "fits" usando a palavra "veci", possivelmente derivando da versão latina "vicis"[17]. Nesse sentido, o termo daria a entender que a luz teria "turnos" de fácil reflexão e fácil transmissão.

Na época de Algarotti, os "fits" não ocuparam grande destaque entre os filósofos naturais italianos. Sabe-se que a versão em latim do *Óptica* foi bastante apreciada por esse público (Casini, 1995, p. 182), o que explica ou ao menos sugere porque Algarotti empregou, além de "accessi", o termo "veci", com o qual os filósofos naturais italianos estariam mais familiarizados. Porém, manuais italianos de filosofia natural não repercutiram os "fits", tampouco os estudos sobre os anéis coloridos em filmes finos. Por exemplo, em seu *Elementi di Fisica*, Giovanni Crivelli (1691-1743) citou frequentemente Newton, mas focou apenas em seus experimentos com prismas (Crivelli, 1731). Nem mesmo Rizzetti mencionou detalhadamente o conteúdo do Livro II, concentrando sua argumentação – e discordância – nas proposições do Livro I do *Óptica* (Rizzetti, 1741)[18].

Não obstante, o termo "accessi" foi utilizado em outras publicações que citaram os "fits". Em uma memória sobre as cores publicada em 1799, Giovanni Batista Venturi (1746-1822) abordou o fenômeno dos anéis coloridos em películas finas e mencionou os "fits":

> Una tale alternata corrispondenza di successivi passaggi e ripercotimenti colle grossezze successivamente aumentata è dessa, che il Newton chiamò *acessi* di facile e di difficile trasmissione. (Venturi, 1799, p. 702, grifo meu).

Em textos do século 19, a tradução para "accessi" também apareceu, como em Regnani (1863, p. 131). Na *Nuova Enciclopedia Popolare*, o termo ganhou um verbete próprio, com

---

[17] Disponível em: <https://dizionari.corriere.it/dizionario_italiano/V/vece.shtml>, acesso em junho de 2022.
[18] Há apenas uma menção ao Livro II, referente à Proposição 5 da Parte 3. Ver Rizzetti (1741, p. 108).

elogios às belas experiências de Newton "che servi di base alla sua teoria degli *accessi*" (Pomba, 1841, p. 90, grifo meu). Isso sugere que, ao menos até esse século, essa tradução consolidou-se em textos italianos, mesmo que o sentido original dos "fits" de ser algo súbito e periódico não tenha sido detalhadamente debatido.

No contexto mais atual, nem sempre apenas o termo "accessi" foi utilizado. Em sua obra sobre história da óptica, ao transcrever e traduzir o trecho referente à definição dos "fits" na Parte 3 do Livro II do *Óptica*, Vasco Ronchi (1897-1988) empregou tanto o termo em latim quanto "accessi":

> Di qui trae facilmente la regione degli "anelli", e arriva alla definizione: "Chiamo *vices facilioris reflexionis* gli *accessi* o variazioni di disposizione per cui un raggio si riflette più facilmente; chiamo invece *vices facilioris transmissionis* le variazioni di disposizione per cui il raggio stesso viene trasmesso più facilmente. E lo spazio che intercede fra le variazioni di uno stesso *accesso*, lo chiamo *intervallum vicium*." (Ronchi, 1983[19], p. 203, grifos meus em *vices* e *vicium*, demais grifos do autor)

Na partes seguintes, onde traduziu extratos da Proposição 13, Ronchi optou por traduzir efetivamente os "fits" por "accesso": "[...] che alcuni dei raggi nel momento in cui incidono sono *nell'accesso* di miglior riflessione, altri invece *nell'accesso* di miglior trasmissione". Para aumentar a complexidade das traduções de Ronchi para os "fits", em outras passagens, ele utilizou termos em latim, inclusive um ainda não citado, "dispositio" (Ronchi, 1983, p. 203).

Outra tradução para os "fits" em italiano pode ser encontrada na primeira edição completa do *Óptica* para essa língua, publicada no final da década de 1970, por Alberto Pala (1923-2005)[20]. Em suas notas introdutórias, Pala não abordou qualquer particularidade do processo de tradução, apenas declarou que uma das versões consultadas foi a francesa, de Coste. Esperava que os "fits" fossem

---

[19] Ano de publicação da 2ª edição. A 1ª edição foi publicada em 1939.
[20] Pala também traduziu o *Principia*, em edição publicada em 1965 e reeditada em 1989.

também traduzidos para "accessi", mas a definição apresentada na Parte 3 do Livro II foi assim traduzida:

> Chiamerò *impulsi* (fits) alla facile riflessione i ritorni della disposizione di un raggio qualsiasi ad essere riflesso, e *impulsi* alla facile trasmissione i ritorni della sua disposizione ad essere trasmesso, e chiamerò intervallo fra i suoi *impulsi* lo spazio esistente tra ogni ritorno e il successivo ritorno. (Newton, 1978, p. 511, grifos meus)

Não encontrei precedentes para essa tradução de Pala. Porventura ele tenha utilizado "impulsi" no sentido de uma "ação" ou "estímulo"[21], o que aproximaria a tradução do sentido original pensado por Newton, porém, isso não explica por que não preferiu, neste trecho, traduzir o termo simplesmente por "accessi", como em trabalhos anteriores ou mesmo na versão francesa de Coste. Estranhamente, na introdução à tradução, ao transpor o mesmo trecho da definição dos "fits", Pala havia substituído um dos termos "impulsi" por "accessi":

> Nella Definizione che precede la tredicesima proposizione, Newton imposta lo studio della periodicità delle proprietà della luce: "Chiamerò *impulsi* alla facile riflessione i ritorni della disposizione di un raggio qualsiasi ad essere riflesso, e *impulsi* alla facile trasmissione i ritorni della sua disposizione ad essere trasmesso, e chiamerò intervallo dei suoi *accessi* lo spazio esistente tra ogni ritorno e il successivo ritorno". (Pala, 1978, p. 293, grifos meus)

Nas traduções das "Questões", Pala também adotou ambos os termos, "accessi" e "impulsi" (Newton, 1978, p. 579). O texto de Ronchi e a versão italiana do *Óptica* de Pala sugerem que a tradução de "fits" para "accessi" não se tornou necessariamente um padrão em trabalhos em italiano, pelo menos do contexto moderno, ao contrário do que vemos em textos em francês. Tampouco a gênese do termo ou do conceito foram esclarecidos, mesmo na

---

[21] Disponível em: <http://tlio.ovi.cnr.it/voci/038971.htm>, acesso em junho de 2022.

tradução completa do *Óptica*, dificultando a compreensão do sentido original do termo "fits".

5 OS "FITS" EM PORTUGUÊS

Em português, o termo "fits" pode ser encontrado traduzido para diferentes palavras. Nos trabalhos analisados para esta pesquisa, publicados em Portugal e no Brasil, encontrei cinco traduções diferentes: "pontos", "estados", "acessos", "ajustes" e "movimentos". Em apenas um desses casos, a escolha do termo em português foi justificada.

Em Portugal, os "fits" não foram imediatamente traduzidos após a publicação do *Óptica*. Com efeito, ao que tudo indica, nos séculos 18 e 19, não houve qualquer menção a esse conceito em trabalhos publicados por autores portugueses[22]. Em obras célebres escritas por eminentes filósofos naturais portugueses do período – alguns declaradamente favoráveis a Newton - como Jacob de Castro Sarmento (1690-1762), Inácio Monteiro (1724-1812), Inácio Vieira (1678-1739) e Luis Antonio Verney (1713-1792), não há qualquer menção aos estudos do Livro II do *Óptica*, e boa parte da argumentação, quando Newton foi citado, se concentrou nos experimentos com prismas e na ideia de heterogeneidade da luz branca, discutidos no Livro I. Vale ressaltar, ainda, que o *Óptica* nunca foi traduzido integralmente em Portugal, sendo a única tradução completa para o português a versão brasileira de 1996, da qual falarei mais adiante. Do ponto de vista historiográfico, poucos pesquisadores portugueses se dedicaram especificamente à história de óptica, o que certamente contribuiu

---

[22] Essa conclusão foi obtida após uma pesquisa nos acervos virtuais da Biblioteca Nacional de Portugal, da Biblioteca Nacional do Brasil e das bibliotecas da Academia das Ciências de Lisboa, da Universidade de Lisboa, da Universidade do Porto, da Universidade de Coimbra, e da Universidade de Évora. Os principais termos utilizados para esse levantamento foram "óptica", "luz" e "Newton". A partir disso, localizei apenas textos de óptica geométrica, alguns digitalizados, mas que não faziam referência à óptica newtoniana.

para que não houvesse uma tradução para o termo nos trabalhos históricos publicados em Portugal[23].

De trabalhos publicados em Portugal nos séculos 18 e 19, identifiquei apenas uma menção aos "fits". Em uma memória escrita para a *Academia das Ciências de Lisboa*, o engenheiro português Estevão Cabral (1734-1811) abordou os anéis coloridos em filmes finos e os "fits" (Moura, 2020). Nela, podemos ver o que, a princípio, teria sido a primeira tentativa de traduzir os "fits" para o português[24]. No trecho, destaca-se a menção ao termo em latim, o que indica que Cabral consultou uma versão do *Óptica* nessa língua. Cabral certamente não conhecia a gênese do termo, atribuindo implicitamente ao meio e não à luz a transmissão e a reflexão alternadas:

> Em suma, sendo muitos os casos de mudança das cores, o modo como Newton, e Boscovich[25] os explicam, é dizendo que a luz tem ou acha certos *pontos* de passagem [transmissão] mais fácil e outros de reflexão mais fácil, *facilioris transmissus*, *facilioris reflexionis*, e que quando os seus raios chegam e se encontram nestes *pontos*, assim passam ou refletem[26]. (Cabral, s.d., fl. 208r, grifos meus, grifos nomes latinos do autor)

No contexto mais recente, podemos encontrar outras traduções para o termo "fits". Uma das palavras mais utilizadas como equivalente é "acesso", em uma provável influência das traduções francesas do *Óptica*. Por exemplo, na coletânea de aulas oferecidas

---

[23] Uma notável exceção é o trabalho de Bernardo (1998) sobre os estudos em óptica em Portugal no século 18. Os "fits" não são discutidos.

[24] É possível que haja ainda uma tradução mais antiga dos "fits", ligada a uma suposta edição portuguesa do *Il Newtonianismo per le Dame* de Algarotti. Essa tradução é mencionada em Wallis e Wallis (1977, p. 136). Entretanto, após uma intensa busca em arquivos virtuais – sobretudo portugueses – não consegui localizar essa suposta tradução. De todo modo, creio que, mesmo que o *Newtonianismo* de Algarotti tenha sido, de fato, traduzido, não deve ter sido utilizada como base a primeira edição do livro, a única em que os "fits" foram mencionados.

[25] Cabral se refere a Roger Boscovich (1711-1787).

[26] O texto foi adequado ao português atual.

por Mario Schenberg (1914-1990) na disciplina de "Evolução dos Conceitos da Física" da Universidade de São Paulo e publicadas no livro *Pensando a Física* (Schenberg, 1984), o físico tanto traduziu quanto manteve o termo original:

> Newton teve ainda a intuição de que a existência de fenômenos de difração por uma fenda estaria ligada a um *"acesso"* do corpúsculo de entrar ou não pela fenda. Nem sei se já existia na época a palavra probabilidade, mas ele usou a palavra inglesa *fits*. A partícula tinha *fits* e podia ir para um lado ou para o outro. (Schenberg, 1984, p. 32-33, grifo meu)

Claramente, Schenberg não abordou a correta aplicação do conceito de "fits", uma vez que Newton não o utilizou para explicar a difração da luz. Essa percepção incorreta sobre os "fits" apareceu também em outra breve menção a eles no texto de Bassalo (1987), onde novamente foi traduzido para "acesso":

> Aliás, a ideia de que a luz possuía "lados" também foi aproveitada pelo sábio inglês para poder explicar a difração observada por Grimaldi[27]. Desse modo, afirmava Newton, as regiões claras e escuras da figura de difração estariam ligadas ao *acesso* ("fits") que os corpúsculos de luz teriam ao passar ou não pela fenda e, uma vez passados por ela, tais corpúsculos poderiam ir ou não para um lado ou para o outro da referida fenda. (Bassalo, 1987, p. 145, grifo meu)

Da mesma forma, na tradução brasileira da coletânea de textos newtonianos organizados por I. Bernard Cohen (1914-2003) e Richard Westfall (1924-1996), no extrato em que são traduzidas parte das questões do Livro III do *Óptica*, o trecho referente aos "fits" na Questão 18 aparece da seguinte maneira:

> E não é esse meio idêntico àquele pelo qual a luz é refratada e refletida, e por cujas vibrações a luz transmite calor aos corpos e é colocada em *acessos* de fácil reflexão e fácil transmissão? (Newton, 2002, p. 81, grifo meu)

---

[27] Bassalo também citou o conceito de "lados da luz", que Newton elaborou para explicar a dupla refração, e não a difração. Ver Moura (2014).

O mesmo termo foi empregado em outras publicações brasileiras, inclusive em um manual de física para o ensino universitário (Nussenzveig, 1998, p. 64). Assim como em sua equivalente na língua francesa, a palavra "acesso" também possui uso na linguagem médica, a fim de se referir a um "fenômeno patológico, em geral violento e de curta duração, que sobrevém e desaparece periodicamente"[28]. Além disso, "acessos" também é uma possível tradução de "fits", embora não comumente utilizada[29]. Contudo, como seu uso não é justificado pelos autores ou tradutores, essa referência é simplesmente omitida e o real significado dos "fits" de ser uma propriedade súbita e periódica original da luz não é efetivamente assimilado. Por consequência, o conceito de "fits" pode acabar sendo entendido como um "caminho" ou uma "passagem" que leva à reflexão ou transmissão dos raios, considerando o significado mais comum do termo "acesso" na língua portuguesa.

Por sua vez, a tradução para "ajustes" apresenta um aspecto ainda mais problemático. Pude identificar o uso dessa palavra em, ao menos, dois materiais em língua portuguesa. O primeiro é a tradução do livro *Revolution in Science, 1500-1700*, de Alfred Rupert Hall (1920-2009). Ao abordar as "Questões" do Livro III do *Óptica*, Hall fez uma menção aos "fits", traduzida da seguinte forma:

> Mais adiante na mesma Interrogação [referindo-se à Questão 29], fez novos retoques na noção ligando a cor ao tamanho da partícula luminosa (como vimos antes), e sugerindo que as partículas "pelos seus Poderes atractivos, ou alguma outra força" criam vibrações naquilo sobre que actuam, criando assim os "*ajustes*" responsáveis pelos anéis de Newton. (Hall, 1983, pp. 448-449, grifo meu)

O segundo material é o livro *História da Ciência* (Rosa, 2012), que faz parte de uma coleção nessa temática, organizada pela Fundação

---

[28] Disponível em: <https://michaelis.uol.com.br/moderno-portugues/busca/portugues-brasileiro/acesso/>, acesso em junho de 2022.
[29] Disponível em: <https://michaelis.uol.com.br/palavra/BxYZn/fit%3Cei%3E2%3C/ei%3E/>, acesso em março de 2023.

Alexandre de Gusmão, ligada ao Ministério das Relações Exteriores do governo brasileiro. Ao abordar aspectos das contribuições de Newton para a óptica, o autor escreve:

> [Newton] Baseava-se, ainda, em que a luz seria parcialmente refletida e parcialmente refratada por um engenhoso sistema de "*ajustes* de fácil reflexão e *ajustes* de fácil refração". Tais *ajustes* eram causados pela vibração dos corpúsculos ao serem ejetados pelos corpos luminosos, ou, em outras palavras, a reflexão e a refração seriam devidas às forças exercidas pelas partículas dos corpos refletores ou transparentes sobre os corpúsculos. (Rosa, 2012, p. 164, grifos meus)

A partir desses dois trechos, vemos que a tradução de "fits" para "ajustes" apresenta um claro equívoco de tradução, pois foi feito um transporte literal do significado mais conhecido da palavra em inglês para sua equivalente no português. Em inglês, uma das primeiras e mais utilizadas definições do substantivo "fit" é precisamente "ajuste"; similarmente, o verbo "to fit" é geralmente traduzido por "ajustar". Sendo assim, os autores dessas traduções não se ativeram ao significado atribuído originalmente ao conceito por Newton e o conceito de "fits" acaba por não ter qualquer sentido para os leitores dessas obras, tendo sido significativamente descaracterizado.

Outra descaracterização dos "fits" decorre de sua tradução para "movimentos", encontrada na versão em português do *Élements*, de Voltaire. Na seção "Os fits em francês", citei o trecho do livro onde Voltaire referiu-se aos "fits". O mesmo trecho na versão em português mostra que o termo "accès" foi traduzido para "movimentos", eliminando qualquer vestígio o significado original por trás do conceito de "fits":

> Entre tantas propriedades da matéria – tais como os *movimentos* de transmissão e reflexão de traços de luz, a repulsão que a luz experimenta no vácuo, nos poros e nas superfícies dos corpos –, entre essas propriedades, digo, deve-se prestar atenção, sobretudo, ao poder pelo qual os

corpos agem sobre a luz, e esta sobre eles, sem mesmo tocá-los. (Voltaire, 2015, pp. 164-165, grifo meu)

No mesmo ano de 1996, o *Óptica* ganhou sua primeira tradução completa ao português[30]. O texto foi traduzido pelo físico e historiador da ciência André Koch Torres Assis (1962-). Nesta obra, pela primeira vez em uma tradução de textos em óptica de Newton, encontramos uma justificativa para a tradução do termo "fits". Segundo Assis, os "fits" foram traduzidos para "estados" porque:

> [...] na proposição 12, antes dessa definição [dos "fits"], Newton afirma (grifo nosso): "Every ray of light in its passage through any refracting surface is put into a certain transient constitution or *state*, which in the progress of the ray returns at equal intervals, and disposes the ray at every return to be easily transmitted through the next refracting surface, and between the returns to be easily reflected by it". (Assis, 1996, p. 14)

Embora não tenha assimilado o sentido original do termo utilizado por Newton, eliminando, assim, o caráter periódico do conceito, a tradução de "fits" para "estados" incorpora a ideia de algo próprio da luz, uma condição inerente que a leva a ser refletida ou transmitida, concordando parcialmente com o significado do termo em inglês. A escolha também parece propícia para evitar uma interpretação simplista dos "fits" como "caminhos" ou "passagens", que podem advir da tradução para "acessos". A definição dos "fits" foi assim traduzida na edição completa em português do *Óptica*:

> Chamarei *estados* de fácil reflexão aos retornos da tendência de qualquer raio para ser refletido; aos de sua tendência para ser transmitido, *estados* de fácil transmissão; e ao espaço que se sucede entre cada retorno e o retorno

---

[30] Na década de 70, as "Questões" do Livro III foram traduzidas e publicadas como parte das obras de Newton na coleção *Os Pensadores* (Newton, 1987). Tratarei dessa versão mais à frente.

> seguinte, intervalo de seus *estados*. (Newton, 1996, p. 212, grifos meus)

Por fim, cabe destacar um caso curioso no contexto brasileiro. Na década de 1970, foi produzida uma tradução parcial do *Óptica*, como parte da coleção *Os Pensadores*[31]. Essa tradução foi incluída no volume referente a Newton – que incluiu igualmente partes dos trabalhos de Galileu Galilei (1564-1642) –, e foi composta apenas das "Questões" do Livro III. Como apontei anteriormente, algumas dessas questões mencionaram os "fits", porém, o termo foi simplesmente ignorado nessa tradução. Por exemplo, na edição de 1996, lê-se em um trecho da Questão 18:

> E não é esse meio o mesmo que aquele pelo qual a luz é refratada e refletida e por cujas vibrações a luz comunica calor aos corpos e é colocada em *estados* de fácil reflexão e fácil transmissão? (Newton, 1996, p. 257, grifo meu)

Na versão para a coleção *Os Pensadores*, o mesmo trecho foi redigido da seguinte maneira:

> E não é este meio o mesmo que aquele pelo qual a luz é refratada e refletida, e através de cujas vibrações a luz comunica calor aos corpos, e *é facilmente refletida e facilmente transmitida*? (Newton, 1987, p. 178, grifo meu)

O mesmo padrão de eliminar os "fits" e mencionar apenas a reflexão e transmissão alternadas da luz foi repetido em todas as outras menções a esse conceito nas "Questões". Na Questão 28, os "fits" foram novamente citados. Na edição de 1996, o trecho em questão foi escrito:

> E é igualmente difícil explicar, por essas hipóteses, como os raios podem estar alternadamente em *estados* de fácil reflexão e fácil transmissão, a não ser, talvez, que se pudesse supor que há em todo espaço dois meios vibratórios etéreos e que as vibrações de um deles constitui a luz, e as

---

[31] Originalmente publicada pela Editora Abril na década de 1970, essa coleção foi reeditada por outras empresas nas décadas seguintes. Para este capítulo, utilizei a versão publicada em 1987 pela editora Nova Cultural.

> vibrações do outro são mais rápidas, colocando-os nesses *estados* tão frequentemente quanto ultrapassam as vibrações do primeiro. (Newton, 1996, p. 267, grifo meu)

Na coleção *Os Pensadores*, o mesmo trecho assim se encontra:

> E é difícil explicar por estas hipóteses como os raios podem ser, *de modo alternado, facilmente refletidos e facilmente transmitidos*, a menos que talvez se suponha que existem em todo o espaço dois meio etéreos vibratórios, e que as vibrações de um deles constitui a luz, e as vibrações do outro são mais rápidas e, assim que alcançam as vibrações do primeiro, *as tornam facilmente refletidas e facilmente transmitidas*. (Newton, 1987, p. 185, grifo meu)

Por esses trechos, a ideia de uma nova propriedade da luz responsável por reflexões e transmissões alternadas foi completada apagada, ou seja, enquanto no original, Newton apregoou a existência de um atributo específico responsável por esse efeito, na tradução de 1987, isso acabou sendo suprimido.

6 COMENTÁRIOS FINAIS

Passados mais de 300 anos da publicação original do *Óptica* de Newton em inglês, nosso conhecimento sobre a história, a fundamentação conceitual e experimental, a repercussão e os detalhes de seus escritos sobre luz e cores ampliou-se significativamente. Apesar de ainda serem muito comuns análises que focam exclusivamente nos experimentos com prismas, trabalhos que abordam outras partes da óptica newtoniana têm sido publicados com mais frequência, especialmente nas últimas cinco décadas (por exemplo, Cantor, 1983; Shapiro, 1993; Hakfoort, 1995; Darrigol, 2012). Não obstante, o conceito de "fits" ainda permanece obscuro e mal discutido, especialmente em materiais escritos por não especialistas no assunto.

As traduções analisadas nas seções anteriores mostram que nem sempre assimilaram adequadamente o significado original dos "fits", dando margem a interpretações distorcidas ou superficiais, atribuindo ao conceito a explicação de fenômenos que Newton jamais associou a ele – ou nem poderia, como é o caso dos materiais que sugerem os "fits" como uma antecipação da dualidade onda-partícula (Moura & Silva, 2008). Em apenas um dos materiais analisados, a tradução do *Óptica* para o português brasileiro, foi incluída uma justificativa para o uso do termo escolhido ("estados"). Mesmo nas reedições de traduções clássicas, como ao francês, não foi debatida a escolha do termo *accès*. Por fim, o uso de vários termos – até em latim – indica que as interpretações sobre os "fits" foram variadas em italiano e português, diminuindo as chances de uma compreensão mais direta, objetiva e central das explicações originais de Newton.

Destaco também a supressão total do termo "fits" na última tradução analisada. Possivelmente, ou os tradutores preferiram não apresentar um termo notavelmente obscuro ou simplesmente decidiram por eliminá-lo por não encontrar uma tradução minimamente coerente e fácil para ele. Seja qual for a explicação para essa supressão, ela também contribui para a constante incompreensão e desconhecimento dos "fits" e, de maneira geral, dos estudos de Newton sobre os anéis coloridos em filmes finos.

Como argumento final, espero que a discussão precedente abra novos caminhos para um entendimento mais adequado sobre os "fits", possibilitando uma visão tão completa quanto possível da originalidade e complexidade do pensamento de Newton sobre a luz e as cores, que não foi restrito apenas aos famosos experimentos com prismas.

AGRADECIMENTOS

Agradeço à Fundação de Amparo à Pesquisa do Estado de São Paulo – FAPESP (processos 2004/03131-0, 2006/02410-8, 2014/04366-2, 2018/12578-0 e 2018/21711-6) pelo contínuo apoio desde a minha iniciação científica no GHTC, em 2004, sob orientação de Cibelle Celestino Silva. Também agradeço ao Conselho Nacional de Desenvolvimento Científico e Tecnológico (processos 400118/2016-5 e 308303/2021-0) por ter apoiado financeiramente um projeto de pesquisa sobre a óptica do século 18, no âmbito do Edital Universal de 2016, e com a bolsa de Produtividade em Pesquisa – Nível 2, concedida em 2022. Por fim, agradeço ao Ricardo Karam (Universidade de Copenhagen) pelo auxílio na obtenção de um material indisponível no Brasil e indispensável para a conclusão deste trabalho.

REFERÊNCIAS BIBLIOGRÁFICAS

ALGAROTTI, Francesco. *Il Newtonianismo per le dame*. Napoli: s.n., 1737.

ANONYME. *Optique ou Traité des reflexions, refractions, inflexions et couleurs de la lumiere par Mr. Newton, 1704*. Paris: Bibliothèque de l'Arsenal, MSS 2883, s.d.

ASSIS, André K. T. Nota do tradutor. Pp. 13-14, *in*: NEWTON, Isaac. *Óptica*. Trad. André K. T. Assis. São Paulo: Edusp, 1996.

BASSALO, José Maria F. A crônica da óptica clássica. *Caderno Catarinense de Ensino de Física*, **4** (3): 140-150, 1987.

BERNARDO, Luís M. Concepções sobre a natureza da luz no século XVIII em Portugal. *Revista da Sociedade Brasileira de História da Ciência*, **19**: 3-12, 1998.

BLAY, Michel. Présentation. Pp. 1-69, *in*: NEWTON, Isaac. *Optique*. Trad. par. Jean-Paul Marat. Paris: Dunod, 2015.

CABRAL, Estevão. Reflexões breves sobre a natureza e propriedades da luz, ou sobre os dois sistemas da vibração, e da emanação Carteziano e Neutoniano. *Academia das Ciências de Lisboa,* Manuscritos Série Azul, 375: 205-214, s.d.

CANTOR, Geoffrey N. *Optics after Newton: Theories of Light in Britain and Ireland, 1704-1840*. Manchester: Manchester University Press, 1983.

CASINI, Paolo. *Newton e a consciência europeia*. Trad. Roberto Leal Ferreira. São Paulo: Editora da Unesp, 1995.

COHEN, I. Bernard. O método de Newton e o estilo de Newton. Pp. 164-183, *in*: COHEN, I. Bernard; WESTFALL, Richard S. *Newton: Textos, antecedentes e comentários*. Rio de Janeiro: EdUerj/Contraponto, 2002.

COHEN, I. Bernard. Isaac Newton, Hans Sloane and the Académie Royale des Sciences. *In*: COHEN, I. Bernard; TATON,

Renée. (Eds). *Mélanges Alexandre Koyré, I: L'Aventure de la science*. Paris: Hermann, 1964. p. 61-116.
COSTE, Pierre. Preface du traducteur. S.p., *in*: NEWTON, Isaac. *Traité d'optique sur les reflexions, refractions, inflexions, et les couleurs de la lumiere*. Trad. par Pierre Coste. Paris: Montalan, 1722.
CRIVELLI, Giovanni. *Elementi di fisica*. Venezia: Stefano Orlandini, 1731.
DARRIGOL, Olivier. *A History of Optics from the Greek Antiquity to the Nineteenth Century*. Oxford: Oxford University Press, 2012.
DUHEM, Pierre. L'optique de Malebranche. *Revue de Métaphysique et de Morale*, **23** (1): 37-91, 1916.
EISENSTAEDT, Jean. L'optique balistique newtonienne à l'épreuve des satellites de Jupiter. *Archive for History of Exact Sciences*, **50** (2): 117-156, 1996.
GJERSTEN, Derek. *The Newton Handbook*. London: Routledge & Kegan Paul, 1986.
HAKFOORT, Casper. *Optics in the Age of Euler: Conceptions of the Nature of Light, 1700-1795*. Cambridge: Cambridge University Press, 1995.
HALL, Alfred Rupert. *A revolução na ciência, 1500-1750*. Lisboa: Edições 70, 1983.
HALL, Alfred Rupert. *All was Light: An Introduction to Newton's "Opticks"*. Oxford: Claredon Press, 1993.
LECLERCQ, Frédéric. Biot, la polarisation chromatique et la théorie des accès. *Revue d'Histoire des Sciences*, **64**: 121-156, 2011.
MARAT, Jean-Paul. Observations particulières. Pp. 349-357, *in*: NEWTON, Isaac. *Optique*. Trad. par. Jean-Paul Marat. Paris: Dunod, 2015.
MARTINS, Roberto A.; SILVA, Cibelle C. As pesquisas de Newton sobre luz: Uma visão histórica. *Revista Brasileira de Ensino de Física*, **37** (2): 4202, 2015.

McGUIRE, J.E.; TAMNY, M. *Certain Philosophical Questions: Newton's Trinity Notebook*. Cambridge: Cambridge University Press, 1983.

MOURA, Breno A. Isaac Newton e a dupla refração da luz. *Revista Brasileira de Ensino de Física*, **36** (4): 4602, 2014.

MOURA, Breno A. Estevão Cabral (1734-1811) contra Newton: Notas sobre sua memória não publicada acerca da natureza da luz. *Khronos: Revista de História da Ciência*, **9**: 204-215, 2020.

MOURA, Breno A. *Em busca da natureza da luz: Teorias esquecidas, episódios inexplorados e outras histórias da óptica no século XVIII*. Jundiaí: Paco, 2022.

MOURA, Breno A.; SILVA, Cibelle C. Newton antecipou o conceito de dualidade onda-partícula da luz? *Latin American Journal of Physics Education*, **2**, (3): 218-227, 2008.

MOURA, Breno A.; SILVA, Cibelle C. Voltaire e Algarotti: Divulgadores da óptica de Newton na Europa do século XVIII. *Scientiae Studia*, **13** (2): 397-423, 2015.

NEWTON, Isaac. *Optice*. London: Sam Smith& Benj. Walford, 1706.

NEWTON, Isaac. *Traité d'optique sur les reflexions, refractions, inflexions, et les couleurs de la lumiere*. Trad. par Pierre Coste. Paris: Montalan, 1722.

NEWTON, Isaac. Newton's Second Paper on Color and Light, Read the Royal Society in 1675-6. Pp. 177-235, *in*: COHEN, I. Bernard; SCHOFIELD, Robert. *Isaac Newton's Papers and Letters on Natural Philosophy and Related Documents*. Cambridge-MA: Harvard University Press, 1958.

NEWTON, Isaac. Ottica. *In*: PALA, Alberto (Ed.). *Scritti di ottica di Isaac Newton*. Torino: Unione Tipografico-Editrice Torinese, 1978.

NEWTON, Isaac. *Opticks*. New York: Dover, 1979.

NEWTON, Isaac. Óptica. Pp. 171-205, *in*: GALILEI, Galileo. *O ensaiador/Galileu Galilei. Princípios matemáticos; Óptica; O peso e o equilíbrio dos fluidos/Sir Isaac Newton*. Trad. Helda

Barraco, Carlos L. de Mattos, Pablo R. Mariconda, Luiz J. Baraúna. São Paulo: Nova Cultural, 1987. (Os Pensadores)
NEWTON, Isaac. *Óptica*. Trad. André K. T. Assis. São Paulo: Edusp, 1996.
NEWTON, Isaac. A hipótese da luz. Pp. 30-54, *in*: COHEN, I. Bernard; WESTFALL, Richard S. *Newton: Textos, antecedentes e comentários*. Rio de Janeiro: EdUerj/Contraponto, 2002.
NEWTON, Isaac. *Optique*. Trad. par. Jean-Paul Marat. Paris: Dunod, 2015.
NUSSENZVEIG, H. Moysés. *Curso de física básica*. São Paulo: Blucher, 1998. V. 4.
PALA, Alberto. (Ed.). *Scritti di Ottica di Isaac Newton*. Torino: Unione Tipografico-Editrice Torinese, 1978.
PANTIN, Isabelle. O papel das traduções nos intercâmbios científicos europeus nos séculos XVI e XVII. Pp. 185-202, in: BURKE, Peter; HSIA, Ronnie P. (Orgs.). *A tradução cultural nos primórdios da Europa Moderna*. São Paulo: Editora Unesp, 2009.
POMBA, Giuseppe. (Ed.). *Nova enciclopedia popolare*. Torino: Giuseppe Pomba, 1841. V. 1.
REGNANI, Francesco. *Elementi di Fisica Universale*. Parte Seconda. Roma: Stamperia delle Incisioni Zilografiche, 1863.
RIZZETTI, Giovanni. *Saggio dell'antinewtonianismo sopra le leggi del moto e dei colori*. Venezia: Angiolo Pasinelli, 1741.
RONCHI, Vasco. *Storia della luce da Euclide a Einstein*. 2. ed. Bari: Laterza, 1983.
ROSA, Carlos Augusto P. *História da ciência*. Brasília: Fundação Alexandre de Gusmão, 2012. V. 2, t. 1.
SABRA, Abdelhamid Ibrahim. *Theories of Light from Descartes to Newton*. London: Cambridge University Press, 1981.
SCHENBERG, Mario. *Pensando a Física*. São Paulo: Brasiliense, 1984.
SHAPIRO, Alan E. (Ed.). *The Optical Papers of Isaac Newton*. V. 1. *The Optical Lectures 1670-1672*. Cambridge: Cambridge University Press, 1984.

SHAPIRO, Alan E. Beyond the Dating Game: Watermark Clusters and the Composition of Newton's Opticks. Pp. 181-227, in: HARMAN, Peter M.; SHAPIRO, Alan E. (eds.) *The Investigation of Difficult Things: Essays on Newton and the History of Exact Sciences in Honour of D. T. Whiteside.* Cambridge: Cambridge University Press, 1992.

SHAPIRO, Alan E. *Fits, Passions, and Paroxysms.* Cambridge: Cambridge University Press, 1993.

SHAPIRO, Alan E. Newton's Optics and Atomism. Pp. 227-255, in: COHEN, I. Bernard; SMITH, George E. (Eds.) *The Cambridge Companion to Newton.* Cambridge: Cambridge University Press, 2002.

SHAPIRO, Alan E. Newton's Optics. Pp. 166-198, in: BUCHWALD, Jed Z.; FOX, Robert (Eds.). *The Oxford Handbook of the History of Physics.* Oxford: Oxford University Press, 2013.

SILVA, Cibelle C. *A teoria das cores de Newton: Um estudo crítico do Livro I do Opticks.* Campinas, 1996. Dissertação (Mestrado) – Instituto de Física "Gleb Wataghin", Universidade Estadual de Campinas.

SILVA, Cibelle C.; MARTINS, Roberto A. A "Nova teoria sobre luz e cores" de Isaac Newton: Uma tradução comentada. *Revista Brasileira de Ensino de Física,* **18** (4): 313-27, 1996.

VENTURI, Giambatista. Indagini fisica sui colori. *Memorie di Matematica e Fisica della Società Italiana,* **8** (2): 699-754, 1799.

VOLTAIRE. *Œuvres complètes de Voltaire.* Ed. par Louis Moland. Paris: Garnier Frères/Librairies-Éditeurs, 1879.

VOLTAIRE. *The Elements of Sir Isaac Newton's Philosophy.* Trans. John Hanna. London: Frank Cass, 1967.

VOLTAIRE. *Elementos da filosofia de Newton.* Trad. Maria das Graças de Souza. 2ª ed. Campinas: Editora Unicamp, 2015.

WALLIS, Peter; WALLIS, Ruth. *Newton and Newtoniana, 1672-1975: A Bibliography.* Folkestone: Dawson, 1977.

Os satélites de Júpiter como relógios celestes: o debate sobre a finitude da velocidade da luz no século XVII

Cibelle Celestino Silva
Instituto de Física São Carlos da Universidade de São Paulo
cibelle@ifsc.usp.br
Rafael Sobrinho Laporte
rafael.laporte09@gmail.com

A discussão referente à velocidade da luz e sua finitude abrange um grande período histórico, sendo que no mundo ocidental o assunto foi discutido em diferentes épocas. Neste texto, tratamos dos estudos realizados para medir a velocidade da luz, ao longo do século XVII, utilizando fenômenos astronômicos, particularmente os estudos de Ole Roemer (1644-1710) que utilizou os períodos de translação dos satélites de Júpiter como marcadores de tempo. Também discutimos a aceitação dos resultados de Roemer por importantes astrônomos do período tais como os da família Cassini.

Pensadores da Antiguidade, em sua maioria, aceitavam que a luz era algum tipo de movimento com velocidade finita. Por exemplo, para os atomistas, a luz era o movimento de minúsculas partículas que entravam nos olhos, enquanto, para Empédocles, estava associada ao elemento fogo e como uma espécie de raio visual que saía dos olhos e tateava os objetos, nos informando sobre eles.

Já Aristóteles defendeu que a luz não devia ser algo em movimento e, portanto, não era possível falar sobre sua velocidade (Lindberg 1976). Durante o medievo, Ibn Al-Haytham (ou Alhazen, na versão latinizada) (965-1039) apresentou em seu *De Aspectibus or Perspectiva* (Livro da Óptica) o resultado de meticulosos estudos teóricos e experimentais sobre os diversos fenômenos ópticos, como reflexão, refração, funcionamento da visão e outros, adotando a concepção de que a luz se move com grande velocidade em corpos transparentes (Sabra, 1967, pp. 93-97).

Johannes Kepler (1571-1630) defendia a ideia da propagação instantânea da luz, que constitui uma das bases de seu modelo óptico de visão. No primeiro livro de sua obra *Paraliponema* denominado *Da natureza da luz,* Kepler apresentou uma série de propriedades da luz, tais como, dela não ser material, não possuir peso e nem oferecer nenhum tipo de resistência, sendo capaz, no entanto, de se mover em todas as direções. De certa maneira, retornando às ideias aristotélicas, Kepler entendia que a luz era uma espécie de interação entre os corpos materiais, mas sendo esta interação imaterial, deveria ser transmitida instantaneamente (Gingerich, 1981).

Galileu Galilei (1564-1642) discutiu a finitude da velocidade da luz em seu livro *Diálogos sobre Duas Novas Ciências*. Em um diálogo entre Salviati e Simplício, propôs um experimento para testar se a propagação da luz é instantânea ou não e, caso não seja instantânea, medir sua velocidade. O experimento consistiu em duas pessoas afastadas entre si por duas ou três milhas, segurando lanternas. A ideia era de que os experimentadores barrassem a luz com as mãos ou outro obstáculo, medissem o intervalo de tempo que a luz demorava a ser vista e calculassem a sua velocidade. Galileu afirmou que, caso o efeito não fosse notado, o experimento poderia ser feito a distâncias ainda maiores e a observação seria feita com o uso de telescópios (Galilei, 1914, pp. 42-43). O experimento foi executado por membros da *Accademia del Cimento* de Florença e nenhum atraso foi observado (Walker, 1964, p. 157). Galileu apresentou outro argumento a favor da finitude da velocidade da luz: ao observarmos o flash de luz produzido por um raio entre as nuvens, vemos a luz localizada em uma determinada região e em seguida notamos que ela se espalha para outras regiões próximas. Assim, segundo Galileu, se a propagação da luz fosse instantânea, não seria possível distinguir entre as áreas iniciais e finais do clarão (Cohen, 1944, p. 13).

Em 1637, René Descartes (1596-1650) publicou o conjunto de três obras, *Dióptrica, Meteoros e Geometria,* anexas ao *Discurso do Método*, sendo que a primeira tratou, entre outras coisas, de diversos fenômenos ópticos, estudo de lentes, visão e sua teoria sobre as cores. Descartes comparou a visão ao tatear de um cego ou de uma pessoa no escuro, utilizando uma bengala: o bastão transmitiria à mão do cego as pancadas e movimentos de sua outra extremidade, sem que nenhuma matéria se movesse da extremidade da bengala até a pessoa. Da mesma forma, a luz não necessitaria de qualquer transporte de matéria e não seria propriamente um movimento, mas uma tendência ao movimento que se propagaria instantaneamente; por isso a luz poderia atravessar corpos densos e outros raios de luz, sem qualquer impedimento (Roux, 1997, p. 55).

A hipótese da propagação instantânea da luz, ou seja, com velocidade infinita, foi criticada, por exemplo, por Isaac Beeckman (1570-1637) que diz ter realizado um experimento no qual um observador, segurando uma tocha diante de um espelho localizado a uma distância na qual ainda conseguia ver seu reflexo, acenou para o espelho. O intervalo de tempo entre o movimento da tocha segurada pelo observador e o movimento do reflexo da tocha, deveria ser proporcional à distância entre o observador e o espelho. Beeckman diz ter executado o experimento com um espelho posicionado a uma distância de aproximadamente 2025 jardas[1] e ter encontrado um atraso[2] (Sakellariadis, 1982, pp. 3-4).

Ciente das dificuldades, ou mesmo impossibilidade, de se medir a velocidade de propagação da luz em experimentos terrestres, Descartes propôs a observação de um eclipse lunar, que envolve distâncias muito maiores que as existentes na Terra para responder à Beeckman (Descartes, 1897, pp. 307-312).

---

[1] 1 jarda ~ 90 centímetros. Logo, 2025 jardas ~ 1,82 km.
[2] Hoje podemos inferir que Beeckman não poderia ter observado tal atraso. Conhecendo o valor da velocidade da luz, sabemos que o atraso da luz nas condições do experimento de Beeckman deveria ser da ordem de 10 microssegundos, o que não poderia ser detectado visualmente.

Considerando a distância BC entre a Terra e a Lua na Figura 1 como sendo de 50 raios terrestres[3] e que fosse possível para Beeckman detectar um atraso da ordem de um intervalo de tempo correspondente 1/24 de uma pulsação cardíaca humana (aproximadamente 1/24 segundos, Descartes estimou que a luz demoraria cerca de meia hora para percorrer a distância BC[4] (Sakellariadis, 1982).

Dessa forma, o eclipse seria observado após passada meia hora do momento da colinearidade entre os astros. Isso contraria as observações astronômicas, nas quais a colinearidade ocorre no mesmo instante no qual o eclipse lunar é observado.

Uma vez que o atraso não foi detectado mesmo em grandes distâncias, Descartes estabeleceu que, mesmo considerando a velocidade da luz como sendo finita, esta deveria ser muito maior do que aquela estimada por Beeckman, concluindo, portanto, que este provavelmente estava enganado.

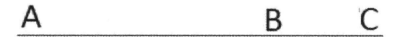

Figura 1. Imagem utilizada por Descartes para explicação de seu experimento sugerido para demonstrar a propagação instantânea da luz. A figura ilustra o momento de colinearidade do sistema Sol-Terra-Lua, representados respectivamente pelas letras A, B e C. **Fonte**: Descartes, 1897.

---

[3] 50 raios terrestres equivalem a aproximadamente 222.320 km. O valor atualmente aceito corresponde a cerca de 60 raios terrestres.
[4] O valor de 30 minutos é um arredondamento generoso por parte de Descartes. A velocidade em questão refere-se a luz percorrer 2 vezes as 2025 jardas de Beeckman em 1/24 segundos, isto é, uma velocidade de 2x1,82x24 ~ 87,4 km/s. Assim o tempo para a luz percorrer o trajeto Terra-Lua deve corresponder a 222.320/87 ~ 42,4 min.

A ideia de propagação instantânea da luz é premissa fundamental do trabalho de Descartes, como ele relata em carta para Isaac Beeckman:

> Eu disse, recentemente, quando estávamos juntos, não de fato como você escreveu que a luz se move em um instante, mas que ela alcança nossos olhos vinda de um objeto luminoso em um instante; e eu ainda acrescentei que para mim isso é tão certo, que se puder ser provado falso, eu estarei pronto para confessar que não sei absolutamente nada de filosofia. (Descartes, 1897, pp. 307-308)

Justamente por ser um aspecto fundamental de sua teoria ótica, diferentemente de Galileu e Beeckman, Descartes não admitiu a possibilidade de a magnitude da velocidade da luz ser muito alta, o que o levou a acreditar que a estimativa de que a luz demoraria meia hora para percorrer a distância Terra-Lua fosse razoável.

Essa questão foi discutida posteriormente por Christiaan Huygens (1629-1695) em seu *Tratado sobre a luz*. Ao dissertar sobre a demonstração de Descartes, Huygens, adepto da propagação sucessiva da luz, ou seja, de que a luz se propaga com velocidade finita, concordou que os atrasos na observação dos eclipses lunares deveriam de fato ocorrer, mas argumentou que estes seriam muito pequenos para serem notados.

Huygens estimou que se a luz percorresse o trajeto Terra-Lua em um intervalo de 1 hora, quando a Terra estivesse em B sua sombra seria produzida em C após 1 hora, o que seria visto da Terra somente uma hora depois. Assim, considerando que após duas horas a Terra se encontraria no ponto E e a Lua em G, o eclipse lunar em C seria observado da Terra em E, formando o ângulo GÊC da ordem de 33 graus (Figura 2). Essa estimativa contrariava a observação, pois o eclipse é observado quando GÊC é aproximadamente nulo, isto é, no momento de colinearidade entre os três astros. Se o tempo necessário para a luz percorrer o trajeto BC fosse menor ainda, de 10 segundos, então o ângulo deveria ser próximo de 6 minutos.

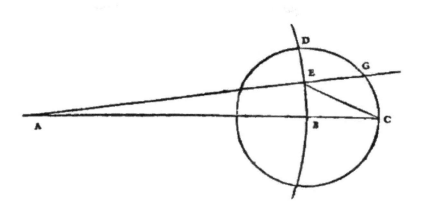

Figura 2. Imagem utilizada por Huygens para explicar a proposta dos eclipses lunares de Descartes. Nela estão representados o Sol imóvel em A, uma parte da órbita anual da Terra ao redor do Sol pelo arco BD e da órbita da Lua ao redor da Terra pela circunferência que contém CG. **Fonte**: Huygens, 1986.

Dessa forma, nessas circunstâncias a velocidade da luz poderia ser imaginada como sendo tão grande quanto se quisesse, de maneira que o ângulo GÊC fosse tão pequeno a ponto de não ser observável. Com isso, Huygens afirma que é impossível estabelecer uma conclusão sobre a finitude ou infinitude da velocidade da luz a partir da observação de eclipses, como proposto por Descartes (Huygens, 1986, pp. 13-14).

Robert Hooke (1635-1703) também criticou a ideia de Descartes envolvendo a observação de eclipses como evidência a favor da hipótese da infinitude da velocidade da luz, argumentando que Descartes assumiu como hipótese aquilo que desejava provar (Hooke, 1665, p. 57), pois o argumento dos eclipses se apoiava no fato de que a luz deveria possuir uma velocidade específica para que os fenômenos fossem observados como descritos, isto é, Descartes não considerou que a velocidade da luz pudesse ser ainda maior do que aquela que inicialmente por ele suposta[5]. Pelo

---

[5] Apesar dessa crítica, Hooke não apresentou argumentos teóricos ou experimentais sobre a questão, embora seus trabalhos sobre óptica sugiram que ele se posicionava a favor da propagação sucessiva (velocidade finita) da luz.

exposto acima, pode-se notar que até o final do século XVII não havia consenso sobre a finitude ou infinitude da velocidade de propagação da luz.

Mesmo Descartes adotou posições distintas sobre o assunto ao longo de seu trabalho. Embora ele considerasse a luz como uma pressão, em outros pontos de sua obra indica que ela se comportava como algo em movimento (como um projétil, uma bala ou pedra), afirmando que a tendência ao movimento seguia as mesmas leis que o movimento dos corpos (Descartes, 1637, p. 8 e Roux, 1997, p. 55). Por exemplo, na sua famosa dedução da lei da refração (Figura 3), ele considerou a luz como análoga ao movimento de uma bola de tênis atirada contra uma superfície e decompôs a velocidade em componentes normal e tangencial, lançando mão de duas hipóteses distintas para a velocidade da luz[6].

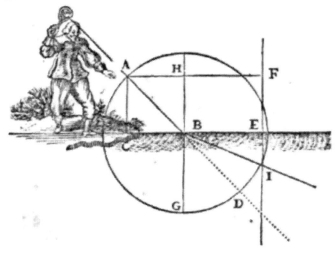

Figura 3. Figura utilizada por Descartes para explicar a de refração.
Fonte: Descartes, 1897.

---

[6] Neste trabalho apenas mencionamos as deduções realizadas por Descartes para ilustrar que ele utilizava concepções distintas sobre a velocidade da luz. Para maiores detalhes sobre as deduções ver (Descartes, 1637, pp. 10-25; Sabra, 1967; Eastwood, 1984).

A primeira delas é que a velocidade de refração v_r deveria ser proporcional à velocidade de incidência v_i por uma constante *n*. Essa equação implica que a velocidade da luz corresponde a uma propriedade do meio em que se encontra. A segunda hipótese corresponde, como na reflexão, em assumir que a componente horizontal da velocidade, paralela à superfície de incidência, se manteria constante durante todo o processo.

Apesar de obter resultados significativos, existe uma contradição entre o modelo da luz de Descartes e a analogia para demonstrar as leis de reflexão e refração, contradição essa que pode ser conhecida pela seguinte questão: como é possível comparar o raio de luz é comparado ao movimento de uma bola de tênis, se ele deve ser entendido como uma tendência ao movimento que se transmite instantaneamente através de um meio, e não como um movimento propriamente dito? Para resolver esse problema, Descartes propôs que deveríamos considerar a tendência de movimento como um "movimento em potencial", o qual deveria seguir as mesmas leis já propostas por ele para o movimento real. Assim, os resultados obtidos estudando a reflexão e refração de um corpo em movimento, poderiam ser considerados válidos para luz. (Sabra, 1967, p. 79-80).

Outro problema reside em como interpretar, na analogia acima referida, as velocidades v_i e v_r da bola de tênis, uma vez que para Descartes não faz sentido falar em velocidades para a luz, que ele considera propagar-se instantaneamente. Em outras palavras, devemos encontrar o análogo de "velocidade" entre as ações da luz. O filósofo francês associou essas velocidades à força do meio sobre o raio de luz responsável por alterar a direção de transmissão da luz, apesar de ainda não esclarecer completamente que espécie de força seria essa que permitiria que a luz fosse refletida ou refratada de um ponto para outro, ou mesmo favorecê-la em um meio mais denso. Apesar de entendermos que nesse contexto os termos "força" e "velocidade" designavam coisas muito próximas, Descartes não usou a palavra "velocidade" para se referir a alguma propriedade da luz, empregando a palavra "força" (Sabra, 1967, p. 113).

A legitimidade das leis matemáticas da reflexão e refração de Descartes foram criticadas pelo matemático Pierre de Fermat (1607-1665). Segundo Fermat, no caso da reflexão, dividir o movimento em componentes paralela e perpendicular à superfície refletora representava uma escolha particular entre um infinito número de sistemas de referências que poderiam ser adotados, tornando assim a demonstração de Descartes arbitrária. A diferença nas abordagens de ambos é de natureza matemática e metodológica: enquanto Fermat preza pelo rigor matemático, Descartes apoia-se na experimentação como um caminho para simplificar sua demonstração (Sabra, 1967, p. 91).

Em sua crítica à abordagem de Descartes para demonstrar a lei da refração, Fermat argumentou que existia uma desconexão entre a base fenomenológica utilizada por Descartes e a matemática, já que ele não especificou a natureza da força responsável pela alteração no movimento da componente da luz (ou do movimento da bola de tênis, na analogia proposta por Descartes) perpendicular à superfície, da mesma forma que não explica porque a componente horizontal deveria se manter intacta durante a colisão com a superfície. Fermat também questionou a afirmação de que a luz se propagaria mais facilmente em meios mais densos que o ar. Em suas respostas, Descartes não abordou os principais pontos levantados por ele, mostrando uma fragilidade nessa parte de seu modelo. A negação de Fermat da demonstração de Descartes levou-o a criar sua própria dedução da lei da refração, estabelecendo o princípio matemático de que a luz deveria percorrer a distância entre dois pontos no menor tempo possível[7].

Apesar das críticas e de haver discordâncias com relação à hipótese de Descartes de que a luz se propagaria instantaneamente, sua teoria óptica tornou-se referência para filósofos e astrônomos na França, particularmente para o diretor do *Observatoire de Paris*, Giovanni Domenico Cassini (1625-1712).

---

[7] Para mais detalhes das correspondências entre Fermat e Descartes, bem como a demonstração de Fermat, consultar os capítulos 4 e 5 de (Sabra, 1967).

A VELOCIDADE DA LUZ E O PROBLEMA DA DETERMINAÇÃO DE LONGITUDES

Um dos grandes problemas científicos e técnicos do século XVII era produzir melhores mapas para serem usados nas viagens marítimas, empregando medidas de latitude e longitude como indicadores de localização. Os navegadores necessitavam de um sistema de coordenadas espaciais do globo terrestre baseado em observações astronômicas já que os astros são os únicos pontos de referência em alto mar. A latitude local podia ser obtida medindo-se a posição do sol e estrelas. O desafio estava na obtenção da longitude local, pois devido ao movimento de rotação, não era possível calculá-la a partir de observações de um corpo celeste, a menos que se conhecesse o horário exato das observações. Por isso, o cálculo das longitudes dependia basicamente de se medir simultaneamente a diferença de tempo entre dois pontos, um de longitude conhecida e outro de longitude a ser determinada. Contudo, devido à ausência de relógios precisos na época, a medida de longitudes representava uma real dificuldade.

Uma possível maneira de resolver o problema seria encontrar um fenômeno astronômico que pudesse ser observado simultaneamente em dois locais distintos da Terra para ser usado como um relógio sincronizado. Os eclipses lunares já eram utilizados com esse propósito, no entanto, devido a sua baixa frequência, não funcionavam como um bom relógio no mar. Uma solução foi a observação dos eclipses dos satélites de Júpiter: Io, Europa, Ganímedes e Calisto[8]. Como esses eclipses podem ser observados simultaneamente em posições distintas da Terra, seria possível conhecer a diferença de horário entre um local de referência e qualquer outro ponto do globo consultando-se uma tabela das efemérides das luas de Júpiter e o horário local determinado pela passagem meridiana do Sol.

---

[8] Galileu já havia sugerido que os eclipses desses satélites poderiam servir para a determinação de longitudes, porém não chegou a aplicar efetivamente sua ideia. (Grant 1852, p. 38).

A *Académie de Sciences de Paris* propôs a determinação de longitudes pela observação dos eclipses dos satélites de Júpiter como um de seus primeiros projetos, usando Paris como local de referência para as efemérides registradas por Cassini. Em 1671, trabalhando para o *Observatoire de Paris,* o astrônomo Jean Picard (1620-1682) foi enviado para a ilha de Hven com o objetivo de determinar a posição do observatório de Uraniborg na Dinamarca, utilizando esse método. Com isso, seria possível comparar as observações realizadas no mesmo local por Tycho Brahe entre os anos de 1576 e 1597 (que eram consideradas precisas), com aquelas que ainda seriam realizadas pelo *Observatoire de Paris*. Nessa missão, Picard conheceu o jovem Ole Roemer.

OLE ROEMER E A VELOCIDADE DA LUZ

Ole Christensen Roemer é proveniente de uma pequena família de comerciantes. Em 1662, foi estudar na Universidade de Copenhague, onde recebeu orientação do professor de medicina Thomas Bartholin (1616-1680) e de seu irmão Erasmus Bartholin (1625-1698), que foi seu tutor de astronomia e matemática e lhe confiou a tarefa de concluir a edição dos manuscritos não publicados de Tycho Brahe (Kopal, 1981, p. 525). Em 1672, Roemer acompanhou Picard para trabalhar no recém inaugurado *Observatoire de Paris*. No mesmo ano, Roemer foi indicado pelo rei Louis XIV para ser tutor de seu filho mais velho (Kopal, 1981, p. 525).

Durante sua estadia na França, Roemer foi incumbido de observar os satélites de Júpiter, independentemente e como assistente de Picard ou Cassini. Nesses estudos, notou diferenças no período médio de Io dependentes da posição da Terra em sua órbita ao redor do Sol. Ele descartou que a causa das diferenças pudessem ser alterações no período real de translação de Io ao redor de Júpiter, atribuindo-as a um efeito observacional.

A Figura 4 representa o Sol em A e Júpiter em B. Os pontos C e D correspondem respectivamente aos momentos em que Io entra e sai da sombra de Júpiter, enquanto os pontos E, F, G, H, L e K representam a Terra em diversas posições de sua trajetória ao redor do Sol. Como o período de revolução de Júpiter corresponde a aproximadamente 12 anos terrestres, podemos considerá-lo como um ponto fixo em relação à Terra. Se a velocidade da luz for finita, quando a Terra está em K, por exemplo, a observação da emersão de Io em D ocorrerá atrasada em relação a quando a Terra se encontrava na posição L de sua órbita ao redor do Sol; tal atraso corresponderia ao tempo necessário para a luz percorrer a distância LK. Da mesma maneira, uma imersão em C com a Terra no ponto F deve ocorrer depois daquela observada quando a Terra se encontra no ponto G. O atraso observado por Roemer corresponderia ao tempo necessário para a luz percorrer a distância GF (Roemer, 1676).

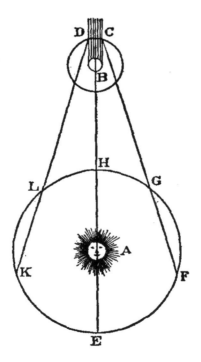

Figura 4. Movimentação dos astros, utilizada por Roemer para explicar suas medidas. **Fonte**: Roemer, 1676.

Geralmente materiais didáticos e de divulgação apresentam o trabalho de Roemer afirmando que ele obteve o valor aproximado de 11 minutos[9] como sendo o tempo para a luz percorrer o raio da órbita terrestre, utilizando dados dos eclipses de Io, um dos satélites de Júpiter. Mas como ele chegou a esse resultado?

Roemer não chegou a publicar um trabalho contendo seus cálculos nem os dados que os embasaram; seus resultados foram publicados de forma anônima no *Journal des Sçavans* depois de terem sido lidos por Cassini na *Académie*. No presente texto, apresentamos de forma resumida os cálculos e interpretações de Roemer baseados no manuscrito com as observações de Roemer encontrado em 1913 por Kirstine Bjerrum Meyer (1861-1941) na *Biblioteca Real de Copenhague*[10].

Para recalcular o tempo que a luz demora para percorrer o raio da órbita da Terra, é necessário conhecer o período sinódico médio de Io em diferentes posições relativas entre Júpiter e Terra. A Figura 5 mostra parte do manuscrito contendo anotações referentes a vários eclipses de Io, observados por Roemer e Picard no período de 1668 a 1677, no qual as observações estão divididas em nove períodos, separados por imersões e emersões do satélite.

Os valores do período médio contidos na Tabela 1 mostram que o maior valor médio obtido para as imersões (1d18h28min29s) é menor que o menor valor para as emersões (1d18h28min37s), o que foi interpretado por Roemer como um indicativo de que a luz necessita de mais tempo para atravessar distâncias maiores.

O método de Roemer consistiu em analisar pequenas variações no período sinódico médio de Io considerando que as imersões do satélite foram observadas quando a Terra e Júpiter estavam se aproximando entre si (quando a Terra está entre F e G na figura 4), enquanto as emersões foram observadas quando os planetas estavam se afastando entre si (quando a Terra está entre L e K na figura 4).

---

[9] O que corresponderia ao valor de 226.663 Km/s para a velocidade da luz.
[10] Para uma análise detalhada dos cálculos realizados por Roemer veja Laporte (2017), Kristensen & Pedersen (2012) e Cohen (1944).

Figura 5. Primeira página do manuscrito de três páginas de Ole Roemer, contendo as datas referentes às observações dos eclipses de Io no disco de Júpiter dos anos de 1668 a 1678. **Fonte**: Meyer, 1915.

Intervalo	Início do Período - Fim do Período	Número de Revoluções de Io no Período	Período médio de Io Calculado	Imersão(I)/ Emersão(E)
I	19/03/1671 - 04/05/1671	26	1d18h28min44s	E
II	24/10/1671 - 20/02/1672	71	1d18h28min17s	I
III	07/03/1672 - 29/04/1672	30	1d18h28min37s	E
IV	27/11/1672 - 24/03/1673	66	1d18h28min12s	I
V	18/04/1673 - 04/08/1673	61	1d18h28min47s	E
VI	20/07/1675 - 29/10/1675	57	1d18h28min50s	E

VII	12/05/1676 - 13/06/1676	18	1d18h28min21s	I
VIII	07/08/1676 - 09/11/1676	53	1d18h28min47s	E
IX	09/06/1677 - 25/07/1677	26	1d18h28min29s	I

Tabela 1. Compilação dos dados obtidos por Roemer em nove intervalos por Kristensen & Pedersen (2012). **Fonte**: Adaptada de Kristensen & Pedersen, 2012, p. 41.

O astrônomo comparou o tempo medido entre um grande número de eclipses com o tempo calculado entre o mesmo número de eclipses supondo que a luz se propaga instantaneamente.

O método de Roemer consistiu em analisar pequenas variações no período sinódico médio de Io considerando que as imersões do satélite foram observadas quando a Terra e Júpiter estavam se aproximando entre si (quando a Terra está entre F e G na figura 4), enquanto as emersões foram observadas quando os planetas estavam se afastando entre si (quando a Terra está entre L e K na figura 4). O astrônomo comparou o tempo medido entre um grande número de eclipses com o tempo calculado entre o mesmo número de eclipses supondo que a luz se propaga instantaneamente[11].

---

[11] Devido a limitações de espaço, aqui não apresentamos grande parte dos detalhes dos cálculos utilizados, apenas os principais. Para detalhes dos cálculos ver (Laporte, 2017, pp. 57-61). Os resultados apresentados de forma resumida foram realizados a partir dos dados da Tabela 1 com as informações referentes

Tomando como exemplo os eclipses do intervalo II na Tabela 1, Roemer chegou à diferença de tempo de $\Delta t = 12min25s$, que ele explicou utilizando a hipótese de que a luz necessita desse tempo para percorrer a distância Terra-Júpiter. Calculando a distância d entre Terra e Júpiter nas duas datas que definem o intervalo II obtém-se $d = 1,17 \cdot R_T$ (onde R_T é o raio da órbita da Terra em torno do Sol), que é a distância que a luz percorreria em $\Delta t = 12min25s \sim 12,42min$. Portanto, o intervalo de tempo necessário para a luz atravessar o raio da órbita terrestre R_T seria dado por $R_T \cdot (12,42/1,17 \cdot R_T) = 12,42/1,17 \sim 10,61min$, ou aproximadamente os 22 minutos anunciados por Roemer para a luz percorrer a distância HE na Figura 4[12].

As ideias de Roemer foram muito bem aceitas por Christian Huygens, para quem a finitude da velocidade da luz era uma hipótese tão fundamental que as incorporou no primeiro capítulo de seu livro *Tratado sobre a Luz*, apresentado à *Académie* em 1678 e publicado em 1690. No entanto, deve-se chamar atenção ao fato de que o modelo de Huygens depende diretamente da hipótese de que a luz se propaga com uma velocidade finita e muito maior que a do som. Considerando que Huygens já havia assumido essa hipótese três anos antes da publicação dos resultados de Roemer, podemos inferir que estes foram convenientes para fortalecer sua teoria, e possivelmente é por essa mesma razão que os resultados de Roemer foram tão facilmente aceitos por Huygens.

Por outro lado, foram alvo de intensas críticas por parte de Cassini que nunca aceitou os resultados de Roemer.

às datas de início e fim de cada um dos períodos com seus respectivos períodos médios.

[12] É importante ressaltar que não é possível conhecer exatamente como Roemer efetuou seus cálculos. O manuscrito encontrado por Meyer contém dados referentes a observações realizadas antes e após 1676, o que indica que esse manuscrito não necessariamente foi aquele utilizado por Roemer para produzir seu anúncio para a *Académie des Sciences de Paris*.

O PROCESSO DE ACEITAÇÃO DAS IDEIAS DE ROEMER

Com exceção de Huygens, que embora holandês, participava ativamente da *Académie*, as ideias de Roemer não foram imediatamente aceitas pelos demais acadêmicos, principalmente por Cassini e sua família. Grande parte das efemérides das luas de Júpiter foram publicadas por Cassini em 1668 e passaram a ser utilizadas como referência por diversos astrônomos. A fama das tabelas de Cassini, bem como suas habilidades como astrônomo, o levaram a ter uma carreira na *Académie*, da qual tornou-se diretor em 1671 e, portanto, chefe de Roemer.

Cassini já havia observado as irregularidades no período de Io, especulando que elas poderiam estar relacionadas com as excentricidades das órbitas dos satélites, apesar de as órbitas elípticas propostas por Kepler ainda não serem totalmente aceitas na época. No entanto ele não acreditava no movimento sucessivo da luz, sugerindo que as irregularidades poderiam estar relacionadas com a, ainda duvidosa, excentricidade da órbita dos satélites:

> A Academia ainda notou que, na sequência dessas observações, o tempo para um considerável número de imersões de um mesmo satélite é apreciavelmente menor que para o mesmo número de emersões, algo que pode ser explicado pela hipótese do movimento subsequente da luz: mas isto não era o suficiente para convencer a Academia que o movimento da luz é de fato sequencial, porque não se pode ter certeza que essa desigualdade no tempo não é produzida pela excentricidade [na órbita do] satélite, ou por outras irregularidades em seu movimento, ou por outra causa ainda não entendida, que pode tornar-se clara no futuro. (Cassini, 1693a, p. 47)

Ele também contestou as ideias de Roemer, argumentando que os períodos dos demais satélites de Júpiter não apresentam irregularidades[13], fortalecendo assim suas ideias referentes a excentricidade das órbitas:

> Quando construí minhas primeiras tabelas, o movimento do quarto satélite me pareceu mais uniforme do que todos os outros, e o primeiro satélite pareceu aproximar-se da uniformidade do quarto. Notei que no segundo e no terceiro havia desigualdades mais importantes, e eu confesso que nas efemérides eu usei algumas equações empíricas as quais deduzi das observações, cujas causas ainda não descobri. O Senhor Romer explicou de maneira muito engenhosa uma dessas desigualdades que ele observou por muitos anos no primeiro satélite pelo movimento subsequente da luz, a qual necessita de mais tempo para vir de Júpiter até a Terra quando está mais distante deste do que quando está mais próxima; mas ele não examinou se essa hipótese poderia servir para os outros satélites, os quais precisariam da mesma desigualdade de tempo. (Cassini, 1693b, p. 391)

De fato, as críticas de Cassini são consistentes, pois se as diferenças nos períodos de Io fossem devidas à velocidade finita da luz o mesmo efeito deveria ser observado nos outros satélites. Como isso não acontecia, Cassini preferiu buscar hipóteses alternativas e manter a hipótese cartesiana de propagação instantânea da luz, como hipóteses envolvendo a excentricidade da órbita dos satélites e até mesmo variações no diâmetro de Júpiter. Apesar disso, Cassini e Picard concordaram com a publicação do artigo de Roemer, deixando que o mesmo se responsabilizasse por suas ideias (Bobis & Lequeux, 2008, pp. 100-101).

Roemer nunca contestou os argumentos de Cassini publicamente. Contudo, em uma carta de 30 de setembro de 1677 para Huygens, listou dificuldades envolvidas nas medidas dos

---

[13] Isso só ocorre porque o movimento desses satélites é afetado por suas perturbações mútuas, conhecidas atualmente pelo nome de libração. Esse fato ficou desconhecido até os trabalhos de Laplace de 1784 (Cohen, 1944).

períodos dos outros satélites de Júpiter que dificultariam a observação de irregularidades em seus períodos sinódicos:

> Os obstáculos que impedem que os três satélites exteriores possam ser utilizados na pesquisa sobre o movimento da luz estão relacionados a quatro tópicos:
>
> I. As imersões e emersões são mais raras.
>
> II. Os momentos de entrada na sombra são menos nítidos e mais lentos por seus movimentos, e muitos deles incidem obliquamente na borda da sombra.
>
> III. Suas inclinações e nodos não são tão bem conhecidos, havendo discrepâncias observadas de vários minutos quanto à sua incidência oblíqua na sombra.
>
> IV. Devemos confessar que estes possuem irregularidades que não foram determinadas, ou pela excentricidade ou por qualquer outra causa, que fazem com que as observações entrem em conflito com a teoria do Sr. Cassini por um espaço de tempo duas ou três vezes maior do que aquele que procuramos e que determinamos pelo primeiro satélite.
>
> Destes, os [problemas] que são mais notáveis são o terceiro e quarto. (Roemer in: Huygens, 1899, pp. 32-33)

Nos dois primeiros pontos, Roemer apontou dificuldades observacionais; no terceiro reconheceu que há dificuldades de se observar o fenômeno nos demais satélites, mas ainda não estabeleceu efetivamente se ele poderia ou não ser observado; no quarto argumento, Roemer assumiu a ideia de que pouco se conhecia sobre o movimento dos satélites em questão, explicando que os erros nas observações devidos às irregularidades desconhecidas eram muito superiores àquelas encontradas nas observações de Io.

O último ponto adiciona credibilidade à cautela de Cassini, que preferiu não inferir sobre a irregularidade dos períodos de Io enquanto não tivesse mais segurança daquilo que estava medindo nos outros satélites também. A lista de argumentos de Roemer definitivamente não é suficiente para se ignorar a precaução de

Cassini com suas observações, como aparentemente foi para Huygens.

As ideias de Roemer foram muito mais facilmente aceitas na Inglaterra do que na França, provavelmente por não haver um comprometimento prévio com a teoria cartesiana que considerava que a luz se propagava instantaneamente. O astrônomo inglês Edmond Halley (1656-1742) era muito próximo de Cassini e também se interessava pelos eclipses das luas de Júpiter. Em 1694 publicou uma adaptação das tabelas de Cassini para as efemérides dos quatro satélites. Tentando verificar a hipótese da propagação da luz com velocidade finita, Halley estudou diversas observações dos eclipses, demonstrando que as desigualdades eram compatíveis com a hipótese da finitude da velocidade da luz. Além disso, encontrou diversos erros nas tabelas de Cassini e, apesar de seu respeito pelo trabalho de Cassini, Halley criticou fortemente sua suposta teimosia em não aceitar as ideias de Roemer. Em suas verificações, Halley também constatou que o valor correto para o tempo que a luz leva para atravessar o raio da órbita terrestre deveria ser aproximadamente 8,5min (Bobis & Lequeux, pp. 101-102). Provavelmente apoiado pelas confirmações das observações de Roemer obtidas por Flamsteed e Halley no *Royal Greenwich Observatory* (Wiilmoth 2012), Isaac Newton (1643-1727) aceitou as ideias de Roemer e considerou em seu livro *Opticks* de 1704 que

> A luz se propaga de corpos luminosos no tempo e leva cerca de sete ou oito minutos de uma hora para ir do Sol para a Terra. Isso foi observado primeiro por Romer e depois por outros, por meio dos eclipses dos satélites de Júpiter. (Newton, 1996, p. xx)

As hipóteses de Roemer começaram a ser mais amplamente aceitas em 1728 com os estudos independentes sobre a aberração da luz do astrônomo inglês James Bradley (1693-1762) que explicou o fenômeno por uma combinação dos movimentos da Terra e da luz. Se a luz se propagasse instantaneamente, nada de estranho deveria ocorrer quando observamos um objeto em movimento. Contudo, se a luz se propagasse com velocidade finita, o objeto aparentaria ter sua posição ligeiramente alterada quando vista por um observador em movimento. Isso ocorreria devido ao desvio angular referente ao tempo necessário para a luz atingir os olhos do observador em diferentes posições da trajetória. Bradley ainda calculou que o tempo necessário para a luz atravessar o raio da órbita terrestre corresponderia a 8min12s, valor bem próximo daquele obtido por Halley, e do aceito atualmente. Os trabalhos de Bradley tiveram forte influência para a aceitação das ideias de propagação sucessiva da luz, de maneira que até a família Cassini ficou convencida.

COMENTÁRIOS FINAIS

Embora a explicação para os atrasos nos períodos de Io em sua translação ao redor de Júpiter proposta por Roemer nos pareça óbvia hoje, ela não foi imediatamente aceita. Como vimos, as ideias de Descartes sobre a luz eram bem influentes na época e ainda não existia uma forma confiável de se medir a velocidade da luz. Nesse contexto, Cassini foi a principal personalidade a se opor às ideias de Roemer.

É importante ressaltar que no artigo publicado pela *Académie*, Roemer não apresentou claramente como ele estimou o valor de 11 minutos para a luz atravessar o raio da órbita terrestre. Outros elementos fundamentais em sua estimativa não foram revelados, como o número de órbitas realizadas pelo satélite para o cálculo do período médio de Io nos momentos em que a Terra se aproximava ou se afastava de Júpiter.

Devemos também considerar o fato de que as medidas de Roemer não eram tão confiáveis, como pode-se observar no manuscrito da Figura 5, onde várias observações estão marcadas como duvidosas e muitas outras estão ilegíveis. Ademais, Shea (1998, pp. 565-568) aponta uma série de argumentos de como as medidas de Roemer possuem uma forte inconsistência interna com suas hipóteses, adicionando considerável desconfiança em todo o seu conjunto de observações. Devido a essa falta de precisão, o autor sugere que esse pode ser o motivo pelo qual Roemer nunca efetivamente publicou um valor numérico para a velocidade da luz.

Como vimos neste texto, o processo de aceitação da finitude da velocidade da luz obtida por um método observacional não foi tão direto quanto podemos pensar em um primeiro momento. Aceitar os resultados de Roemer era interessante para pensadores como Huygens e Newton, que já tinham novos comprometimentos teóricos, enquanto argumentos teóricos fundamentais estavam em jogo, como os argumentos cartesianos, aceitos por Cassini.

A relutância de Cassini em aceitar os resultados de Roemer, contudo, não pode ser atribuída a uma suposta teimosia, como Halley havia afirmado. Aqui foi visto que, na época, não se conheciam os fundamentos teóricos, posteriormente aprofundados por Newton, sobre a interação entre os satélites de Júpiter e o próprio planeta, nem sobre a noção de gravitação e atração mútua entre os corpos. O arcabouço teórico que sustentava a física era predominantemente cartesiano. Além disso, os resultados e cálculos de Roemer apresentavam fragilidades consideráveis, sendo o principal deles o fato de o efeito notado no período de Io não ser notado nos períodos dos outros satélites de Júpiter.

É importante notar, por fim, que as pesquisas realizadas no Observatório de Paris, como em qualquer outro lugar, não eram desinteressadas, mas fortemente motivadas por interesses econômicos e geopolíticos envolvidos. A obtenção de formas confiáveis de se determinar a posição correta de navegadores e confeccionar mapas precisos eram fundamentais para as navegações dos europeus, especialmente nessa época em que a exploração de novos territórios estava em pleno avanço.

REFERÊNCIAS BIBLIOGRÁFICAS

BOBIS, L.; LEQUEUX, J. Cassini, Roemer and the velocity of light. *Journal of Astronomical History and Heritage*, **11** (2): 97-105, 2008.

CASSINI, J. D. De l'origine et du progrès de l'astronomie et de son usage dans la géographie et la navigation. *Histoire de l'Académie Royale des Sciences,* **8**: 1-52, 1693 (a).

CASSINI, J. D. Les hypothèses et les tables des satellites de Jupiter, reformées sur de nouvelles observations. *Histoire de l'Académie Royale des Sciences,* **8**: 317-392, 1693 (b).

COHEN I. B. *Roemer and the first determination of the velocity of the light.* New York: The Burndy Library, 1944.

DESCARTES, R. *Discours de la méthode pour bien conduire sa raison, & chercher la vérité dans les sciences. Plus la dioptrique, les météores et la géométrie qui sont des essais de cette méthode.* Leyde: De l'imprimérie de Ian Maire, 1637.

DESCARTES, R. *Oeuvres de Descartes.* Paris: L. Cerf, 1897-1913, V. 1.

EASTWOOD, B. S. Descartes on refraction: Scientific versus rhetorical method. *Isis,* **75** (3): 481-502, 1984.

GALILEI, G. *Dialogues concerning two new sciences.* New York: Macmillan, 1914.

GINGERICH, O. Johannes Kepler. V. 7, pp. 289-312, *in*: GILLIESPIE, C. C. (Ed). *Dictionary of scientific biography.* New York: Charles Scribner's Sons, 1981.

GRANT, R. *History of physical astronomy from the early ages to the middle of the nineteenth century.* London: H. G. Bohn, 1852.

HUYGENS, C. *Oeuvres complètes de Christiaan Huygens.* La Haye: M. Nijhoff; Amsterdam: Swets & Zeitlinger B.V., 1899. V. 8.

HUYGENS, C. *Tratados sobre a luz.* Tradução Roberto de A. Martins. Campinas: Universidade Estadual de Campinas, 1986.

KOPAL, Z. Römer, Ole Christensen. V. 1, pp. 525-527, in: GILLIESPIE, C. C. (Ed). *Dictionary of scientific biography.* New York: Charles Scribner's Sons, 1981.

KRISTENSEN, L. K.; PEDERSEN, K. M. Roemer, Jupiter's satellites and the velocity of light. *Centaurus,* **54** (1): 4-38, 2012.

LAPORTE, R. S. *Ole Roemer e a velocidade da luz: explorando aspectos da natureza da ciência em uma proposta de ensino.* São Carlos, 2017 (Dissertação de Mestrado) – Instituto de Física de São Carlos, Universidade de São Paulo.

LINDBERG, D C. *Theories of vision from Al-Kindi to Kepler.* Chicago: Chicago University Press, 1976.

MEYER, K. Om Ole Rømers Opdagelse af Lysets Tøven. *Naturvidenskabelig og Matematisk Afdeling,* **12**: 105-145, 1915. Disponível em: <https://da.wikisource.org/wiki/Om_Ole_R%C3%B8mers_Opdagelse_af_Lysets_T%C3%B8ven>. Acesso em 10 de abril de 2023.

NEWTON, I. *Óptica.* Tradução, Introdução, Prefácio e Notas por A. K. T. Assis. São Paulo: Edusp, 1996.

ROEMER, O. Démonstration touchant le mouvement de la lumière trouvé par M. Roemer de l'Académie des sciences. *Journal des Sçavans,* 276-279, 1676.

ROUX, S., La nature de la lumière selon Descartes. Pp. 49-66, *in*: BIET, C.; Jullien, V. (Eds.). *Le siécle de la lumiére, 1600-1715.* Fontenay-aux Roses: Ens Éditions, 1997.

SABRA, A. I. *Theories of light from Descartes to Newton.* London: Oldbourn Book, 1967.

SAKELLARIADIS, S. Descartes' experimental proof of the infinite velocity of light and Huygens' rejoinder. *Archive for History of Exact Sciences,* **26** (1): 1-12, 1982.

SHEA, J. H. Ole Rømer, the speed of light, the apparent period of Io, the Doppler effect, and the dynamics of Earth and Jupiter. *American Journal of Physics,* **66**, (7): 561-569, 1998.

WILLMOTH, Frances. Römer, Flamsteed, Cassini and the speed of light. *Centaurus,* 54 (1): 39-57, 2012.

A Respeito de Revoluções: Einstein, Teorias da Relatividade e a História da Ciência

Gildo Magalhães
Departamento de História da Faculdade de Filosofia, Letras e Ciências Humanas da USP Grupo de Pesquisas Khronos do Instituto de Estudos Avançados. Membro do Centro de Filosofia da Ciência, Universidade de Lisboa.
gildomsantos@hotmail.com

1 CONSIDERAÇÕES GERAIS SOBRE REVOLUÇÕES

Em nossas universidades, para formar os respectivos alunos de graduação costuma haver uma carência notável do ensino de história de ciências naturais e "exatas", como Física, Química, Biologia, Matemática, Medicina e outras em geral. Disciplinas de largo espectro sobre a história geral da ciência fariam igualmente bem às graduações em ciências humanas. Longe das construções que se repetem enfadonhamente nos livros-textos, a história da ciência mais interessante é aquela que permanece viva, que interpreta e merece atenção dos pesquisadores exatamente porque problematiza e questiona os métodos e "fatos", tidos em geral como paradigmáticos, trazendo reflexões relevantes do passado e até os dias de hoje.

O interesse notado por parte dos alunos quando são apresentados aos temas de História da Ciência é indicativo de que há uma enorme demanda reprimida por discussões desse teor – ou seja, para dar alguns exemplos: os físicos gostariam de discutir quais os fundamentos culturais e epistemológicos nas bases da teoria quântica, ou os biólogos de debater os conceitos filosóficos, os vínculos políticos e sociais que se introjetaram na formulação original da teoria evolutiva por seleção natural de Charles Darwin, ou mais posteriormente na teoria sintética da evolução. E se constata – infelizmente, pois é uma reclamação geral – que teorias consagradas como sendo indubitáveis usualmente não foram nunca apresentadas por seus professores como o que são na realidade, isto é, hipóteses e tentativas com maior ou menor capacidade de responder a perguntas sobre como é o universo em que estamos vivendo.

Fico sempre atônito com profissionais que desconhecem totalmente a historicidade das teorias científicas que defendem, e insistem numa visão positivista não só da história de campos específicos, mas de todo o conhecimento. Justamente alguns dos pontos que podem ser levantados em pesquisas de história das ciências são os contextos sociais, culturais e econômicos que levaram à formulação e validação de teorias que, no fundo, são transitórias, tais como a relatividade, o evolucionismo darwiniano e outras consideradas "intocáveis".

O conteúdo das teorias científicas ensinadas integra, via de regra, programas de pesquisa que podem estar respondendo bem aos testes a que foram submetidos, alguns há anos, outros há séculos talvez, sem que se possa, porém, garantir que jamais serão substituídas por outras conceituações, quer lhes sejam complementares, quer sejam até consideradas opostas às ideias atualmente aceitas pela maioria. Tais possibilidades não implicam o ceticismo total, ou o desprezo pelas teorias em voga, pois sabemos que elas constituem um importante patamar comum para o homem se relacionar de maneira racional e bem-sucedida com o Universo. O que se quer enfatizar é que não há, nem nunca houve, verdades absolutas na ciência.

Ora, se o conflito é inerente às teorias científicas, o surgimento de discordâncias internas poderia ser uma das características mais adequadas para se definir o que é ciência. A ciência se distingue pela crescente generalização do conhecimento e, embora possa sofrer alguma particularização em determinadas circunstâncias, ela é uma tentativa de compreensão historicamente situada, com fatores que lhe proporcionam algum sucesso, embora sempre com incompletudes ou imperfeições. Uma generalização absoluta seria, aliás, inconcebível, pois seria a explicação final, o fim da ciência em si mesma enquanto busca de conhecimento.

O século XVIII testemunhou as revoluções políticas norte-americana e francesa, enquanto que no século XIX ocorreram com grande repercussão os movimentos populares europeus de 1848 e a Comuna de Paris, em 1871, em que o proletariado fez pela primeira vez ouvir distintamente sua voz. Costuma-se referir a esse período e até ao início do século XX, quando eclodiu a revolução soviética de 1917, como sendo uma "era de revoluções" políticas, sociais e econômicas, caracterizadas por movimentos violentos, troca de regimes e outras manifestações radicais.

Contudo, diferentemente das revoluções sociais, as transformações científicas se dão de forma muito mais lenta. Embora seja útil desmistificar noções comumente utilizadas sem exatidão, tais como de "revolução científica" ou "revolução industrial", é certo que também nas ciências houve mudanças notáveis nesse período de mais ou menos cento e cinquenta anos a partir da independência dos EUA. Foi uma época que testemunhou a renovação da antiga hipótese atômica, principalmente a partir das contribuições de John Dalton, André-Marie Ampère e outros cientistas, além da descoberta da periodicidade dos elementos, expressa pela tabela periódica de químicos, elaborada por pensadores como Lothar Meyer e Dmitri Mendelêiev. Foi também altamente desenvolvida nesses anos a física matemática básica ainda usada na atualidade, a partir dos trabalhos fundamentais de Augustin-Jean Fresnel, Carl Friedrich Gauss, Bernhard Riemann e outros, seguidos da criação da teoria dos conjuntos infinitos por Georg Cantor e muitos outros empreendimentos notáveis. Foram mudanças que resultaram da participação de inúmeras pessoas em diferentes países e momentos, e seria negar o papel fundamental do indivíduo se desprezássemos o contributo de cada cientista ao processo. É uma das tarefas do historiador iluminar o caminho percorrido pela coletividade sem ignorar as contribuições individuais que foram determinantes para as transformações observadas.

A título de comparação em termos do que se pode considerar um teor histórico revolucionário, numa demonstração de que campos geralmente considerados separados como ciência e arte podem fornecer conexões inusitadas, mas que podem comportar algo de instrutivo, veja-se o caso da música. A composição musical erudita desse mesmo período em que se entrava nas "revoluções" da eletricidade e da química passou também por mudanças "revolucionárias", como exemplificado pelas obras de Haydn, Mozart, Beethoven, Schubert e muitos outros, até o século XX.

Na música de Beethoven (não só, mas nela em particular), sobressai com muita clareza a escrita de uma espécie de "contradições", análogas às controvérsias científicas, representadas por "surpresas", inflexões nos motivos melódicos e rítmicos diferentes do que seria de esperar numa sequência composta do modo mais tradicional vigente em sua época. É notável como o compositor acaba desta maneira por criar algo "novo", mantendo e ampliando a tensão com o antigo, numa elaboração avançada dos princípios tradicionais da fuga e do contraponto. O "conflito" se resolve de forma a criar temporariamente uma convivência harmônica com o tema previamente existente e, quando menos se espera, surge uma nova inovação evolutiva, que suplanta o que se apresentara antes. Parece-nos que essa "revolução" musical mantém uma analogia estreita com o que se pode descrever para o processo da razão científica na criação de novas teorias. Sobre o pensamento revolucionário de Beethoven um musicólogo afirma ser ele uma demonstração de que:

> [...] a mente humana é caracterizada pela criatividade, por uma *lei de neguentropia*, que não compele menos para a criação de uma obra de arte, do que para a evolução social e para um melhor entendimento de fenômenos físicos. (Hellenbroich, 1978, p. 44)

Incidentalmente, não deixa de ter significado que a criação musical dessa época foi muito apreciada e praticada por grandes cientistas que transformaram a física do século XIX naquilo que hoje conhecemos, como foi o caso de Max Planck e muitos outros, talentosos músicos amadores nas horas vagas. A relação entre arte e ciência não é acidental, pois são campos para o exercício da criatividade humana[14].

2 EINSTEIN E AS TEORIAS DA RELATIVIDADE

Um exemplo que tem sido invocado com alarde como representativo de uma "revolução" científica é a teoria da relatividade, aquela que foi apresentada e desenvolvida por Albert Einstein (1879-1955) no início do século XX. Ela costuma ser amplamente e acriticamente aceita pela comunidade científica, que lhe empresta tal conteúdo "revolucionário" contra os paradigmas estabelecidos, como ilustrado, por exemplo, pelo julgamento expresso pelo conhecido físico e historiador Thomas Kuhn (1922-1996):

> Precisamente por não envolver a introdução de objetos ou conceitos adicionais, a transição da mecânica newtoniana para a einsteiniana ilustra com particular clareza a evolução científica como sendo um deslocamento da rede conceitual através da qual os cientistas veem o mundo. (Kuhn, 1975, p. 137)

Esta teoria, ao contrário de como é descrita usualmente, na verdade não surgiu do nada e diretamente da cabeça de Einstein, pois havia anteriormente ideias a respeito, pelo menos desde Galileu e Newton, e mais acentuadamente no século XIX. Jean Eisenstaedt discorreu com profundidade sobre os trabalhos de importantes e "esquecidos" predecessores mais remotos da relatividade nos séculos XVIII e XIX, como John Michell, Robert Blair, Christian Doppler e Armand Fizeau:

> A relatividade não se refere somente às teorias de Einstein que se chamam de "relativistas". A relatividade é um dos conceitos físicos mais importantes e concerne primeiramente à física clássica, mesmo que ela possa

---

[14] Incidentalmente, tem sido bastante explorada a relação entre a relatividade e a arte de Picasso, especialmente no seu período cubista. Um exemplo de estudo bem instigante e inovador sobre o tema é Pyenson (2021).

parecer atualmente prisioneira de sua imagem moderna. (Eisenstaedt, 2005, p. 13)

Einstein também se utilizou de conhecimentos sobre as obras de física matemática de Riemann (inclusive de sua geometria não euclidiana) e, em parte, da eletrodinâmica de Wilhelm Weber. Outras inspirações reconhecidas por Einstein situam-se no pensamento exposto pelo influente físico e filósofo Ernst Mach (um cientista que por sua grande influência em tantos campos merece ainda ser melhor avaliado ao abrigo da história da ciência). De acordo com Pierre Thuillier, Einstein aproveitou as críticas de Mach às noções de espaço absoluto e à falta de consideração pela história da ciência que acaba paralisando o ensino acadêmico relativo às diversas ciências. De certa maneira, para Einstein a elaboração da ciência não depende do empirismo decorrente das experiências e dados sensoriais observados em laboratórios, devendo a base teórica da física ser escolhida independentemente dessa base experimental (Thuillier, 1994, p. 229).

A relatividade de Einstein se divide em dois momentos: primeiramente a chamada teoria especial (ou restrita) da relatividade, em que aplica às cargas elétricas e ondas eletromagnéticas os raciocínios de Galileu sobre o movimento relativo; e a sua posterior teoria geral da relatividade, em que se concentra sobre a gravidade e questões cosmológicas de nosso Universo[15].

---

[15] A cronologia das publicações originais de Einstein inclui: na Relatividade Especial os artigos ""Zur Elektrodynamik bewegter Körper" (Sobre a eletrodinâmica dos corpos em movimento, 1905), "Ist die Trägheit eines Körpers von seinem Energieinhalt abhängig?" (A inércia de um corpo será dependente do seu conteúdo energético?, 1905). Na Relatividade Geral temos "Einfluss der Schwerkraft auf die Ausbreitung des Lichtes" (Sobre a influência da gravidade na propagação da luz, 1911), "Die Grundlage der allgemeinen Relativitätstheorie" (Os fundamentos da teoria da relatividade geral,1916), "Hamiltonsches Prinzip und allgemeine Relativitaetstheorie" (O princípio de Hamilton e a teoria da relatividade geral, 1916), "Kosmologische Betrachtungen zur allgemeinen Relativitaetstheeorie" (Considerações cosmológicas sobre a teoria da relatividade geral, 1917) e "Spielen Gravitationsfelder im Aufbau der materiellen Elementarteilchen eine wesentliche Rolle?" (Os campos de

Deve-se destacar que o pilar da relatividade especial adotado por Einstein foi postular (ou seja, adotar sem uma justificativa para além da sua intuição) que a velocidade da luz é uma constante, não sendo adicionável a nenhuma velocidade de um corpo em movimento relativo à luz. Decretando ser a velocidade da luz absoluta, hipótese que Einstein confirmou ser algo arbitrário e independente de comprovação experimental, foi também descartada a existência de um "éter", meio que permearia todo o universo, como se acreditava em boa parte da comunidade científica. Mais tarde, o próprio Einstein voltou atrás e reintroduziu a noção de éter, tentando compatibilizá-la com sua teoria (Isaacson, 2007, pp. 328-332).

No entanto, apesar de apregoar sua independência da base prática, Einstein admitia que quem decide no final qual fundamento teórico é mais adequado é a experiência. O problema é que as interpretações dos resultados dos experimentos podem variar de acordo com os quadros conceituais de quem faz a análise dos dados. Assim, muitos fatos experimentais puderam ser explicados, tanto a favor, quanto contra a teoria proposta por Einstein e, em particular, a existência de velocidades superluminais vem sendo cada vez mais fortemente sugerida por experiências envolvendo o efeito quântico do tunelamento. Novos experimentos foram muito recentemente propostos para validar a adição galileana de velocidades da luz e do éter (Croca *et al.*, 2019).

Sobre a relatividade geral, é bem conhecida a história de que Einstein nela introduziu a "constante cosmológica", em aparente contradição com a expansão do universo, e que depois ele se retratou por isso (Isaacson, 2007, p. 364-367). De certa forma, as críticas à teoria da relatividade feitas pelo próprio Einstein, como o citado "erro" cosmológico, deveriam ser um alerta para a necessidade de considerá-las como fruto de hipóteses que podem vir a ser ou não mantidas no decorrer da história da ciência.

---

gravidade desempenharão um papel essencial na constituição das partículas elementares da matéria?, 1919). Esses artigos estão traduzidos para o português em (Lorentz, Einstein & Minkowski, 1989).

Quando das comemorações em 2005 do centenário da publicação dos artigos considerados fundamentais de Einstein sobre a relatividade restrita, foi notável como houve uma ausência de discussões críticas a essas contribuições, como se fora um ultraje à memória do famoso físico. O debate, cuja existência se pretende até desmentir, ou desclassificar como inócuo ou enganado, persiste de forma renitente e, na atualidade mais próxima de nós, podem-se citar diversos autores relevantes que continuaram trabalhando sobre o assunto, como será esboçado a seguir.

Observe-se outrossim que houve mais de uma "teoria da relatividade" na mesma época em que surgiu a de Einstein, com pelo menos uma de interesse ainda atual, que é a de Hendrik Antoon Lorentz (1853-1928). Também é possível se referir ao trabalho fundamental de Henri Poincaré (1854-1912) a respeito, desenvolvido durante os anos de 1899 a 1905 (Lorentz, Einstein & Minkiwski, 1989). Há, certamente, diferenças entre as interpretações de Einstein, Lorentz e Poincaré quanto ao significado que atribuem à velocidade da luz, à possibilidade de simultaneidade e às categorias de espaço e tempo, ou ainda à natureza do éter, mas estas não serão nosso foco aqui, podendo-se consultar a literatura e respeito[16].

Cabe rememorar que Einstein cresceu num ambiente técnico de caráter fortemente prático. Seu pai e seu tio possuíam um negócio, uma oficina ligada à eletrotécnica, numa época em que a eletricidade transformou rapidamente o mundo das comunicações, e a aplicação de motores e geradores configurou, juntamente com a química orgânica, o mundo moderno. É conhecido como o jovem Einstein foi refratário ao ensino autoritário, inclusive de matérias científicas, o que se combinou com sua atitude tendendo ao livre pensamento. Ao tentar se matricular na Escola Politécnica de Zurique, não o conseguiu por repetir nas provas de zoologia, botânica e línguas, levando-o a se preparar melhor, fazendo um

---

[16] Vide, por exemplo, Whittaker, 1954, cap. II, "The relativity theory of Poincaré and Lorentz", pp. 27-77.

curso pré-universitário, conseguindo finalmente ser admitido naquela instituição.

Ao se formar, pensou então em se dedicar ao ensino e conseguir um lugar de professor auxiliar na Escola Politécnica onde estudara, mas não foi aceito por ser estrangeiro e judeu. Conseguiu então a cidadania suíça e um emprego no serviço de concessão de patentes para invenções, uma ocupação que lhe deixava tempo livre para estudar e escrever artigos. Desta forma concluiu o doutorado em 1905 e foi contratado para dar aulas na Universidade de Zurique e depois em Praga, indo finalmente para Berlim, onde morou até 1933 (Figura 1), quando, devido ao regime nazista, emigrou para os EUA.

Também em sua nova pátria Einstein teve dificuldades. Sua personalidade e suas ideias socialistas não agradaram muitos intelectuais norte-americanos, acabando por ter uma vida bastante reclusa e com bem poucos amigos.

Os interesses científicos fundamentais de Einstein eram o de interpretar a física e procurar nela uma unidade fundamental, não se limitando ao aspecto experimental e matemático usual. Isso se evidenciou mesmo antes da formulação de sua teoria da relatividade, em seus estudos de partículas coloidais em líquidos, como uma evidência indireta da existência de átomos (o movimento chamado de "browniano") e na aplicação da quantização da energia à luz, em suas hipóteses sobre o efeito fotoelétrico. Nessas três áreas Einstein amadureceu seu pensamento, conseguindo publicar os artigos "revolucionários" de 1905[17].

---

[17] Além dos artigos citados anteriormente sobre a relatividade, os demais textos publicados em 1905 foram "Über einen die Erzeugung und Verwandlung des Lichtes betreffenden heuristischen Gesichtspunkt" (Sobre um ponto de vista heurístico relativo à produção e transformação da luz) e "Über die von der molekularkinetischen Theorie der Wärme geforderte Bewegung von in ruhenden Flüssigkeiten suspendierten Teilchen" (Sobre o movimento de pequenas partículas em suspensão dentro de líquidos em repouso, tal como exigido pela teoria cinético-molecular do calor).

Figura 1. Einstein em seu veleiro (Berlim, início da década de 1930).
Fonte: Giornale della Vela, 21/3/2021.

3 CONTROVÉRSIAS RELATIVISTAS

Bem ao contrário do que muitos imaginam, a teoria da relatividade de Einstein, embora tenha se tornado ampla e espetacularmente aceita (inclusive glorificada pela mídia), não é irrefutável. A exemplo de muitas outras teorias científicas, ela criou "instabilidades", algumas das quais acabaram sendo resolvidas, ao mesmo tempo que despertou novas incongruências, que ainda permanecem em aberto.

As discordâncias com relação ao corpo da teoria de Einstein apareceram ainda em vida do cientista. Não precisamos nos ocupar das malévolas insinuações de cunho político e racista feitas por cientistas nazistas que atacaram a "física judaica" de Einstein, mas é interessante conhecer a persistente e negada sugestão de comprovações experimentais por Felix Ehrenhaft (1859-1952), que colocariam em xeque as ideias de Einstein. Esta é uma boa ilustração de como a controvérsia apareceu e se manteve aberta, apesar de não ser noticiada publicamente (Magalhães, 2010, pp. 371-400). As biografias publicadas de Einstein costumam ser laudatórias, reafirmando o mito de sua genialidade e originalidade. Os livros-textos de física tampouco dão indicações de oposição à teoria einsteiniana.

Outro exemplo é o ataque mais contemporâneo desferido pelo inglês Harold Aspden (1927-2011), que partiu de anomalias na teoria eletromagnética, para explicar a natureza do ferromagnetismo (Aspden, 1969). Explorando as implicações disso para a gravitação e calculando a chamada "constante da estrutura fina" a partir das propriedades do elétron e de aspectos do éter, meio que permearia todo espaço, para Aspden seria possível e desejável formular uma teoria quântica alternativa. Neste caso, o éter seria uma espécie de estrutura de cristal com propriedades fluidodinâmicas, um meio que, segundo a sua concepção, constitui a fonte de energia que permeia todo o espaço, regulando a atividade quântica e moldando constantemente o nosso universo físico, e que seria simultaneamente a substância responsável pela criação da matéria. Aspden concluiu que a relatividade de Einstein é não somente desnecessária, mas enganosa e incapaz de explicar a natureza da gravidade, que derivaria da natureza ondulatória do éter.

Pode parecer estranho para os menos informados que haja cientistas que ainda cogitam e discutem um supostamente superado "éter", meio universal em que se moveriam as ondas eletromagnéticas tais como a luz, mas a existência desse meio é uma questão que permanece em disputa e ressurge em congressos sobre os fundamentos da física, como voltaremos a mencionar mais à frente. Não é preciso insistir que essas discussões não costumam ser discutidas no ensino universitário nem ganham espaço na mídia tradicional.

Como referido atrás, para Einstein a velocidade da luz no chamado "vácuo" (assumindo que não existe um éter) é um máximo que não poderia ser ultrapassado, independentemente da velocidade da fonte luminosa. Contudo, o francês Joseph Lévy (nascido em 1936) se dedicou a demonstrar que as contrações do espaço, na verdade cogitadas antes de Einstein, podem ser derivadas sem recorrer à constância da velocidade da luz, baseando-se exclusivamente na hipótese de relatividade do tempo. Além disso, Lévy concluiu que a invariância da velocidade da luz não concorda com a mecânica quântica, e uma consequência importante de seu trabalho é que o fóton deve ter uma massa diferente de zero, assim como uma energia própria não nula (Lévy, 1991).

Há uma longa e frequentemente ignorada tradição de desconfiança com relação aos resultados obtidos ao final do século XIX sobre a constância absoluta da velocidade da luz, supostamente comprovada com o famoso experimento em 1887 dos físicos norte-americanos Albert Michelson (1852-1931) e Edward Morley (1838-1923). Tratava-se de medir a velocidade da luz em laboratório em dois momentos: contra e a favor da velocidade de rotação da Terra, suposta imersa no éter. Naquela ocasião não foi possível detectar diferença entre as velocidades nos dois sentidos, medidas engenhosamente nesse experimento, utilizando um interferômetro e espelhos, resultado que levou muitos físicos da época à interpretação de que a velocidade da luz é realmente um valor constante, já que a luz emitida não estaria sujeita à relatividade do movimento – como ocorre, por exemplo, ao nos deslocarmos dentro de um trem, caminhando a favor ou contra a velocidade do trem.

O que não se costuma contar a respeito desse experimento é que Michelson nunca ficou completamente convencido a respeito de seu resultado, atribuindo-o a erros por conta do aparelhamento utilizado e das condições ambientais do laboratório, tanto é que continuou a repetir a experiência por um longo tempo (Hecht, 1998, pp. 35-50). Também Morley refez independentemente a medição da velocidade da luz e insistiu, tal qual Michelson, que o que o experimento concluía era que o movimento relativo da Terra com relação ao éter era menor do que um quarto da velocidade orbital da Terra, devendo-se ainda considerar a velocidade do sistema solar dentro da galáxia. Para que a teoria da relatividade de Einstein se sustentasse, seria necessário confirmar o postulado de que a velocidade da luz fosse absolutamente constante, independentemente da velocidade da fonte luminosa emissora, e que não existisse o éter, exatamente o que o experimento de Michelson-Morley não conseguiu demonstrar, segundo seus idealizadores.

Novas investidas para repetir o experimento de Michelson-Morley foram realizadas a partir de 1904 pelo renomado físico experimental norte-americano Dayton Miller (1856-1941), inicialmente colaborando com o próprio Morley, e que dirigiu por vários anos a *Sociedade Americana para o Progresso da Ciência*. Ele empregou aparelhos bem mais precisos no observatório astronômico que dirigia em Monte Wilson, na Califórnia. Supondo que a velocidade da Terra através do éter fosse desconhecida, Miller se dedicou a provar que poderia assumir o raciocínio contrário: a partir dos pequenos resultados positivos da experiência de Michelson-Morley seria possível concluir qual é a magnitude e a direção do movimento da Terra através do éter.

Os resultados de Dayton Miller são bem diferentes do que aquilo que se aprende nos livros-textos, inclusive de nível universitário. Uma longa série de experimentos entre 1925 e 1926, reafirmados em 1933, indicou resultados ora positivos, ora no mínimo incertos, contrariando ou pelo menos deixando dúvidas quanto à invariância da velocidade da luz.

Mais um exemplo trazido aqui em torno desse debate sobre a relatividade restrita de Einstein foi o exaustivo trabalho, empreendido desde os anos 1950 e retomado na década de 1980 por Maurice Allais (1911-2010), físico experimental e economista francês (nesta última atividade ele ganhou o prêmio Nobel em 1988), ainda sobre a referida experiência de Michelson-Morley. Allais retornou à metodologia utilizada por Michelson-Morely e aos resultados obtidos por Miller, refinando ainda mais suas bases experimentais. Para isso construiu um laboratório subterrâneo suficientemente fundo em Paris, com um enorme bloco de granito flutuando em mercúrio, para afastar influências de tráfego e outras vibrações externas, bem como conseguiu uma grande estabilização da temperatura. Como resultado, concluiu que os dados experimentais de Miller eram afinal razoáveis:

> A teoria especial e a teoria geral da relatividade, apoiadas em postulados invalidados por dados experimentais, não podem ser considerados como cientificamente válidos. Como disse o próprio Einstein numa revisão para a *Science*, "Se as observações do Dr. Miller forem confirmadas, a Teoria da Relatividade estaria errada. A experiência é o juiz final" (Allais, Spring 1998, p. 32).

Allais investigou também a gravidade dentro do escopo da teoria geral da relatividade e concluiu a partir de seus experimentos com pênculo paracônico (Allais, Fall 1998) que o espaço não é igual em qualquer direção, pois haveria uma direção privilegiada provocada pela existência do sistema solar e das estrelas, recolocando em discussão a existência do éter, ficando mais próximo do que era de alguma forma suposto por renomados físicos do século XIX (como Augustin Fresnel, Michael Faraday ou James Clerk Maxwell) (Saumont, 1998, pp. 83-87)[18].

Objeções desse porte às teorias de Einstein têm sido objeto de diversas contribuições com perspectivas diferenciadas, como, por exemplo, os trabalhos desenvolvidos pelo conhecido físico italiano Franco Selleri (1936-2013). Neles, o autor debruça-se sobre paradoxos decorrentes da relatividade especial einsteiniana, tais como, entre outros, os seguintes: a constância da velocidade da luz tanto para observadores fixos quanto móveis; a duvidosa inexistência de simultaneidade na natureza para acontecimentos espacialmente separados; a suposta contração de objetos em movimento e o atraso de relógios em movimento; o envelhecimento assimétrico de gêmeos em movimento relativo; a

---

[18] Trata-se da resenha do livro de Allais, *L'anisotropie de l'espace* (1997).

falta de explicação para o efeito descoberto por Georges Sagnac (1886-1928), no qual a luz não se propaga com sua velocidade "constante" relativamente a uma plataforma em rotação (Selleri, 2004).[19]

Em particular, na experiência original feita por Sagnac (1913) foi montado um sistema óptico com interferômetro sobre uma plataforma girando em torno de um eixo perpendicular ao seu plano. O sistema permitia a dois feixes luminosos, produzidos pela mesma fonte, propagar-se em sentidos opostos ao longo do mesmo circuito fechado, sobrepondo-se ao final e observando-se a figura de interferência assim obtida. A experiência foi repetida muitas vezes, sempre acusando uma diferença na velocidade da luz nos dois sentidos, sem que houvesse uma explicação "relativista" satisfatória (Selleri, 2004, pp. 192-196).

Nos dois artigos que publicou em 1913 e 1914 onde comentou sua experiência, Sagnac reconhecia a existência do éter. Esta foi igualmente a conclusão atingida por Michelson e Henry Gale (1874-1942) ao repetirem em 1925 o experimento de Sagnac, usando para maior precisão um percurso óptico em um enorme retângulo de 650 m por 320m. Observamos que, como o interferômetro de Sagnac permite uma exatidão bem maior do que no arranjo experimental de Michelson-Morley, ele tem sido atualmente bastante utilizado na forma de giroscópios com anel de fibra óptica para dispositivos de navegação em aeroplanos e navios.

O físico canadense Paul Marmet (1932-2005), em seu livro *Einstein's Theory of Relativity versus Classical Mechanics* (1997), procura demonstrar que são supérfluos e sem base física os princípios da relatividade einsteiniana para explicar a contração e dilatação do espaço-tempo, e o avanço do periélio de Mercúrio, contrapondo como sendo suficientes para isso a mecânica clássica e o princípio de conservação de massa/energia (Marmet, 1997). O mesmo se aplicaria à pretensa relatividade da simultaneidade de eventos.

---

[19] Os principais trabalhos de Selleri sobre a relatividade após 1997 estão coletados na obra citada.

Um ponto considerado basilar para a história da comprovação da relatividade foi a pretendida deflexão da luz pelo campo gravitacional do Sol, e nesse assunto Marmet empreendeu uma análise crítica da precariedade dos dados coletados com a finalidade de demonstrar esse desvio luminoso nas duas expedições para observar o eclipse solar de 1919, inclusive a de Sobral, no Ceará. Desejava-se confirmar se a luz, vinda de uma estrela e passando perto do Sol, seria desviada pelo respectivamente grande campo gravitacional de nossa estrela. O chefe dessa expedição em Sobral foi o astrônomo inglês Arthur Eddington (1882-1944), que já tinha previamente declarado, antes das medições e da viagem, ser a favor da relatividade geral.

A deflexão da luz pelo Sol seria, no entanto, um fenômeno que, segundo Marmet, se deixa explicar perfeitamente bem com a mecânica não relativística, mas a maior crítica do autor é que, de qualquer modo, tal desvio não conseguiria ser mensurável com o equipamento usado na ocasião, já que a turbulência atmosférica teria um efeito maior do que a deflexão em si. Este último é um obstáculo que continuou a existir em outras medições posteriores (Marmet, 1997, p. 194). Marmet ainda sustenta que Eddington, por ser um reconhecido *quaker* radicalmente pacifista, que se recusara a participar da Primeira Guerra Mundial, acalentava a esperança de que uma confirmação britânica de uma teoria alemã, como a relatividade geral de Einstein, poderia reabrir a colaboração, antes tão frutífera, entre cientistas de duas nações que tinham sido inimigas.

A respeito da relatividade geral, é lícito perguntar: o que é a gravidade em sua essência? A julgar pela literatura científica mais crítica sobre tais assuntos, ainda não é possível dar respostas irrevogáveis a respeito da exatidão e dos limites da teoria da relatividade de Einstein. Há cientistas como o brasileiro André Assis (nascido em 1962), que tem desenvolvido a ideia de uma mecânica relacional criticando a teoria da relatividade de Einstein e que, no caso específico da gravidade, defende uma retomada dos trabalhos de Wilhelm Weber e Ernst Mach, concluindo que a inércia e a gravidade de um corpo dependem da rotação de estrelas e galáxias externas à nossa, ou seja, da totalidade do Universo (Assis, 1998).[20]

Nenhuma dessas objeções ainda pode ser suficiente para desautorizar a física einsteiniana, mas há experimentos cruciais propostos para esclarecer tais dúvidas que ainda não foram realizados, como consta na literatura revisitada no presente texto. Tampouco essas questões tiram o peso da influência exercida por Einstein no pensamento contemporâneo sobre a natureza. Sobre a dupla natureza da luz (ondulatória e corpuscular), Einstein acreditava que não era uma teoria final, mas apenas um desvio temporário. Para ele, as teorias físicas são tentativas de construção de um cenário mental.

Lembramos que, para seu crédito, Einstein defendeu uma posição realista e causal frente à interpretação indeterminista e subjetiva da física quântica, contrariando a tendência dominante imposta por Niels Bohr e pela escola de Copenhague (Selleri, 1987). Embora o mundo expressasse reverência por sua obra, Einstein vivia uma espécie de ostracismo, em que suas glórias não eram discutidas, mas suas opiniões a respeito da teoria quântica interpretada pela facção dominante da Escola de Copenhague eram descartadas, como se fossem devaneios permitidos a alguém tão célebre (Selleri, 1984, pp. 15-17).

4 CONSIDERAÇÕES FINAIS

A influência filosófica e política de Einstein foi certamente alicerçada em seu reconhecimento público como físico. Entretanto, é justamente nessa última faceta que, se ele foi seguramente muito engenhoso ao criar suas teorias, por outro lado deveríamos manter

---

[20] Vide, em outra linha de argumentação, também relacional, mas ligada à "física eurítmica" da Escola de Lisboa, uma discussão da gravidade em (Croca, Magalhães & Croca, 2017, pp. 105-118). Nessa visão da física admite-se um meio sub-quântico (que poderia ser assimilado a alguma noção do éter). O conceito de massa e a equivalência entre massa inercial e massa gravítica têm sido objeto de grande controvérsia. A física eurrítmica é também relacional, e nela a massa perde seu estatuto fundamental, embora continue permanecendo um conceito útil em certas circunstâncias.

uma abertura para discutir os assuntos de física por ele desenvolvidos, o que é extremamente difícil dentro da comunidade científica, que se revela amiúde muito conservadora.

Continuar a ignorar esse embate de concepções ou, pior ainda, omiti-lo quando se o conhece, é muito estranho num ambiente formador da cultura científica, como deve ser a universidade. A impressão é mesmo de que no fundo se desconhece a história - e quem não conhece história incorre em erros de avaliação mais facilmente e muito frequentemente.

As publicações citadas e muitas outras que se poderia mencionar no caso da relatividade servem pelo menos para atestar que "fatos" reconhecidos são passíveis de tratamento idiossincrático, podendo ser diferentemente interpretados. Que temas científicos sejam também matéria de opinião constitui algo salutar, e não uma atitude execrável. Poderíamos também perguntar se muitos cientistas não deveriam passar por um autoexame de consciência, indagando se nunca em seu foro íntimo tiveram dúvidas quanto ao que é consensual em seu campo – e trágico seria se de fato nunca as tiverem tido. Isso é muito mais importante do que eventuais exatidões de fórmulas, ou outros pontos formais que não são o cerne do problema que levantamos aqui, o das controvérsias científicas. É salutar discutir as inúmeras controvérsias suscitadas dentro da ciência, no passado e no presente, ao invés de omiti-las, pois é do diálogo sobre tais controvérsias que a ciência pode avançar com proveito.

Por esses motivos e para fazer melhor justiça aos cientistas é que todos deveríamos apreciar o que alguém como Arthur Koestler diz a respeito dos impasses da física no século XX:

> A seriedade do impasse se tornou aparente apenas no segundo quartel do nosso século [XX], e então somente para aquele cientista de mentalidade mais filosófica, que tivesse retido uma certa imunidade contra o que se poderia chamar de novo escolasticismo da física teórica. (Koestler, 1989, p. 540)

REFERÊNCIAS BIBLIOGRÁFICAS

ALLAIS, Maurice. The Experiments of Dayton C. Miller (1925-1926) and the Theory of Relativity. *21st Century Science & Technology,* **11** (1): 26-32, Spring 1998.

ALLAIS, Maurice. Should the Laws of Gravitation Be Reconsidered? *21st Century Science & Technology,* **11** (3): 23-33, Fall 1998.

ASPDEN, Harold. *Physics without Einstein.* Southampton: Sabbereton, 1969.

ASSIS, André Koch Torres. *Mecânica relacional.* Campinas: CLE/Unicamp, 1998.

CROCA, José; MAGALHÃES, Gildo; CROCA, José Alexandre. The Concept of Mass: Gravitic and Inertial in Eurhythmic Physics. *Intelligere,* **3** (2): 105-118, 2017.

CROCA, José; MOREIRA, Rui; GATTA, Mário; CASTRO, Paulo. Experiments on the speed of light. *Journal of Applied Mathematics and Physics,* **7**: 1240-1249, 2019.

EISENSTAEDT, Jean. *Avant Einstein: Relativité, lumière, gravitation.* Paris: Seuil, 2005.

HECHT, Lawrence. Optical Theory in the 19th Century and the Truth about Michelson-Morley-Miller. *21st Century Science & Technology,* **11** (1): 35-50, Spring 1998.

HELLENBROICH, Anno. Think like Beethoven. *Campaigner,* **11** (1): 46-61, February 1978.

ISAACSON, Walter. *Einstein: Sua vida, seu universo.* Trad. Celso Nogueira, Isa Mara Lando, Fernanda Ravagnani e Denise Pessoa. São Paulo: Companhia das Letras, 2007.

KOESTLER, Arthur. *The Sleepwalkers: A History of Man's Changing Vision of the Universe.* London: Arkana/Penguin, 1989.

KUHN, Thomas. *A estrutura das revoluções científicas.* Trad. Beatriz V. Boeira e Nelson Boeira. São Paulo: Perspectiva, 1975.

LÉVY, Joseph. *Invariance of Light Speed, Reality or Fiction? A Critical Study of Special Relativity and a New Theory of Light.*

Trad. Joseph Lévy. Saint-Germain-lès-Corbeil: J. Lévy / Paris: Encre, 1991.

LORENTZ, Hendrick; EINSTEIN, Albert; MINKOWSKI, Hermann. *O princípio da relatividade*. Lisboa: Fundação Calouste Gulbenkian, 1989. (Textos Fundamentais da Física Moderna, vol. I).

MAGALHÃES, Gildo. A Debate on Magnetic Current: The Troubled Einstein–Ehrenhaft Correspondence. *British Journal for the History of Science*, **44** (3): 371-400, 2010.

MARMET, Paul. *Einstein's Theory of Relativity Versus Classical Mechanics*. Gloucester (Ontario): Newton Physics Books, 1997.

PYENSON, Lewis. *The Shock of Recognition: Motifs of Modern Art and Science*. Leiden/Boston: Brill, 2021.

SAUMONT, Rémy. Undermining the foundations of relativity. Book Review of *L'Anisotropie de l'espace* de Maurice Allais (Paris: Clement Juglar, 1997). *21st Century Science & Technology*, **11** (2): 83-87, Summer 1998.

SELLERI, Franco. *Die Debatte um die Quantentheorie*. Branschweig: Vieweg, 1984.

SELLERI, Franco. *Paradoxos e realidade: Ensaio sobre os fundamentos da microfísica*. Lisboa: Fragmentos, 1987.

SELLERI, Franco. *Lições de relatividade: De Einstein ao éter de Lorentz*. Lisboa: Duarte Reis, 2004.

THUILLIER, Pierre. *De Arquimedes a Einstein: A face oculta da invenção científica*. Rio de Janeiro: Jorge Zahar, 1994.

WHITTAKER, Edmund. *A History of the Theories of Aether and Electricity*. Tomo II: The Modern Physics, 1800-1950. New York: Nelson, 1954.

La Importancia del Estudio de la Historia, la Teoría y la Enseñanza de las Ciencias: El Caso de la Unificación de la Teoría Evolutiva en Biología

Susana Gisela Lamas
Laboratorio de investigaciones en ontogenia y adaptación
(LINOA).
Facultad Nacional de La Plata. Argentina
sglamas@fcnym.unlp.edu.ar

1 INTRODUCCIÓN

Este trabajo nace del Ciclo de Seminarios para celebrar los 30 Años del Grupo de Historia, Teoría y Enseñanza de la Ciencia (GHTC) de la Universidad de São Paulo. Una de las primeras consideraciones a realizar es la importancia del estudio de la historia y la teoría de la ciencia y su influencia en la enseñanza. Para desarrollar este tema presentaré un caso actual, cómo se presenta en los libros de texto utilizados en las carreras universitarias la historia del pensamiento evolutivo, argumentándolo a partir de la unificación y convergencia teórica de la biología evolutiva

Lo interesante de este caso es que la exposición de las teorías evolutivas, van formando las prácticas científicas. Thomas Kuhn en su famosa obra *La Estructura de las Revoluciones Científicas* (1970) propone el concepto de "ejemplar", es decir, el modo en que los científicos durante su proceso de formación aprenden a reconocer los problemas, las preguntas pertinentes y sus resoluciones. El propio Kuhn y muchos otros autores (Laudan 1978; Kitcher, 1993, entre otros) afirman la importancia de los aspectos prácticos para el desarrollo de una disciplina; reconociendo, además, que los libros de texto son uno de los elementos fundamentales en la formación de los científicos.

Es por ello que, para esta investigación, he revisado los programas de la materia *evolución* en las carreras de biología en las tres universidades más importantes de Brasil y Argentina, analizando los libros utilizados para enseñar esa disciplina. El criterio que he tomado para decidir las instituciones más representativas fue el ranking internacional según el cual dentro de las principales universidades de Brasil se encuentran las Universidades de São Paulo, la Estadual de Campinas y la Federal de Rio de Janeiro. Por su parte, en Argentina, se encuentran la Universidades de Buenos Aires, la Nacional de La Plata y la Nacional de Córdoba. En todos los casos la asignatura sobre evolución de las licenciaturas en biología de esas universidades, utilizan bibliografía coincidente en algunos textos que se presentan como troncales a toda la materia. Dentro de esos textos figuran los libros *Evolution* de Douglas J. Futuyma y Mark Kirkpatrick y el homónimo de Mark Ridley como bibliografía obligatoria en todas las asignaturas de evolución antes mencionadas. En tanto, otros libros sobre evolución como los de Mayr (1970), Lewontin (1974), Freeman y Herron (2007), Dobzhansky et al (1977), etc. están en la bibliografía obligatoria de sólo dos o tres universidades. Por lo tanto, en este trabajo examinaré el modo en que los textos de Futuyma y Kirkpatrick y de Ridley exponen las teorías evolutivas actuales con relación a sus antecesoras. La historia del pensamiento biológico es narrada mostrando una continuidad respecto a Darwin y una ruptura respecto a Lamarck. No obstante, a pesar de esa ruptura, se argumenta a favor de una unificación en el pensamiento evolutivo. Finalmente propondré cómo una formación crítica sobre la historia y las teorías evolutivas podrían modificar las prácticas de los futuros profesionales.

2 LA HISTORIA EVOLUTIVA SEGÚN EL TEXTO DE FUTUYMA Y KIRKPATRICK

Es interesante observar la manera de "narrar" la historia de las teorías evolutivas en el texto de Futuyma y Kirkpatrick (2017). En el primer capítulo hacen un breve comentario de la Teoría de Lamarck, reconociendo que postuló que las especies cambian y explicando, de modo muy breve, sus mecanismos. Sin embargo, no explicitan a la teoría como tal, con sus cuatro leyes ni los mecanismos internos que generan esa variabilidad.

Luego realizan una breve exposición de la teoría de Darwin, donde reconocen la influencia de Malthus y de Lyell, a la vez que señalan sólo las diferencias con Lamarck; pero no especifican sus puntos en común. En este sentido, presentan los puntos más importantes de la teoría de Darwin: la noción de evolución, la descendencia común con modificación, el gradualismo, el cambio a nivel poblacional y la selección natural.

Más adelante y de un modo sucinto, plantean otras propuestas que fueron rechazadas como: 1) el neolamarckismo, afirmando que los experimentos de Weismann y otros (que no especifican) dejaron en claro que no hay herencia de caracteres adquiridos; 2) la Ortogénesis, aseverando que nunca se encontraron sus mecanismos explicativos; y, 3) el mutacionismo, que lo describe brevemente pero no da razones de por qué debería rechazarse, excepto que refiere a las críticas que le hicieron a Goldschmidt acerca de lo que sería un "monstruo feliz".

Posteriormente, al presentar a la teoría sintética, sostiene que implicó una refutación a las anteriores *teorías antidarwinistas*. Aquí dejan establecido que esas teorías van en contra de la teoría de Darwin y, con el artilugio argumental de no enunciar qué principios lamarckianos fueron aceptados por Darwin, se muestra una historia donde aparecen dos polos distintos e irreconciliables, el darwinismo y el lamarckismo. Y, con esta lógica dicotómica establecen que los puntos principales de la teoría sintética representan una continuación del darwinismo mostrando sus principales postulados que, por razones de espacio, no los vamos a reproducir en su totalidad, pero hacen referencia a que: a) las diferencias fenotípicas pueden deberse en parte al genotipo y en parte a condiciones del medio reconociendo, no obstante, que los caracteres adquiridos no se heredan y sólo se acepta la herencia vertical y genotípica. b) la variabilidad se debe sólo a pequeñas mutaciones y los genes son entidades particuladas de herencia. c) el cambio evolutivo se da a nivel de especies y la variabilidad se debe a cambios azarosos (deriva génica) y no azarosos (selección natural). d) la selección natural puede dar cuenta tanto de las pequeñas como de las grandes variaciones entre especies.

A continuación, presentan las críticas a la teoría sintética, mencionando solamente la teoría neutralista de Kimura. Es interesante observar que, si se compara el capítulo de la segunda edición del año 2005 (Futuyma, 2005) con el de la cuarta edición del año 2017 (Futuyma y Kirkpatrick, 2017), no hay cambios en cómo se narra la historia de las teorías evolutivas. No se mencionan los resultados obtenidos a partir, por ejemplo, del proyecto genoma[21], ni la discusión en epigenética, etc. Con relación a la epigenética se la desarrolla muy escuetamente y sólo se dan algunos ejemplos vinculados con enfermedades o desarrollo sexual en humanos. Y, toda la afirmación que realiza acerca de la importancia de la epigenética a nivel evolutivo es la siguiente:

> Most epigenetic changes are not stable and dissipate after a few generations. Epigenetic inheritance can be important in the short term, but it does not make major contributions to long-term evolutionary change. (Futuyma y Kirkpatrick, 2017, p. 97)

3 LA HISTORIA EVOLUTIVA SEGÚN EL TEXTO DE RIDLEY

La tercera y última edición del texto *Evolution* de Ridley es del año 2004, presenta a la teoría de Darwin relacionada fundamentalmente a la supervivencia del más apto y su noción de selección natural. Luego, en un párrafo muy corto y posterior a esa presentación, reconoce que Darwin utilizó la noción de *herencia de caracteres adquiridos*, pero lo relaciona con la dificultad de Darwin para explicar la herencia y su noción de pangénesis. En el párrafo siguiente explicita la refutación acerca de la herencia de

---

[21] El proyecto Genoma humano tuvo varios subproyectos, uno de ellos fue ENCODE cuyo propósito era encontrar la función de los genes. Sin embargo, sus investigadores llegaron a la conclusión de que no existe una unidad particulada de herencia (Gerstein et al, 2007; Gingeras, 2007).

caracteres adquiridos llevada a cabo por Weismann en sus experimentos.

Al exponer concisamente la teoría de Lamarck sólo señala lo que la diferencia de Darwin. La segunda figura de su libro es para mostrar el modelo de cambio lineal de las especies defendido por Lamarck y la forma de árbol defendida por Darwin. Ridley (2004) afirma que Darwin en su autobiografía reflexiona acerca de:

> The next important step was to invent a theory to explain why species change. The notebooks Darwin kept at the time still survive. They reveal how he struggled with several ideas, including Lamarckism, but rejected them all because they failed to explain a crucial fact - adaptation. His theory would have to explain not only why species change, but also why they are well designed for life. (Ridley, 2004, pp. 9-10)

Es decir, acá asevera explícitamente que Darwin no toma en cuenta ninguna de las nociones de Lamarck. Sin embargo, en el *Origen de la Especies*, Darwin acepta algunas de las leyes de Lamarck, i.e., la herencia de caracteres adquiridos y del uso y desuso. En efecto, en los capítulos 5 y 15 de su obra utiliza ambas leyes, junto con el principio de selección natural, para explicar el origen de la variabilidad y la adaptación.

Más adelante Ridley (2004) considera que las teorías geneticistas, en un principio, fueron contrarias a la teoría de selección natural; pero más tarde, con la teoría sintética, se vuelven compatibles. Es decir, va argumentando de modo tal de ir creando una lectura de convergencia teórica hacia la teoría sintética de la evolución.

4 PERSPECTIVA DE LOS TEXTOS

Cuando se narra la historia de las teorías evolutivas en biología, se tiende al ideal de unificación. Esto ya ha sido ampliamente desarrollado en la bibliografía (Smocovitis, 1996). Sin embargo, una cuestión es detallar los aspectos en común entre dos o más teorías y otra muy diferente es tergiversar las teorías propuesta con anterioridad. En este sentido, en los libros de texto antes citados no se desarrolla la teoría de Lamarck, sino que sólo se enuncian algunos de sus componentes de modo atomizado y descontextualizado. Ninguno de los dos autores muestra el reconocimiento que Darwin tiene hacia la obra de Lamarck ni cómo él reivindica dos de sus leyes – la herencia de caracteres adquiridos y la del uso y desuso. Uno de los aspectos más interesantes de la obra de Darwin es su argumentación y es sumamente persuasivo en sus críticas al creacionismo. Una de esas críticas era la imposibilidad de explicar las maladaptaciones o los órganos que no cumplen una función, por ejemplo, la presencia de ojos en organismo que viven en la oscuridad o la presencia de órganos vestigiales. Sin los principios explicativos del uso y desuso y de la embriología, Darwin no podría haber argumentado como lo hizo. Es curioso que ninguno de los autores antes vistos mencionara estos aspectos.

Por otro lado, en relación con los caracteres adquiridos, Darwin acepta casos que son mucho más discutibles que los propuestos por el propio Lamarck; i.e., la herencia directa de mutilaciones. Así Martins (2002) sostiene que Darwin:

> [...] deu o exemplo de uma determinada vaca que durante sua vida acidentalmente perdeu uma parte de um de seus chifres. Ao gerar um bezerro ele apresentava um dos chifres faltando a mesma parte. Trata-se, segundo Darwin, de um caso de herança direta de mutilação pois o pai do bezerro não apresentava nenhum problema em seus chifres. Darwin chegou a desenvolver uma explicação para a herança dos caracteres adquiridos, através de sua "hipótese da pangênese". Lamarck, entretanto, não ofereceu uma explicação acerca do modo pelo qual os caracteres adquiridos seriam herdados. Caso tivesse feito isso, fortaleceria sua teoria. (Martins, 2002, p. 12)

Es decir, Darwin no sólo aceptaba la herencia de caracteres adquiridos sino también de caracteres obtenidos de manera accidental y, además intentó proponer un principio explicativo. Sin embargo, nada de esto es reconocido en los libros antes citados y se dejan a esas ideas *como si* pertenecieran al universo de Lamarck y *como si* hubiera un universo completamente distinto y paralelo, el darwiniano.

Otro de los inconvenientes con estas lecturas es que Darwin reconoce que la selección natural es sólo uno de los mecanismos que permite entender la variabilidad, pero enuncia otros mecanismos; como el caso de los efectos del cambio de condiciones, del uso y desuso combinados con la selección natural, de la aclimatación, de la variación correlativa y de la compensación y economía del crecimiento. Además, para Darwin, los cambios podían deberse tanto a procesos fisiológicos como embriológicos. Sin embargo, estos procesos no son analizados en los libros de Futuyma y Kirkpatrick y de Ridley; dejando la teoría de Darwin circunscripta sólo a los procesos reconocidos por la Síntesis Moderna, a saber, herencia con modificación y selección natural

El problema es que esta exposición no se trata simplemente de realizar un tipo de lectura o interpretación de las teorías anteriores, sino de un proceso de formación donde los futuros profesionales van "ubicando" las ideas, los problemas y sus resoluciones. En ese contexto hay preguntas que desaparecen, problemas que se ignoran y respuesta que no se buscan. Un ejemplo claro fue lo que sucedió con Weismann, tanto el texto de Ridley como el de Futuyma afirman que el experimento de Weismann refutó la teoría de Lamarck cuando, en realidad, refutó lo postulado por Darwin. Otro ejemplo es la reflexión que Darwin lleva a cabo respecto de los casos de maladaptación que le permitieron argumentar en contra del creacionismo; pero esos casos abrirían nuevos interrogantes, a saber, ¿por qué sobrevivieron organismos maladaptados? ¿Cómo se pueden explicar las maladaptaciones a partir de las nociones de selección natural y el fitness?, etc.

Lo que quiero mostrar con estos ejemplos es cómo estos libros de texto van contando la historia de las teorías no sólo de un modo tergiversado, sino también ocultando las dificultades que presentan las teorías que pertenecen al *universo darwiniano*. De este modo, se muestra a la teoría sintética como la "solución" a los problemas presentados por Darwin, por ejemplo, el mecanismo de la herencia. Esta manera de presentar los problemas y los procesos vinculados con la evolución lleva a que se acoten las preguntas que se consideran significativas para la biología evolutiva (Kitcher, 1993). Podemos citar como ejemplo el siguiente caso, para Darwin hubo diferentes fuentes de variabilidad, una de ellas fue la embriológica; los embriólogos continuaron preguntándose sobre los procesos de desarrollo y, de hecho, en la actualidad es uno de los campos disciplinares que más influencia ha tenido en el pensamiento evolutivo, fundamentalmente gracias a Evo-Devo (Evolutionary Developmental Biology – EDB). Sin embargo, la importancia que los procesos de desarrollo tienen para la teoría evolutiva es explicado desde la caracterización que realiza Mayr entre causas próximas y remotas (Mayr, 2001); aseverando que la embriología da cuenta de las modificaciones (causas próximas) y esas modificaciones quedan representadas en la población gracias a la selección natural (causas remotas). De este modo Futuyma y Kirkpatrick (2017) afirman:

> Developmental causes of phenotypes are proximate causes, mechanisms that operate within an individual organism. These causes complement the processes that caused these phenotypes, and these mechanisms, to evolve and to differ among species. These ultimate causes, such as natural selection, act at the level of populations across generations; they do not conflict with the mechanistic genetic and developmental processes. (Futuyma & Kirkpatrick, 2017, p. 371)

En esta cita se ve claramente cómo los problemas que podrían presentarse para las teorías aceptadas en la actualidad intentan diluirse porque el problema que suponen los cambios macroevolutivos no son únicamente las causas remotas y próximas, sino que no existe gradualidad en el cambio. Los cambios aparecen repentina y no gradualmente en la población.

En la interpretación lineal de la historia científica se exponen a las teorías a partir de un grupo reducido de preguntas que en cierto momento fueron significativas y representaron problemas teóricos y prácticos a resolver, pero que luego se fueron encontrando una solución. Un caso paradigmático es el mecanismo de herencia. Pero en esa interpretación de la historia no se explicitan las preguntas que aún no fueron resueltas o que no han encontrado consenso en sus respuestas, y sería muy interesante que estas respuestas alternativas fuesen enseñadas por los libros de texto. Un caso es la adaptación. Para los biólogos pertenecientes a la síntesis moderna todo proceso adaptativo supone la selección natural. Sin embargo, hay casos de adaptación sin selección, por ejemplo, los casos de plasticidad fenotípica o modificaciones en el diseño debido a procesos de alometría o al crecimiento diferencial, etc.

Otro de los aspectos que se presentan en los libros de texto antes mencionados, pero no se discute su trascendencia evolutiva son los diferentes tipos de herencia. Se muestra la transferencia horizontal de genes o la teoría endosimbiótica de una manera "lavada" (Margulis, 1998), como si fuesen procesos específicos sin darle la importancia evolutiva que poseen. Margulis (1998) en su libro reconoce la importancia de la endosimbiosis no sólo en el caso específico de la aparición de las células eucariotas, sino un proceso general de especiación.

Quizás sería más interesante que los libros utilizados en la formación de los futuros científicos mostraran qué problemas se intentaron resolver y con qué elementos y principios explicativos fueron examinados. Y señalaran si los problemas continuaron teniendo vigencia a lo largo del desarrollo de las teorías evolutivas, o si se modificaron las preguntas, o si ciertas preguntas se mantuvieron vigentes, pero se modificaron sus respuestas. Esto sería mucho más fructífero que ofrecer versiones incompletas y tergiversadas de las teorías científicas. En este sentido, una pregunta que sigue vigente hasta nuestros días es por qué los organismos están tan bien adaptados a su ambiente. Lamarck, Darwin, la teoría sintética, eco-evo-devo (ecological evolutionary developmental biology), la epigenética, etc. dan distintas respuestas con diferentes enfoques. Y, esas propuestas suponen tomar en cuenta una diversidad de elementos que permitiría ampliar la mirada en lugar de limitarla a una única teoría. Esta mirada restrictiva puede observarse claramente en el siguiente párrafo:

> These classic works of theoretical population genetics demonstrated that natural selection could work with the kinds of variation observable in natural populations and the laws of Mendelian inheritance. No other processes are needed. The inheritance of acquired characters is not needed. Directed variation is not needed. Macromutations are not needed. This insight has been incorporated into all later evolutionary thinking, and the work of Fisher, Haldane, and Wright is the basis for much of the material in Chapters 5-9. (Ridley, 2004, p. 15)

Según Ridley (2004) con una teoría realizada a mediados del siglo XX es suficiente para entender *todo* el pensamiento evolutivo. Esto supone formar a los futuros biólogos en una mirada muy pobre tanto desde el punto de vista epistémico como biológico.

5 ¿POR QUÉ ENSEÑAR LA HISTORIA DE LAS TEORÍAS Y DE LAS PRÁCTICAS EN LA ENSEÑANZA DE LA CIENCIA?

Considero que en los procesos de enseñanza-aprendizaje de una disciplina científica uno de los principales objetivos debería ser *desnaturalizar* los conceptos aprehendidos. Los grandes cambios aparecen cuando se piensa de modo contrainductivo (Feyerabend, 1975; Popper, 1980), cuando se reflexiona acerca de un mismo problema desde una perspectiva diferente. Esto implica argumentar en sentido contrario a la convergencia o a la unificación teórica. No quiero sostener con esto que no sea necesario partir de una teoría o conjunto de teorías; sino que me parece importante defender un pluralismo teórico porque los fenómenos evolutivos son sumamente complejos, suponen diversos niveles de análisis y, por tanto, del aporte de distintos campos disciplinares con diversas metodologías y técnicas.

Un caso práctico podría ser reflexionar acerca de los procesos micro y macroevolutivos tal como fueron propuestos por Richard Goldschmidt (1940). Para este autor, los procesos microevolutivos sólo pueden explicar la evolución después de que una especie está formada, porque refieren a mutaciones en un único locus del gen. De ahí que la microevolución pueda dar razones de, por ejemplo, cómo las variaciones geográficas permiten que subespecies se adapten a diferentes nichos. Pero ese mecanismo no puede ser usado para explicar los cambios macroevolutivos, es decir, las grandes diferencias entre especies que se dan de modo rápido y se deben a cambios profundos en el sistema genético. Por otra parte, propone que puede haber dos tipos de cambios macroevolutivos: a) la mutación del desarrollo que refiere a macromutaciones que se dan en importantes locus del desarrollo o en las primeras etapas de los procesos embrionarios. Y, b) la mutación cromosómica o mutación sistemática que supone una recombinación sistemática a gran escala de cromosomas; aunque la mayoría de estos procesos serán deletéreos, en algunos casos y en circunstancias especiales, serán capaces de crear organismos viables, a los que denominó "monstruos felices". En síntesis, para Goldschmidt (1940) los procesos de especiación no pueden deberse a cambios microevolutivos, sino únicamente a cambios macroevolutivos. Por tanto, tampoco tendría sentido la noción de *especies incipientes*.

El enseñar ejemplos de este tipo permitiría abrir un abanico de discusiones evolutivas. Por ejemplo, analizar si dados los nuevos campos disciplinares de evo-devo y de eco-evo-devo pueden ser defendidas las posiciones como la de Goldschmidt (1940); o si las mismas preguntas que se hizo el autor siguen siendo relevantes hasta nuestros días, o si tiene sentido el concepto de *especies incipiente*, etc.

6 CONCLUSIONES

La formación científica no puede basarse sólo en visiones limitadas de la realidad. En la biología son cada vez más las voces que proponen enfoques complejos y sistémicos de los fenómenos. Por tanto, la discusión de casos históricos puede hacernos reflexionar acerca de qué preguntas cambiaron y cuáles se mantienen vigentes; o qué aspectos teóricos y prácticos pudieron resolverse gracias a la tecnología, nuevos campos disciplinares, etc. De este modo podrían reconocerse las rupturas y las continuidades teóricas, permitiendo entender de un modo más plural no sólo a las teorías científicas, sino también a la epistemología; señalando las preguntas que fueron dejadas de lado y que son retomadas nuevamente o las preguntas que estuvieron vigentes durante mucho tiempo y que fueron abandonadas por las teorías vigentes, etc. Creo que entender la enseñanza de la historia de la ciencia desde la perspectiva del pluralismo teórico sería de gran ayuda para la formación de los científicos y, en ese sentido celebro que un grupo como el de la Universidad de São Paulo lleve 30 años desarrollando esta labor.

AGRADECIMIENTOS

Agradezco al Grupo de Historia, Teoría y Enseñanza de la Ciencia (GHTC) de la Universidad de São Paulo su invitación a formar parte de este volumen. Al Dr. Vicente Dressino por sus comentarios al trabajo. Y a la Universidad Nacional de La Plata por su subsidio al Proyecto de Incentivos a la Docencia N/907.

REFERENCIAS BIBLIOGRAFICAS

DOBZHANSKY, Theodosius; AYALA, Francisco J.; STEBBINS, George L.; VALENTINE, James W. *Evolution*. San Francisco: WH Freeman, 1977.

FEYERABEND, Paul K. *Against Method*. London: New Left Review Book, 1975.

FREEMAN, Scott; HERRON, Jon C. *Evolutionary analysis*. Upper Saddle River, NJ: Pearson Prentice Hall, 2007.

FUTUYMA, Douglas J. *Evolution*, 2nd ed. Sunderland, MA: Sinauer, 2005.

FUTUYMA, Douglas J.; KIRKPATRICK, Mark. *Evolution*, 4th ed. Sunderland, MA: Sinauer, 2017.

GERSTEIN, Mark B.; BRUCE, Can; ROZOWSKY, Joel S.; ZHENG, Deyou; DU, Jiang; KORBEL, Jan O.; EMANUELSSON, Olof; ZHANG, Zhengdong, D.; WEISSMAN, Sherman; SNYDER, Michael. What is a gene, post-ENCODE? History and updated definition. *Genome Res*, **17**: 669-681, 2007. Doi. 10.1101 / gr.6339607

GINGERAS, Thomas R. Origin of Phenotypes: Genes and Transcripts. *Genome Res.* **17**: 682-690, 2007. Doi 10.1101/gr.6525007

GOLDSCHMIDT, Richard B. *The Material Basis of Evolution*. New Haven: Yale University Press, 1940.

KITCHER, Philip. *The Advancement of Science: Science without Legend, Objectivity without Illusions*. Oxford University Press on Demand, 1993.

KUHN, Thomas S. *The Structure of Scientific Revolutions*. Chicago: University of Chicago Press, 1970.

LAUDAN, Larry. *Progress and its Problems: Towards a Theory of Scientific Growth*. Berkeley: University of California Press, 1978.

LEWONTIN, Richard C. *The Genetic Basis of Evolutionary Change*. New York: Columbia University Press, 1974.

MARGULIS, Lynn. *Symbiotic Planet: A New Look at Evolution*. Basic Books, 1998.

MARTINS, Lilian A.-C. P. *Nos tempos de Lamarck: O que ele realmente pensava sobre evolução orgânica*. Programa de Estudos Pós-Graduados em História da Ciência, Pontifícia Universidade Católica de São Paulo, 2002.

MAYR, Ernst. *Populations, Species, and Evolution: An Abridgment of Animal Species and Evolution*. Harvard: Harvard University Press, 1970.

MAYR, Ernst. *What Evolution Is*. New York: Basic books, 2001.

POPPER, Karl. *La lógica de la investigación científica*. 5a ed. Buenos Aires: Paidós, 1980.

RIDLEY, Mark. *Evolution*. 3rd ed. Hoboken, NJ: Blackwell, 2004.

SMOCOVITIS, V. Betty. *Unifying Biology: The Evolutionary Synthesis and Evolutionary Biology*. Princeton, NJ: Princeton University Press, 1996.

Objetos Virtuais de Aprendizagem Relacionados à Pressão Atmosférica: Exemplares Analisados sob um Viés Epistemológico e Histórico

Juliana M. Hidalgo
Milton Schivani
Mykaell Martins da Silva
Programa de Pós-Graduação em Ensino de Ciências Naturais
e Matemáticas da Universidade Federal do Rio Grande do Norte
julianahidalgo@fisica.ufrn.br
schivani@fisica.ufrn.br
mykaellapp@gmail.com

1 INTRODUÇÃO

Nas últimas décadas, uma avalanche tecnológica vem alcançando a Educação e, nesse sentido, atingiu um patamar surpreendente na pandemia de SARS-CoV-2. No ensino de Física, as potencialidades são grandes. Envolvem aquisição de dados por computador, modelização e simulação, multimídia, realidade virtual e aumentada, dentre outros diversos aspectos (Rosa, 1995; Mercado, 1999; Medeiros & Medeiros, 2002; Fiolhais & Trindade, 2003; Kenski, 2007; Ferreira, 2008; Menezes & Pretto, 2016; Schivani, Luciano & Romero, 2017).

Os *objetos virtuais de aprendizagem* (OVA) podem ser caracterizados como recursos digitais, tais como simulações ou animações computacionais. Apresentam características muitas vezes potencialmente lúdicas e, quando utilizados adequadamente do ponto de vista didático-pedagógico, podem favorecer a construção de conhecimentos, o aprofundamento de conteúdos e a elucidação de conceitos (Peduzzi, Tenfen & Cordeiro, 2012; Schivani, Luciano & Romero, 2017).

Animações e simulações costumam ser vistas pelos professores como auxílio para o ensino de conceitos físicos que apresentam alto grau de abstração. Constituem uma alternativa que permite superar a apresentação de ilustrações estáticas por livros didáticos. Por meio desse tipo de recurso é possível demonstrar situações de abstruso entendimento, simular a manipulação de substâncias perigosas, executar experimentos complicados, que requerem um intervalo de tempo muito longo e/ou ofereçam elevado risco à integridade física (Rosa, 1995; Coelho, 2002; Fiolhais & Trindade, 2003; Heckler, Saraiva & Oliveira Filho, 2007).

Utilizar uma simulação em sala de aula, isto é, lançar mão de um OVA que represente um modelo a ser estudado, pode ser benéfico em um contexto de discussões sobre conteúdos científicos. A simulação pode colaborar para a percepção, a ampliação do significado e a aplicação dos conceitos estudados. Pode oferecer ao aluno a possibilidade de desenvolver hipóteses, testá-las, analisar resultados e refinar interpretações (Heckler, Saraiva & Oliveira Filho, 2007).

Animações virtuais de conteúdo histórico e simulações de experimentos históricos são também possibilidades relacionadas às novas tecnologias. Desse modo, a utilização de OVA vem sendo apontada também dentre as estratégias didático-metodológicas para a inserção de aspectos histórico-filosóficos no contexto educacional (Rinaldi & Guerra, 2011; Rodrigues, Zimmermann & Hartmann, 2012; Peduzzi, Tenfen & Cordeiro, 2012; Peduzzi, Martins & Ferreira, 2012; Pereira & Forato, 2014; Costa, 2015; Souza, Silveira & Silva, 2016).

Nesse sentido, é amplamente reconhecido pela área de ensino de ciências, em nível nacional e internacional, o importante papel que a História e Filosofia da Ciência (HFC) desempenham na educação científica. Argumenta-se que a abordagem histórico-filosófica possibilita, dentre outros aspectos, humanizar a ciência e contextualizar o conhecimento científico como tentativa de resolução de problemas em contraposição a uma visão *aproblemática* e *a-histórica* da ciência (Matthews, 1995; Carvalho & Gil Pérez, 1998; Gil Pérez et al., 2001; Martins, 2006; Forato, Pietrocola & Martins, 2011; Vilas Boas et al., 2013; Moura & Silva, 2014; Damasio & Peduzzi, 2017).

Reconhece-se, assim, por um lado, a importância das abordagens histórico-filosóficas no ensino de ciências e, por outro, o potencial educacional dos OVA. No presente trabalho, apresentamos os resultados de uma análise crítica sob um viés epistemológico e histórico de exemplares de OVA relacionados ao conceito de pressão atmosférica e ao seu desenvolvimento histórico. A seguir, trazemos considerações gerais de natureza epistemológica, bem como historiográfica que balizam a referida análise.

2 UM OLHAR CRÍTICO

Pesquisadores vem há tempo discutindo sobre o uso de novas tecnologias no ensino. Em fins da década de 1990, comentava-se que era necessário propiciar vivências de situações nas quais se pudesse construir conhecimentos, via mediação, com o auxílio desses recursos. Advertia-se, por exemplo, sobre a necessidade de condições para a construção reflexiva e crítica de conhecimentos sobre as novas tecnologias, de modo a integrá-las às práticas pedagógicas (Valente & Almeida, 1997; Mercado, 1999; Valente, 1999).

Mais recentemente, esse panorama de recomendações persiste. É fator essencial que o educador conheça, reflita e saiba se posicionar frente ao uso das tecnologias. É preciso estar criticamente atento a vantagens e limitações dos OVA (Medeiros & Medeiros, 2002; Araújo & Veit, 2004; Ferreira, 2008; Papert, 2008; Menezes & Pretto, 2016). Essa necessidade se acentuou nos últimos anos em decorrência do ensino remoto, amplamente difundido no contexto da pandemia de COVID 19.

A utilização didática de simuladores ou animações não é algo trivial, devido à própria natureza complexa desses recursos. Dentre outros aspectos, é preciso ponderar sobre questões epistemológicas. Professores e alunos precisam estar conscientes de que um simulador é um modelo simplificado. A simulação pode ser mal apreendida como um retrato exato da natureza, uma "prova definitiva" do seu funcionamento (Medeiros & Medeiros, 2002; Heckler, Saraiva & Oliveira Filho, 2007).

As simulações do tipo "estática" são as mais usuais no contexto educacional. Em um modelo já pronto, costuma ser permitido ao aluno apenas alterar valores de variáveis, manipular parâmetros e, em seguida, observar o que acontece (Rosa, 1995). Essas variáveis específicas, pré-determinadas, isto é, relacionadas a certos fenômenos no contexto do modelo, seriam *as manipuláveis*. As simulações eventualmente podem, por consequência, carregar consigo um viés empirista-indutivista[22], reforçando paradigmas há muito tempo questionados. Podem transmitir a impressão de que *somente* determinados parâmetros físicos são os *obviamente válidos* para observação. Podem, ainda, induzir a impressão de que há *um único resultado incontestável, comprovado, refratário a dúvidas e a múltiplas interpretações*.

As visões de ciência, implícitas ou explícitas, nos OVA devem ser cuidadosamente contempladas tendo em vista a inserção didática desses recursos. A atenção a aspectos filosóficos precisa ser permanente. Manipular determinadas variáveis e observar o que ocorre implica ter realizado escolhas influenciadas por pressupostos teóricos:

> A observação é assim entendida como um processo seletivo, estando a pertinência duma observação ligada ao contexto do próprio estudo, tornando-se necessário ter já alguma ideia à partida (expectativas) do que se espera observar. (Praia, Cachapuz & Gil Pérez, 2002, p. 136)

O próprio ato de simular tem em si uma fundamentação teórica subjacente. Não se pode esquecer que "o valor de qualquer simulação está condicionado ao modelo, à teoria física utilizada em sua construção" (Medeiros & Medeiros, 2002, p. 81). No caso

---

[22] Praia, Cachapuz e Gil Pérez (2002) destacam que para uma concepção empirista-indutivista o conhecimento emerge diretamente dos dados empíricos.

da *simulação de experimentos históricos* especificamente, determinadas variáveis pré-estabelecidas para manipulação podem estar associadas a controvérsias históricas, isto é, a disputas entre teorias científicas que em algum momento se rivalizaram na História da Ciência (HC). O desconhecimento sobre episódios históricos relacionados ao experimento simulado impede que se compreenda o porquê da escolha de determinados parâmetros, os quais podem se relacionar a interpretações de outras épocas para o fenômeno físico em questão. Por exemplo, por que uma simulação do experimento de Torricelli propõe alterar as dimensões do espaço vazio acima do mercúrio? Por que escolher especificamente esse parâmetro?[23]

O uso didático de um simulador de um experimento histórico deve estar atrelado a uma percepção crítica desse recurso, o que inclui uma compreensão contextualizada do experimento na HC. Caso contrário, pode-se perder a oportunidade de explorar diversas interpretações, de problematizar concepções alternativas que guardam alguma semelhança com o desenvolvimento da ciência e de ir além de observar uma relação causa-efeito estaticamente acordada à visão científica atual[24].

Além dos simuladores de experimentos históricos, disponíveis na *internet* e acessíveis ao professor, existem animações digitais que se constituem como narrativas históricas para a inserção didática da HFC. Essas animações costumam apresentar episódios do desenvolvimento do conhecimento científico[25].

Conquanto a utilização didática dessas animações possa ser benéfica, é preciso estar atento à qualidade desses OVA. Devem ser observados o conteúdo histórico apresentado e sua fundamentação historiográfica, uma vez que esta se associa a visões de ciência:

> Um modelo historiográfico continuísta, internalista, acumulativo, que olha para o passado buscando os "precursores" das ideias científicas atuais, avaliando o

---

[23] Essas questões são tratadas em um dos casos analisados a seguir.
[24] Um exemplo nesse sentido é abordado em análise subsequente.
[25] Um exemplo desse tipo de recurso é analisado a seguir.

pensamento de outras épocas por meio dos critérios da ciência de hoje, não contribuirá para a construção de uma visão de ciência condizente com os objetivos atuais do ensino. [...]. (Baldinato & Porto, 2008, p. 8)

> Uma História da Ciência puramente internalista pode colaborar para uma visão de ciência neutra. A História da Ciência de cunho hagiográfico colabora para uma visão de ciência individualista e elitista. E, por sua vez, a indicação de que cada descoberta ocorre de forma repentina, em data pontual, se interliga a uma visão empirista-indutivista [...]. Em contrapartida, a nova historiografia da ciência estabelece, por exemplo, a inadequação de uma história meramente cronológica, que se limita aos nomes de pensadores e às datas de seus "grandes feitos". Antes e diante desse exemplo, explora os contextos na busca de "atores coadjuvantes" que contribuíram com as produções científicas, situando a ciência como construção humana coletiva. (Hidalgo *et al.*, 2018, p. 104)

É necessário, assim, refletir criticamente sobre "a qual história da ciência se deve recorrer" (Baldinato & Porto, 2008, p. 1), considerando que se pretende transmitir a ideia de que

> [...] a ciência é um empreendimento humano, coletivo, caracterizada por processos que preveem a contínua crítica ao próprio conhecimento científico estabelecido, e que interage com o meio social em que é produzida. (Vidal, 2009, p. 6)

Aplica-se, assim, também à utilização didática de animações de conteúdo histórico-filosófico, a necessidade de selecionar

> [...] versões históricas coerentes com os objetivos de sua prática pedagógica, ou discutir criticamente narrativas consideradas inadequadas. (Forato, Pietrocola & Martins, 2011, p. 53)

O desenvolvimento desses recursos relacionados às novas tecnologias digitais, muitas vezes disponíveis na *internet*, pode envolver equipe técnica não especializada em HFC ou com conhecimentos epistemológicos e didático-pedagógicos insuficientes para trabalhar com abordagens histórico-filosóficas. Nesse caso, as animações podem ter como foco mostrar cientistas geniais "super-humanos" que descobrem "verdades" por meio de *insights*. Podem trazer narrativas inadequadas do ponto de vista da historiografia da ciência atual, demonstrando características do tipo: *História Pedigree*, que tenta traçar pais e precursores de determinado conhecimento; *História Whig*, na qual determinados personagens são mostrados como heróis que chegaram às ideias "certas", enquanto outros são vilões que atrasaram o desenvolvimento da ciência; *anacronismos*, por exemplo, quando teorias científicas de outras épocas são julgadas com base no que atualmente é aceito. Esses relatos pseudo-históricos não raro expressam informações históricas equivocadas sobre a construção do conhecimento científico, bem como transmitem visões simplistas sobre a ciência (Allchin, 2003; Forato, Pietrocola & Martins, 2011; Forato, 2013).

Eventualmente, os recursos visuais empregados nessas animações também podem levar a erros de interpretação. Anacronismos podem estar associados, por exemplo, ao uso de imagens de aparatos experimentais ou à referência a materiais que não existiam ou estão em descompasso com as épocas citadas. Como equívocos gerais, não inerentes apenas às animações digitais de conteúdo histórico, podem ocorrer, ainda, distorções de ordem gráfica e aparência física estereotipada de personagens. Tem-se, enfim, que a adequação ao contexto didático deve ser observada criteriosamente.

3 ANÁLISE DOS OBJETOS VIRTUAIS DE APRENDIZAGEM

Realizamos uma análise de exemplares de OVA considerando um viés epistemológico e histórico. Em termos de temática histórica foi escolhido como recorte o desenvolvimento do conceito de pressão atmosférica e as discussões sobre o vazio. Por meio de uma pesquisa prévia em repositórios[26] com acesso *online* foram localizados OVA relacionados ao recorte. Para apresentação no presente capítulo, selecionamos os seguintes exemplares: uma simulação produzida pela *Wolfram*, intitulada *Torricelli's Experiment*[27] e uma animação desenvolvida pela TED-Ed, intitulada *The history of the barometer (and how it works)*[28].

Alguns questionamentos nortearam a análise: A que objetivos didáticos esses OVA poderiam atender? Que visões de ciência estão implícita ou explicitamente presentes nesses recursos didáticos? Visões de ciência simplistas, como o empirismo-indutivismo, poderiam ser reforçadas por esses recursos?[29] Narrativas históricas, eventualmente apresentadas por esses OVA, se descortinam segundo quais características historiográficas? O conteúdo histórico é adequado, considerando fontes primárias e secundárias da HC?

Em relação a esse último aspecto, a análise do conteúdo histórico eventualmente presente foi balizada por informações decorrentes das seguintes fontes primárias: uma carta de 1644, na qual Evangelista Torricelli (1608-1647) descreve ao matemático Michelangelo Ricci (1619-1682) suas pesquisas (transcrita na coletânea de fontes Magie, 1969); uma carta de 1647, na qual Blaise Pascal (1623-1662) solicita ao seu cunhado, Florin Périer (1605-1672), que realize o "experimento ordinário do vácuo" ao

---

[26] São eles: Banco Internacional de Objetos Educacionais <http://objetoseducacionais2.mec.gov.br>. Portal do Professor <http://portaldoprofessor.mec.gov.br>. RIVED <http://rived.mec.gov.br/>. PROATIVA <http://www.proativa.virtual.ufc.br>. PHET <https://phet.colorado.edu>. Wolfram Demonstrations Project <http://demonstrations.wolfram.com>. LAPREN <http://www.pucrs.br/logos/lapren/>. MERLOT <http://www.calstate.edu/itl/resources/merlot/>. MITOpencourseware <https://ocw.mit.edu/index.htm>. TED-Ed <https://ed.ted.com>.

[27] Disponível em: <http://demonstrations.wolfram.com/TorricellisExperiment/>, acesso em 24 de fevereiro de 2022.

[28] Disponível em: <https://ed.ted.com/lessons/the-history-of-the-barometer-and-how-it-works-asaf-bar-yosef>, acesso em 24 de fevereiro de 2022.

[29] Nesse caso, mais do que um questionamento, temos uma hipótese decorrente da acentuada presença do empirismo-indutivismo no contexto escolar (Gil-Pérez *et al.*, 2001).

longo da subida de uma montanha (Pascal, 1648; Beaufreton, 1922; Martins, 1989b); a resposta na qual Périer descreve, em 1648, o experimento (Pascal, 1648; Beaufreton, 1922; Magie, 1969). Foi também tomada como base uma análise historiográfica detalhada sobre episódios históricos relacionados ao recorte temático (Martins, 1989a).

4 A ANIMAÇÃO VIRTUAL "THE HISTORY OF THE BAROMETER (AND HOW IT WORKS)"

Produzida pela TED-Ed, a animação virtual *"The history of the barometer (and how it works)"* [30] chama a atenção pelo caráter atrativo e lúdico. Contudo, uma análise cuidadosa desse OVA revela inadequações, se considerados critérios como o conteúdo histórico, as visões de ciência transmitidas e, em algumas passagens, os recursos gráficos utilizados (Figura 1).

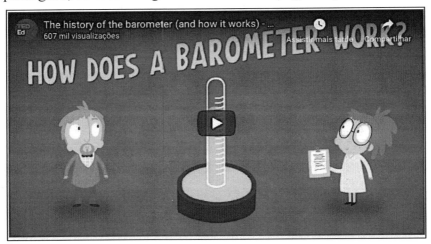

Figura 1. Tela inicial em mídia social da animação sobre a história do barômetro. **Fonte**: Imagem obtida por captura de tela.

---

[30] A TED Ed é uma organização sem fins lucrativos, voltada para a educação. A animação gráfica foi disponibilizada pelo grupo tanto em seu site como em seu canal na plataforma YouTube. Tem duração de 4 minutos e 45 segundos. É possível inserir legendas em português.

O enredo desenvolvido na animação, conjugado ao título, "A história do barômetro (e como ele funciona)", em português, transmitem a ideia de que a "descoberta" do instrumento era um resultado inevitável. Parece haver uma "corrida" rumo ao barômetro. O caminho percorrido pelos cientistas "levou algum tempo" (*segundo registra a animação*), pois teria sido necessário superar o "horror ao vácuo" para que o produto final, o barômetro, fosse possível.

A narrativa se fundamenta, assim, na concepção questionável, sob o ponto de vista histórico, de que *para chegar* à ideia de pressão atmosférica e ao barômetro seria necessário aceitar a existência do vazio, negando o "horror ao vácuo". No entanto, exemplos históricos contradizem esse enredo. O pensador René Descartes (1596-1650), mentor do experimento do Puy-de-Dôme (citado mais adiante nessa análise) e intrinsecamente relacionado ao desenvolvimento do barômetro, *aceitava* a ideia de pressão atmosférica e *rejeitava* a existência do vazio (Martins, 1989a).

Na animação, essa (suposta) trajetória de superação de um "obstáculo" (o "horror ao vácuo") é contada por um narrador que descreve eventos nos quais personagens históricos realizam ações e demonstram emoções.

Logo em seu início (Figura 2), a animação faz referência a Aristóteles e ao "horror ao vácuo", proposto pelo filósofo no século IV a. C. Considerando o enredo, a convicção sobre a inexistência do vazio parece unânime na Antiguidade. Não há contextualização da proposta de Aristóteles, de modo que não se percebe que o filósofo escreveu em oposição à argumentação atomista em defesa do vazio. A pluralidade de visões sobre o assunto na Antiguidade e no Medievo é omitida. Transmite-se a impressão equivocada de que Aristóteles foi a única voz sobre o assunto na Antiguidade até que finalmente, na Revolução Científica, o "horror ao vácuo" foi derrubado.

Figura 2. Quadro trazendo Aristóteles na animação sobre a história do barômetro. **Fonte:** Imagem obtida por captura de tela.

Historicamente, sabe-se que o "horror ao vácuo" foi criticado por vários estudiosos desde a Antiguidade, ainda que aceito ao longo dos séculos por boa parte dos pesquisadores. Dentre outros aspectos, defensores e opositores tomaram como base argumentos empíricos, muitos dos quais decorrentes de experimentos imaginários (Martins, 1989a). O "horror ao vácuo" chegou ao século XVII como a explicação corrente para diversos fenômenos físicos, tal como relatou Evangelista Torricelli, em 1644 (Magie, 1969). Naquele período, a impossibilidade de existência do vazio foi defendida por autores influentes, como Francis Bacon (1561-1626) e René Descartes (1596-1650).

A animação da TED Ed, contudo, não faz jus ao "horror ao vácuo". Não explica essa sofisticada teoria sobre a matéria de modo minimamente adequado. Não a registra como parte do corpo teórico aristotélico, coerente e complexo. Pelo contrário, a animação refere-se a ela rapidamente, como "dogma", no mesmo nível do senso comum. Realiza, ainda, um juízo de valor em relação à mudança de visão sobre o vazio. Demonstrando certo alinhamento à historiografia *Whig*, que tende a separar personagens em certos e errados, toma o ponto de vista da aceitação da possibilidade do vazio como "o certo", e enuncia: *felizmente* descobriu-se que Aristóteles estava errado!

Em sequência, na animação virtual, há uma brusca quebra na narrativa em termos do que se está discutindo. Parte-se da "oportuna" rejeição à visão aristotélica diretamente ao barômetro, em um enredo que prossegue de modo confuso. Não são estabelecidas prontamente conexões claras, ainda que mínimas, entre as discussões sobre a existência do vazio e o desenvolvimento de um instrumento para medir a pressão atmosférica.

Em geral, a abordagem trazida pelo OVA contempla poucos aspectos sociais dos contextos. Uma exceção a esse padrão transparece na menção ao problema do bombeamento da água no século XVII, em passagem que registra a necessidade de mineiros como impulsionamento para os estudos científicos. Contudo, ao afirmar que se passaram dois mil anos (de Aristóteles ao século XVII) até que os questionamentos fossem "resolvidos", nega-se a solução até então oferecida. Tem-se a impressão de que o "horror ao vácuo" não trazia explicações satisfatórias. Este, no entanto, explicava o funcionamento de bombas, seringas, ventosas, sifões e outros mecanismos. A narrativa desconsidera esse contexto. Transmite, ainda, a impressão equivocada de que a discussão sobre o vazio ficou estagnada. "Pouca gente pensou em pôr isso em questão durante quase 2000 anos" – afirma o narrador. Privilegia-se, assim, a contestação realizada no século XVII, embora ainda na Antiguidade e ao longo do Medievo a controvérsia tenha avançado (Martins, 1989a).

Prosseguindo a animação, nota-se que a referência a Galileu Galilei (1564-1642) é obscura: "[...] retirar o ar do tubo era o que fazia com que a água substituísse o vazio. Mas essa força era limitada e só podia elevar 10,3 metros de água".

Uma narrativa mais adequada sobre as ideias de Galileu ajustar-se-ia plenamente à mídia visual proposta, permitindo um avanço de qualidade nesse trecho da animação: a matéria resistia à formação de vazios internos extensos; a coluna de água se comportava tal como uma corda, podendo ser "esticada" até certo limite de pouco mais de 10 m; era impossível "esticá-la" além desse limite, pois a coluna se rompia (Magie, 1969).

Esta ideia de Galileu, que a animação virtual tentou de modo infrutífero apresentar, remonta a um contexto interessante não contemplado pela animação: a discussão entre Galileu e o pesquisador genovês Giovanni Baliani (1582–1666) sobre a dificuldade de levar água de um lugar para outro, separados por uma colina de cerca de vinte e um metros de altura. Para lidar com essa necessidade real, um sifão foi construído na época. Este, no entanto, mostrou-se inoperante, o que desencadeou o diálogo entre Baliani e Galileu.

Focalizando fator interno ao sifão, Galileu apresentou sua explicação. A água poderia ser elevada pela "força do vácuo" até certo limite de pouco mais de dez metros, pois as porções de matéria tendiam a ficar juntas. Baliani, por sua vez, defendeu outra hipótese. Focalizando fator externo ao sifão, considerou que o ar atuava na superfície do reservatório, pressionando a água, forçando-a a subir pelo tubo. Ele tomou como base a concepção do holandês Isaac Beeckman (1588-1637), segundo a qual o ar tinha peso e exercia pressão. Assim, para Baliani, o peso do ar era suficiente para equilibrar uma coluna de água, elevando o líquido até pouco mais de dez metros. O sifão não funcionaria para a tarefa pretendida, portanto, já que a colina tinha mais de vinte metros (Magie, 1969; Martins, 1989a).

Historicamente, sabe-se que foi usando o mesmo tipo de explicação já empregada por Beeckman e Baliani (portanto, divergente da visão adotada por Galileu), que Torricelli narrou o seu experimento, em 1644, em carta a Ricci, defendendo o equilíbrio entre o peso do ar e a coluna de líquido (Magie, 1969).

Em contraste com a historiografia da ciência, a narrativa apresentada no OVA parece atribuir a ideia de pressão do ar a Torricelli. "Galileu e outros tinham pensado que o ar atmosférico não tinha peso e não exercia pressão" – afirma o narrador. Ignora-se, assim, o fato de que a ideia de peso do ar vinha sendo concebida por outros pesquisadores, como Beeckman, os quais já propunham utilizá-la para reinterpretar efeitos atribuídos ao "horror ao vácuo": a matéria seria *empurrada* pelo ar em direção aos espaços vazios. Na ausência desses antecedentes, bem como de seus desdobramentos, o experimento de Torricelli é, assim, descontextualizado no OVA (Martins, 1989 a).

Na animação virtual, Galileu, falecido *em 1642*, aparece criticando a interpretação de Torricelli para o seu experimento mais conhecido, realizado *em 1643*. Em termos cronológicos, essa passagem não faz sentido. Ademais, a ausência na narrativa da influência das concepções de Beeckman e de Baliani no trabalho de Torricelli dificulta uma compreensão historicamente fundamentada do episódio. Desse modo, no enredo desenvolvido não é perceptível uma rede de influências, mas sim um acúmulo de resultados individuais. A animação tende, assim, a uma visão de ciência individualista. "Superada" a barreira representada pelo "horror ao vácuo", desenvolve-se um processo linear de acréscimo de conhecimentos por personagens pontuais. Notam-se, ainda, nuances de História *Pedigree* na referência a Torricelli, apresentado como "o grande destaque", isolado, pensando fora do convencional. Ressaltando o individualismo, agrega-se a afirmação de que "pensar fora da caixa, ou do tubo, pode ter um grande impacto".

A animação virtual traz, ainda, outras distorções históricas sobre os experimentos. Narra-se que Torricelli observou que a pressão atmosférica era responsável pela sustentação da coluna de mercúrio, rejeitou o "horror ao vácuo" e mediu a pressão atmosférica. O tom assertivo de constatação expresso na narrativa não condiz com os registros históricos. Torricelli não descartou definitivamente o "horror ao vácuo". Na carta a Ricci, utilizou um argumento do tipo navalha de Ockham: não era necessário recorrer ao "horror ao vazio" (como explicação causal), uma vez que o peso do ar explicava satisfatoriamente a sustentação do líquido no tubo (Magie, 1969).

Em termos de contribuição ao contexto educacional, poderia, em princípio, ser um aspecto positivo o fato de o OVA apresentar o experimento realizado por Gasparo Berti (ca. 1600-1643), estudioso nascido na região da Lombardia, como um antecedente ao procedimento realizado por Torricelli. Contudo, há inadequações do ponto de vista histórico em termos do que o OVA traz a respeito desse episódio histórico.

Anteriormente a Torricelli, Berti havia emborcado um tubo com água em um recipiente contendo o mesmo líquido, para estudar se o espaço acima da coluna de água estava vazio. A montagem era semelhante àquela que seria usada posteriormente por Torricelli. Berti, contudo, havia usado um tubo de chumbo, devido à impossibilidade de construir um tubo de vidro tão longo quanto necessário para realizar o experimento com água (Martins, 1989a).

O tubo, portanto, era de metal e seu conteúdo não podia ser visualizado, *ao contrário do que se pode depreender da imagem utilizada na animação*, a qual mostra um tubo transparente, de conteúdo visível (ver Figura 3)[31].

A animação não relata que, em tentativa de convencer que um espaço vazio de fato havia se formado acima da coluna de água, Berti recorreu a argumentos empíricos. Esse aspecto não foi inserido ou mencionado na animação. Ele colocou um sino no espaço supostamente vazio acima da coluna de água e fê-lo badalar com a ajuda de um imã. Sua expectativa de que nenhum ruído seria ouvido foi frustrada (Martins, 1989a). Naquela época, eles aceitavam que o som necessita de um meio material para se propagar. Como era possível ouvir o sino, significava que não poderia haver um vácuo acima da coluna.

Assim, a animação não registra essas dificuldades, aparentes contradições e hesitações dos pesquisadores. Parece que Berti encerrou a milenar discussão sobre a existência do vazio, ao *visualizar* que a parte do tubo superior à coluna de líquido estava vazia. Contudo, historicamente isso não ocorreu. A inadequação do registro visual e a distorção do conteúdo histórico são aspectos notados nesse trecho da animação.

---

[31] No caso do tubo de chumbo, costumava-se medir a altura do líquido por meio de um fio que descia pelo tubo.

Figura 3. Quadro mostrando um tubo transparente no experimento de Berti. **Fonte**: Imagem obtida por captura de tela.

Ainda no que diz respeito ao individualismo da narrativa, a referência ao experimento de Berti apresenta uma lacuna importante. O OVA não explora uma conexão intelectual importante entre Torricelli e Galileu, e, especialmente a relação deste *com os experimentos de Torricelli e de Berti*. Seria proveniente de Galileu, de quem Torricelli havia sido assistente, a ideia de usar mercúrio no lugar de água na montagem de Berti. Sugerida por Galileu, a troca da água pelo mercúrio, muito mais denso, permitiu a Torricelli o uso de um tubo muito menor, de conteúdo visível, uma vez que o objeto podia ser feito de vidro. Na animação, não há sinalização de que a ideia de substituir a água pelo mercúrio, no experimento de Berti, seria proveniente de Galileu. Passa-se da montagem de Berti para a montagem de Torricelli com justificativas precárias: a decisão de usar mercúrio tornou o experimento mais compacto. Mais importante do que isso – e não citado pela animação - *no contexto de continuidade das investigações sobre o vazio*, o conteúdo do tubo passou a ser *visível*. Esse aspecto era fundamental para Torricelli, que visava investigar se a porção do tubo superior ao líquido estava ou não vazia. Para isso era importante um tubo cujo conteúdo fosse visível. Ele buscava, também, sustentar, com base em argumentos empíricos, que o peso do ar equilibrava a coluna de líquido, e que esta não era sustentada por um "puxão do vazio", como usualmente se pensava (Magie, 1969).

De modo geral, embora o OVA apresente vários personagens e seus trabalhos, não se notam processos fortemente entrelaçados em torno dessas contribuições pontuais. Os personagens não parecem estar conectados. Na animação, o experimento da montanha Puy-de-Dôme, ocorrido em fins da década de 1640, é apresentado como obra de Blaise Pascal, sendo, portanto, atribuído a um único indivíduo. Não há referência à possibilidade de que a sugestão de realizar o experimento de Torricelli ao longo da subida de uma montanha tenha sido proveniente de Descartes. Na animação, Pascal sobe a montanha realizando o experimento (ver Figura 4). No entanto, isso não corresponde ao ocorrido historicamente. Florin Périer, cunhado de Pascal, e um grupo de colaboradores, a pedido de Pascal (cuja saúde era debilitada), fizeram o experimento. Perde-se, assim, a oportunidade de registrar aspectos acerca da cooperação na ciência (Pascal, 1648; Beaufreton, 1922; Magie, 1969).

Ainda sobre o experimento do Puy-de-Dôme, a animação não faz jus ao ocorrido. A narrativa de Périer a Pascal, em 1648, mostra que o procedimento foi realizado à exaustão, em diferentes condições climáticas, observado por diversas pessoas, de modo criterioso e com mecanismos de controle. Em poucas linhas essa impressão poderia ser trazida para o recurso didático (Pascal, 1648; Beaufreton, 1922; Martins, 1989b).

Em relação ao experimento do Puy-de-Dôme, a animação explicita como objetivo de Pascal comprovar a variação da pressão atmosférica com a altitude. Contudo, esse não era o objetivo do pesquisador, mas sim seu ponto de partida para investigar uma hipótese. *Sabia-se na época que a pressão atmosférica caía com a altitude.*

Figura 4. Quadro com Pascal subindo o Puy-de-Dôme. **Fonte**: Imagem obtida por captura de tela.

Considerando esse fato (como carga teórica prévia), e defendendo que a pressão do ar (e não o "horror ao vácuo") era responsável pela sustentação da coluna de mercúrio, Pascal esperava, como hipótese, um decréscimo da coluna de mercúrio ao longo da subida da montanha. Ou seja, *considerando que* a pressão decrescia com a altitude, *se a* hipótese de Pascal (e de Torricelli) fosse válida, *esperava-se que* a coluna de mercúrio também decrescesse. Os partidários dessa hipótese consideravam que o suposto "horror ao vácuo", se existente, deveria se manter o mesmo no pé e no cume da montanha. Se o "horror ao vácuo", por outro lado, fosse responsável pela sustentação da coluna de mercúrio, esta deveria permanecer intacta ao longo da subida da montanha (Pascal, 1648; Beaufreton, 1922; Martins, 1989a).

O relato de Périer deixou Pascal satisfeito ao saber sobre o decréscimo da coluna de mercúrio. Contudo, sendo os resultados experimentais passíveis de interpretações divergentes, houve quem argumentasse que o "horror ao vácuo" poderia variar com a altitude. Houve, ainda, quem argumentasse que a explicação sustentada por Pascal não excluía o "horror ao vácuo" (Martins, 1989a).

Em contraste com esse cenário de divergências, a animação digital mostra que o próprio Pascal realizou o experimento e obteve resultados incontestáveis, que "falavam por si próprios" e teriam sido prontamente aceitos. Tem-se, portanto, ainda em termos das visões de ciência transmitidas pelo OVA, uma narrativa de cunho notadamente empirista-indutivista. Dos experimentos parecem emergir conclusões inequívocas. Berti *visualiza* o "vácuo estável" no seu experimento "simples". Torricelli *observa* que a pressão do ar equilibra a coluna de mercúrio. O experimento do Puy-de-Dôme é narrado como *crucial*: "*apoio final* para a teoria de Torricelli". As conclusões extraídas dos experimentos parecem *aceitas sem contestação*. Omitem-se as discussões e as controvérsias históricas em torno das *interpretações* realizadas pelos pesquisadores.

Como se pode depreender dessa análise crítica, a animação, ainda que lúdica e atrativa, traz equívocos em termos do conteúdo histórico e visões simplistas sobre a ciência. Alinha-se em certo sentido a visões historiográficas desatualizadas.

5 A SIMULAÇÃO "EXPERIMENTO DE TORRICELLI"

No presente capítulo, o segundo OVA cuja análise apresentamos é uma simulação produzida pela *Wolfram Demonstrations Project* intitulada "*Torricelli's Experiment*"[32]. A simulação apresenta alguns parâmetros passíveis de variação referentes ao experimento de Torricelli.

Na tela inicial (Figura 5), constam também as informações que se seguem.

---

[32] O *Wolfram demonstrations Project* dispõe de uma coleção de simulações que exploram recursos computacionais, usando código aberto, e se referem a conceitos em ciências, artes, finanças, dentre outros campos.

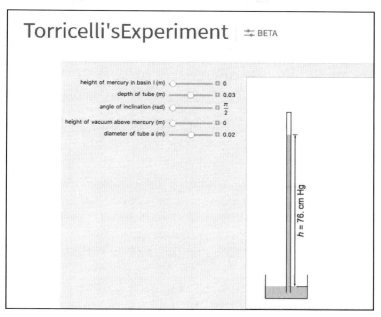

Figura 5. Ambiente da simulação com variáveis passíveis de manipulação. **Fonte:** Imagem obtida por captura de tela.

A pressão atmosférica pode ser medida com esse experimento, realizado pela primeira vez em 1643 por Torricelli, um pupilo de Galileu. Pegue um tubo de vidro com comprimento $l = 1\,\text{m}$, aproximadamente, e com diâmetro interno a. Sele uma das extremidades e encha o tubo com mercúrio. Coloque um tampão na outra extremidade e inverta o tubo, colocando a extremidade aberta em um recipiente com mercúrio. Removendo o tampão, não importam quais sejam o diâmetro interno, a profundidade, o ângulo de inclinação do tubo ou a altura do mercúrio no recipiente, o mercúrio irá descer, oscilar, e finalmente chegará ao repouso a uma altura de cerca de 30 polegadas (760 mm) acima do nível do mercúrio no recipiente. O espaço no tubo acima da coluna deve ser um vácuo. Esse aparato, quando calibrado adequadamente, pode ser usado como um barômetro. (Wolfram Demonstrations)

Traços de uma historiografia *Pedigree*, na qual subjaz a visão individualista de ciência, podem ser notados na atribuição da *paternidade d*o experimento exclusivamente a Torricelli. Não há referências a um contexto de investigações e experimentos precedentes de outros autores que possam ter contribuído para a pesquisa conduzida por Torricelli. A relação entre Galileu e Torricelli na afirmação destacada se reduz à circunstância tutor-pupilo. Não há indicação de que essa conjuntura tenha sido significativa para o experimento focalizado na simulação: colocada em prática por Torricelli, a ideia de substituir a água pelo mercúrio na montagem de Berti, já conhecida na época, teria partido de Galileu (Martins, 1989a).

A referência histórica explícita no OVA se restringe à indicação de que a pressão atmosférica pode ser medida por esse experimento, realizado pela primeira vez por Torricelli, em 1643, sendo o pesquisador discípulo de Galileu. Afirma-se que a porção superior do tubo estava vazia. A referência pode gerar impressões equivocadas do ponto de vista histórico, tais como: o experimento foi realizado por Torricelli simplesmente *com a intenção de medir a pressão atmosférica; ele não tinha dúvidas e foi bem sucedido; havia convicção de que a parte superior do tubo estava vazia.*

A preocupação de Torricelli quanto a *investigar a sustentação da coluna de mercúrio* e defender o ponto de vista de que a pressão do ar seria responsável pelo fenômeno, suas dificuldades e dúvidas, bem como *a existência de uma controvérsia sobre o conteúdo da porção superior do tubo*, são aspectos não contemplados nessa referência observada no OVA. Pode-se induzir, assim, uma compreensão anacrônica do experimento histórico, reforçada pela menção à HC distorcida, aliada a uma descrição de procedimentos experimentais de forma atualizada, com unidades de medida inexistentes na época.

A alusão ao barômetro, na forma realizada, avigora a visão individualista de ciência, pois parece atribuir o instrumento a Torricelli. No entanto, vários pesquisadores estavam envolvidos e Torricelli, por sua vez, revelou justamente sua frustração nesse sentido:

> [...] estão sendo realizados certos experimentos filosóficos, não sei exatamente o que [...] para chegar a um instrumento que nos mostrará as mudanças na atmosfera, se está agora mais pesada e densa e depois mais leve e sutil. [...] Não fui capaz de concretizar minha intenção principal, isto é, reconhecer quando a atmosfera é mais densa e mais pesada e quando é mais sutil e mais leve. (Torricelli, 1644 *apud* Magie, 1969, pp. 72-73)

Para além dos critérios historiográficos, pode-se analisar essa simulação considerando elementos oriundos de pesquisas em ensino de Física. Resultados de investigações sobre dificuldades de compreensão do experimento de Torricelli e mapeamentos de concepções alternativas sobre fenômenos relacionados ao experimento sugerem que, muito possivelmente, os estudantes, se simplesmente expostos ao OVA, não conseguirão compreender a relação entre a pressão atmosférica e a coluna de líquido sustentada no tubo (Solaz-Portolés, 2008; Drummond *et al.*, 2018).

Terão dificuldade para compreender o resultado tomado como óbvio na simulação. Este, na realidade, não é evidente, mas advém da *interpretação* de Torricelli para um problema sobre o qual os estudantes deveriam ser estimulados a refletir: por que a coluna de mercúrio se sustenta no tubo?

Aspectos críticos de natureza filosófica podem ser referenciados na presente análise. Adotando uma visão simplista empirista-indutivista, na simulação, a relação entre a pressão atmosférica e a coluna de líquido sustentada no tubo é óbvia e transparece de modo evidente por meio do experimento. Se nos afastarmos dessa visão, notaremos que a simulação não pode ser entregue ao aluno simplesmente para a manipulação de parâmetros.

No OVA, o usuário pode manipular determinados parâmetros: o diâmetro do tubo, a profundidade, o ângulo de inclinação do tubo, a altura do mercúrio no recipiente e a altura do espaço vazio acima do mercúrio. *Ao manipular esses parâmetros, o aluno comprova aquilo que já está estabelecido no primeiro quadro da simulação*: "não importam quais sejam o diâmetro interno, a profundidade, o ângulo de inclinação do tubo ou a altura do mercúrio no recipiente, o mercúrio irá descer, oscilar, e finalmente chegará ao repouso a uma altura de cerca de 30 polegadas".

A simulação pode, assim, ser usada somente para *observar um resultado já enunciado*, sem que haja reflexões mais aprofundadas a respeito. O aluno, nesse caso, simplesmente *constata* que *não há* alteração na coluna de mercúrio. Esta permanece cerca de 76 cm acima da superfície do mercúrio no recipiente. Nos exemplos mostrados na Figura 6, são alteradas a altura do mercúrio no recipiente (*"height of mercury in basin"*) e a altura do vácuo acima do mercúrio (*"height of vacuum above mercury"*). O tubo pode mergulhar mais ou menos profundamente no recipiente. Podem ser usados tubos de comprimentos distintos, de modo a se alterar a altura do espaço supostamente vazio (a simulação *afirma* haver "vácuo") acima do mercúrio. Constata-se que a coluna de mercúrio se mantém aproximadamente constante.

Deveria a simulação ser utilizada, no entanto, para mera *constatação* do que ocorre? Que *hipóteses* os alunos teriam sobre o fenômeno e suas possíveis relações com os parâmetros citados? Quais seriam suas *expectativas* se não fossem previamente informados sobre o resultado? Como explicariam essas situações? Eles escolheriam outros parâmetros, se fossem estimulados a fazê-lo? Por exemplo, se em vez de mercúrio pensassem em utilizar água, o que esperariam observar?

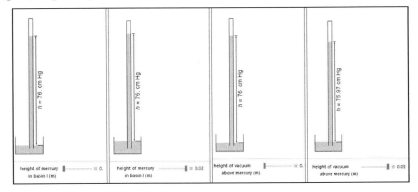

Figura 6. Manipulação de parâmetros e manutenção da altura da coluna de mercúrio no tubo. **Fonte:** Imagem obtida por captura de tela.

Considerando possíveis expectativas dos alunos, pesquisas sobre concepções alternativas indicam que estudantes muitas vezes atribuem uma propriedade de sucção ao vazio. Poderiam nesse caso, portanto, considerar que a coluna de mercúrio seria "mais puxada" por um espaço vazio maior. Existem também interpretações fornecidas por estudantes de que o líquido no tubo é sustentado pelo líquido no recipiente, que o empurra. Nesse caso, talvez pudessem esperar que um volume maior de líquido no recipiente sustentasse uma coluna de líquido maior. Essas questões precisariam ser trabalhadas pelo professor em utilização da simulação. Aliás, novamente se levarmos em conta investigações sobre concepções alternativas, pode-se questionar se os alunos aceitariam que a porção superior do tubo estaria vazia (Solaz-Portolés, 2008; Drummond *et al.*, 2018).

A simulação apresenta um modelo pronto, ideal, acabado, sem espaço evidente para outras interpretações. Os fenômenos estão estritamente interligados como causa-efeito. Em oposição a uma concepção empirista-indutivista, certos questionamentos deveriam permear as reflexões do próprio professor disposto a utilizá-la: Por que justamente esses parâmetros específicos foram selecionados pelos autores da simulação? Que hipóteses permeiam a escolha desses critérios? Outros parâmetros poderiam ser estudados?

A mediação a ser conduzida pelo professor poderia ser inspirada pelo conhecimento de episódios históricos relacionados ao experimento de Torricelli, uma vez que a escolha de parâmetros referidos no OVA guarda alguma relação com investigações ocorridas ao longo da HC. Por meio de experimentos, autores como Torricelli e Pascal realizaram estudos que remetem justamente ao questionamento sobre o que era responsável pela sustentação do líquido. Percebe-se que determinadas hipóteses permeavam a escolha específica daqueles parâmetros. Por exemplo, previa-se que se o líquido fosse sustentado por um "puxão do vazio" acima da coluna, quanto maior esse espaço vazio maior a coluna de líquido. Torricelli e Pascal estudaram essa situação. Perceberam que a coluna de líquido se mantinha constante, mesmo com tubos com porções superiores vazias maiores (Magie, 1969; Martins, 1989b).

Aspectos como a escolha das variáveis manipuladas são "mascarados" nesse OVA, de modo que a utilização da simulação pode se resumir a uma manipulação estritamente instrumental/mecânica de parâmetros, desacompanhada de uma reflexão sobre esses parâmetros e suas possíveis relações com outras interpretações para o fenômeno. Para que uma reflexão subjacente venha à tona é imprescindível o papel do professor mediador, atento a concepções alternativas e a aspectos históricos relacionados intrinsecamente às manipulações propostas. Demandam-se, assim, na formação do professor, elementos que permitam uma visão crítica a respeito da natureza da própria simulação, do seu caráter limitante, da pertinência das variáveis escolhidas, bem como da possibilidade de outras indagações.

6 CONCLUSÕES

No presente trabalho, objetivou-se uma análise de OVA relacionados ao conceito de pressão atmosférica e ao seu desenvolvimento histórico, sendo este intrinsecamente relacionado à controvérsia sobre a existência do vazio.

Não se realizou *uma consideração geral* sobre eventuais inadequações, mas sim procurou-se estudar como essas se apresentam. Aspectos relacionados a inconformidades gráficas foram notados. Considerando mais especialmente um viés epistemológico e histórico, puderam ser notadas distorções no conteúdo histórico, alinhamento a uma fundamentação historiográfica desatualizada, anacrônica, marcada por traços de caráter essencialmente laudatório a alguns personagens em detrimento de outros. Visões de ciência simplistas, como o empirismo-indutivismo e o individualismo, são reforçadas pelos OVA analisados.

A simulação sobre o experimento de Torricelli, por exemplo, apresenta falhas na referência à HC. Requer uma mediação norteada por fundamentação epistemológica adequada, que busque desfazer a tendência a uma utilização "mecânica", *explicitamente recomendada no próprio OVA*, sendo também fundamental a compreensão contextualizada do experimento histórico focalizado.

Muito embora tais OVA possam ser atrativos, observa-se que seu uso acrítico na Educação Básica pode trazer comprometimentos negativos. Refletir sobre aspectos como os relatados na análise apresentada deve anteceder uma eventual utilização didática desses recursos. E, eventualmente, modificações podem ser propostas de modo a torná-los mais adequados. No contexto da formação inicial de professores de Física, realizamos uma intervenção didática centrada em promover uma reflexão crítica sobre a animação digital "História do Barômetro" (Hidalgo, Schivani & Martins, 2018). Após estudo de fontes historiográficas e de fundamentação acerca da transposição didática da HC, organizados em grupos, os licenciandos mapearam problemas na animação e, por meio da edição do roteiro original, enfrentaram o desafio de propor modificações buscando adequá-la para uso didático. As propostas apresentadas, sob o ponto de vista de parâmetros históricos e epistemológicos, foram superiores à animação digital original.

REFERÊNCIAS BIBLIOGRÁFICAS

ALLCHIN, Douglas. Scientific myth-conceptions. *Science & Education*, **87** (3): 329-351, 2003.

ARAUJO, Ives S.; VEIT, Eliane A.; ARAUJO, Eliane; MOREIRA, Marco A. Uma revisão da literatura sobre estudos relativos a tecnologias computacionais no ensino de física. *Revista Brasileira de Pesquisa em Educação em Ciências*, **4** (3): 5-18, 2004.

BALDINATO, José O.; PORTO, Paulo A. Variações da história da ciência no ensino de ciências. In: Encontro Nacional de Pesquisa em Educação em Ciências, 6, 2008, Belo Horizonte. *Anais...* Belo Horizonte: ABRAPEC, 2008.

BEAUFRETON, Maurice. *Les lettres de Blaise Pascal accompagnées de lettres de ses correspondants*. Paris: G. Crès, 1922.

CARVALHO, Anna Maria P.; GIL PÉREZ, Daniel. *Formação de professores de ciências: Tendências e inovações*. São Paulo: Cortez, 1998.

COELHO, Rafael O. O uso da informática no ensino de física de nível médio. Pelotas, 2002. Dissertação (Mestrado em Educação) – Universidade Federal de Pelotas.

COSTA, Marcia da. *Uma abordagem histórico-didática com auxílio de multimídias para o ensino de partículas elementares no Ensino Médio*. Londrina, 2015. Dissertação (Mestrado em Ensino de Ciências e Educação Matemática) – Universidade Estadual de Londrina.

DAMASIO, Felipe; PEDUZZI, Luiz O. Q. História e Filosofia da Ciência na educação científica: Para quê? *Revista Ensaio*, **19**: e2583-1-19, 2017.

DRUMMOND, Juliana M. H. F.; OLIVEIRA, Wesley C.; FONSECA, Deyzianne S. Investigating the didactic use of primary sources on the history of vacuum and atmospheric pressure. Pp. 315-331, *in*: PRESTES, Maria Elice B.; SILVA, Cibelle C. (Orgs.). *Teaching Science with Context*. Dordrecht: Springer, 2018.

FERREIRA, Ada A. O computador no processo ensino-aprendizagem: da resistência à sedução. *Trabalho & Educação*, **17** (2): 1-12, 2008.

FIOLHAIS, Carlos; TRINDADE, Jorge F. Física no computador: O computador como uma ferramenta no ensino e na aprendizagem das ciências físicas. *Revista Brasileira de Ensino de Física,* **25** (3): 259-272, set. 2003.

FORATO, Thaís C. M.; PIETROCOLA, Maurício; MARTINS, Roberto A. Historiografia e natureza da ciência na sala de aula. *Caderno Brasileiro de Ensino de Física*, **28**: 27-59, 2011.

FORATO, Thaís C. M. Preparação de professores para problematização da pseudohistória em materiais didáticos. *Enseñanza de las Ciencias*, **vol. extra**: 1316-1321, 2013.

GIL PÉREZ, Daniel; MONTORO, Isabel F.; CARRACOSA, Jaime A.; CACHAPUZ, António C.; PRAIA, João. Para uma imagem não deformada do trabalho científico. *Ciência & Educação*, **7** (2): 125-153, 2001.

HECKLER, Valmir; SARAIVA, Maria de Fátima O.; OLIVEIRA FILHO, Kepler S. O. Uso de simuladores, imagens e animações como ferramentas auxiliares no ensino/aprendizagem de ótica. *Revista Brasileira de Ensino de Física*, **29** (2): 267-273, 2007.

HIDALGO, Juliana M.; ALVES, Jardes M.; SOUZA, Fábio A.; QUEIROZ, Daniel M. A História da Ciência (Distorcida ou Ausente) em Livros Didáticos: O Conteúdo sobre o Experimento de Torricelli como Estudo de Caso. *Alexandria: Revista de Educação em Ciência e Tecnologia*, **11**: 101-124, 2018.

HIDALGO, Juliana M.; SCHIVANI, Milton; MARTINS, Mykaell S. História e Filosofia da Ciência na formação docente: trabalhando com animações digitais. *Caderno Brasileiro de Ensino de Física,* **35** (3): 805-850, dez. 2018.

KENSKI, Vani M. *Educação e Tecnologias: O novo rkenskiitmo da informação*. Campinas: Papirus, 2007.

MAGIE, William F. *A Source Book in Physics*. Cambridge, MA: Harvard University Press, 1969.

MARTINS, Roberto A. O vácuo e a pressão atmosférica, da antiguidade a Pascal. *Cadernos de História e Filosofia da Ciência,* **1** (3): 9-48, 1989. (a)

MARTINS, Roberto A. Tratados Físicos de Blaise Pascal. Seleção e tradução. *Cadernos de História e Filosofia da Ciência*, **1** (3): 49-167, 1989. (b)

MARTINS, Roberto A. Introdução: a História da Ciência e seus usos na Educação. Pp. xvii-xxx, *in*: SILVA, Cibelle C. *Estudos de história e filosofia das ciências*: Subsídios para aplicação no ensino. São Paulo: Livraria da Física, 2006.

MATTHEWS, Michael R. História, Filosofia e ensino de ciências: A tendência atual de reaproximação. *Caderno Catarinense de Ensino de Física*, **12** (3): 164-214, 1995.

MEDEIROS, Alexandre; MEDEIROS, Cleide F. Possibilidades e limitações das simulações computacionais no ensino de Física.

Revista Brasileira de Ensino de Física, **24** (2): 77-86, jun. 2002.

MENEZES, Karina M.; PRETTO, Nelson L. Tecnologias e Educação: Deletando equívocos. Pp. 133-144, *in*: PEREIRA, Aurea S.; DIAS, Ana Regina S.; ALMEIDA, Risonete L.; CORREIA, Adilson S. (org.). *Estágio e prática pedagógica: Letramentos e tecnologias digitais na sala de aula.* Curitiba: CRV, 2016.

MERCADO, Luís Paulo L. *Formação continuada de professores e novas tecnologias.* Maceió: EDUFAL, 1999.

MOURA, Breno A.; SILVA, Cibelle C. Abordagem multicontextual da história da ciência: uma proposta para o ensino de conteúdos históricos na formação de professores. *Revista Brasileira de História da Ciência*, **7** (2): 336-348, 2014.

PAPERT, Seymour. *A máquina das crianças: Repensando a escola na era da informática.* Porto Alegre: Artmed, 2008.

PASCAL, Blaise. *Récit de la grande experiénce de l'equilibre des liqueurs.* Paris: Chez Charles Saureux, 1648.

PEDUZZI, Luiz O. Q.; TENFEN, Danielle N.; CORDEIRO, Marinês D. Aspectos da natureza da ciência em animações potencialmente significativas sobre a História da Física. *Caderno Brasileiro de Ensino de Física*, **29** (2): 758-786, out. 2012.

PEDUZZI, Luiz O. Q.; MARTINS, André F. P., FERREIRA, Juliana M. H. (Orgs.). *Temas de história e filosofia da ciência no ensino.* Natal: EDUFRN, 2012.

PEREIRA, Ana Katarina S.; FORATO, Thaís C. M. Uma proposta para o ensino contextualizado de hidrostática. Encontro Nacional de Pesquisa em Ensino de Física, 15, 2014, Maresias. Anais ... Maresias, SP: SBF, 2014.

PRAIA, João F.; CACHAPUZ, António F. C.; GIL-PÉREZ, Daniel. Problema, teoria e observação em ciência: Para uma reorientação epistemológica da educação em ciência. *Ciência & Educação*, **8** (1): 127-145, 2002.

RINALDI, Enoque; GUERRA, Andreia. História da ciência e o uso da instrumentação: construção de um transmissor de voz como estratégia de ensino. *Caderno Brasileiro de Ensino de Física,* **28** (3): 653-675, jan. 2011.

RODRIGUES, Elvis V.; ZIMMERMANN, Érika; HARTMANN, Ângela M. Lei da gravitação universal e os satélites: uma abordagem histórico-temática usando multimídia. *Ciência & Educação,* **18** (3): 503-525, 2012.

ROSA, Paulo R. S. O uso de computadores no ensino de Física. Parte I: Potencialidades e Uso Real. *Revista Brasileira de Ensino de Física,* **17** (2): 182-195, 1995.

SCHIVANI, Milton; LUCIANO, Peterson G.; ROMERO, Talita R. *Novos materiais e tecnologias digitais no ensino de física.* São Paulo: Editora Livraria da Física, 2017. (Coleção Professor Inovador)

SOLAZ-PORTOLÉS, Joan J. *Concepciones de los estudiantes e Historia de la ciencia: el caso del concepto de vacío.* 2008. Disponível em: <http://www.eumed.net/libros-gratis/2008c/451/index.htm>, acesso em 07 de novembro de 2018.

SOUZA, Rafaelle S.; SILVEIRA, Alessandro F.; SILVA, Ana Paula B. Mídias digitais e abordagem histórica: Seus usos no ensino de física. Pp. 449-482, *in*: SILVEIRA, Alessandro F.; SILVA, Eliane M.; FREIRE, Morgana L. F.; CASTRO, Paula A.; PEREIRA, Valmir. (Orgs.). *Tecnologias e Educação.* Campina Grande: EDUEPB, 2016.

VALENTE, José Armando; ALMEIDA, Fernando J. Visão analítica da informática na educação no Brasil: a questão da formação do professor. *Revista Brasileira de Informática Educativa,* **1**: 1-28, nov. 1997.

VALENTE, José Armando. (Org.). *O computador na sociedade do conhecimento.* Campinas: Editora da UNICAMP, 1999. (Coleção Informática para a mudança na Educação)

VIDAL, Paulo H. O. *A história da ciência nos livros didáticos de química do PNLEM 2007.* São Paulo, 2009. Dissertação

(Mestrado em Ensino de Ciências) – Universidade de São Paulo.

VILAS BOAS, Anderson C.; SILVA, Marcos R.; PASSOS, Marinez M.; ARRUDA, Sérgio M. História da ciência e natureza da ciência: Debates e consensos. *Caderno Brasileiro do Ensino de Física*, **30** (2): 287-322, ago. 2013.

A Busca por Justiça em Casos de Envenenamento por Rádio: Depoimentos em Tribunal na Década de 1920

Karel Pontes Leal
Universidade Federal do Sul da Bahia
karelpontes@yahoo.com.br
Thaís C. M. Forato
Universidade Federal de São Paulo
thais.forato@unifesp.br

1 INTRODUÇÃO

> [...] Eu moro no número 497 da Avenida Tremont, Orange, Nova Jersey. Eu trabalhei na fábrica da United States Radium Corporation em Orange de aproximadamente 10 de abril de 1917 até a época do natal de 1920, trabalhando cinco dias e meio em uma semana normal. Foi meu dever misturar uma pasta com um pó, água e outros materiais, que são fornecidos pelo meu empregador, e aplicar a pasta então misturada, com um pequeno pincel feito com pelo de camelo, nos numerais e ponteiros dos relógios. (USA. New Jersey Supreme Court, 1927a, p. 16)[1]

A descoberta dos fenômenos nomeados de "radioatividade", no final do século XIX, trouxe novas possibilidades de aplicação em diversos setores da sociedade, inclusive externas à ciência (Martins, 1990). O avanço da tecnologia em minerar elementos radioativos aqueceu um mercado recém criado. Nas duas primeiras décadas do século XX, vários produtos comerciais foram redesenhados e repensados para incluir um brilho fosforescente, proveniente de uma tinta com sais radioativos adicionados. Além do efeito estético, diversos produtos foram lançados, como medicamentos, cosméticos e alimentos, por exemplo,

---

[1] Grace Fryer, uma das "garotas do rádio" a prestar depoimento juramentado no Tribunal do Estado de Nova Jersey, em 18/07/1927.

considerando que os elementos radioativos seriam bons para os seres humanos, mesmo sem pesquisas adequadas para afirmar ou negar essa proposição (Gunderman & Gonda, 2015; Lima, Pimentel & Afonso, 2015).

Um dos produtos que mais tiveram êxito no mercado de radioatividade foram os relógios que brilhavam no escuro, cujos ponteiros e números eram pintados com tinta radioativa. Esses relógios foram lançados inicialmente na Europa, ainda na primeira década do século XX. Porém, a escassez de matéria prima e a dificuldade em isolar o rádio e seus isótopos ocasionavam um preço muito alto, elevando o custo de produção e impossibilitando a aquisição do produto por mais setores da sociedade, além de uma pequena elite.

Tais relógios chegaram aos EUA em 1913, depois que diversas minas de rádio foram descobertas no país, levando ao desenvolvimento de uma indústria de extração e tratamento de sais radioativos. Nos anos seguintes, milhares de pessoas seriam empregadas nessas indústrias (Martland, Conlon & Knef, 1925).

A produção de tintas e produtos radioativos cresceu de forma acelerada nos primeiros anos após seu lançamento. Em 1913, foram vendidos aproximadamente 8.500 relógios. Em apenas quatro anos, o número superou os dois milhões de exemplares. Diferentes países começaram a importar esses artefatos e mais de quinhentos mil foram enviados para fora dos EUA, em 1919. Segundo estimativa do médico Harrison Martland (1883-1954) (Figura 1), em 1925, mais de cinco mil relógios eram produzidos por dia (Martland, 1929).

A rápida expansão desse mercado foi marcada pelo aparecimento de diferentes fábricas de produtos radioativos. A mais famosa foi sediada na cidade de Orange, que fica no condado de Essex de Nova Jersey, local em que parte significativa das pessoas era imigrante. Fundada em 1917, com o nome de *Radium Luminous Material Corporation*, foi renomeada depois como *US Radium Corporation* (USRC). Inicialmente, a fábrica produzia apenas relógios, mas expandiu para diversos objetos e, inclusive, passou a vender a tinta de rádio para manejo pessoal.

Majoritariamente mulheres jovens, algumas ainda na adolescência, assim como Grace Fryer, eram contratadas para realizar o serviço que a operária narrou em seu depoimento à epígrafe deste artigo (Figura 1). Essas mulheres precisavam ajudar com as despesas da casa e viam apenas vantagens nesse tipo de trabalho. Nele, elas conseguiam faturar de 35 até 42 dólares por semana (Moore, 2016; Martland, 1929).

Figura 1: Personagens em destaque nesta narrativa sobre as "garotas do radio".**Fontes**: Moore (2016), HathiTrust Digital Library[2] e Amstat News[3].

---

[2] Disponível em: <https://babel.hathitrust.org/cgi/pt?id=mdp.39015048670361&view=1up&seq=5&skin=2021>, acesso em 21 de junho de 2022.
[3] Disponível em: <Frederick L. Hoffman (1865- 1946) | Amstat notícia>, acesso em 21/06/2022 às 20:01.

Além desse impacto comercial, a descoberta do rádio foi retratada como "grande achado científico". Foi até mesmo anunciada como capaz de solucionar problemas de saúde e prevenir doenças. Para pessoas pobres, atuar nesse tipo de emprego era uma forma de se aproximar dessa novidade, visto o alto valor material e subjetivo agregado a ele. Além disso:

> O emprego como pintora de ponteiros parecia desejável. O trabalho não era árduo, exigindo rapidez e alguma habilidade artística em vez de força ou resistência. A operação consistia em cobrir as figuras de relógio ou mostradores de relógio com uma fina camada de material luminoso, previamente misturado com cola. A mistura era normalmente aplicada com um pincel de pelo de camelo. (Martland, 1929, p. 1219)

A produtividade das operárias definia a sua remuneração. Quanto mais ponteiros e mostradores eram pintados, mais dinheiro elas recebiam. Para aumentar a produtividade, às funcionárias era permitido comer próximas às mesas de pintura e manter crianças próximas a elas durante o expediente. Um outro método utilizado para acelerar a produção era a passagem do pincel pelos lábios das pintoras. Esses e muitos outros detalhes relevantes da contaminação radioativa a que as operárias foram expostas são conhecidos graças a ação judicial movida contra a USRC.

2 DEPOIMENTO JURAMENTADO DE GRACE FRYER

> Na pintura de ponteiros, eu passava a ponta do pincel nos meus lábios, como eu fui ensinada desde o primeiro momento na companhia, eu fazia isso como uma operação necessária para o trabalho. Isso era um costume entre todas as minhas colegas na fábrica, mesmo o trabalho podendo ser feito sem essa etapa. O pó que eu misturava com água para formar a pasta anteriormente mencionada, era muito luminoso, e o ar no espaço de trabalho era carregado com isso, eu sei disso porque a secreção no meu lenço brilhava no escuro. Isso também era verdade para as minhas roupas e partes do meu corpo.

> Eu nunca fui avisada, de nenhuma forma, enquanto era empregada da United States Radium Corporation, que as substâncias com as quais eu lidava eram de alguma forma perigosas.
>
> Minha conduta foi estritamente de acordo com as instruções. Eu tenho pouco ou nenhum conhecimento sobre física ou química e eu era totalmente ignorante em relação à natureza química ou física das substâncias com as quais eu lidava enquanto empregada da United States Radium Corporation. Eu fui, é claro, consciente do nome da corporação, que rádio possivelmente era usado na pasta luminosa aplicada nos relógios. Entretanto, isso era puramente uma pressuposição, pois eu nunca fui instruída sobre os ingredientes que nós manuseávamos e não havia como verificar quais ingredientes realmente estavam lá, mas naturalmente não supus que nos pediam para lidar com nada tóxico. (USA. New Jersey Supreme Court, 1927a, p. 16)

Chamada de *lip-pointing*, essa técnica de passar o pincel nos lábios permite um traço mais fino e eficiente. Grace comentou em seu depoimento que não havia sido informada sobre quaisquer perigos a respeito da tinta ou sua composição. Mesmo sem informações sobre o assunto, os responsáveis pela companhia afirmavam que não existia qualquer perigo relacionado à presença de rádio na fórmula. Com essa segurança, as mulheres aproveitavam o trabalho com esse ingrediente para usar a tinta de forma lúdica. Há relatos de que essas moças passavam a tinta nos dentes, no rosto, no cabelo e nas roupas com a intenção de surpreender familiares e namorados após o expediente (Moore, 2016).

Nesse processo, a ingestão de tinta era algo inerente ao trabalho, levando Martland e colaboradores (1925) a realizar uma estimativa da quantidade de tinta e de material radioativo engolido por cada uma delas.

> Suponha que apenas 0,5mg de tinta grude na boca em cada apontada do pincel, no máximo catorze vezes por mostrador (e uma garota afirmou que costumava lamber o pincel duas vezes para cada figura de relógio), ela ingeriria cerca de

> 1,75g [de tinta] por dia. Portanto, é possível afirmar que um trabalhador poderia efetivamente ingerir de 125mg a 1,75g [de tinta] por dia, o que conteria de 3 a 43 microgramas de substâncias radioativas. Trabalhando apenas seis meses por ano e apenas cinco dias por semana, de 360 microgramas a mais de 5 mg de substâncias radioativas podiam ser engolidos nesse tempo. (Martland, Conlon & Knef, 1925, p. 1770)

A continuação do depoimento de Grace Fryer revela algumas consequências dessa prática:

> Enquanto eu trabalhei na fábrica da United States Radium Corporation, eu me sentia bem. Eu sempre estive bem e praticamente nunca tive doenças em toda a minha vida. Eu deixei a United States Radium Corporation para ter um emprego mais agradável. Eu continuei me sentindo bem depois que eu deixei a United States Radium Corporation por algum tempo. Por volta de junho de 1922, eu comecei a ter dores nas costas e nos pés. Acreditando que era meramente um leve ataque de reumatismo, eu não fiz nada sobre isso. Essas dores continuaram. Em janeiro de 1923, eu fui a uma consulta de rotina em um dentista, Dr. Joseph Albert na Rua Main, Orange. Dr. Albert preencheu várias cavidades, examinou todos os dentes e extraiu dois do lado esquerdo da minha mandíbula. Eles pareciam muito cariados para realizar outro tipo de tratamento. Depois dessas extrações, minha mandíbula me deu muito trabalho por aproximadamente duas semanas, e o osso foi raspado. Minha mandíbula, então, aparentemente se curou. Isso foi apenas aparentemente, entretanto, internamente, o processo de enfraquecimento continuou se desenvolvendo. O osso foi apodrecendo continuamente e pedaços foram sendo retirados. (USA. New Jersey Supreme Court, 1927a, p. 17)

Mais de quarenta diagnósticos de mulheres operárias da USRC foram descritos por Harrison Martland (1929). Várias sofreram com sintomas parecidos aos relatados por Grace e, em alguns casos, foram relatados problemas articulares e câncer nos ossos. O tempo e intensidade de sofrimento variaram de acordo com cada organismo, aparentemente não tendo relação com o tempo de serviço.

Durante esse período, em que a mandíbula parecia melhorar, as dores que pareciam reumáticas nas minhas costas e pés passaram a ser levemente piores. Eu não falei sobre isso com ninguém, mesmo mancando e sentindo como se tivesse sido atropelada. Ao final de 1923, minha condição começou a ficar perceptível e acreditei ser melhor consultar um médico. Dessa forma, logo no início de janeiro de 1924, eu fui ver o Dr. Humphries no Hospital Ortopédico de Orange. Na consulta, falei imediatamente com o Dr. Humphries sobre minha doença e ele me disse que acreditava que eu estava sofrendo de uma artrite crônica. Dr. Humphries amarrou meus pés e minhas costas, continuando esse tratamento por várias semanas, eu o via uma vez por semana. Dr. Humphries sugeriu que talvez houvesse uma infecção no dente ou na mandíbula que pudesse ser a causa dos meus problemas e me pediu uma radiografia dos meus dentes. Dr. Albert radiografou meus dentes em meados de fevereiro de 1924. Ele encontrou um osso em condição peculiar no entorno dos meus dentes extraídos, cuja área aparentemente havia cicatrizado. Eu mostrei as imagens do raio-x para o Dr. Humphries, que me aconselhou a ir em um especialista. Por sugestão do Dr. Albert, eu fui consultar com o Dr. Henry S. Dunning, de Nova Iorque, na primeira semana de março de 1924. Ele me informou que eu estava sofrendo de uma considerável necrose na mandíbula e indicou que eu deveria ficar no Hospital Reconstruction na Rua 100, Nova Iorque. Eu permaneci nesse hospital por uma semana sob observação. Durante esse tempo, muitas radiografias foram tiradas. Eu deixei o hospital por volta de 28 de março de 1924. Posteriormente, Dr. Dunning me levou até o Dr. McCaffery no número 33 leste da Rua 68, Nova Iorque. Isso aconteceu por volta de 23 de abril de 1924. Nessa ocasião, Dr. McCaffery realizou uma operação em minha mandíbula, extraindo uma parte do osso. Depois disso eu me consultei com o Dr. McCaffery várias vezes, tendo entre quinze e vinte operações, retirando resíduos e pedaços de ossos da

> minha mandíbula. Quase todos os meus dentes foram removidos. Mesmo assim, o processo de necrose parecia estar se espalhando. Enquanto eu estava sendo tratada para o problema na mandíbula em 1924, Dr. Humphries manteve o tratamento em minhas costas e pés, eu o parei em janeiro de 1925 quando fui à Dra. Mary Miller que me atendeu no número 12 da Rua Washington, no leste de Orange, e me deu tratamento quiroprático. Porém isso foi tão doloroso e eu logo parei. No final de 1924, Dr. Harrison Martland, de Newark, pediu para que eu fosse vê-lo. (USA. New Jersey Supreme Court, 1927a, pp. 17-18)

Até 1924, nove mulheres haviam falecido e não existia nenhum diagnóstico de doença ocupacional. Nesse ano, o médico Theodor Blum (1883-1962) (Figura 1), de Nova Iorque, chegou a essa conclusão após analisar os sintomas de diferentes pacientes, porém, sua pesquisa não chegou a levantar suspeitas sobre o material radioativo (Blum, 1924; Martland, 1929).

No ano seguinte, o cenário começou a mudar. A pedido de Katherine Wiley (Figura 1), presidente da Liga dos Consumidores de Nova Jersey, o estatístico Frederick Hoffman (1865-1946) (Figura 1) revisou alguns casos de pacientes que trabalharam na fábrica, algumas garotas que ainda estavam em tratamento e outras que evoluíram para óbito. Ele separou as moças pela localidade em que moravam, comentou as comorbidades que as atingiram e apontou variações que podiam acontecer em cada paciente. Indicou ainda a necessidade de conhecer o número de casos, os diagnósticos de doença maligna ou não, com metástase ou não, existência de necrose nos ossos próximos à área infectada, existência de necrose no local, e também de conhecer o momento em que apareceram os primeiros sintomas e o tempo de trabalho na fábrica (Hoffman, 1925).

> Eu fui e ele [Martland] me pediu para retornar várias vezes, durante cada visita ele retirou amostras do meu sangue. Ele não me disse o motivo pelo qual ele estava fazendo isso e nem estava me tratando. Ele simplesmente me disse que foi para hipóteses experimentais. Em julho de 1925, entretanto, ele me informou que fez uma investigação minuciosa e, a

partir dos seus testes, ele pôde me dizer que meu organismo mostrou presença de substâncias radioativas. Ele me indicou retornar para o Hospital Ortopédico onde eu tirei radiografias das minhas costas e pés e foi descoberto que duas das minhas vértebras estavam destruídas, assim como um dos ossos do meu pé. Desde o meu retorno ao Hospital Ortopédico eu tenho visto do Dr. Humphries frequentemente. Ele amarrou meu pé e meu tornozelo para mantê-los juntos, depois construiu um suporte de aço para o meu pé e outro para as minhas costas.

Eu nunca fui informada por qualquer médico que já consultei que minha doença foi causada pela presença de substâncias radioativas no meu corpo, até que eu fui informada sobre isso pelo Dr. Martland, em julho de 1925, portanto, eu não tinha nenhum conhecimento ou suspeita desse fato até aquele momento. Depois do período em que estive no hospital em Nova Iorque, o senhor Frederick B. Flinn me examinou mediante acordo com o Dr. McCaffery, conforme eu fui informada a pedido do senhor Flinn. O senhor Flinn coletou sangue para exame. Posteriormente, ele me informou que o meu sangue estava melhor que o dele. (USA. New Jersey Supreme Court, 1927a, p. 19)

Algum tempo se passou desde a descoberta dos raios Röntgen, em 1895, chamados raio X, até que se percebesse que existiam perigos na exposição a ele, a menos que uma proteção adequada fosse usada. O mesmo ocorreu com as substâncias radioativas. Inicialmente, os cientistas zombaram de qualquer perigo e, mesmo depois que os resultados de exposições contínuas tinham sido conhecidos, o possível efeito de quantidades mínimas, como aquelas contidas na composição radioativa luminosa, foi desconsiderado (Martland, 1929).

Não apenas desconsiderando, mas elencando razões para manter o funcionamento normal da companhia, o médico e pesquisador Frederick Flinn (1876-1957) (Figura 1), contratado pela empresa para estudar os casos, publicou alguns trabalhos em que argumentava não haver perigo na utilização de materiais radioativos. Ele afirmou que o ato de passar o pincel na boca foi o único motivo para o desenvolvimento de problemas nessas moças (Flinn, 1926). Pouco tempo depois, em novo artigo, o mesmo apontou as formas possíveis de exposição no uso industrial de rádio, como a exposição à irradiação de energia desses elementos ou a ingestão de material radioativo. O autor indicou ainda dois motivos para uma pessoa ingerir esse tipo de material: "Ignorância ou obstinação por parte dos funcionários" (Flinn, 1927, p. 341).

Flinn (1926) organizou diferentes argumentos contrários à tendência dos novos diagnósticos, desvalorizando a ideia de que as substâncias radioativas ficam alojadas em tecidos, liberando radiação ao longo do tempo. Se a tinta fosse preparada com um fixador a base d'água, como descrito por Grace, os materiais radioativos não se manteriam entre os dentes. Para ele, o uso corriqueiro de escovas de dentes e a própria saliva seriam suficientes para desalojar tais substâncias da boca das vítimas, encaminhando os resquícios de tinta ao sistema gastrointestinal, para serem evacuados.

Minimizando as críticas aos diagnósticos elaborados por seus colegas, Flinn (1926) apresentou uma hipótese para os vários casos de operárias doentes, propondo que as mulheres que tiveram complicações já deveriam ter um quadro de piorreia (ou periodontite), uma infecção bacteriana nas gengivas. Para o autor, as partículas radioativas tenderiam a adentrar cavidades bucais geradas no local infeccionado, acelerando o processo de necrose, ao se alojar nos ossos da mandíbula. Segundo ele, cinco dos casos estudados tiveram suas infecções pioradas pela existência de sífilis e de angina de Vicent, que é uma gengivite ulcerativa (Flinn, 1926). Ele atribuiu os quadros mais graves à problemas anteriores das próprias vítimas e defendeu que a ingestão de materiais radioativos não geraria contratempos, caso as operárias estivessem saudáveis.

Esse esforço argumentativo se iniciou depois de algumas operárias procurarem a empresa para receber algum tipo de indenização pelos problemas causados pelo período de trabalho. Grace foi uma das primeiras pessoas a buscar essa indenização e teve alguns apoios em sua busca.

> Depois eu fui informada, como mencionei anteriormente, pelo Dr. Martland, que o Dr. Frederick Hoffman escreveu para a corporação, em meu nome, solicitando alguma recompensa pela doença que eles tinham me causado. A companhia respondeu se isentando de responsabilidade. Então, tentei entrar com uma ação contra a companhia. Eu, porém, não tinha dinheiro. Eu fui obrigada constantemente a ir aos médicos. Eu me senti muito mal e os advogados não pareciam interessados no meu caso sem receber pelo atendimento. Entretanto, eu tive sucesso em instaurar o processo em maio de 1927. (USA. New Jersey Supreme Court, 1927a, p. 20)

Nesse período, cinco mulheres entraram com uma ação na suprema corte do estado de Nova Jersey contra a USRC. Grace Fryer, Katherine Schaub, Edna Hussman, Albina Larice e Quinta McDonald pediam indenizações pela doença e ressarcimento dos valores gastos em tratamentos. Iniciar esse processo não foi simples pois era difícil encontrar um advogado que aceitasse defender essas mulheres. Como afirmou em juízo, Grace e as outras garotas não podiam pagar honorários. Além disso, vários profissionais não aceitavam assumir tais casos por questões técnicas de desvantagem inicial.

A empresa tinha, de certa forma, uma posição confortável dentro do litígio, pois na legislação vigente em Nova Jersey, naquele momento, o envenenamento por materiais radioativos não contava na lista de problemas trabalhistas passíveis de indenização. Além disso, pessoas que buscavam esse tipo de indenização deveriam entrar na justiça até dois anos após o término do período trabalhado na empresa acusada. Isso foi um problema pois a ação dos elementos radioativos no corpo dessas mulheres, por mais que fosse praticamente constante, era lento. Tal fato fez com que, em alguns casos, os primeiros sintomas aparecessem apenas vários anos após a saída dessas moças do cargo na empresa (Hoffman, 1925; Martland, 1929; DeVille & Steiner, 1997).

Outro motivo que dificultou a busca por um advogado foi o apoio da população à empresa. DeVille e Steiner (1997) relatam que vizinhos de Edna Hussman desconfiaram da veracidade de suas reclamações, por ela não apresentar nenhum sintoma evidente. Para a comunidade local, a empresa era muito importante por dar emprego a jovens mulheres de bairros periféricos, já que homens jovens estavam lutando na Primeira Guerra Mundial. Entre 1917 e 1923, mais de 800 mulheres foram empregadas por essa companhia. Esse apoio só diminuiu depois da imprensa noticiar o caso das garotas do rádio.

Para evitar danos à sua imagem e, consequentemente aos cofres da empresa, ocorreram algumas mudanças na dinâmica de trabalho na USRC. Passou a ser obrigatório o exame regular das pessoas que trabalhavam com produtos luminescentes, testes de sangue, de contagem de radioatividade pela respiração, testes dentários, entre outros. Caso algum empregado apresentasse qualquer sinal de envenenamento, deveria ser afastado das atividades e assumiria outra função na fábrica. Os operários que manuseavam produtos radioativos não poderiam exercer essa função por mais de dois anos ininterruptos e só poderiam voltar a ela após o mesmo período de tempo afastado. Tais pessoas passaram a trabalhar no máximo sete horas por dia e seis dias por semana (Leal & Forato, 2021).

Também passou a ser regra que as pintoras não poderiam se alimentar próximas às mesas de trabalho e crianças não foram mais admitidas nos estúdios. Um uniforme de trabalho foi providenciado e as dependências em que a pintura dos ponteiros era feita foram alteradas. Esses novos espaços deveriam ser ventilados e amplos, com espaço entre as bancadas das diferentes operárias (Martland, 1929).

3 DEPOIMENTO JURAMENTADO DE KATHERINE WILEY

Essa mudança no cenário não foi apenas devido ao depoimento de Grace Fryer. Outras personagens testemunharam no julgamento das "garotas do rádio", sendo fundamentais para que essas mulheres tivessem suporte em seu processo de adoecimento e luta por justiça. Artigos publicados à época, como os de Hoffman (1926) e Martland (1929), corroboraram os depoimentos juramentados das mulheres que se juntaram à ação movida por Grace. Um apoio importante foi concretizado pelo depoimento de Katherine Wiley, secretária executiva da Liga de Consumidores do Estado de Nova Jersey.

> Eu li a ata de reclamação da senhorita Grace Fryer, à qual este depoimento está anexado, e asseguro, pelo melhor de meu conhecimento e crença, que os assuntos e coisas abordadas ali são verdadeiras.
>
> A liga dos consumidores passou a se interessar pela situação na fábrica de Orange da United States Radium Corporation depois que passou a chamar a atenção a rapidez com a qual os casos de morte e doença foram aparecendo entre as funcionárias daquela companhia, sendo que aparentemente não havia mais nada em comum entre as referidas funcionárias do que seu emprego. Quando a atenção da United States Radium Corporation foi atraída para essa situação pela Liga dos Consumidores de NJ, a corporação, a partir de seus representantes e agentes negaram a acusação de que o rádio ou quaisquer outras substâncias radioativas, que eram manuseadas pelas funcionárias, eram de alguma forma responsáveis pelas doenças e mortes que ocorreram. (USA. New Jersey Supreme Court, 1927b, p. 24)

Apesar da USRC negar quaisquer responsabilidades pelo adoecimento das garotas, em seu depoimento juramentado, Katherine Wiley fez menção direta à manifestação de uma pessoa de fora da empresa, Dr. Blum, o médico que atendeu a senhorita Kuser:

> Embora essas funcionárias estivessem adoecendo, a companhia não fez nada sobre os casos até que pressões externas começaram a ocorrer. Dr. Theodore Blum de Nova Iorque acusou a companhia de ser responsável pela condição da senhorita Kuser, que foi empregada da Radium Corporation e paciente do Dr. Blum. A senhorita Kuser morreu logo em seguida. (USA. New Jersey Supreme Court, 1927b, p. 24)

Theodore Blum (1924) vinha trabalhando em muitos casos que aparentavam tendência de necrose na mandíbula, buscando compreender suas causas. Ele fez um apelo para as escolas de odontologia terem mais cuidado com as cirurgias de extração dentária e ainda investigou qual remédio deveria ser dado às pacientes. Blum discutiu casos que ainda não haviam sido elucidados. Mesmo quando finalmente encomendou uma investigação por especialista, a Radium Corporation só rompeu o sigilo do relatório quando uma publicação independente foi anunciada, como relata Katherine na continuação de seu depoimento:

> Como um resultado de estímulo externo, a companhia finalmente decidiu realizar uma investigação e o Dr. Drinker da Escola de Medicina de Harvard foi encarregado pela companhia para fazer essa investigação. O resultado da investigação de Drinker estabeleceu conclusivamente que as mortes precoces e as doenças entre as empregadas da United States Radium Corporation eram devidas ao fato de as funcionárias terem manuseado substâncias radioativas sem proteção adequada; além disso, Dr. Drinker em seu relatório fez sugestões para a proteção das operárias. Esse relatório que foi contrário aos interesses da companhia, mas que foi baseado na investigação solicitada e paga pela própria companhia, foi mantido em sigilo pela United States Radium Corporation, que mesmo depois da investigação feita pelo Dr. Drinker continuou negando sua responsabilidade vigorosamente, ao mesmo tempo em que abafou o relatório de Drinker. Nesse cenário, Dr. Frederick L. Hoffman que, junto com a Liga dos Consumidores, se interessou pela ideia de ele mesmo elaborar um artigo baseado nos materiais que poderiam ser conseguidos pelas próprias garotas (com pouca ou nenhuma assistência dada pela corporação), cujo artigo o Dr. Hoffman organizou para apresentar à Associação Americana de Medicina. Quando eu, por meio da Liga dos Consumidores, escrevi para a companhia falando que o Dr. Hoffman estava publicando a investigação e expondo os casos, isso não soaria bem aparecendo primeiro por um trabalho de fora da corporação.

A corporação finalmente decidiu permitir que o artigo de Drinker fosse publicado e o mesmo foi impresso no Jornal de Higiene Industrial em agosto de 1925, no volume 7 dessa publicação.

As coisas não pararam por aí, entretanto, apesar dos artigos de Hoffman e Drinker, a corporação continuou negando que substâncias radioativas causaram doenças nas empregadas. Em novembro de 1926, em resposta às cartas escritas pelo Dr. Frederick L. Hoffman para a United States Radium Corporation, solicitando que a corporação fizesse alguma coisa em favor da senhorita Fryer, que é a acusadora desse caso, a companhia escreveu para o Dr. Hoffman a carta que eu deixo uma cópia. (USA. New Jersey Supreme Court, 1927b, p. 24-25) (Figura 2) [4]

Posteriormente, um artigo foi publicado por esse Dr. Flinn referente a essa carta, no qual com apenas evidencias negativas e referência apenas ao trabalho de Drinker, ao qual pretendia responder, Dr. Flinn chegou à conclusão "que um perigo industrial não existe na pintura de ponteiros luminosos". (USA. New Jersey Supreme Court, 1927b, p. 26)

---

[4] "Nós certamente simpatizamos com a jovem dama cujas condições você descreveu, mas pode haver algum engano, pois, nas condições atuais, é perigoso tomar uma posição que pode ser mal compreendida ou gerar um precedente. Até onde vão nossas informações, a investigação científica, até o momento, não prova que a radioatividade foi a causa de algumas das condições comumente atribuídas a ela.
Se você considerar que vale a pena, nós ficaríamos muito felizes em ter o Dr. Frederick B. Flinn, Professor Assistente de Fisiologia em Higiene Industrial, Faculdade de Medicina e Cirurgia, Universidade de Columbia, número 47, oeste da rua 59, Nova Iorque, vendo a paciente que você mencionou. Sem dúvida você tem conhecimento de que o Dr. Flinn tem trabalhado bastante com relação às questões de envenenamento por radio e, consequentemente, deve estar em uma posição capaz de avaliar e oferecer assistência no tratamento desse caso."

> "We certainly sympathize with the young lady whose
> condition you describe, but are somewhat at a loss to know
> just what to say, since under present condition it is rather
> dangerous to take a position which mightbe misunderstood
> or tend to establish a precedent. So far as our information
> goes, scientific investigation to date does not prove that
> radio-activity has been the cause of some of the conditions
> commonly attributed to it.
>
> If you deem it worth while, we would be very glad to
> have Dr. Frederick B. Flinn, Assistant Professor of Physi-
> ology in Industrial Hygiene, College of Physicians and
> Surgeons, Columbia University, 437 East 59th Street, New
> York City, see the particular patient whom you mention.
> No doubt you are aware that Dr. Flinn has done a great
> deal of work in connection with the question of radium
> poisoning and, consequently, should be in a position to
> render valuable assistance in the treatment of this case."

Figura 2: Trecho de carta da Radium Corporation para o Dr. Frederick Hoffman anexado ao depoimento em juízo de Katherine Wiley. **Fonte**: National Archives Catalog[5].

Frederick Flinn foi um pesquisador da Faculdade de Medicina da Universidade de Columbia que argumentou contrariamente à atribuição dos problemas com as operárias como decorrentes de seu contato com substâncias radioativas. Os argumentos a que Katherine Wiley se referiu no depoimento estão em artigo publicado por Flinn no já prestigioso *Journal of the American Medical Association*, mais conhecido hoje pelo acrônimo *Jama*:

> Pelos fatos aqui apresentados, creio que temos razão para chegar à conclusão de que não existe risco industrial na pintura de mostradores luminosos. A única evidência contrária a esta conclusão repousa no fato de que cinco funcionários da fábrica de Orange da United States Radium Corporation morreram por alguma causa que não pode ser determinada nesta data. Estatisticamente, a evidência vai contra a suposição de que existe um perigo. Se não fosse assim, teríamos todos os motivos para esperar relatos de outros casos entre as quatro ou cinco mil meninas que se engajaram na Europa e neste país. Além disso, os casos deveriam ter surgido em outras fábricas que não a de

---

[5] Disponível em: <Copies of Court Documents, July, 1927 (archives.gov)>, acesso em 23 de fevereiro de 2022.

> Orange, pois outras meninas tiveram os mesmos materiais e o mesmo trabalho durante o tempo das meninas que morreram e, em muitos casos, por mais tempo. Além disso, mais tempo se passou em alguns desses casos desde a primeira exposição e a data de morte de qualquer um dos funcionários da Orange. As meninas que morreram trabalhavam todas juntas na mesma bancada, em algum momento entre os anos de 1917 e 1922. O diagnóstico de sífilis como fator contributivo consta da certidão de óbito de uma delas. Fui informado de boa autoridade que um irmão de outra sofria de um problema patológico obstinado na mandíbula. Ele nunca teve contato com tintas radioativas. Em outras palavras, esses casos não são claros. A angina de Vincent é conhecida por produzir um quadro patológico semelhante, às vezes terminando em morte. A infecção bacteriana não foi descartada de forma satisfatória. Outros fatores estavam presentes além da exposição ao rádio e mesotório. (Flinn, 1926, p. 2081)

Katherine Wiley conclui seu depoimento reafirmando sua posição e opinando sobre o comportamento da empresa durante todo o processo:

> Pela minha experiencia nessa questão em favor da Liga dos Consumidores, eu sei que o conhecimento científico apropriado como o das propriedades das substâncias radioativas é limitado a pouquíssimas pessoas, e que realizar uma investigação apropriada nesse assunto é extremamente difícil, e que a United States Radium Corporation fez todo o possível para abafar o assunto e tornar impossível qualquer alívio às funcionárias. (USA. New Jersey Supreme Court, 1927b, p. 26)

O depoimento de Wiley para o desfecho dessa história foi muito importante. Além de sua relativa autoridade por falar em nome da Liga, ela mobilizou sua rede de contatos (DeVille & Steiner, 1997) para fortalecer a defesa das *garotas do radio*.

4 DESFECHO DO JULGAMENTO

No final do seu depoimento em juízo, Wiley mencionou diversas fontes que puderam ser utilizadas neste recorte histórico. Com base nelas e em É possível reunir evidências de que a empresa agiu de diversas formas para diminuir a repercussão e o número de casos deflagrados entre suas funcionárias. A contratação de Frederick Flinn, citado nos depoimentos de Grace e Katherine, foi central para as estratégias da USRC.

A voz de um especialista, formado em uma Universidade de prestígio, como era já à época a Universidade de Columbia, tinha valor de autoridade no âmbito jurídico em que se desenvolvia o processo e certamente impactava não só a comunidade científica, como a sociedade como um todo. Tal especialista, Flinn (1926; 1927), publicou artigos minimizando os perigos do envenenamento por rádio e seus isótopos, investigando outras causas para as infecções que culminavam no adoecimento e morte de várias operárias. Flinn, ainda sem o diploma de medicina se voluntariou a realizar exames nas operárias que apresentavam sintomas iniciais ou já mais avançados. Já formado e trabalhando na Faculdade de Médicos e Cirurgiões da Universidade de Columbia, ele teve material de pesquisa financiado pela USRC (Figura 3).

Em 1997, artigo de dois historiadores, Kenneth DeVille e Mark Steiner, reuniu várias evidências do comprometimento de Frederick Flinn com a USRC (DeVille & Steiner, 1997, pp. 11-13). Além dos documentos do processo na Suprema Corte de Nova Jersey, hoje disponíveis na internet, os pesquisadores basearam-se em numerosas cartas enviadas por ele às mulheres litigantes. O arquivo aberto revelou como, financiado pela companhia, Flinn desestimulava as operárias para não entrarem na justiça contra a USRC, burlava o resultado de exames de pacientes, tentava convencê-las de que seus sintomas eram decorrência de outras enfermidades, se colocava na frente do aparelho que media a radiação emitida pelos corpos das mulheres, entre outras atividades para desestimular o litígio judicial. Devido à sua ação, não podemos conhecer o número real de mulheres vítimas do trabalho de pintura de ponteiros e mostradores de relógios. É possível que, com o diagnóstico de Flinn, essas pessoas saíssem da cidade em busca de outras possibilidades de tratamento e de recomeçar a vida, ainda que com sintomas cada vez piores (DeVille e Steiner, 1997). Mesmo obtendo resultados temporários para a imagem da USRC, Flinn não logrou êxito em todos os casos. Em relação à Grace, mencionar que a saúde da jovem estava melhor que a dele no momento da consulta não diminuiu o ímpeto da *garota do rádio*. Flinn também enviou uma carta com conteúdo parecido para Katherine Schaub, outra *garota do rádio*, vítima de envenenamento que também não se convenceu e buscou outras informações para compreender sua situação.

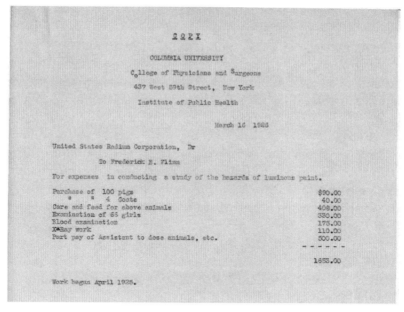

Figura 3: Financiamento à pesquisa de Frederick B. Flinn pela USRC.
Fonte: National Arquives Catalog[6].

---

[6] Disponível em: <https://catalog.archives.gov/id/75720708>, acesso em 01 de setembro de 2020.

A USRC utilizou ainda outros meios para, como mencionou Wiley, abafar o caso das *garotas do rádio*. Uma dessas estratégias foi a tentativa de utilizar questões socialmente controversas das vítimas com o intuito de chantageá-las para não se exporem e terem sua vida discutida de forma pública (Leal e Forato, 2021). Isso aconteceu com Ethel Metz.

A USRC contratou um detetive de Nova Iorque para investigar a vida das *garotas do rádio*. O profissional "descobriu" que Ethel era uma mãe solteira e que frequentava algumas festas, além de ter amigos homens. Descobriu também que ela se relacionava com um homem que não era o pai do seu filho. Obviamente, nenhuma dessas informações colhidas pelo detetive alteraria o rumo das investigações contra a companhia ou o desfecho do caso, porém a pauta de costumes era relevante e a reputação de uma mulher era facilmente abalada. Ethel foi questionada se gostaria de ter suas informações vazadas para o público (DeVille e Steiner, 1997).

Por fim, a empresa também buscou adiar o máximo que pode a realização do julgamento. As *garotas do rádio* impetraram o caso na suprema corte do estado de Nova Jersey, em maio de 1927. Os depoimentos citados acima ocorreram no mês de julho do mesmo ano. Entretanto, a USRC conseguiu adiar as audiências. Aconteceram novas sessões em janeiro de 1928, que foram adiadas após mais três dias de trabalhos. As novas datas seriam marcadas para setembro.

Nesse intervalo, a repercussão na mídia impressa foi muito grande, com um editorial de um jornal chamado *New York World* intitulado "Esse é um dos atos mais condenáveis travestidos de justiça que já chamou nossa atenção" (Martland, 1929, p. 1255; DeVille & Steiner, 1997, p. 308). Mesmo com todo o litigio e as dificuldades para concluir o caso, ele terminou em junho de 1928, com um acordo entre as partes.

> Uma variedade de fatores motivou o acordo final. Em primeiro lugar, o atraso no caso começou a prejudicar os interesses de longo prazo da corporação. A USRC fez um acordo porque temia que seu negócio sofresse publicidade adversa e por causa do perigo crescente de um número

desconhecido de processos futuros. Em segundo lugar, o caso teve um efeito "educativo". Quanto mais o caso estava nos noticiários, mais provável era que outros trabalhadores afetados considerassem abrir processos contra a empresa. De fato, depois que as Cinco Malditas Mulheres se tornaram notícia de primeira página, mais reclamações e processos vieram à tona. Terceiro, o acordo permitiu a USRC neutralizar os requerentes mais visíveis e perigosos e esperar por um caso mais favorável para levar a julgamento. Consequentemente, embora o atraso manipulado da USRC não tenha se desenrolado como previsto, ele atingiu vários dos objetivos do réu e permitiu que empregasse outras táticas para minar a ameaça de responsabilidade generalizada. (DeVille & Steiner, 1997, p. 309)

O acordo foi costurado por um juiz que não participava diretamente do caso. Porém, sabe-se que o mesmo já fora acionista da USRC (Leal e Forato, 2021). As *garotas do rádio* receberam dez mil dólares de indenização (contra os 125 mil dólares, solicitados pelos advogados de Grace Fryer), mais despesas médicas e uma pensão vitalícia.

Grace Fryer utilizou essa pensão até 1933, quando faleceu, aos 34 anos de idade.

AGRADECIMENTOS

O primeiro autor agradece o apoio da CAPES ao longo de seu doutorado, de outubro de 2019 a janeiro de 2023.

REFERÊNCIAS BIBLIOGRÁFICAS

BLUM, Theodor. Osteomyelitis of the Mandible and Maxilla. *The Journal of the American Dental Association*, **11** (9): 802-805, September 1924.

DEVILLE, Keneth A.; STEINER, Mark E. New Jersey Radium Dial Workers and the Dynamics of Occupational Disease Litigation in the Early Twentieth Century. *Missouri Law Review,* **62** (2): 281-314, 1997.

FLINN, Frederick B. Radioactive Material an Industrial Hazard? *Journal of the American Medical Association*, **87** (25): 2078-2081, 1926.

FLINN, Frederick B. A Case of Antral Sinusitis Complicated by Radium Poisoning. *The Laryngoscope*, **37** (5): 341-349, 1927.

GUNDERMAN, Richard B; GONDA, Angela S. Radium Girls. *Radiology*, **274** (2): 314-318, 2015.

HOFFMAN, Frederick L. Radium (Mesothorium) Necrosis. *Journal of the American Medical Association*, **85** (13): 961-965, 1925.

LIMA, Rodrigo S.; PIMENTEL, Luis Cláudio F.; AFONSO, Júlio C. Passando em revista a segurança e a radioatividade no início do século XX. *RQI*, (1º trimestre): 10-17, 2015.

LEAL, Karel P; FORATO, Thaís C. M. As garotas do rádio e sua busca por justiça e dignidade: Possibilidades de abordagens históricas para o ensino de ciências. *Revista Brasileira de História da Ciência*, **14** (2): 252-275, 2021.

MARTLAND, Harrison S. Radium Poisoning. *Monthly Labor Review*, **28** (6): 20-95, 1929.

MARTLAND, Harrison S.; CONLON, Philip; KNEF, Joseph P. Some Unrecognized Dangers in the Use and Handling of Radioactive Substances. *Journal of the American Medical Association*, **85** (23): 1769-1776, 1925.

MARTINS, Roberto A. Como Becquerel não descobriu a radioatividade. *Caderno Brasileiro de Ensino de Física*, **7** (num. Especial): 27-45, 1990.

MOORE, Kate. *The Radium Girls: They Paid with their Lives. Their Final Fight was for Justice*. London: Simon & Schuster, 2016. E-book Kindle.

USA. NEW JERSEY SUPREME COURT. Essex County. Grace Fryer, Plaintiff, vs United States Radium Corporation, a corporation of the State of Delaware, Defendant, Action at Law Complaint. In National Archives Catalog. Safety Light Collection, Series: Records Related to Radium Dial Painters. Copies of Court Documents, July, 1927 (a). Disponível em:

<https://catalog.archives.gov/id/75721706?objectPanel=transcription&objectPage=10>, acesso em 05 de abril de 2022.

USA. NEW JERSEY SUPREME COURT. Essex County. Katherine C. T. Willey affidavit at Grace Fryer, Plaintiff, vs United States Radium Corporation, a corporation of the State of Delaware, Defendant, Action at Law Complaint. In National Archives Catalog. Safety Light Collection, Series: Records Related to Radium Dial Painters. Copies of Court Documents, July, 1927 (b). Disponível em: <https://catalog.archives.gov/id/75721706?objectPanel=transcription&objectPage=24>, acesso em 05 de abril de 2022.

De volta às pessoas e suas materialidades: significados renovados às biografias científicas

Maria Elice de Brzezinski Prestes
Departamento de Genética e Biologia Evolutiva, Instituto de Biociências,
Universidade de São Paulo
eprestes@ib.usp.br
Marcelo Monetti Pavani
Mestrando do PPG Interunidades em Ensino de Ciências da USP
marcelopavani@alumni.usp.br

1. INTRODUÇÃO

Se as biografias constituem um gênero de grande sucesso editorial, sua valoração na produção historiográfica, na História da Ciência e em outras áreas do conhecimento, foi muito variável ao longo do século XX. Neste trabalho, fazemos uma breve recapitulação desses movimentos no campo literário e no da História, para focalizar, a partir dessas duas tradições, o papel da biografia na produção da História da Ciência em particular. Construímos nossa narrativa sob a perspectiva de que as biografias podem ser utilizadas para compreender algumas controvérsias que marcaram a historiografia da ciência durante o século XX e para delinear o significado renovado que apresentam na produção atual da História da Ciência.

Nunca como hoje se praticou tanto na História da Ciência o exame dos aspectos não epistêmicos do fazer científico. Isso mesmo que se dispusesse, já há algumas décadas, de uma concepção ampliada da própria ciência – vale dizer, de uma noção para além da ideia de que o componente "conceitual sozinho fosse suficiente para formular uma compreensão adequada do empreendimento científico", como caracterizado no positivismo lógico dos anos 1930 (Laudan, 1990, p. 48).

Desde a renovação da historiografia da ciência da segunda metade do século XX, ao menos entre os profissionais da área, predominaram estudos que tomam a ciência como uma atividade humana construída não apenas a partir de sua dimensão epistêmica ("interna"), mas também social ("externa"), contingenciadas, ambas, a seus momentos históricos e culturais próprios. Como um dos reflexos dessas mudanças, os próprios objetos de pesquisa histórica foram realocados. Para além, ou mesmo, em lugar do cientista notável, os técnicos e auxiliares de pesquisa, os "menores", *savants d'en bas*, os que ocupam os "espaços de invisibilidade" (Monti & Ratcliff, 2004; Almeida, 2003[1]; Figueirôa, 2007, p. 11). Se já amadurecida nos anos 1990, a renovação historiográfica da ciência ainda sofria com os reflexos da tradição guiada pelo *instinto do precursor* e buscava libertar-se desse fantasma, "que em grande medida havia fabricado não só os cientistas invisíveis, mas as condições de sua invisibilidade" (Monti & Ratcliff, 2004, p. vi). Nesse aspecto, é luminosa a metáfora de ciência como um iceberg utilizada por Maria Teresa Monti. Enquanto os atores privilegiados emergem da ideia de *contribuições à ciência* e assim ocupam os verbetes do *Dictionary*

---

[1] Como exemplo da disseminação do conceito de "invisíveis da ciência" no Brasil, tome-se o livro de Marta de Almeida de 2003 intitulado *República dos Invisíveis: Emílio Ribas, Microbiologia e Saúde Pública em São Paulo*. A autora, ainda que sem desenvolver o conceito utilizado no título da obra, busca distanciar-se de trabalhos anteriores em que Emílio Ribas foi tomado como um "médico-herói injustiçado pela história diante do esquecimento de sua contribuição ao progresso da medicina brasileira" e cuja "imagem foi obscurecida pela imagem de outro médico, Oswaldo Cruz" (pp. 17-18), reavaliando o seu espaço como tripartite, de médico clínico, médico pesquisador e médico administrador em cargos do Serviço Sanitário, órgão público responsável pelo saneamento e pelas políticas de higienização do estado de São Paulo. O estudo de caso não deixa de realçar a complexidade do conceito na medida em que as contribuições visibilizadas de Emílio Ribas acabam por recriar espaços de invisibilidade em torno dele, ou abaixo dele, tomando a imagem de ciência iceberg de Maria Teresa Monti.

of Scientific Biography e das diversas biografias nacionais, é no volume submerso, muitas vezes maior, que se encontra a massa crítica necessária e ativamente implicada nas fundações de todos os campos científicos, os atores e atrizes menos privilegiadas, as faces esquecidas (ou silenciadas) de gênero, de subjetividades, de esferas de poder e influência pessoal ou institucional.

Simultaneamente, em vez do interesse exclusivo pela contribuição de indivíduos isolados, foi dada ênfase ao trabalho de grupos, de comunidades de saberes e práticas científicas. O foco muda então das *maiores contribuições* para todo o conjunto de *realizações* de um agente da ciência ganha significados relevantes. O foco epistêmico se alargou e não só na dimensão temporal como operado na historiografia da ciência desde os anos 1960, mas nos vários espaços do presente. Se desde lá se buscou não só a ciência do passado, pois "o passado de uma ciência não se confundiria com a mesma ciência no passado", como lembra Gildo Magalhães (2018, p. 354), ecoando George Canguilhem (1977), para além do reconhecimento dos saberes antecessores às ciências modernas, como no exemplo icônico da passagem da alquimia à química, interessa ainda conhecer os saberes de povos tradicionais da atualidade e investigar de que modo dialogam com os domínios de conhecimento legitimados na academia do tempo presente. Se tais interesses não são novos, nem mesmo na sôfrega institucionalização da História da Ciência no Brasil, de que a Etnomatemática de Ubiratan d'Ambrosio é possivelmente o exemplo pátrio mais longevo e de maior prestígio, eles atraem hoje o interesse majoritário e se impõem com uma nova urgência, ditada pelo ideal expandido de justiça social.

Com o crescimento e predomínio atual dessas tendências poderia se esperar um declínio, senão o total desaparecimento, das biografias científicas, envelhecidas com o antigo interesse pela vida de indivíduos, de pessoas. Não inteiramente surpreendente, contudo, é que isso não ocorreu – e, provavelmente, não ocorrerá, como os elementos trazidos ao longo deste texto parecem indicar.

2. O PODER DO TEMPO

Tome-se, de início, a dimensão histórica de longa data das biografias. Elas são uma das mais antigas formas de Literatura, muito embora, por seu frequente vínculo com o passado, também sejam consideradas um ramo da História. O rastreio das biografias desde a Antiguidade se desprende do vício continuísta, note-se bem, em sentido análogo ao que Georges Canguilhem sinalizou para as ciências – de que o passado de uma dada ciência atual não se resume ao que as pessoas que hoje praticam essa ciência realizam, mas "a tudo o que pessoas" a que nos referimos por outros apelativos profissionais, isto é, agricultores, apicultores, criadores de animais, pescadores etc., "puderam escrever, com relação a suas conjecturas, observações ou experiências" sobre os objetos dessa ciência (Canguilhem, 1977, p. 14).

É dessa perspectiva que se reafirma aqui que os 4 volumes de *Les vies des hommes ilustres* de Plutarco (c.46-125) tomam parte na história do gênero biografia (Martins, 2001, p. 16). Escritos em grego entre os anos 100 e 125, esses volumes reúnem 46 biografias de homens notáveis da política. Transparece, desde lá, a composição dual do gênero biográfico que se faz com um pé na história, porque relata os feitos e se distancia dos mitos, e outro pé na literatura, porque se desvia das grandes ações públicas e atenta sobre os fatos menores para deles revelar as personagens. Apresentados aos pares por Plutarco, um personagem grego e um romano célebres, o relato dos traços de vida de cada um é sucedido de um texto em que a imaginação criativa do biógrafo traça relações livres da realidade histórica entre os biografados. Em seu ofício paciente e meticuloso, o historiador da ciência que não se limita à leitura da "biblioteca especializada" da ciência do passado, logo encontra, em meio aos pares eleitos por Plutarco, relatos da vida de outras personagens de interesse. Assim é que ao ler sobre o rei da Macedônia, Alexandre, e o imperador de Roma, César, encontram-se trechos biográficos de Aristóteles; e sobre o nobre de Tebas, Pelópidas, e o general romano, Marcellus, amante das letras gregas e da eloquência, lê-se sobre a vida e obra do geômetra Arquimedes. Não por acaso, no século XVIII, ainda que mais pelo traço literário que histórico, Plutarco foi considerado o "príncipe dos biógrafos" (May, 1984, p. 155).

O interesse pela biografia daqueles que se dedicaram às ciências modernas, desde seus inícios na passagem do século XVI ao XVII, fez emergir um gênero historiográfico particular. Porém, além de tomado em si mesmo, o estudo biográfico tornou-se também um instrumento de investigação de enorme valor e utilidade a profissionais diversos.

3. BIOGRAFIA COMO GÊNERO NA LITERATURA

Registrar a carreira de um "homem ou mulher" em palavras escritas é uma "ambição muito familiar" (Lee, 1911, p. 5). É assim que o biógrafo inglês Sidney Lee (1859-1926) inicia seu pequeno livro *Principles of Biography*, de 1911. Seu ponto de partida, o de tratar da qualidade essencial do tema, isto é, a carreira de uma pessoa que "justamente merece esforço biográfico", é complementado pela discussão de métodos de apresentação que concedem os melhores efeitos à biografia e pela indicação de alguns caminhos a serem evitados. O livro do Sir Sidney Lee representa assim mais do que um guia para a prática, mas um esforço teórico sobre o gênero.

A não pequena ambição de sugerir causas do sucesso ou fracasso da prática biográfica se explica pela carreira de Sidney Lee como editor do *Dictionary of National Biography* (DNB). Seguindo tradição francesa e alemã do século XIX, a publicação dos 63 volumes do DNB, de 1885 a 1901, reúne personalidades eminentes do Reino Unido. As publicações *Who's who* que se avolumaram no século XX, tanto gerais quanto setorizadas, como um *Who's who in the Bible*, ilustram o papel de fonte secundária à pesquisa, juntamente com, por exemplo, volumes memoriais e obituários (Kragh, 1987, p. 123).

A perspectiva de reconstrução da vida do personagem biografado, através de vestígios da sua existência – como documentos, relatos ou a própria memória do personagem – oferece acesso a trajetórias de vida consideradas icônicas e aos eventos que definiram essas trajetórias. Essa compreensão da biografia se aproxima daquela a que a biógrafa e crítica literária britânica Hermione Lee, metaforicamente relacionou a uma autópsia – na qual o emprego de um conjunto de técnicas permite encontrar evidências para a reconstrução de aspectos da vida do indivíduo que não está mais ali – em contraposição à biografia enquanto uma fotografia – que se espera ser uma representação inequívoca dos eventos em um dado momento. Em qualquer dos dois casos, o interesse despertado pelas biografias provém da expectativa de que a aproximação entre o leitor e o biografado fornece elementos para aquele valorar a trajetória deste, elevando-o à condição de conduta modelar – ou contra-modelar (Lee, 2009).

4. BIOGRAFIA COMO GÊNERO NA HISTÓRIA

Vários autores de diferentes áreas das ciências humanas e das artes foram herdeiros do *Principles of Biography*. O impacto mais significativo da obra não foi, contudo, a educação dos biógrafos, como prognosticado por Sidney Lee, mas foi a teorização da biografia como suporte para o estudo da História.

Foi o campo da História em geral que assistiu as oscilações das biografias ao longo do século XX. Como assinalado pela historiadora alemã Simone Lässig, houve um declínio das biografias durante o intervalo desde o pós-guerra até a década de 1970, em que os historiadores procuravam construir uma "ciência histórica dirigida pela teoria, profundamente cética em relação a abordagens puramente hermenêuticas, e tendiam a voltar seus interesses a estruturas e desenvolvimentos de longa duração, em detrimento de eventos ou indivíduos singulares" (Lässig, 2008, p. 1). Esse declínio da produção biográfica no campo histórico (ainda que temporário) responde à forte influência da *École des Annales,* surgida na França em 1929 (Lässig, 2008, p. 2). Na primeira geração desses pesquisadores procurou-se um distanciamento da produção de uma história factual de eventos singulares, marcada pela ação de "grandes homens", situada numa temporalidade de curto prazo (Le Goff, 1990, p. 41-42). Em seu lugar, buscou-se a compreensão de processos mais amplos de mudanças e permanências estruturais, produtos de forças históricas que se deixam perceber apenas quando consideradas temporalidades alargadas (Le Goff, 1990, p. 44-48). Em *Apologia da História*, o historiador Marc Block, fundador da *École des Annales*, afirma (em texto ainda não atualizado pela problemática de gênero):

> Há muito tempo, com efeito, nossos grandes precursores, Michelet, Fustel de Coulanges, nos ensinaram a reconhecer: o objeto da história é, por natureza, o homem. Digamos melhor: *os homens*. (Block, 2001, p. 54, grifo nosso)

Um exemplo herdeiro da sugestão de Marc Block entre nós é desenvolvimento de uma historiografia das coletividades pelo historiador Benito Schimdt, na qual caberia um papel apenas marginal para a biografia – quando muito para compreender "fenômenos coletivos, em especial as 'utensilagens mentais' próprias de determinados contextos" (Schimdt, 2012, p. 191). Se as grandes estruturas da história se revelam apenas quando considerada a longa duração, o que poderia dizer sobre essas estruturas a história de um homem que se desenrola numa duração temporal tão mais curta?

André Burguière, historiador francês da quarta geração dos *Annales*, aponta que também Lucien Febvre, outro fundador dos *Annales*, compartilhava da perspectiva de Block, dando às coletividades papel central nos estudos daquela tradição. "Não o homem, nunca o homem, sociedades humanas, grupos organizados", escreveu Lucien Febvre, nessa linguagem igualmente pré-feminista, *La terre et l'evolution humaine* (Febvre *apud* Burguière, 1982, p. 429). Famosa, a afirmação se mantém não apenas em toda a obra de Marc Block – historiador das estruturas agrárias e do mundo camponês, da sociedade feudal, da servidão, dos problemas monetários da Europa medieval e das funções mágicas da realeza – mas também no empreendimento conjunto dos *Annales* de 1929 até a guerra (Burguière, 1982, p. 429).

No entanto, por mais influente que tenham sido os *Annales* na primeira metade do século XX, o abandono da produção biográfica foi temporário. Jacques Le Goff, ele próprio um membro de sua terceira geração, reposiciona a discussão. Para ele, a negação do interesse pelo homem, reclamada por Febvre em 1922, não buscava diminuir o interesse historiográfico pelo indivíduo, mas "por uma ideia abstrata de homem – o homem universal, perpétuo e imutável, dos teólogos e filósofos" (Le Goff, 1989, p. 208). Le Goff afirma ainda que até mesmo a abordagem dos primeiros historiadores da *École des Annales*, como Febvre, mantinha uma perspectiva de retrato de personagens históricos, mas de retratos contextualizados (*ibid*, p. 208).

Escrevendo no final da década de 1980, Le Goff já estava identificando a renovação do interesse historiográfico pelas biografias. Defende o resgate do indivíduo como o elemento concreto que produz e sofre os efeitos da produção histórica e que havia desaparecido em meio à análise abstrata de estruturas sociais e históricas em tempos profundos (Le Goff, 1989, p. 208). Esse resgate, obviamente, não significava a retomada da tradição reverencial e hagiográfica; ao contrário, se distanciava da escrita "anacrônica, retórica, superficial, anedótica" da produção biográfica tradicional (Le Goff, 1989, p. 209). As novas produções deveriam considerar as contribuições que diversas disciplinas, como a Sociologia, a Economia, os Estudos culturais, a Psicologia, poderiam trazer às reconstruções biográficas.

Na medida em que as interpretações estruturais foram sendo abandonadas na historiografia, o gênero biográfico voltou a despertar o interesse dos historiadores. Simone Lässig identifica o período, anos 1980, como de "demanda para trazer os atores humanos de volta ao palco" (Lässig, 2008, p. 3).

Convergindo com essa periodização, Hans Renders e Binne de Haan reconhecem que, a despeito da grande popularidade das biografias, foi só nas últimas décadas que a academia deixou de olhar o gênero com ceticismo (*in* Renders, de Haan & Hamilton, 2014, p. 2-3). Reunindo contribuições de historiadores consagrados, como Carlo Ginzburg, o livro *Theoretical Discussions of Biographies: Approaches from History, Microhistory and Life Writing*[2] registra a emergência dos Estudos

---

[2] É interessante notar as divergências do campo. Apesar do título do livro sugerir um alinhamento dos Estudos Biográficos com o Relato de Vida, os editores do

Biográficos, seus desafios e horizonte teórico. Em 2016, novo volume coletivo, desta vez intitulado *The Biographical Turn: Lives in History*, no qual se reconhece a "virada biográfica" dos anos 1980 – já anunciada por Simone Lässig em 2005 – pela "emergência da pesquisa biográfica como um método de investigação acadêmica crítica" nas humanidades e na sociedade e cujas consequências teóricas e metodológicas são tratadas de forma sistemática e abrangente (Renders, de Haan & Harmsma, 2016, pp. 23-24).

5. BIOGRAFIA NA PRODUÇÃO EDITORIAL E NA PESQUISA

As biografias nunca deixaram de atrair grande interesse do público leitor (Harman, 2018, p. 2; Renders & de Haan, 2014, p. 1). Na prática dos historiadores da ciência, a biografia passou à larga escala de produção desde os anos 1960 (Nye, 2006). Afirmações como essas podem ser rapidamente fundamentadas com dados atuais.

Não importa qual classificação de tipos de livros se examine. "Biografia e Autobiografia" é um dos 53 gêneros de uma das listas mais abrangentes da indústria editorial, a *Complete BISAC Subject Headings List*, produzida e constantemente atualizada pelo *Book Industry Study Group* (BISG). Assim acontece também na lista de 27 temáticas que baliza o mercado livreiro no Brasil, *Produção e Vendas do Setor Editorial Brasileiro: Ano Base – 2022*. Essa lista (Figura 1) não apenas testemunha a presença das biografias, como ilustra a sua preponderância em termos de exemplares produzidos em comparação a temáticas sabidamente consagradas no mercado editorial, como as de Medicina, Farmácia, Saúde Pública e Higiene, a de Educação e Pedagogia, ou ainda a de Artes e outras mais.

---

volume explicitam seu criticismo a este último, o Relato de Vida, "que se multiplicou pelas instituições universitárias do mundo todo" e é adotado por novelistas como uma forma literária que lhes serve de "camuflagem, uma desculpa para não fazer uma pesquisa séria" (Renders & de Haan, in Renders, de Haan & Hamilton, 2004, p. 3).

TEMÁTICAS
Produção

2021

	Exemplares Total	Participação %
Didáticos	212.413.225	54,38
Religião	60.852.342	15,58
Literatura Adulta	22.774.417	5,83
Literatura Infantil	26.092.329	6,68
Literatura Juvenil	24.420.154	6,25
Autoajuda	10.111.425	2,59
Economia, Administração, Negócios e Adm. Pública	5.031.926	1,29
Literatura Jovem Adulto	3.060.191	0,78
Ciências Humanas e Sociais	3.547.777	0,91
Psicologia e Filosofia	3.679.321	0,94
Direito	3.480.455	0,89
Biografias	2.800.682	0,72
Medicina, Farmácia, Saúde Pública e Higiene	1.633.382	0,42
Educação e Pedagogia	1.680.930	0,43
Línguas e Linguística	1.044.691	0,27
HQs	1.070.849	0,27
Artes	857.663	0,22
Engenharia e Tecnologia	691.126	0,18
Matemática, Estatística, Lógica e Ciências Naturais	632.835	0,16
Dicionários e Atlas Escolares	323.594	0,08
Gastronomia e Culinária	279.889	0,07
Informática, Computação e Programação	243.453	0,06
Educação física e Esportes	173.412	0,04
Arquitetura e Urbanismo	292.190	0,07
Agropecuária Veterinária e Animais de Estimação	162.003	0,04
Turismo e Lazer	111.231	0,03
Outros	3.113.000	0,80
Total	390.574.490	100

Nielsen BookData | Produção e Vendas, Ano Base 2022

Figura 1. Número absoluto e percentual de exemplares de livros produzidos no Brasil em 2021 segundo áreas temáticas. **Fonte**: Nielsen BookData, 2023.

Uma breve exploração na base de dados da *Isis Current Bibliography* (*IsisCB*) mostra que as biografias científicas não têm a sua presença ameaçada, mas ganharam espaço próprio reconhecido no Índice de Assuntos, onde foram incluídas na edição de 2002 e permaneceram até 2018, quando a edição impressa passou por reformulações, dentre as quais, por limitação de páginas, a exclusão desse índice[3].

---

[3] O Índice de assuntos foi incluído na *Isis Current Bibliography* por Stephen P. Weldon ao assumir o posto de Bibliógrafo da HSS, em 2002, e foi mantido até o volume de 2018. No volume de 2019 Weldon justifica a ausência do índice de assuntos devido ao uso de novos scripts mais compatíveis com a estrutura de

O levantamento que fizemos das ocorrências das biografias no Índice de Assuntos da *IsisCB* (Figura 2) revela a presença significativa do gênero no trabalho dos historiadores da ciência. Além disso, nas últimas duas décadas houve uma expansão do próprio objeto a ser biografado. Na História da Ciência e nas outras áreas, as pessoas, personagens gerais da história ou da contemporaneidade, estão hoje acompanhadas no gênero biográfico dos mais diferentes entes.

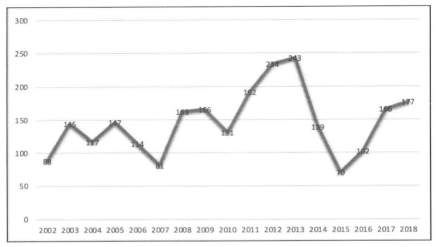

Figura 2. Número de ocorrências de biografias no Índice de Assuntos da *Isis Current Bibliography*, de 2002 a 2018[4].

---

dados corrente do material. No volume de 2020, celebrado como a maior bibliografia anual da *Isis* já publicada, Weldon anuncia que, por restrição de páginas, o índice de assuntos ficará excluído da versão impressa e substituído pelo Índice de pessoas e instituições, além do Índice de autores. O editor lembra que a busca por assuntos pode ser feita pelo sistema online IsisCB Explore e pelo HSTM database na EBSCO.

[4] No volume 2002, o Índice de assuntos é bem mais reduzido que o dos anos subsequentes e não lista as biografias em separado. Assim, para esse ano, o número de 88 ocorrências foi obtido mediante busca no pdf com sete termos relacionados (eloge, biogr, memorium, obituary, life and, life, lives). Os demais valores, de 2003 a 2018, foram obtidos somando-se as ocorrências assinaladas no item Biografias do Índice de Assuntos impresso em cada volume.

Por vezes, o objeto biografado é uma obra, tanto científica, como *"A Origem das Espécies" de Darwin: Uma biografia* (Browne, 2007), quanto religiosa, como o *The Qur'an: A Biography* (Lawrence, 2006), a *The Bible: A Biography* (Armstrong, 2007), ou filosófica, como a *Plato's Republic: A Biography* (Blackburn, 2006), ou ainda literária, como *Homer's the Iliad and the Odyssey: A Biography* (Manguel, 2007).

Outras vezes o objeto da biografia é uma emoção, como a solidão, *A Biography of Loneliness: The History of an Emotion* (Alberti, 2019), ou um objeto científico, como *Biographies of Scientific Objects* (Daston, 1999), ou uma estrutura anatômica, *Vagina: A New Biography* (Wolf, 2013), ou um número, como *Pi: A Biography of the World's Most Mysterious Number* (Posamentier & Lehmann, 2004).

Outras vezes ainda é uma cidade, *Rome: The Biography of a City* (Hibbert, 1998), um país, como *Brasil: Uma biografia* (Schwarcz & Starling, 2015) ou uma obra arquitetônica, *Universe of Stone: Chartres Cathedral and the Invention of the Gothic* (Ball, 2009)[5].

Indicação da vitalidade das biografias como gênero de produção acadêmica é a sua contraparte na pesquisa, representada por periódicos e instituições especializadas. Dentre os periódicos, alguns são mais gerais, como <u>a/b: Auto/Biography Studies</u>, que publica estudos sobre autobiografias, biografias, narrativas de vida, bioficção, autoficção e estudos de identidade, envolvendo uma comunidade global diversificada de acadêmicos, e <u>Biography: An Interdisciplinary Quarterly</u>, que explora as dimensões teóricas, genéricas, históricas e culturais da escrita da vida e promove a integração da literatura, da história, das artes e das ciências sociais no que se refere à biografia. Outros periódicos são mais específicos, como o <u>Journal of Medical Biography</u>, de 1993, que

---

[5] A tendência seja talvez até mais forte no mercado editorial do que na academia, como indicam biografias escritas por jornalistas, tais como, *Genius: The Life and Science of Richard Feynman*, de James Gleick (1993); *Zero: The Biography of a Dangerous Idea* (Seife, 2000); *Trailblazers: 33 women in science who changed the world*, de Rachel Swaby (Random House, 2016);

abrange personalidades médicas e outras na área de saúde, hospitais, instrumentos, técnicas, entre outras, apresentando pesquisas originais sobre pessoas e lugares, lendários e menos conhecidos. Embora mais expressivos hoje, não se pode esquecer dos periódicos centenários voltados ao gênero, como *Virginia Magazine of History & Biography*, de 1893, o *Pennsylvania Magazine of History and Biography (PMHB)* criado em 1877 (Figura 3). No âmbito das personagens da ciência, o *Biographical Memoirs of Fellows of the Royal Society*, iniciado com os Obituários dos membros da *Royal Society*, em 1830, entre outros. Institucionalmente, a expansão correlata é notada hoje nos vários centros especializados de pesquisa, como o *Center for Biographical Research* da Universidade do Havaí em Manoa, além de museus biográficos espalhados pelo mundo.

Figura 3. Página de rosto do primeiro volume *do The Pennsylvania Magazine of History and Biography*, de 1877.
Fonte: Jstor.org.

O resultado inequívoco da expansão é conhecido na ampla e diversificada produção bibliográfica sobre biografias em geral[6] e na História da Ciência em particular, tanto em termos de fonte secundária[7] quanto terciária[8].

Parece bastante relevante perguntar sobre quem as biografias científicas têm sido escritas ao longo do tempo. Uma resposta

---

[6] Alguns exemplos que valem ser citados, trazemos aqui o volume editado por Maureen Perkins, *Locating life stories: Beyond East-West binaries in (auto)biographical studies* (University of Hawaii Press, 2012) e iniciativas como o *The Biography Portal* na Wikipedia.

[7] Outros exemplos dignos de citação são Elena, Alberto. Exemplary lives: Biographies of scientists on the screen. *Public Understanding of Science*, 2 (3): 205-223, 1993; *Black women scientists in the United States* edited by Wini Warren (Indiana University Press, 1999); *The genius of science: A portrait gallery*, edited by Abraham Pais (Oxford University Press, 2000; *The scientists: A history of science told through the lives of its greatest inventors*, edited by John Gribbin (NY: Random House, 2002); Biographical Encyclopedia of Scientists, edited by John Daintith (Routledge, 2008); *Nathaniel Bowditch and the Power of Numbers: How a Nineteenth-Century Man of Business, Science, and the Sea Changed American Life*, de Tamara Plakins Thornton (University of North Carolina Press, 2016); *Exact thinking in demented times: The Vienna Circle and the Epic Quest for the Foundations of Science*, by Karl Sigmund (Basic Books, 2017); *Helmholtz: A Life in Science*, de David Cahan (Cambridge University Press, 2018); *Ernst Mach: Life, work, influence*, editado por Friedrich Stadler (Vienna Circle Society / Springer, 2019).

[8] Entre as fontes terciárias, entendidas como os dicionários, enciclopédias e catálogos, vale mencionar *World who's who in science: A biographical dictionary of notable scientists from Antiquity to the present*, edited by Allen G. Debus (Marquis-Whos's Who, 1968); *Chambers biographical encyclopaedia of scientists* (Chambers, 1983); *A historical catalogue of scientists and scientific books: From the earliest times to the close of the nineteenth century*, edited by Robert M. Gascoigne (New York: Garland, 1984); *Biographies of scientists for Sci-Tech libraries: Adding faces to facts*, edited by Tony Stankus (Routledge, 1991); *The biographical dictionary of scientists*, editado por Roy Porter (Oxford University Press, 1994); *Larousse dictionary of scientists* (Larousse, 1994); *Notable twentieth-century scientists* (Gale Research, 1995); *To light such a candle: Chapters in the history of science and technology*, edited by Keith J. Laidler (Oxford University Press, 1998); *The biographical dictionary of women in science: Pioneering lives from ancient times do the mid-20th century*, edited by Marilyn Ogilvie and Joy Harvey (Routledge, 2000); *The Cambridge Dictionary of Scientists* (Cambridge University Press, 1996);

consistente provém de estudo bibliométrico recente realizado por Olesia Iefremova, Kamil Wais e Marcin Kozak, sobre um *corpus* que abrangeu 190.350 artigos de caráter biográfico, publicados entre 1945 e 2014 e indexados no *Web of Science*. A análise conclui que 78% dos 190.350 artigos (ou seja, 148.509 artigos) foram escritos *sobre* homens e apenas 15,8% deles (ou seja, 30,152 artigos) têm uma mulher como personagem biografada[9]. A distribuição do objeto das biografias por gênero no período de 1945-1970 foi de 9:1, enquanto a partir da década de 1970 houve um pequeno aumento na produção sobre mulheres, que passou a corresponder a 20% do total e se manteve nessa proporção durante todo o resto do período (Iefremova, Waiz & Kozad, 2018, p. 1704). A mesma estratificação foi feita em relação às autorias[10] dos artigos. Das 251.908 autorias, 45% delas eram de homens (114.083) e 15% de mulheres (37.275) (*Id., ibid.*, p. 1712). Embora os dados pareçam indicar que o que temos são homens escrevendo sobre homens, um aspecto metodológico da pesquisa suspende a generalização. Ao contrário do que aconteceu durante a identificação dos personagens biografados, o algoritmo utilizado no estudo não conseguiu identificar o gênero de 40% dos autores (100.500 nomes)[11]. Parece seguro, no entanto, afirmar que as contribuições feitas por mulheres na ciência estão sub-representadas no panorama das biografias científicas, tanto na autoria dos trabalhos, como no objeto biografado (*Id., ibid.*, p.

---

[9] O estudo utilizou um algoritmo treinado para identificar, a partir de um banco de dados, o gênero mais provável associado a um dado nome. No entanto, os pesquisadores alertam que o algoritmo não foi capaz de identificar o gênero da personagem biografada em 11.689 artigos (6,1% do total) (Iefremova et al, 2018, p. 1704).

[10] O estudo define autoria como a "associação entre o título do artigo e o nome de um dos autores" (Iefremova et al, 2018, p. 1698). Assim, a um dado autor pode corresponder várias autorias, bem como a um dado artigo pode corresponder várias autorias.

[11] As autoras apontam duas razões pelas quais não foi possível fazer a identificação correta: algumas autorias eram anônimas (11% do total) e, no caso de autorias assinadas, o uso de iniciais no lugar dos nomes dos autores impediu sua identificação correta.

1716). Também fica evidente o alerta dado por Umberto Eco em 1977 sobre a importância de fugir à tradição anglo-saxã e fornecer o primeiro nome de autores por extenso, como dita o costume entre as línguas latinas (Eco, [1977], 2008).

6. BIOGRAFIA NA HISTÓRIA DA CIÊNCIA CONTEXTUAL

Se as biografias insistem em manter-se presentes em diferentes campos de conhecimento e junto ao público em geral, cabe identificar qual valor lhes cabe hoje na História da Ciência em particular, depois da renovação contextualista das últimas décadas do século XX, que a voltou aos invisíveis, aos povos tradicionais, às mulheres e aos pretos, e, neste início de século XXI, ainda aos LGBTQ+, às crises, à violência? Para discutir essas questões, parece importante relacionar o gênero biografia às antigas controvérsias que marcaram a historiografia da ciência. Embora sejam bem conhecidas dos especialistas, se faz necessária uma passagem breve sobre as referidas controvérsias para que emerja a perspectiva de tratamento do tema aqui almejada.

O gênero biográfico não passou por período de declínio só no campo geral da História. A crítica foi intensa e dura sobre a "velha má História da Ciência do começo do século XX", criticada pelo desfile enciclopédico de nomes e datas relacionadas a cientistas ilustres e um sumário de suas realizações intelectuais (Hankins, 1979, pp. 2-3). Apesar do criticismo, o artigo de Thomas Hankins, "In defence of biography: the use of biography in the history of Science", anuncia que para além dos indivíduos, uma perspectiva renovada faz dos estudos biográficos instrumentos historiográficos valiosos:

> Uma biografia plenamente integrada de um cientista que inclui não apenas sua personalidade, mas também seu trabalho científico e o contexto intelectual e social de seu tempo, é o melhor meio de lidar com muitas das questões que se interpõem à escrita da História da Ciência. (Hankins, 1979, pp. 13-14)

De fato, como na História, nos anos 1980 também ocorreu na História da Ciência uma retomada da produção de biografias de figuras notáveis do campo científico (Shortland &Yeo, 1996, p. 6). E como lá, aqui também segundo a nova historiografia da ciência, que se pode chamar, como Betty Smocovitis (1996) chamou, contextualista. Nessa altura, as biografias parecem ter-se tornado ponto de confluência e articulação entre as diversas perspectivas desenvolvidas tanto na História da Ciência, como na filosofia da ciência e na sociologia da ciência.

Como assinalou Mary Jo Nye, isso decorreu, dentre outros fatores, do projeto *Dictionary of Scientific Biography*[12], mencionado na introdução deste trabalho. Também fundamentando sua reflexão com aportes do mercado editorial, a autora foi taxativa em afirmar que, "claramente, a biografia mantém um grande apelo" (Nye, 2006, p. 322). Ela pondera que enquanto Charles Gillispie publicava os volumes do *Dictionary*, não faltaram vozes críticas, notadamente, mas não exclusivamente, de *outsiders*, incluindo os bem próximos pesquisadores da História em geral, da Sociologia e História da sociologia, de estudiosas feministas e dos próprios cientistas[13]. O que emerge é o interesse

---

[12] O *Dictionary of Scientific Biography* (DSB) teve seus 16 volumes iniciais editados por Charles Couslton Gillispie, incluindo um primeiro volume suplementar (New York: Charles Scribner, 1970-1980) ao qual somou-se o *Supplement II* (New York: Charles Scribner, 1990), ambos editados por Frederic L. Holmes. A segunda fase foi a do *Concise Dictionary of Scientific Biography*, editado pela *American Council of Learned Societies* (New York: Charles Scribner's Sons, 2007, 8 vols.). Em sua terceira fase, o *New Dictionary of Scientific Biography* tem edição de Noretta Koertge (New York: Charles Scribner's Sons, 2007. 8 vols.), com versão em e-book do mesmo ano com o título *Complete Dictionary of Scientific Biography*. Uma tradução reduzida ao português foi publicada em três volumes (Rio de Janeiro, 2007). Em relação ao DSB, valem ser consideradas as reflexões de 2005 pulicadas por Keith Thomas em *Changing Conceptions of National Biography: The* Oxford DNB *in historical perspective*.

[13] Mary Nye identifica alguns (2006, p. 323) que valem ser repetidos aqui: Steven Shapin and Arnold Thackray, Prosopography as a Research Tool in History of Science: The British Scientific Community, 1700–1900, *History of Science*, 1974, *12*:1–28; Lewis Pyenson, "Who the Guys Were": Prosopography

distinto do historiador da ciência, que "frequentemente usa a biografia como um veículo para analisar processos científicos e cultura científica", as biografias mais convincentes, defende a autora, são as que mergulham no indivíduo, com suas "ambições, paixões, desapontamentos e escolhas morais" próprias (*Id., ibid.*).

Esse foco das biografias, nós também o localizamos nas reflexões de Robert J. Richards, que enfatizou a abordagem biográfica voltada para a ampliação da capacidade de compreensão da história e seus atores, ressaltando a percepção pessoal. Ele retomou a ideia de Wilhelm von Humboldt, para quem o historiador deve, em suas elaborações do passado, "dar ao leitor alguma percepção da carga emocional subjacente às causas de um dado evento histórico" (Richards, 2017, p. 300). Se a produção e a circulação do conhecimento científico não são movidas apenas por causas epistêmicas, mas também por disposições emocionais dos agentes, a narrativa histórica não apenas deveria evidenciar essas disposições, mas "fazer com que o leitor sinta um pouco do mesmo tipo de emoção através da destreza de suas descrições" (*ibid*, p. 300).

Richards ilustrou essa possibilidade de abordagem a partir de um exemplo: o caráter profundamente antirreligioso da leitura das ideias evolucionistas de Darwin, feita pelo alemão Ernst Haeckel. Para Richards, as circunstâncias da morte de Anna Sethe, prima por quem Haeckel se apaixonara e planejava construir uma vida conjugal, assim como, 30 anos depois, o fim trágico do seu relacionamento com Frida von Uslar-Gleichen – os impactos de ambos os eventos sobre Haeckel estão registrados na extensiva produção epistolar do alemão – podem ser mobilizados para explicar, mesmo que parcialmente, a ferocidade de Haeckel contra

---

in the History of Science, *History of Science,* 1977, *15:*155–188; Carolyn Merchant, *The Death of Nature: Women, Ecology, and the Scientific Revolution* (New York: Harper, 1980); Evelyn Fox Keller, *Reflections on Gender and Science* (New Haven, Conn.: Yale Univ. Press, 1985); Michael Polanyi, My Time with X-Ray sand Crystals, in *Knowing and Being,* ed. Marjorie Grene (London: Routledge & Kegan Paul, 1969).

a perspectiva religiosa e sua leitura ateísta das ideias de Darwin (Richards, 2017, p. 315).

Bob Richards vai além. Ao relatar a experiência de um dos seus assistentes de pesquisa ao tomar contato com parte da correspondência de Haeckel – o jovem assistente confessa nunca ter estado apaixonado, mas conseguir perceber a dimensão desse sentimento a partir das cartas enviadas por Haeckel a Anne – Richards argumenta que a abordagem biográfica pode, ao "capturar as emoções do leitor", dar a ele a possibilidade de compreender os eventos históricos "num nível diferente daquele plano etéreo da racionalidade" (*ibid*, p. 315).

Marie Jo Nye havia publicado o seu trabalho na seção *Focus* de 2006 da revista *Isis*, voltada à biografia na História da Ciência. Proposta por Joan L. Richards, a seção chamou à discussão, levando-se em consideração as próprias mudanças do "homem de ciência" do século XVIII ao "cientista" dos séculos XIX e XX, qual era a (nova) identidade do biografado. Como em toda biografia tomada sob a dimensão crítica, a biografia científica também enfrenta o problema essencial "de dar vida a uma outra pessoa" (2006, p. 303), sintetiza a autora antecipando o nó górdio do problema: busca-se uma visão unificada ou multifacetada do biografado? Em qual cenário?

Os três ensaístas convidados ofereceram possibilidades distintas de resposta. Enquanto Mary Jo Nye, como acabamos de ver, apontou para a *persona*, Theodore Porter (2006) abordou o problema da identidade do biografado, no caso, Karl Pearson, para ilustrar uma vida com um ideal alternativo de ciência no século XX. Mais do que a profissionalização de um campo técnico, ou seja, da ciência em si, Porter moveu a discussão da biografia de Pearson para fora dela, para a relação da ciência com o domínio público.

Em contraste, o terceiro ensaio, de Mary Terrall, tomou a biografia no escopo da História Cultural da Ciência. Exemplificados na biografia de Pierre-Louis Moreau de Maupertuis, *homem de ciência* do século XVIII, seus interesses se voltaram para as "ideias, fontes intelectuais, treinamentos, controvérsias, cálculos, experimentos" (Terral, 2006, p. 309) da ciência da época, e não só para conhecer o pensamento do indivíduo, Maupertuis. A biografia para Terral se destinava a compreender como,

> [...] livros, ideias e compromissos metafísicos ou teóricos – todos os componentes multifatoriais do trabalho científico – foram usados por aquele indivíduo *para fazer seu caminho na ciência e no mundo*. (Terrall, 2006, p. 309, grifo nosso)

Perspectiva similar encontramos em capítulo do recente livro *Handbook of Historiography of Biology*, no capítulo dedicado às biografias científicas do historiador da ciência israelense Oren Harman (Harman, 2018). Nele, o autor oferece uma discussão instigante sobre questões como a maneira com que as personalidades e idiossincrasias dos biógrafos impactam a narrativa biográfica – como também havia assinalado, já em 2007, a historiadora das ciências brasileira Silvia Figueirôa (Figueirôa, 2007, p. 2) – , ou as tensões que se colocam entre as dimensões factual e ficcional na construção de uma biografia. O autor aponta circunstâncias em que por relevo a características muito peculiares da vida de um dado intelectual pode oferecer novos insights, não sobre o processo que leva um dado intelectual a uma ideia específica, mas à própria natureza do conhecimento produzido. Harman se refere, por exemplo, à "estranheza racional" da Teoria dos Jogos, que pode ser mais bem compreendida a partir da condição psiquiátrica do seu formulador inicial, o matemático americano John Nash, ou o paralelo que a biógrafa de Darwin, Janeth Browne, traça entre a natureza gradual e meticulosa do trabalho de Darwin e da ação da seleção natural (Harman, 2018, p. 15-16).

Vale mencionar aqui ainda a publicação de Bernard Lightman mostrando o novo destaque da produção historiográfica a personagens das investigações científicas outrora invisíveis, como a dos assistentes de pesquisa e alunos de pós-graduação, do papel decisivo que as mulheres desempenharam na produção científica e dos estudos decoloniais, de populações tradicionais africanas e indígenas, evidenciando as contribuições de tradições epistêmicas antes consideradas subalternas para a construção da ciência. O autor atribui à integração do repertório de análise perspectivas de outras disciplinas, como a Filosofia da Ciência, a Sociologia da Ciência e os Estudos culturais, um lugar para a História da Ciência que passa a se apresentar como um "campo dinâmico do qual deriva o mais excitante conhecimento no mundo acadêmico" (Lightman, 2006, p. 1).

Em 2011, é a vez do *Journal of the History of Biology* publicar sua seção especial ao tema. *Scientific Biography: A Many Faced Art Form* reúne cinco contribuições voltadas a temas diversos, como o do potencial de uma biografia para aprender sobre a prática científica e a profissionalização numa dada época (Endersby, 2011), para problematizar a reputação deixada pelo biografado (Dietrich, 2011), para discutir a arte da entrevista oral (Comfort, 2011) e para sua expressão como uma forma de arte (Harman, 2011). O quinto ensaio, mais relacionado percurso deste trabalho, vale ser apresentado aqui com algum detalhe. De autoria de Thomas Söderqvist, "The seven Sisters: Subgenres of "Bioi"of Contemporary Life Sciences", a posição do autor anunciada desde o título é clara: a pluralidade de biografias científicas é um fato digno de celebração. Bem ao estilo de pensamento biológico, o autor propõe uma tipologia baseada numa *irmandade* (ou seja, origens comuns) reunida em seis subgêneros, que foram assim constituídos:

(1) biografia como História da Ciência contextual,
(2) biografia como um meio para compreender a construção do conhecimento científico,
(3) biografia científica e a percepção popular da ciência,
(4) biografia científica como um exercício de escrita literária,
(5) biografia científica como comemoração pública e privada (Elogio e Trabalho de Amor)
(6) biografia científica, pesquisa ética e "a boa vida".

Com essa sexta modalidade, a qual consideramos abarcar o sentido elaborado por Mary Jo Nye e Bob Richards descrito acima,

Söderqvist se serve do conceito Foucaultiano de "cuidado de si" e termina sua análise com uma analogia que oferece um sentido bastante amplo, holístico, às biografias:

> [...] é uma boa coisa entender a história das ciências da vida, mas outra, e igualmente boa coisa é estudar a história das ciências da vida como um meio de praticar o "cuidado de si". Similarmente, pode-se argumentar que é uma boa coisa escrever sobre a vida de cientistas recentes para entender seu trabalho e suas vidas, mas é igualmente uma boa coisa escrever sobre eles como um meio de praticar o cuidado do próprio eu acadêmico. (Söderqvist, 2011, p. 647)

Considerando o valor heurístico da tipologia, cabe acrescentar outra modalidade, aquela elaborada por Daniel Queiroz e Juliana Hidalgo (2020), para fins didáticos, considerando a historiografia da ciência renovada nas últimas décadas do século XX:

(7) biografia científica para a educação científica (Queiroz & Hidalgo, 2020).

7. CONSIDERAÇÕES FINAIS: A QUE, AFINAL, SE VOLTAM AGORA AS BIOGRAFIAS?

O estudo bibliométrico mencionado anteriormente apontou o aumento substancial no número de artigos de caráter biográfico a partir de meados da década de 1970. No entanto, a investigação também detectou uma tendência contrária a partir de 2007, quando ocorreu uma importante inflexão para baixo na curva de número de publicações do gênero (Iefremova, Waiz & Kozad, 2018, p. 1702). Os autores especulam que a possível causa dessa inflexão seria a de que os textos de cunho biográfico passaram a aparecer, com a intensificação do uso da internet, em "publicações online em páginas da web de organizações", em lugar de serem publicados em revistas científicas (*Id.*, *ibid.*, p. 1702). Considerando a fragilidade dessa suposição, visto que desprovida de dados empíricos, parece restar a conclusão de que a investigação da autora e seus colaboradores indica que, para a história da ciência do século XXI, um olhar para as pessoas e suas biografias não importa mais.

Como compreender isso à luz de o que discutimos ao longo deste capítulo, que aponta para uma perspectiva divergente, senão oposta? Duas metáforas, construídas por historiadores da ciência para refletir sobre os rumos que a área foi tomando ao longo do século XX podem nos ajudar a dimensionar aquela pesquisa, bem como a refletir sobre o papel das biografias na atualidade e cenários futuros.

Uma das metáforas é expressa na questão: bosques ou árvores? Assim é que Charles Rosenberg, então editor da revista Isis, endereçou o tema no editorial do volume 79 de 1998 da revista intitulado *Woods or trees? Ideas and Actors in the History of Science* (Bosques ou árvores? Ideias e Atores na História da Ciência). Rosenberg refletiu ali sobre a maneira como a história da ciência, àquela altura, lidava com a já batida controvérsia internalismo *versus* externalismo, dentro e fora do campo da história da ciência. Sua avaliação é a de que se tratava de uma falsa dicotomia: "o problema central na história da ciência não é opor o contexto à cognição, mas compreender a *estrutura da sua integração*" (Rosenberg, 1998, p. 567, ênfase nossa). Para tornar mais clara a necessidade de fundamentar uma abordagem integrativa da história da ciência, ele a comparou, metaforicamente, com a ecologia. Ao estudar um bosque na tentativa de compreender sua dinâmica de relações, um ecólogo "assume e necessita de um conhecimento de [cada] árvore – sua espécie, suas necessidades nutricionais e climáticas". Desse modo, continua Rosenberg, "bosques e árvores são, nesse sentido, indistinguíveis, tomados tanto como um sistema interativo quanto como uma *agenda de pesquisa conectada*" (Rosenberg, 1998, p. 569, ênfase nossa). O autor propõe então que uma história centrada nos atores depende, para ser bem-sucedida, de dar sentido às suas ações de reconstrução nas particularidades do período histórico em que aquele ator estava imerso. Esse jogo de compreensão entre parte e todo, para Rosenberg, guarda a possibilidade de uma iluminação recíproca: ao se construir a biografia de um dado ator histórico, pode-se "usar uma experiência individual como um mecanismo de amostragem para ganhar a compreensão de aspectos estruturais ou normativos" (Rosenberg, 1998, p. 569).

A segunda metáfora que trazemos foi formulada pela historiadora da biologia Lynn K. Nyhart em 2018. Na verdade, a autora propôs confrontar duas metáforas como refletoras da mudança profunda por que passou a História da Ciência ao longo do século XX. A História da Ciência da primeira metade do século poderia ser e efetivamente foi retratada pela imagem de uma "árvore das ideias científicas enraizada nas bases da cultura ocidental (talvez se estendendo, ainda mais para baixo, ao antigo Egito e Babilônia)". A partir da virada historiográfica dos anos 1970 e início dos 1980, tornou-se mais fidedigna a imagem de algo semelhante a um cipoal: "um denso emaranhado de pessoas e coisas materiais repletas de vida social, cultural, econômica e religiosa, que cobre o globo" (Nyhart, 2016, p. 7). Se, no quadro anterior, "a tarefa do historiador era o de traçar o crescimento da árvore e de seus galhos", com a perspectiva do "emaranhado de pessoas e coisas" inseridas em seu contexto a tarefa mudou. Desde então cabe aos estudiosos de História da Ciência delinear de que modo, dentro dessa massa de atividades, certas formas de conhecimento e prática passaram a ser entendidas como "ciência". Assim, estudando o fluxo epistêmico que se estabelece entre pessoas, ideias, práticas e objetos científicos, e mesmo entre o meio acadêmico e a sociedade na qual está inserido, passa a ser possível compreender o empreendimento científico não como uma produção monolítica, mas como um jogo dinâmico de influências recíprocas entre atores tanto de natureza biológica, com atores humanos e não-humanos, como de natureza epistêmica, materializada seja em ideias e conceitos, seja em instrumentos, artefatos e técnicas, e de natureza institucional.

Acreditamos que a ideia de imbricamento dos indivíduos entre si e com o seu contexto, expressa na imagem das árvores e bosques de Rosenberg, é radicalizada na imagem do cipoal, do "emaranhado de pessoas e coisas" de Lyn Nyhart, na medida em que a metáfora passa a incorporar, além de ideias, técnicas, instrumentos e instituições científicas. As duas metáforas revelam estágios ou perspectivas da expansão crescente da noção de "ator do empreendimento científico", do indivíduo, às pessoas, e delas às suas materialidades. Apomos a essas uma terceira metáfora, a de uma rede abstrata, empregada por Roberto Martins ao ilustrar a obra de Charles Darwin (Figura 4).

Parece vir daí a força renovada das biografias, tanto como gênero literário quanto como instrumento de investigação e reflexão histórica: da expansão e estilhaçamento do objeto biografado. A volta às biografias não significa, portanto, voltar aos indivíduos, mas tomar a produção biográfica como método para compreender as trajetórias das pessoas envolvidas na prática científica em toda a extensão de suas materialidades – pois se "a mente do cientista é o lugar de encontro de disposições psicológicas, atitudes políticas, crenças religiosas e preocupações sobre teoria e evidência" (Hankins *apud* Richards, 2017, p. 296), é a partir da investigação biográfica que se pode traçar um mapa do que tornou possível esse encontro.

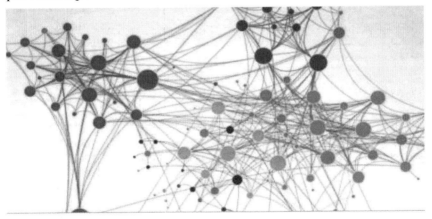

Figura 4. Imagem proposta por Roberto Martins para representar a "rede de hipóteses, observações, explicações, experimentos, argumentos e esclarecimentos – cada parte se conectando às outras e reforçando-se mutuamente" que ilustra a obra de Charles Darwin. **Fonte**: Martins, 2019.

Ampliando a noção de biografia para abordar a trajetória de qualquer ator – seja ele uma pessoa, uma técnica, um laboratório, uma comunidade de prática, uma instituição acadêmica – pode-se reconstruir os pontos de confluência entre as múltiplas histórias que concorrem para produzir aquela trajetória em particular: um emaranhado de influências recíprocas, de imbricações acidentais e de desenvolvimentos ambivalentes.

REFERÊNCIAS BIBLIOGRÁFICAS

ALBERTI, Fay. B. 2019. A Biography of Loneliness: The History of an Emotion. Oxford: Oxford University Press.

ARMSTRONG, Karen. 2007. *The Bible: A Biography*. London: Atlantic Books.

BALL, Philip. *Universe of Stone: Chartres Cathedral and the Invention of the Gothic*. New York: Harper Collins, 2009.

BLACKBURN, Simon. 2006. *Plato's Republic: A Biography*. London: Atlantic Books.

BLOCK, Mark. *Apologia da História, ou O ofício de historiador*. Trad. André Telles. Rio de Janeiro: Zahar, 2001.

BROWNE, Janet. *Darwin's Origin of Species: A Biography*. New York: Grove, 2006.

BURGUIÈRE, André. The Fate of History of *Mentalités* in the *Annales*. *Comparative Studies in Society and History*, **24** (3): 424-437, 1982.

CANGUILHEM, Georges. *Idéologie et Rationalité dans l'Histoire des Sciences de la Vie*. Paris: Vrin, 1977.

COMFORT, N. When Your Sources Talk Back: Toward a Multimodal Approach to Scientific Biography. *Journal of the History of Biology.* **44**(4): 651-669, 2011

DASTON, Lorraine. *Biographies of Scientific Objects*. Chicago: University of Chicago Press, 1999.

DIETRICH, Michael R. Reinventing Richard Goldschmidt: Reputation, Memory, and Biography. *Journal of the History of Biology.* **44**(4): 693-712, 2011

ECO, Umberto. *Como se faz uma tese* [1977]. São Paulo: Perspectiva, 2008.

ENDERSBY, J. A Life More Ordinary: The Dull Life but Interesting Times of Joseph Dalton Hooker. *Journal of the History of Biology.* **44**(4): 611-631, 2011

FIGUEIRÔA, Silvia S. M. A propósito dos estudos biográficos na história das ciências e das tecnologias. *Revista de História e Estudos Culturais*, **4** (3): 1-14, 2007.

HANKINS, Thomas L. In defence of biography: the use of biography in the history of science. *History of Science,* **17**: 1-16, 1979.

HARMAN, Oren. 2011. Helical Biography and the Historical Craft: The Case of Altruism and George Price. *Journal of the History of Biology.* **44**(4): 647-961.

HARMAN, Oren. Scientific Biography. In: DIETRICH Michael R., BORRELLO, Mark E.; HARMAN, Oren (Eds.). *Handbook of the Historiography of Biology.* New York: Springer, 2018.

HIBBERT, Christopher. *Rome: The Biography of a City.* New York: Penguin, 1988.

IEFREMOVA, Olesia; WAIS, Kamil; KOZAK, Marcin. Biographical articles in scientific literature: analysis of articles indexed in Web of Science. *Scientometrics*. *117*: 1695-1719. 2018.

KRAGH, Helge. 1987. *An introduction to the historiography of science.* Cambridge: Cambridge University Press, 1987.

LÄSSIG, Simone. Biography in Modern History: Modern Historiography in Biography. Pp. 1-26, in: V. R. Berghahn & S. Lässig (Eds.). *Biography between Structure and Agency: Central European Lives in International Historiography.* Berghahn. 2008.

LAUDAN, Larry. The History of Science and the Philosophy of Science. Pp. 47-59, in: Olby, Robert; Cantor, Gregor; Christie, Jonathan; Hodge, Jonathan. Companion to the History of Modern Science. London: Routledge, 1990.

LAWRENCE, Bruce. *The Qur'an: A Biography.* London: Atlantic Books, 2006.

LE GOFF, Jacques. *A História Nova*. Trad. Eduardo Brandão. São Paulo: Martins Fontes, 1990.

LE GOFF, Jacques. The Whys and Ways of Writing a Biography: The Case of Saint Louis. *Exemplaria,* **1**(1): 207-226, 1989.

LEE, Hermione. *Biography: a very short introduction*. Oxford: Oxford University Press, 2009.

LEE, Sidney. *Principles of Biography*. Cambridge: Cambridge University Press, 1911.

LIGHTMAN, Bernard. Introduction. Pp. 1-6, in: Lightman, Bernard (ed.). *A Companion to the History of Science*. Chichester, UK: Wiley Blackwell, 2016.

MAGALHÃES, G. Por uma dialética das controvérsias: o fim do modelo positivista na história das ciências. *Estudos Avançados*, **32** (94): 345-360, 2018.

MANGUEL, Alberto. 2007. *Homer's Iliad and the Odyssey: A Biography*. London: Atlantic Books.

MARTINS, Roberto de A. História e História da Ciência: encontros e desencontros. Pp. 11-46, in: *Actas do 1º. Congresso Luso-Brasileiro de História da Ciência e da Técnica* (Universidade de Évora e Universidade de Aveiro). Évora: Centro de Estudos de História e Filosofia da Ciência da Universidade de Évora, 2001.

MARTINS, Roberto de A. A metodologia de pesquisa de Darwin. Palestra no evento 50 Anos do IB-USP: Você faz parte da nossa história, realizado no Instituto de Biociências da USP, em 05 de dezembro de 2019. Disponível em <https://uepb.academia.edu/RobertoMartins/Talks>. Acesso em junho 2023.

MAY, Georges. *L'autobiographie*. Paris: Presses Universitaires de France, 1984.

MONTI, Maria Teresa; RATCLIFF, Marc J. Introduzione. Pp. v-xxi, in: MONTI, Maria Teresa; RATCLIFF, Marc J. (Eds.). *Figure dell'Invisibilità: Le scienze della vita nell'Italia d'Antico Regime. Atti delle giornate di studio Milano-Ginevra (novembre 2022 – giugno 2003)*. Firenze: Olschki, 2004.

NIELSEN BOOKDATA. Produção e Vendas do Setor Editorial Brasileiro: Ano Base 2022. Local: Câmara Brasileira do Livro/Sindicato Nacional dos Editores de Livros, 2023.

NYE, Mary J. Scientific Biography: History of Science by Another Means? *Isis.* 97:322–329, 2006.

NYHART, Lynn K. Historiography of the History of Science. Pp. 7-22, in: Lightman, Bernard (ed.). *A Companion to the History of Science.* Chichester, UK: Wiley Blackwell, 2016.

PORTER, Theodore M. Is the Life of the Scientist a Scientific Unit? *Isis.* 97:314–321, 2006.

POSAMENTIER, Alfred S.; LEHMANN, Ingmar. Afterword by Herbert A. Hauptman. 2004. *Pi: A Biography of the World's Most Mysterious Number.* Buffalo: Prometheus, 2004.

QUEIROZ, Daniel M.; HIDALGO, Juliana M. Biografias científicas com vistas à inserção didática: aportes da História e da História da Ciência. *História da Ciência e Ensino*, **21**: 65-86, 2020.

RENDERS, Hans; de HAAN, Bine. 2014. Introduction: The Challenges of Biography Studies. Pp. 1-10, in: RENDERS, Hans; de HAAN, Bine; & HAMILTON, Nigel. (Eds.). *Theoretical Discussions of Biography: Approaches from History, Microhistory, and Life Writing.* Leiden: Koninklijke Brill, 2014.

RENDERS, Hans; de HAAN, Bine; HARMSMA, Jone. The biographical turn: Biography as critical method in the humanities and in Society. In: RENDERS, Hans; de HAAN, Bine; HARMSMA, Jone (eds.). *The Biographical Turn: Lives in History.* London: Routledge, 2016.

RICHARDS, Joan L. Introduction: Fragmented Lives. *Isis.* 97:302–305, 2006.

RICHARDS, Robert J. The Role of Biography in Intellectual History. *Know*, 1(2): 295-318. 2017

SCHIMIDT, Benito B. História e Biografia. Pp. 187-205, in: CARDOSO, Ciro F.; VAINFAS, Ronaldo. (Orgs.). *Novos Domínios da História.* Rio de Janeiro: Elsevier, 2012.

ROSENBERG, Charles E. Woods or Trees? Ideas and Actors in the History of Science. *Isis.* 79(4): 564-570, 1998.

SCHWARCZ, Lilia M.; STARLING, Heloisa M. *Brasil: Uma biografia.* São Paulo: Cia das Letras, 2015.

SEIFE, Charles. *Zero: The Biography of a Dangerous Idea.* New York: Penguim, 2000.

SHORTLAND, Michael; YEO, Richard. (Eds.). *Telling Lives in Science: essays on scientific biography.* Cambridge: Cambridge University Press, 1996.

SMOCOVITIS, Vassiliki Betty. *Unifying Biology. The evolutionary synthesis and evolutionary biology.* Princeton: Princeton University Press, 1996.

SÖDERQVIST, Thomas. The Seven Sisters: Subgenres of "Bioi" of Contemporary Life Scientists. *Journal of History of Biology.* 44(4): 633-650, 2011.

TERRALL, Mary. Biography as Cultural History of Science. *Isis.* 97:306–313, 2006.

WOLF, Naomi. *Vagina: A New Biography.* London: Virago, 2013.

Determinismo y temporalidad

Olimpia Lombardi
Universidad de Buenos Aires y CONICET
olimpiafilo@gmail.com

1 INTRODUCCIÓN

El problema del determinismo es, sin duda, una de las cuestiones metafísicas tradicionales de la filosofía. Las secuencias de acontecimientos según las cuales se organiza lo real ¿se encuentran totalmente determinadas?, ¿o, por el contrario, el futuro está abierto a diferentes posibilidades, cada una de ellas no unívocamente determinada por el pasado?

En tanto cuestión metafísica por excelencia, el problema del determinismo hace su aparición ya en los orígenes de la reflexión filosófica de Occidente, y recorre la historia de la filosofía hasta la Modernidad, cuando comienza a considerarse en términos científicos. Es así que con la física newtoniana se instala la idea de una realidad determinista y mecanicista, la visión del universo como un enorme mecanismo de relojería cuyos estados se siguen inexorablemente a partir del estado inicial, en el instante de la creación. Esta visión se mantiene hasta la irrupción de la mecánica cuántica a principios del siglo XX.

Hasta ese momento, el determinismo se pensaba en términos ontológicos, es decir, refiriendo a una propiedad de lo real. Esta perspectiva sufrió un fuerte viraje a comienzos del siglo XX, con la enorme influencia del positivismo lógico y su insistencia en la búsqueda de criterios positivos para admitir la legitimidad de cualquier concepto. En efecto, según la teoría verificacionista del significado, la noción de determinismo carece de sentido si no se la refiere al criterio empírico para establecer inequívocamente el carácter determinista o indeterminista de un sistema. Así, de un modo consistente con su rechazo por las cuestiones metafísicas, el positivismo lógico y sus descendientes analíticos borraron el contenido ontológico de la noción de determinismo, que pasó a ser identificada, ahora sí conceptualmente, con la noción de predictibilidad. Es recién a fines del s. XX, con el retroceso de la filosofía analítica, que algunos autores efectuaron un giro ontológico en el tratamiento del problema del determinismo. Éste es el caso de John Earman (1986) en su ya clásico *A Primer on Determinism*, quien, abandonando la perspectiva lingüística de sus trabajos anteriores (*cfr.* Earman, 1971), aborda la cuestión del determinismo desde un enfoque explícitamente ontológico y a la luz del análisis de nuestras mejores teorías físicas.

En el presente trabajo se seguirá la línea inaugurada por Earman, abordando el problema del determinismo en términos ontológicos y considerando cómo sería la realidad si nuestras teorías físicas fueran verdaderas. El objetivo central consiste en poner de manifiesto que existen dos nociones de determinismo, ambas legítimas e intrínsecamente relacionadas con el tiempo, pero conceptualmente diferentes. Con este propósito, el trabajo se organiza del siguiente modo. En la Sección 2 se repasarán algunas de las más conocidas formulaciones del concepto de determinismo a lo largo de la historia con el objeto de señalar que, ya en ellas, pueden identificarse dos modos distintos de caracterizar el concepto. La Sección 3 se ocupará del modo en que estas dos formas de determinismo se manifiestan en la mecánica clásica. A su vez, en la Sección 4, un análisis similar se efectuará en el campo de la relatividad general. Finalmente, en la Sección 5 se compararán el caso clásico y el relativista y se formularán ciertas consideraciones finales.

2 ¿CONCEPTO O CONCEPTOS DE DETERMINISMO?

La caracterización que acude a la mente de inmediato cuando se habla de determinismo es la formulada por Pierre-Simon Laplace en la introducción de su famoso *Essai Philosophique sur les Probabilités*:

> Así pues, hemos de considerar el estado actual del universo como el efecto de su estado previo y como la causa del que ha de seguirle. Una inteligencia que en un momento determinado conociera todas las fuerzas que animan a la naturaleza, así como la situación respectiva de los seres que

> la componen, si además fuera lo suficientemente amplia como para someter a análisis tales datos, podría abarcar en una sola fórmula los movimientos de los cuerpos más grandes del universo y los del átomo más ligero; nada le resultaría incierto y tanto el futuro como el pasado estarían presentes ante sus ojos. (Laplace, 1985 [1814], p. 25)

Curiosamente, mucho menos conocido es un pasaje donde Gottfried Leibniz, mucho antes que Laplace, expresa su convicción determinista a través de un recurso muy similar:

> [...] todo procede matemáticamente –es decir, infaliblemente– en el mundo entero, de modo que si alguien pudiera tener una penetración suficiente en las partes internas de las cosas, y además tuviera la memoria y la inteligencia suficientes para considerar todas las circunstancias y tenerlas en cuenta, sería un profeta y vería el futuro en el presente como en un espejo. (Leibniz citado en Cassirer, 1956 [1936], p. 12)

Ya en el siglo XX, reaparecen los ecos Laplacianos en el modo en que Louis de Broglie presenta la idea de determinismo como:

> [...] la creencia de que el mundo físico es una inmensa máquina cuya evolución está inexorablemente determinada, de tal modo que un conocimiento exacto de su estado actual deberá permitir la previsión de todos sus estados futuros. (de Broglie, 1944 [1939], p. 262)

Apartándose por completo de las caracterizaciones anteriores, la que tal vez captura mejor el núcleo central de la idea de determinismo es la formulada por William James:

> ¿Qué sostiene el determinismo? Sostiene que aquellas partes del universo ya establecidas, fijan y sentencian absolutamente lo que serán las demás partes. El futuro no tiene posibilidades ocultas en su seno: la parte que llamamos presente es compatible sólo con una totalidad. Cualquier otro complemento futuro que el fijado desde la eternidad es imposible. (James, 1956 [1897], p. 150)

El tono un tanto literario de esta presentación no minimiza sus ventajas: su amplitud le permite adecuarse a las más diversas ontologías, sin presuponer el carácter material o mecanicista de lo real; además, prescinde totalmente de nociones emparentadas con el conocimiento, como en el caso de la formulaciones de Laplace, Leibniz y de Broglie.

Si las caracterizaciones anteriores se consideran con detenimiento, puede observarse que todas ellas se aplican a la realidad como un todo: al "universo" en Laplace, al "mundo entero" en Leibniz, al "mundo físico" en de Broglie, nuevamente al "universo" en James. Se trata de observar la historia de lo real en su conjunto, para afirmar que todos sus estados quedan unívocamente determinados por sus estados anteriores. Sin embargo, otro grupo de caracterizaciones de la noción de determinismo diverge del anterior en este sentido. Por ejemplo, en una de las primeras formulaciones de una tesis de tipo determinista, el atomista Leucipo afirmaba:

> [...] ninguna cosa sucede sin razón, sino que todas acaecen por una razón y por necesidad. (Leucipo citado en Mondolfo, 1983 [1942], p. 115)

De algún modo, el atomismo clásico encuentra cierta resonancia en la tradición mítica y literaria griega: la trágica historia de Edipo es uno de los mejores ejemplos de la idea de un destino necesario e inexorable del cual el hombre no puede escapar. Tal vez haya sido esta consecuencia fatalista el aspecto que motivó el profundo rechazo de Aristóteles hacia la doctrina del atomismo. Si bien admitía la legalidad de lo real en su devenir de la potencia al acto, Aristóteles no aceptaba que los hechos se encontraran predeterminados. Es precisamente esta tesis la que funciona como premisa en su famoso argumento acerca de los futuros contingentes: si en todo par de enunciados acerca del futuro, uno negación del otro, uno de ellos es verdadero y el otro es falso, entonces todo lo que sucede, sucede por necesidad; pero no todo lo que sucede, sucede por necesidad, pues hay hechos contingentes:

> Quiero decir, por ejemplo, que es necesario (ἀνάγκη) que vaya a haber (μέν ἐνέσθαι) una batalla naval mañana o no la vaya a haber (μή ἐνέσθαι), pero ni tendrá lugar mañana una batalla naval necesariamente (ἀναγκαίον) ni no tendrá lugar necesariamente, aunque necesariamente tendrá lugar o no tendrá lugar. (Aristotle, 18b15-25)

Si bien el epicureismo adoptó la doctrina atomista de Demócrito y Leucipo, rechazó su estricto determinismo: en su caída vertical, los átomos experimentan una desviación espontánea e intrínseca que Epicuro denominaba *"parenklisis"*. Casi contemporáneo al epicureismo, el estoicismo se le enfrentó en múltiples aspectos, y la cuestión del modo de determinación del futuro por el pasado no fue la excepción. Los estoicos recuperaron, así, la tradición griega del fatalismo, postulando una concatenación causal para todos los objetos del universo; en palabras de un antiguo estoico:

> Los sucesos anteriores son causa de aquéllos que les siguen, y en esta manera todas las cosas van ligadas unas con otras, y así no sucede cosa alguna en el mundo que no sea enteramente consecuencia de aquélla y ligada a la misma como a su causa […] Si pudiese haber un hombre que percibiera el encadenamiento de todas las causas, nada podría engañarle. Porque quien abarca las causas de los hechos futuros, es necesario que abarque todo cuanto habrá de ser. (citado en Long, 1984 [1975], p. 163)

En este pasaje aparece ya prefigurada la idea de un ser con poderes suprahumanos capaz de conocer el futuro sobre la base del conocimiento del presente, idea que muchos siglos más tarde desarrollará Laplace. Y es el propio Laplace quien nos dice que, según la mecánica newtoniana:

> La curva descrita por una simple molécula de aire o de vapor está determinada de una forma tan exacta como las órbitas de los planetas. Entre ellos no hay más diferencia que la derivada de nuestra ignorancia. La probabilidad es relativa en parte a esta ignorancia y en parte a nuestros conocimientos. (Laplace, 1985 [1814], p. 27)

En este segundo grupo de caracterizaciones de la noción de determinismo los autores ya no se refieren al mundo o al universo como un todo, sino al modo en que los objetos o sucesos particulares transitan una historia completamente determinada: son las "cosas" para Leucipo y el ignoto estoico, la "batalla naval" para Aristóteles, una "simple molécula" para Laplace en este caso.

En resumen, parece haber dos enfoques generales que conducen a dos conceptos diferentes de determinismo. Según el primer concepto, que podría denominarse "determinismo universal" y simbolizarse como ***Det_U***, el predicado determinista se aplica al universo U en su conjunto, ***Det_U(U)***, y establece la concatenación unívoca entre sus estados. Según el segundo concepto, que podría denominarse "determinismo *individual*" y simbolizarse como ***Det_I***, el predicado determinista se aplica a cada uno de los sistemas u objetos *s* del universo, ***Det_I(s)***, y refiere a la historia de cada uno de esos objetos, unívocamente determinada por su estado inicial. En su aplicación a la relatividad general, Earman (2008) introduce una distinción análoga entre "ramificación de ensemble" y "ramificación individual". Con la terminología "universal/individual" se simbolizarán los correspondientes conceptos de indeterminismo como ***Indet_U(U)=¬Det_U(U)*** y ***Indet_I(s)= ¬Det_I(s)***.

Dada la diferencia entre las dos nociones, se impone la pregunta acerca de la relación entre ambas. La respuesta que parece natural es la que afirma que, si todos sistemas del universo transitan historias deterministas, entonces el universo completo es determinista:

$$\forall s \; Det_I(s) \Rightarrow Det_U(U)$$
(1)

Si éste fuese el caso, en realidad no se trataría estrictamente de dos conceptos diferentes, sino de una forma general del concepto que surge derivativamente cuando se lo puede aplicar a todos los casos particulares. Sin embargo, existen situaciones –modelos del universo– en los cuales todos los sistemas individuales describen historias deterministas y, no obstante, los estados del universo completo no se encuentran unívocamente determinados por sus estados previos, es decir,

$$\forall s\ Det_I(s) \wedge \neg Det_U(U)$$
(2)

Por lo tanto, no es verdad que el determinismo de todas las historias del universo implica el determinismo del universo en su conjunto. En las siguientes secciones veremos la diferencia entre las dos nociones de determinismo en los ámbitos clásico y relativista, lo cual nos permitirá identificar las situaciones en las cuales la implicación aparentemente natural entre los dos conceptos de determinismo no se cumple.

3 MECÁNICA CLÁSICA

A principios del siglo XX, con el advenimiento de la mecánica cuántica, la visión clásica del universo sufrió su primer gran desafío. Desde aquellos años se ha presenciado un paulatino resquebrajamiento de la tradicional imagen del mundo-reloj en favor de la idea de un universo abierto a nuevas e indeterminadas posibilidades. No obstante, frente a este poderoso avance del indeterminismo, la mecánica clásica parecía mantenerse como una plaza inexpugnable: en ella podía seguir operando el "genio" de Laplace. Sin embargo, desde la década de 1980 diversos autores se han ocupado del determinismo en mecánica clásica, poniendo en cuestión dicho supuesto tradicional. No se considerarán aquí todos los debates sobre este tema, sino sólo aquéllas cuestiones que nos permitirán distinguir los dos conceptos de determinismo en el ámbito clásico.

3.1 Indeterminismo individual y la invariancia ante traslación temporal

Dado un sistema x, su evolución será indeterminista si, a partir de un cierto instante, la evolución futura no queda fijada unívocamente; en ese caso se dirá que se cumple ***Indet_I(x)***. Esta imagen puede clarificarse mediante el espacio de estados del objeto. Supóngase que el estado e del objeto queda definido por el valor de dos variables X e Y, de modo que, en un espacio de estados de dos dimensiones, el estado del objeto en cada instante queda representado por un punto y su evolución por una trayectoria. La evolución del sistema será indeterminista si existe una evolución posible que, partiendo de cierto estado inicial e_0 en t_0, se bifurca de modo tal que en un instante posterior t_1 existen dos estados condicionalmente posibles e_1 y e'_1 respecto de e_0 (véase Figura 1). La pregunta es si efectivamente puede darte esta situación en física.

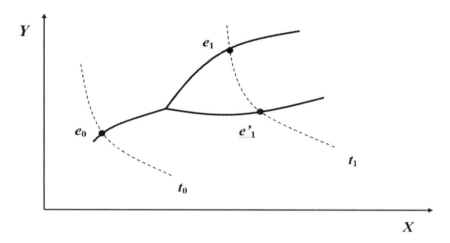

Figura 1.

Considérese una ecuación de la siguiente forma, que indica una bifurcación en el tiempo:

$$x(t) = k\left(\pm\sqrt{t}\right) \qquad (3)$$

cuya gráfica en función del tiempo asume la forma que indica la Figura 2.

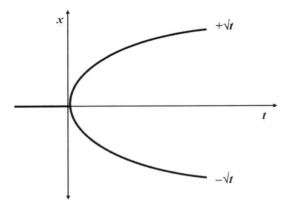

Figura 2.

¿Cómo podría obtenerse una ecuación de este tipo en el contexto de la mecánica clásica, por ejemplo, con x representando la posición de un cuerpo? Si se integra la segunda ley de Newton $F = ma$ en una dimensión para valores iniciales de la posición y la velocidad iguales a cero, se obtiene:

$$F = ma = m\frac{d^2x}{dt^2} \quad \Rightarrow \quad \frac{d^2x}{dt^2} = \frac{F}{m} \quad \xrightarrow{\substack{x_0=0 \\ v_0=0}} \quad x(t) = \frac{1}{2}\frac{F}{m}t^2$$
(4)

Considérese ahora una fuerza dependiente del tiempo de la siguiente forma:

$$F = F(t) = \alpha t^{3/2}$$
(5)

donde α es una constante. Reemplazando en la expresión de $x(t)$ se obtiene:

$$x(t) = \frac{\alpha}{2m}t^{1/2} = k\left(\pm\sqrt{t}\right)$$
(6)

Esta ecuación afirma que, a partir del instante $t=0$, el objeto puede seguir dos trayectorias posibles respecto de la posición $x(t)$, lo cual conduciría a un caso claro de *Indet₁*.

En el caso aquí considerado, la ecuación (4), esto es, la ecuación diferencial que surge de la segunda ley de Newton, puede expresarse del siguiente modo:

$$\frac{d^2x}{dt^2} = \frac{F(t)}{m} = f(t) \tag{7}$$

Bajo esta forma, se observa que se trata de una ecuación no-autónoma, es decir, una ecuación que involucra una función $f(t)$ función explícita del tiempo. Pero es precisamente esta situación la que no se admite en física. Según Bertrand Russell, la exigencia de autonomía para las leyes de la física es consecuencia del llamado "Principio de Uniformidad de la Naturaleza" según el cual: "ninguna ley científica contiene el tiempo como argumento, excepto, por supuesto, si es dada en su forma integrada, en cuyo caso puede aparecer en la fórmula el lapso de tiempo, si bien no el tiempo absoluto" (Russell, 1953, p. 401). Herbert Feigl expresa la misma idea cuando afirma: "El lugar y el tiempo en los cuales los eventos ocurren no poseen en sí mismos efecto alguno para modificar tales eventos. Matemáticamente esto puede ser expresado diciendo que las variables espacio y tiempo no figuran *explícitamente* en las funciones que expresan leyes naturales" (Feigl, 1953, p. 12). A la base del requisito de autonomía se encuentra la exigencia de que las leyes naturales sean invariantes ante traslación temporal: la ley natural L es *invariante ante traslación temporal* sii para todo instante t y todo intervalo Δt, se cumple $L(t) = L(t + \Delta t)$. Esto equivale a postular la *homogeneidad* del tiempo: no existe origen temporal privilegiado, nada diferencia los instantes entre sí. En otras palabras, no puede darse que un proceso físico ocurra de un modo diferente dependiendo exclusivamente del instante particular en el que ocurre. La condición de invariancia ante la traslación temporal se cumple trivialmente si la ley L es autónoma.

En definitiva, bajo el supuesto de la homogeneidad del tiempo, que conduce a exigir que las leyes sean invariantes ante traslación temporal, en física se impone el requisito de autonomía de las leyes. Pero esto, a su vez, bloquea la posibilidad de sistemas cuyas evoluciones manifiesten las bifurcaciones temporales propias del indeterminismo individual. Por lo tanto, no hay leyes físicas que conduzcan al ***Indet$_I$(s)*** para algún sistema s. Ahora bien, para que esta última afirmación pueda formularse de manera inteligible, los propios conceptos de ***Indet$_I$*** y ***Det$_I$*** deben tener sentido, y ésta es la conclusión en favor de la cual se intentó argumentar en la presente subsección.

3.2 Indeterminismo universal y las soluciones de escape

En su famosa obra de 1986, Earman se enfrenta decididamente a la tesis tradicional según el cual la mecánica clásica es determinista. Su estrategia consiste en señalar *contraejemplos* al supuesto determinismo de la teoría.

Como es bien sabido, en el marco de la mecánica clásica no existe un límite máximo de velocidad que las entidades físicas no puedan superar. La posibilidad de señales que viajan a una velocidad arbitrariamente alta es, precisamente, lo que permite la simultaneidad absoluta: los relojes espacialmente separados pueden, en teoría, ser sincronizados en forma absoluta mediante una señal que se propaga a una velocidad arbitrariamente elevada; de este modo, puede lograrse una sincronización tan precisa como se desee. Por otra parte, la velocidad finita no es un invariante para todo sistema de referencia inercial: cualquiera sea el valor –finito– de la velocidad de una partícula en un sistema de referencia inercial, puede hallarse otro sistema de referencia inercial donde tal velocidad se haga tan grande como se quiera. Esto indica que, en el marco de la mecánica clásica, una partícula puede adquirir una velocidad indefinidamente grande. Tal característica de la mecánica clásica hace posible una situación como la que se muestra en la Figura 3: una partícula aumenta su velocidad indefinidamente, de modo tal que su coordenada espacial tiende a infinito a medida que el tiempo tiende a un instante finito determinado $t*$.

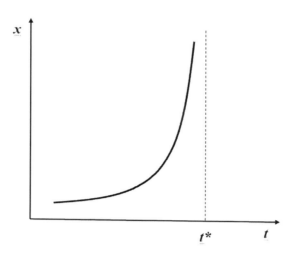

Figura 3.

En términos formales, si bien para todo instante $t < t*$ se cumple que la velocidad es finita, $|v(t)| < \infty$, para $t \to t*$ se cumple que $x(t) \to \infty$ y $|v(t)| \to \infty$. Esta situación, que suele denominarse '*solución de escape*', es la de un universo que contiene una única partícula, la cual "desaparece" en el infinito espacial en el instante $t*$. Dado que las ecuaciones de la mecánica clásica son *t*-invariantes, la imagen temporalmente especular de la gráfica anterior, presentada en la Figura 4, también representa una evolución mecánicamente posible.

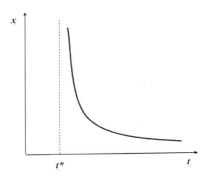

Figura 4.

Esta situación muestra un universo posible que permanece vacío hasta $t = t^*$, y en el cual luego aparece repentinamente una partícula desde el infinito espacial, lo cual constituye una clara violación del determinismo. Llamando e_0 al estado del universo completo en un instante $t_0 < t^*$, para $t_1 > t^*$ existen dos estados condicionalmente posibles respecto de e_0: e_1, correspondiente al universo que permanece vacío para todo instante posterior a t^*, y e_1', correspondiente al universo que contiene la partícula proveniente del infinito espacial (ver Figura 5).

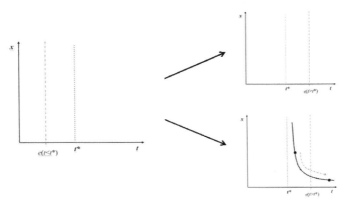

Figura 5.

Este desafío al carácter ontológicamente determinista de la mecánica clásica adquiere una fuerza mayor si puede demostrarse que existen posibles configuraciones de entidades físicas e interacciones físicamente posibles capaces de generar un comportamiento del tipo del representado en la gráfica de la Figura 3. Precisamente a ello apuntan ciertos resultados relativamente recientes en mecánica clásica teórica, obtenidos en un ámbito paradigmáticamente newtoniano: el movimiento de partículas puntuales que interactúan gravitatoriamente (Saari, 1972-73; Mather y McGehee, 1975; Gerver, 1984).

Sobre la base de estos resultados, Earman concluye que el espacio-tiempo newtoniano, en la medida en que admite velocidades arbitrariamente altas, demuestra ser un escenario "poco amigable" para el determinismo ontológico (Earman, 1986, p. 52). Diversos autores se han hecho eco de estos argumentos. Por ejemplo, Richard Ieuan Hughes afirma sin rodeos que "las leyes de la física clásica no implican la tesis del determinismo. Como Earman (1986, cap.3) ha señalado, la física clásica sólo puede ser considerada determinista mediante la adopción de supuestos aparentemente *ad hoc*" (Hughes, 1989, p. 76). Desde una perspectiva análoga Jeremy Butterfield sostiene que "gran parte de la física newtoniana es indeterminista. Incluso, el indeterminismo acecha en el caso paradigmático discutido por Laplace: masas puntuales sólo influidas por la ley de gravitación de Newton" (Butterfield, 1998, p. 35).

La pregunta acerca del determinismo de la mecánica clásica ha dado origen a un interesante ámbito de discusión respecto de las situaciones en las cuales el determinismo clásico parece encontrar sus límites (see, e.g. Wilson, 1989; Hutchison, 1993; Lombardi, 2002; Norton, 2003, 2008). No entraremos aquí en estos debates. El objetivo de la presente subsección ha sido mostrar, en el ámbito de la mecánica clásica, la posibilidad de que un estado del universo completo no determine unívocamente su estado en todo tiempo posterior, lo cual construye un caso de **Indet$_U$**. Pero lo más interesante a señalar es que, en un universo indeterminista en un sentido universal, las trayectorias de los objetos no se bifurcan en el tiempo: como puede observarse en la Figura 4, la partícula que proviene del infinito espacial en el tiempo t^* —cuyo comportamiento es precisamente el responsable del indeterminismo universal– describe una trayectoria única y sin bifurcaciones, esto es, una trayectoria determinista en sentido individual: ***Det_I***. Por lo tanto, éste es un caso en el cual todos los sistemas individuales –en este caso, la partícula única– describen historias deterministas y, no obstante, no todos los estados del universo completo se encuentran unívocamente determinados por sus estados previos: $\forall s$ ***Det_I***$(s) \wedge \neg$***Det_U***(U). En definitiva, con independencia de los debates acerca de las condiciones físicas necesarias para que situaciones de este tipo se hagan efectivas, este resultado pone de manifiesto claramente que los dos sentidos de determinismo son conceptualmente diferentes.

4 MECÁNICA RELATIVISTA

La relatividad general reemplaza la noción clásica de espacio a través del tiempo por el concepto de espacio-tiempo, donde espacio y tiempo se encuentran inextricablemente entrelazados. De este modo, en el contexto relativista general pueden diferenciarse claramente dos nociones de tiempo. Por una parte, el tiempo se convierte en una *dimensión* de una variedad de cuatro dimensiones: es una de las dimensiones, junto a las tres espaciales, del objeto universo. Pero, por otra parte, cuando se considera el tiempo medido por un reloj físico, cada partícula del universo tiene su *tiempo propio*, es decir, el tiempo que registraría un reloj solidario a la partícula. Dado que el espacio-tiempo curvo de la relatividad general puede considerarse localmente plano, es posible sincronizar los relojes fijados a partículas cuyas trayectorias paralelas están confinadas en una pequeña región del espacio-tiempo. Pero, en un modelo genérico y a gran escala, la sincronización de los relojes fijados a todas las partículas del universo no siempre es posible. Únicamente si el espacio-tiempo cuenta con "tiempo global" (ver Hawking y Ellis, 1973), el espacio-tiempo se puede particionar globalmente en espacios-a-un-tiempo, es decir, en hipersuperficies de simultaneidad. A pesar de estas diferencias esenciales respecto de la mecánica clásica, a continuación veremos que en el ámbito de la relatividad se reedita la diferencia entre los dos conceptos de determinismo identificados en el caso clásico.

4.1 Indeterminismo individual: Universos con bifurcaciones

Mientras que la geometría del espacio-tiempo de Minkowski es plana, el espacio-tiempo de la relatividad general en general no es plano, sino que su curvatura puede variar de punto a punto. Geométricamente esto se manifiesta en el hecho de que las ecuaciones de campo de Einstein admiten como soluciones espacio-tiempos con topologías de lo más diversas, entre ellas algunas incluso fuertemente bizarras, como análogos cuatridimensionales de una cinta de Moebius temporal o espacial, o espacio-tiempos con curvas temporales cerradas.

El tipo de topología al que nos referiremos aquí es aquél en el cual cada evento –punto– del espacio-tiempo puede conectarse con cualquier otro mediante una curva de tipo-espacio, tipo-luz o tipo-tiempo. Sin embargo, existen clases de eventos tales que, por cada evento en una de las clases, hay otro evento en la otra clase que no está conectado al evento original por ninguna curva tipo-luz o tipo-tiempo. Este caso suele denominarse espacio-tiempo de *tipo pantalón* (ver, por ejemplo, Sklar, 1974, pp. 306-307), tal como lo ilustra la Figura 6.

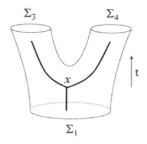

Figura 6.

En este caso, los eventos pertenecientes a la hipersuperficie Σ_3 no están conectados "causalmente" (mediante curvas tipo-luz o tipo-tiempo) con los eventos pertenecientes a Σ_4. Por lo tanto, es plausible afirmar que los eventos en la región Σ_3 no son simultáneos, ni anteriores, ni posteriores en el tiempo respecto de los eventos en la región Σ_4. Considérese un objeto que, partiendo de un evento en la hipersuperficie Σ_1, describe una historia como la señalada en la Figura 6 por la línea vertical que llega al evento x. A partir de este evento, la historia del objeto se bifurca en dos historias posibles, en un caso paradigmático de ***Indet₁***. Matt Visser (1996) considera el caso de un viajero temporal que evoluciona desde la hipersuperficie Σ_1 recorriendo a partir del punto x la rama izquierda. Si pudiera retornar al pasado, antes del evento x, y volviera a recorrer su historia, en el punto de la bifurcación "se podría suponer que se produce una 'anomalía temporal'. Se inicia una nueva historia (una nueva línea de tiempo). Esta nueva historia puede divergir de la antigua sólo en el futuro causal de x" (Visser, 1996, p. 253).

En un artículo de 2008, Earman aborda explícitamente la cuestión de los "universos con ramificaciones", concentrándose en particular en los modelos de espacio-tiempo tipo pantalón. Su objetivo es desestimar la relevancia física de tales modelos, "podando" la filosofía del espacio-tiempo de la discusión sobre estos casos peculiares. Con este propósito, señala diversos problemas a los que se enfrentarían los universos con ramificaciones. Uno de tales obstáculos es que tales universos no admiten superficies de Cauchy, en términos de las cuales suele caracterizarse el determinismo en relatividad general: "Los defensores de la bifurcación individual que pretenden modelar el indeterminismo pueden no verse afectados por este resultado. Pueden renunciar alegremente a la existencia de las superficies de Cauchy, ya que la ausencia de tales superficies significa la pérdida del determinismo laplaciano" (Earman, 2008, p. 195). Sin embargo, según Earman éste es un precio muy caro para admitir el indeterminismo, puesto que la ausencia de superficies de Cauchy conduce a anomalías causales difícilmente aceptables. Otro problema consiste en que este tipo de modelos admite geodésicas que se bifurcan. Puesto que una geodésica es la línea de mundo que sigue una partícula con masa no sujeta a fuerzas no-gravitacionales, el autor se pregunta: "¿Cómo sabría tal partícula qué rama de una geodésica bifurcada seguir?" (*Id.*, p. 200). En definitiva, Earman admite que el tipo de universos con ramificaciones conduce al indeterminismo, "pero el problema es que conduce a demasiado indeterminismo [...]. El indeterminismo puede surgir de la ramificación en espacios-tiempos individuales agregando una probabilidad o caída aleatoria o marchitamiento de las ramas a medida que el «ahora» sube sigilosamente por el tronco del árbol del espacio-tiempo ramificado" (*Id.*, p. 193).

Los motivos físicos esgrimidos por Earman para desterrar los modelos de universo con ramificaciones son fuertemente atendibles. De hecho, son en general admitidos por los físicos que trabajan en el área de la relatividad general. La propiedad del espacio tiempo de ser tipo Hausdorff, que es la que impide los casos de ramificación, se asume implícitamente en los libros de texto de relatividad general. Es así que, para Robert Wald, preguntar cómo sería la física relativista sin suponer que el espacio-tiempo tiene la propiedad de ser tipo Hausdorf "es como preguntar cómo sería la Tierra sin su atmósfera" (citado en Earman, 2008, pp. 199-200; ver afirmaciones similares en Penrose, 1979). La analogía a la que apela Wald es particularmente relevante en el presente contexto: así como no tiene sentido estudiar la física de la Tierra sin atmósfera, no tiene sentido estudiar la física de los universos con ramificaciones. Pero, al mismo tiempo, así como la Tierra sin atmósfera es una situación conceptualmente inteligible, también lo es el caso de un universo con ramificaciones, donde un objeto no posee una trayectoria unívocamente determinada y conduce, por tanto, a un *Indet$_l$*. En otras palabras, con independencia de su escasa plausibilidad física, el concepto de *Det$_l$* tiene sentido también en el ámbito relativista.

4.2 Indeterminismo universal: El argumento del agujero

En relatividad general, el espacio-tiempo se representa mediante un par ordenado (M,g), donde M es una variedad cuatridimensional diferenciable y g es el tensor métrico definido sobre M. Una variedad es una colección de puntos con cierta topología local y global incorporada. El tensor métrico define relaciones geométricas entre los puntos de la variedad: distancias, colinealidad, etc. La relatividad general también proporciona la conexión entre las propiedades geométricas del espacio-tiempo y la distribución de energía-materia en el universo a través de las ecuaciones de campo de Einstein. Cada solución de las ecuaciones de campo, correspondiente a un espacio-tiempo particular, es un modelo de la teoría.

Una característica central de la relatividad general es su covariancia general, es decir, la invariancia de las ecuaciones de campo frente a transformaciones arbitrarias de coordenadas. En 1913 Einstein notó que, si las ecuaciones que gobiernan la gravedad cumplen con la covariancia general, entonces la métrica no queda determinada de manera unívoca por las fuentes gravitacionales, esto es, los cuerpos con masa. En particular, consideró un espacio-tiempo lleno de materia excepto en una región, el "agujero", que quedaba libre de materia, y luego se preguntó si la especificación completa de la métrica y la distribución de materia fuera del agujero fijaría la métrica dentro: su respuesta fue negativa. En términos formales: dado un espacio-tiempo (M,g) y un difeomorfismo h de M sobre sí mismo que (i) conduce a una nueva métrica g' tal que $g = g'$ fuera del agujero y $g \neq g'$ dentro del agujero, y (ii) conecta las dos métricas de una manera "suave", entonces si (M,g) es un modelo de las ecuaciones de campo, (M,g') también lo es (véase el esquema de la Figura 7).

Figura 7.

Sobre la base de este resultado, John Earman y John Norton (1987) formularon el ya célebre "argumento del agujero". La pregunta que está a la base del argumento es si ambos modelos, (M,g) y (M,g'), representan diferentes universos o no. Aquí se abre lo que los autores denominan "el dilema del indeterminismo":

- De acuerdo con el substancialismo, según el cual el espacio-tiempo puede existir independientemente de los objetos que contiene, los modelos (M,g) y (M,g') representan diferentes universos. Esto conduce a un fuerte indeterminismo. En efecto, supongamos que (M,g') es un espacio-tiempo con tiempo global, tal que el agujero se encuentra en el futuro de la hipersuperficie de simultaneidad correspondiente a un cierto tiempo global t_0; entonces, se tienen dos universos que coinciden hasta el tiempo t_0 y difieren en el futuro de t_0.

- De acuerdo con el relacionalismo, según el cual el espacio-tiempo está definido por las relaciones espacio-temporales entre los objetos y eventos que contiene, (M,g) y (M,g') representan el mismo universo. En otras palabras, el relacionalista admite la equivalencia de Leibniz, según la cual dos modelos relacionados por un difeomorfismo representan el mismo universo. Por lo tanto, no existe indeterminismo en los universos relativistas.

Earman y Norton se inclinan decididamente por la alternativa relacionalista, ya que los dos modelos son observacionalmente indistinguibles y considerar que representan diferentes universos conduce a un indeterminismo radical.

El "argumento del agujero" ha sido extensamente comentado y muchas veces objetado desde distintas perspectivas (para una revisión de algunas de las críticas, ver Norton 2019), pero aquí no nos detendremos en ello. Lo que resulta relevante a la luz del presente trabajo es que la noción de determinismo involucrada en este caso es el indeterminismo universal: el resultado de Einstein, para el substancialista, conduce al **Indet**$_U$, mientras que para el relacionalista, no resulta un desafío al **Det**$_U$. Esto significa que el concepto de determinismo universal tiene sentido en el ámbito de la relatividad general en la medida en que permite distinguir las consecuencias que se obtienen desde distintas posiciones metafísicas respecto del espacio-tiempo. Pero, por otra parte, la existencia o no de "agujeros" en el espacio-tiempo no afecta el carácter determinista individual de los cuerpos en sus trayectorias particulares. Por ejemplo, tanto en el espacio-tiempo original (M,g) como el en espacio-tiempo con agujero (M,g'), un objeto describe una historia única sin diferentes alternativas posibles, tal como se representa en la Figura 8.

Figura 8.

Por lo tanto, para el substancialista puede darse significativamente una situación en la cual todos los objetos individuales del universo describen historias deterministas y, no obstante, no se cumple el determinismo universal: $\forall s\ Det_I(s) \land \neg Det_U(U)$. Como en el caso clásico, independientemente de los argumentos físicos y/o metafísicos que se esgriman en favor o en contra de estas formas de determinismo, la posibilidad de determinismo individual e indeterminismo universal pone de manifiesto la diferencia conceptual entre ambas.

5 CONSIDERACIONES FINALES

En el presente trabajo se ha abordado el problema del determinismo, cuestión tradicional en la filosofía de Occidente, desde la perspectiva de dos teorías físicas vigentes: la mecánica clásica y la relatividad general. El objetivo ha consistido en poner de manifiesto la coexistencia de dos conceptos de determinismo, el *determinismo universal*, que se aplica al universo en su conjunto, y el *determinismo individual*, que se aplica a cada uno de los sistemas del universo. Se ha argumentado en contra del supuesto natural según el cual, si todos sistemas del universo transitan historias deterministas, entonces el universo completo es determinista. En efecto, es posible que todos los sistemas del universo sean deterministas en sentido individual y, no obstante, el universo como un todo no lo sea en sentido universal.

Para fundamentar la afirmación anterior se han considerado situaciones en mecánica clásica y en relatividad general que muestran un interesante paralelismo. El caso de trayectorias que se bifurcan en un espacio de estados clásico es análogo al caso del universo relativista de tipo pantalón: en ambas situaciones se obtiene indeterminismo individual. A su vez, el caso de las soluciones clásicas de escape que permiten partículas provenientes del infinito espacial es análogo al caso relativista del agujero resultado de la covariancia general de las ecuaciones de campo: en ambas situaciones se obtiene indeterminismo universal, si bien todos los sistemas del universo describen trayectorias deterministas en sentido individual. También se ha señalado la plausibilidad física de tales resultados. Las situaciones de indeterminismo individual, que conducen a ramificaciones en las trayectorias posibles de los sistemas, no suelen ser consideradas aceptables desde un punto de vista físico porque violan algunos supuestos acerca de la geometría del tiempo. Las situaciones de indeterminismo universal, si bien no se consideran ajenas a la física, son muy particulares y suelen conjurarse mediante supuestos acerca de la conservación de magnitudes físicas en el caso clásico, o adoptando una concepción relacionalista del espacio-tiempo en el caso relativista.

En definitiva, contra una imagen fuertemente arraigada en algunos ámbitos que ubica el problema del determinismo exclusivamente en el contexto cuántico, el presente trabajo ha puesto de manifiesto que la física no-cuántica es un territorio fértil para la discusión acerca del determinismo. Una discusión que no sólo considera la oposición entre determinismo e indeterminismo, sino que trae a la luz diferentes conceptos de determinismo que admiten una representación precisa en el ámbito de la física.

AGRADECIMIENTOS

Este trabajo ha sido posible gracias al subsidio correspondiente al proyecto ID-61785 otorgando por la *John Templeton Foundation*.

REFERENCIAS

ARISTÓTELES. *Peri Hermeneias*. Trad. Alfonso García Suarez y Julian Velarde. Lombraña: Teorema, 1980.

BUTTERFIELD, Jeremy. Determinism and Indeterminism. Pp. 33-39 en CRAIG, Edward. (Ed.). *Routledge Encyclopedia of Philosophy*. London-New York: Routledge, 1998. Vol. 3.

CASSIRER, Ernst. *Determinism and Indeterminism in Modern Physics*. [1936]. New Haven: Yale University Press, 1956.

DE BROGLIE, Louis de. *Materia y Luz*. [1939]. Buenos Aires-México: Espasa-Calpe, 1944.

EARMAN, John. Laplacian Determinism, or Is This Any Way to Run a Universe? *The Journal of Philosophy*, **68**: 729-744, 1971.

EARMAN, John. *A Primer on Determinism*. Dordrecht: Reidel Publishing Company, 1986.

EARMAN, John. Pruning some Branches from "branching spacetimes". Pp. 186-205 en DIEKS, D. (ed.). *The Ontology of Spacetime II*. Amsterdam: Elsevier, 2008.

EARMAN, John; NORTON, John D. What Price Spacetime Substantivalism? The Hole Story. *British Journal for the Philosophy of Science*, **38**: 515-525, 1987.

FEIGL, Herbert. Notes on Causality. Pp. 408-418 en FEIGL, Herbert; BRODBECK, May. (Eds.). *Readings in the Philosophy of Science*. New York: Appleton, 1953.

GERVER, Joseph L. A Possible Model for a Singularity without Collisions in the Five Body Problem. *Journal of Differential Equations*, **52**: 76-90, 1984.

HAWKING, Stephen W.; ELLIS, George F. R. *The Large Scale Structure of Space-Time*. Cambridge: Cambridge University Press, 1973.

HUGHES, Roy I. G. *The Structure and Interpretation of Quantum Mechanics*. Cambridge MA: Harvard University Press, 1989.

HUTCHISON, Keith. Is Classical Mechanics really Time-Reversible and Deterministic? *The British Journal for the Philosophy of Science*, **44**: 307-323, 1993.

JAMES, William. The Dilemma of Determinism. En JAMES, Willian. *The Will to Believe*. [1897]. New York: Dover Publications, 1956.

LAPLACE, Pierre S. *Ensayo Filosófico sobre las Probabilidades*. [1814]. Madrid: Alianza Editorial, 1985.

LOMBARDI, Olimpia ¿Es la mecánica clásica una teoría determinista? *Theoria. Revista de Teoría, Historia y Fundamentos de la Ciencia*, **17**: 5-34, 2002.

LONG, Anthony A. *La Filosofía Helenística*. [1975]. Madrid: Alianza Editorial, 1984.

MATHER, J. N.; MCGEHEE, R. Solutions of the Collinear four-body Problem which become Unbounded in a Finite Time. Pp. 573–597 en MOSER, Jürgen (Ed.). *Dynamical Systems: Theory and Applications*. Berlin-Heidelberg: Springer Verlag, 1975.

MONDOLFO, Rodolfo. *El Pensamiento Antiguo: Historia de la Filosofía Greco-Romana*. Vol.1. [1942]. Buenos Aires: Losada, 1983.

NORTON, John D. Causation as Folk Science. *Philosophers' Imprint*, **3**: 1-22, 2003.

NORTON, John D. The Dome: An Unexpectedly Simple Failure of Determinism. *Philosophy of Science*, **75**: 786-798, 2008.

NORTON, John D.; POOLEY, Oliver; and READ, James. The Hole Argument. En ZALTA, Edward N.; NODELMAN, Uri (Eds.). *The Stanford Encyclopedia of Philosophy* (Summer 2019 Edition). https://plato.stanford.edu/entries/spacetime-holearg/.

PENROSE, Roger. Singularities and Time-asymmetry. Pp. 581-638 en HAWKING, Stephen; ISRAEL, Werner (Eds.). *General Relativity: An Einstein Centenary Survey*. Cambridge: Cambridge University Press, 1979.

RUSSELL, Bertrand. On the Notion of Cause with Applications to the Free-will Problem. Pp. 387-418 en FEIGL, Herbert; BRODBECK, May (Eds.). *Readings in the Philosophy of Science*. New York: Appleton, 1953.

SAARI, Donald G. Singularities and Collisions of Newtonian Gravitational Systems. *Archives of Rational Mechanics*, **49**: 311-320, 1972-1973.

SKLAR, Lawrence. *Space, Time, and Spacetime*. Berkeley: University of California Press, 1974.

VISSER, Matt. *Lorentzian Wormholes: From Einstein to Hawking*. New York: Springer-Verlag, 1996.

WILSON, Mark. John Earman's *A Primer on Determinism*. *Philosophy of Science*, **56**: 502-532, 1989.

Notas sobre o desenvolvimento da história das ciências como campo de pesquisa

Olival Freire Junior
Instituto de Física da UFBA
Pesquisador CNPq em História das Ciências
olival.freire@gmail.com

Como contribuição à comemoração dos 30 anos de existência do Grupo de História e Teoria da Ciência (GHCT) e como homenagem a Roberto Martins, seu criador, eu quero trazer algumas reflexões sobre a formação do campo de pesquisa em história das ciências e sobre os atuais desafios para o seu desenvolvimento. Quais foram os principais fatores intelectuais, epistemológicos, que contribuíram para essa formação? Quais os fatores contextuais, profissionais em particular, que contribuíram para o seu fortalecimento? Como operam hoje estes, e outros, fatores? Essas são as perguntas que orientam essa contribuição. São considerações voltadas eminentemente para o cenário internacional; lidando apenas incidentalmente com o cenário nacional. Tal escolha justifica-se principalmente porque a história das ciências tem sido, desde seu nascedouro, um campo de pesquisa com forte internacionalização, e intercâmbios associados a esta internacionalização. Esta contribuição está organizada de modo cronológico: em sua primeira parte examino o desenvolvimento da história das ciências antes da Segunda Guerra, particularmente na década de 1930. Na segunda examino o desenvolvimento desse campo particularmente no cenário norte-americano, no pós-guerra e ao longo do período da Guerra Fria. Por fim, teço considerações sobre os desafios intelectuais e institucionais dos dias atuais. Veremos que muitas das ameaças que hoje rondam a história das ciências não estão limitadas e esse campo de pesquisa, sendo, em verdade, ameaças ao valor adquirido pelas ciências na contemporaneidade.

DESENVOLVIMENTO DA HISTÓRIA DA CIÊNCIA NA DÉCADA DE 1930

É muito difícil datar quando tem início a história da ciência enquanto atividade intelectual. Cabe lembrar que, limitando-nos à tradição clássica, ocidental, aos gregos, elementos de história do pensamento filosófico e científico podem ser encontrados entre os autores gregos na medida em que havia a tradição do comentário, isto é, um autor fazia um comentário sobre obras previamente existentes. Assim é que sabemos sobre o pensamento de muitos autores cujos materiais não nos chegaram diretamente. Nesse sentido pode-se dizer que história do pensamento tem pelo menos 2000 anos de tradição, limitando-nos à tradição ocidental. Eu não quero adentrar nesse largo panorama, contudo, porque estou interessado em refletir sobre a institucionalização da história da ciência como uma atividade acadêmica, intelectual. Por essa razão vou me limitar ao período que vai dos fins do século XIX às vésperas da Segunda Guerra, em 1939, quando essa institucionalização começa a se configurar.[1]

Esse período é marcado, para a história da ciência, por uma transição ao longo da qual ela se firma como disciplina acadêmica no cenário das disciplinas históricas e filosóficas. É um período, entretanto, também marcado por um apoio institucional muito limitado. Emblemático desse período é a história de George Sarton, um profícuo historiador da ciência, podemos mesmo dizer um precursor da disciplina. Ele sai da Bélgica e vai para os Estados Unidos, mas ali não consegue um posto permanente. Ele pesquisa na *Widener Library*, em Harvard, mas sem posição nas universidades norte-americanas. Não se pode dizer que o apoio à história da ciência fosse nulo, mas era muito limitado. Exemplo

---

[1] Algumas apresentações do desenvolvimento da história da ciência, antigas, mas ainda úteis e instigantes, são Christie (1990, pp. 5-22), e Kuhn (1977, pp. 105-126).

dessas circunstâncias pode ser encontrado na França, país do fundador do positivismo, doutrina que valorizava a história da ciência, quando ocorreu, em 1903, disputa pela cadeira de história da ciência no prestigiado *Collège de France*, cadeira anteriormente ocupada por Pierre Laffitte, discípulo de Auguste Comte. O indicado pelo comitê de especialistas foi o reconhecido historiador da matemática Paul Tannery; contudo, a opção do estado francês recaiu sobre outro candidato que não era historiador da ciência.[2] Mesmo nesse contexto de apoios limitados, tivemos a criação de uma sociedade internacional de história das ciências, precursora da atual DHST, com a realização de congressos quadrienais. Um desses congressos foi particularmente importante, o de 1931, em Londres, pela participação da delegação soviética com trabalhos que comentarei adiante.

O elemento mais importante, contudo, desse período inicial, foi a transição intelectual. Cristalizou-se a ideia de que a história da ciência não deve ser uma disciplina a serviço do desenvolvimento contemporâneo da ciência, mas sim voltada à compreensão do passado da ciência, em seus próprios termos, ainda que essa compreensão do passado possa trazer elementos de reflexão sobre os problemas contemporâneos. Essa transição ocorre entre as décadas de 1920 e 1930 e está presente em distintos autores e contextos, a exemplo de Hélène Metzger (Metzger & Machado 2022), historiadora da química, assassinada nos campos de concentração nazista, e Alexandre Koyré, historiador da física, ambos atuantes no espaço cultural francês. Eu me limito aqui a Koyré, por ele ser, talvez, mais conhecido e difundido entre nós. A influência maior de Koyré decorre, também, do tributo que lhe vai

---

[2] Disponível em: <https://en.wikipedia.org/wiki/Paul_Tannery>, acesso em 15 de maio de 2022. Para um relato mais antigo, sobre o mesmo incidente, ver a revista *Osiris*, Volume IV, pp. 674-679. Cabe notar que a esposa de Paul Tannery, Madame Paul Tannery, foi destacada historiadora da ciência; ver, no mesmo volume de *Osiris*, pp. 706-709. Sobre Sarton, existe uma vasta literatura analisando sua obra e sua vida, refiro-me aqui a uma dessas obras, por ter sido escrita por autor que comentaremos adiante. Trata-se do "Recollections and Reflections", escrito por Robert Merton, em Sarton (1988). Para a obra do próprio Sarton, ver a *Introduction to the History of Science*, em três volumes.

ser prestado por Thomas Kuhn. Negar que a história da ciência deva estar a serviço do desenvolvimento contemporâneo da própria ciência é um critério negativo, obrigando-nos então a uma definição mais positiva. Para Koyré, o desafio da história e da filosofia da ciência é vencer o anacronismo e a teleologia na história, por vezes aparecendo na forma do que denominamos de presentismo. Cabe notar que na tradição francesa a distinção entre história e epistemologia da ciência não era tão nítida Trata-se, para Koyré, de entender o passado em seus próprios termos, em sua lógica própria, sem infundir nessa compreensão conceitos da ciência contemporânea. Koyré fez isto ao nos mostrar, em seus estudos sobre Galileu, que a física aristotélica e a física medieval tinham uma lógica e uma coerência internas (Koyré 1986). Note que ele não buscou entender o aristotelismo como o passado que teria sido superado pela física galileana por causa dos erros do primeiro e da verdade da segunda. Essa opção de Koyré nem sempre foi bem entendida por seus contemporâneos, e eu cito aqui o caso de Bachelard, grande filósofo da ciência, epistemólogo, mas que partilhava uma visão presentista. Bachelard não via valor em estudos sobre a física medieval ou cartesiana, por não terem influência na ciência contemporânea.

Nós temos antecedentes importantes na mesma linha de compreensão de Koyré, a exemplo de Pierre Duhem (1913) e sua monumental obra sobre a ciência medieval. Isso continua válido mesmo que identifiquemos que a motivação de Duhem para tal obra tenha sido de natureza religiosa; ele queria atenuar a ruptura entre a ciência galileana e a ciência medieval para defender o legado cultural do cristianismo e do catolicismo. Voltando a Koyré, todos nós que lemos a *Revolução Copernicana* (Kuhn 2002), obra com a qual Thomas Kuhn, originalmente treinado em física, vai adquirir cidadania na história da ciência, reconhecemos nessa obra a influência da crítica de Koyré ao anacronismo. Kuhn prestará tributo a essa influência, por exemplo, no prefácio do *Estrutura das Revoluções Científicas*, quando afirma que durante o período de três anos de transição de uma carreira em física teórica para outra em história das ciências ele continuou a estudar as obras de Koyré, e desse modo encontrou as obras de Emile Meyerson, Hélène Metzger e Anneliese Maier. E mais, afirma que os acadêmicos contemporâneos a esse grupo ensinaram-no como era pensar cientificamente em uma época na qual os cânones do pensamento científico eram muito diferentes dos atuais (Kuhn 2018).[3]

O outro elemento dessa fase que contribuiu para a consolidação intelectual da disciplina foi o surgimento de abordagens, que na falta de denominação melhor chamo de externalista. A própria contraposição entre essa corrente e a abordagem de Koyré, que aqui denomino, imprecisamente, de internalista, contribuiu para o fortalecimento da disciplina por ter sido um debate que mobilizou argumentos importantes de um lado e de outro, e chamou atenção de círculos intelectuais não diretamente envolvidos com a história da ciência. Três expoentes nessa abordagem externalista foram o soviético Boris Hessen, o austríaco Edgar Zilsel e o norte-americano Robert Merton.

O trabalho de Hessen, apresentado no II Congresso Internacional de História da Ciência em 1931, anteriormente referido, buscou desnudar as raízes socioeconômicas de uma das mais puras das ciências, a mecânica e a gravitação, formulada por Isaac Newton nos *Princípios matemáticos da filosofia natural*, publicados em 1687. O trabalho despertou imediatamente tanto oposição quanto adesão, curiosamente pelas mesmas razões. O trabalho arguiu que o conteúdo da mecânica newtoniana correspondia às necessidades técnicas da época e estas eram as necessidades postas pelo capitalismo ascendente e por suas classes privilegiadas. O viés marxista da abordagem era explícito. Independentemente desse viés específico, o trabalho expressava uma sensibilidade para uma relação de interdependência entre ciência e sociedade, que não era estranha nas décadas iniciais do século XX, às experiências do século anterior no que diz respeito às relações entre ciência e indústria. A oposição ao trabalho de Hessen derivava da crença de que a genialidade do trabalho de

---

[3] Para uma definição condensada do conceito de anacronismo, ver o verbete "Anacronismo" em Burguière (1993, pp. 47-48).

Newton dispensava o exame de suas raízes na sociedade e na cultura da época. Por fim, o trabalho motivou uma geração de jovens cientistas britânicos adeptos do marxismo para uma atenção à história da ciência; dentre eles, cientistas como J. B. Haldane, John Desmond Bernal, e Joseph Needham. Essas interações refletiam tanto o impacto do trabalho de Hessen, associado como estava ao marxismo e à revolução soviética, quanto o contexto da Grã-Bretanha na qual o ativismo de esquerda entre cientistas na década de 1930 foi traço político e cultural de destaque. Hessen, entretanto, não sobreviveria às vicissitudes que marcaram a experiência soviética tendo sido aprisionado e assassinado nas perseguições políticas da década de 1930 comandadas por Stalin.[4]

Na mesma época, Edgar Zilsel desenvolveu a tese de que a emergência do capitalismo acarretou uma aproximação entre as pessoas que dominavam as artes técnicas e os acadêmicos, e essa aproximação teria aberto o caminho para a introdução da experimentação e da sua matematização, no que foi chamado de ciência moderna. Em seu tempo, a obra de Zilsel teve influência na obra de Needham sobre a história da ciência na China, na tentativa empreendida por este de compreender porque algo similar à ciência moderna não surgiu ao mesmo tempo na Europa e na China uma vez que esta tinha notável desenvolvimento no campo da técnica e da observação dos fenômenos naturais. Uma apreciação da influência da obra de Zilsel sobre Needham pode ser obtida no prefácio que este escreveu para a reedição das obras de Zilsel (2000). No que pese as aproximações intelectuais entre Zilsel e Hessen, o marxismo, cabe notar que o primeiro, tendo ingressado no partido social-democrático austríaco em 1918, tinha uma percepção do marxismo com nuances distintas das variantes que

---

[4] Para uma tradução dos escritos de Hessen, bem como um ensaio introdutório com informações sobre o seu trágico destino, ver Talbot & Pattison (2021). Para a influência de Hessen sobre os jovens britânicos, bem como sobre a própria trajetória desses cientistas marxistas, ver Werskey (2007a, 2007b). O trabalho apresentado por Hessen em 1931 está reeditado em Freudenthal & McLaughlin (2009). Nesse volume, os editores apresentam um estudo sobre a "Classical Marxist Historiography of Science: The Hessen-Grossmann Thesis", pp. 1-40.

passaram a circular no antigo império russo, com a revolução que cria a União Soviética, em 1917.

O segundo trabalho, elaborado pelo jovem sociólogo norte-americano Robert K. Merton, que viria a desempenhar um papel crucial no desenvolvimento da sociologia norte-americana, tinha uma clara influência da tese weberiana sobre a relação entre o puritanismo e o surgimento do capitalismo. Merton (1970) desenvolveu o método da prosopografia, levantando dados biográficos de um grande número de participantes da Royal Society no século XVII, para arguir a favor de uma correlação entre o ambiente e as ideias da religião puritana e a consolidação da ciência moderna no Reino Unido naquele século. Mais tarde Merton ficaria mais conhecido pela elaboração de regras que adotadas pelos cientistas configuram, e reforçam, a autonomia das comunidades científicas. Aliás, pode parecer estranho ao olhar contemporâneo, familiarizado com Merton como sociólogo da ciência, vê-lo aqui associado ao desenvolvimento da história da ciência como disciplina. Cabe observar que Merton identificava-se com esse campo intelectual quando escreveu *Science, technology & society in seventeenth century England*, publicado originalmente em 1938 na revista *Osiris*, (Volume IV, Part 2), então editada por Sarton. Merton agradece, no prefácio, tanto ao sociólogo Talcott Parsons quanto ao próprio Sarton, nesse caso pelo "encorajamento e orientações cordiais em um campo onde sou um neófito."

Na década de 1930, trabalhos como os de Koyré, Merton, Zilsel e Hessen exemplificavam o vigor intelectual adquirido pela jovem disciplina da história das ciências. Hesitei em denominar tais correntes internalistas e externalistas porque tais autores não negavam a influência tanto de fatores internos quanto externos no desenvolvimento da ciência. Koyré, por exemplo, incluía nos fatores que propiciaram a eclosão do que denominou de revolução galileana fatores do campo da filosofia e mesmo da religião. Assim expressou de modo sintético que essa revolução ocorreu pelo abandono da ideia de um cosmos ordenado e pela aceitação de um universo matematizado. A expressão externalista também é imprecisa porque ela não é encontrada nos próprios autores como

Hessen e Merton, o que se explica porque ela levaria a um reducionismo na história da produção da ciência ao tentar explicá-la recorrendo apenas a fatores externos à ciência. Contudo, para efeito de compreensão, contrapor os termos internalismo e externalismo pode ser útil se buscarmos compreender as próprias obras sobre as quais recaem essas denominações. Em particular, no caso da denominação externalista, existem distintas clivagens ideológicas, como vimos. Enquanto a obra de Merton está amplamente disponível em língua inglesa, de Hessen conhecia-se apenas o trabalho apresentado no congresso de Londres até recentemente. Mais recentemente, o britânico Chris Talbot organizou a tradução para o inglês de quase toda a obra histórica de Hessen. Podemos dizer, como uma conclusão provisória, que o trabalho de Hessen abre toda uma perspectiva porque ele nos diz que a mais pura e paradigmática das ciências, a mecânica newtoniana, foi condicionada por fatores sociais e econômicos da época, relacionados à emergência do capitalismo. Pessoalmente, eu acho a visão de Hessen marcada por certo reducionismo. Durante o meu doutorado eu escrevi e publiquei um pequeno trabalho que foi uma espécie de acerto de contas com as minhas convicções iniciais, no que diz respeito ao modo de se escrever a história das ciências. Nesse pequeno trabalho (Freire, 1993), baseando-me na leitura da tradução para o francês de textos filosóficos soviéticos da década de 1920, feita por R. Zapata, eu busquei argumentar que tais limitações, certo mecanicismo, poderiam ser compreendidas como um reflexo dos debates filosóficos entre marxistas soviéticos da época. De fato, influente como ela foi, penso que a obra de Hessen também expõe a limitação desses próprios debates. Essa percepção não diminuiu o meu apreço pela relevância da obra de Hessen na historiografia das ciências. Ele influenciou, dentre aqueles jovens cientistas britânicos inclinados ao marxismo, como vimos, por exemplo, Joseph Needham, que se converteria na maior autoridade da história das ciências na China, rompendo assim a visão eurocêntrica que subestimava a contribuição científica da grande nação asiática.

Hoje há também uma recuperação da obra de Edgar Zilsel, no mesmo campo ideológico que Hessen, mas tivemos também, como vimos, em outro campo, a contribuição, talvez menos valorizada à época, de Robert Merton. Para conhecermos a formação do campo da história das ciências eu diria que autores como Hessen, Merton e Koyré são leituras incontornáveis.

Portanto esse parece ser o cenário das tendências intelectuais presentes na historiografia das ciências quando emerge a Segunda Guerra. Dela, saímos, em 1945, em um mundo diferente. Do ponto de vista que estamos aqui tratando, a história da ciência, no início da guerra, é uma disciplina já com autonomia intelectual, e também com revistas e instituições. É uma autonomia em uma encruzilhada entre história, história da filosofia, filosofia das ciências; mas ela se afirma como disciplina histórica. Sei que esse aspecto pode ensejar discussões. A história da ciência, então, é uma disciplina histórica; não se reduz à história, *tout court*, mas é uma disciplina, epistemologicamente, intelectualmente, histórica. Na continuidade, as relações institucionais com os departamentos de história não serão isentas de problemas, como apontado no seu devido tempo por Kuhn, em seu ensaio sobre história e história da ciência, capítulo do livro *Tensão essencial* (Kuhn, 1977, 127-161), mas em termos epistemológicos a história das ciências aprofundará seus laços com a história. Em seus primórdios estava fortemente associada com a filosofia e com a própria ciência, mas do início do século XX em diante, especialmente a partir da década de 1930, os laços intelectuais com a história serão aprofundados e privilegiados. Sei que podemos ter um ponto de vista diverso, enfatizando a natureza interdisciplinar da história da ciência, mas não creio que esta seja a identidade básica do nosso campo, e não creio que a interdisciplinaridade enfraqueça a identidade básica com a história. Cabe notar que a própria disciplina da história tem valorizado a interdisciplinaridade.[5]

---

[5] Para uma visão da identidade da história das ciências basicamente como um campo de estudos "autônomo e interdisciplinar", ver Ferraz, Goldfarb e Waisse (2018). O tema da identidade epistemológica da história da ciência não é, aqui,

Essa identidade básica eu diria, é a busca de entender o passado em seus próprios termos assim como a compreensão da existência de condicionamentos sociais à produção da ciência. Uma comparação entre o que estamos descrevendo e a escola do *Annales* na década de 1930 reforçará essa identidade epistemológica da história da ciência, a partir de Koyré, Hessen e Merton, com a disciplina da história. Mesmo nos escritos iniciais de historiadores dos *Annales* vamos encontrar um interesse pela história das ciências e das técnicas.

A influência desse contexto intelectual na formação de historiadores da ciência no Brasil, foi, possivelmente, limitada, porque a disciplina não estava institucionalizada entre nós antes da Segunda Guerra. Seria interessante ver, contudo, que leituras alguns de nossos precursores, ou apoiadores, como Fernando de Azevedo, Mario Schenberg, Carlos Chagas Filho e Simão Mathias tinham, ou não, dos autores e do movimento intelectual que acabamos de discutir.

CIÊNCIA E HISTÓRIA DA CIÊNCIA NO PÓS-SEGUNDA GUERRA

Isso é o nosso passado, e devemos valorizá-lo, porque o que somos devemos muito em termos intelectuais a esse passado. Mas o que somos hoje, em termos institucionais, devemos muito ao que se transformou a ciência, e a história da ciência, no período posterior à Segunda Guerra. Sabemos que o centro do desenvolvimento das ciências se desloca para os Estados Unidos. Tínhamos sinais nesse sentido antes da guerra, em particular com a ascensão do nazismo e a fuga de pesquisadores judeus da Europa, mas com o término da guerra, e a derrota das potências do Eixo, passamos a viver em outro mundo, com a força de uma nova potência hegemônica, vitoriosa no desfecho da guerra, no caso os EUA, e pelo mundo bipolar com esse país liderando o campo capitalista e a então União Soviética, também vencedora na guerra, liderando o campo

---

objeto de revisão bibliográfica. Sem pretensão de exaustão, citamos os trabalhos de Maia (2013) e de Condé (2017).

socialista. A ciência europeia sai dividida, enfraquecida. A União Soviética vence, mas a um enorme custo humano e material, de modo que os EUA são a potência que sai em melhores condições da guerra, tanto em termos econômicos quanto militares, em especial pela produção da bomba atômica. Isso tudo deslocou o centro de gravidade do desenvolvimento da ciência para os EUA. Esse deslocamento tem sido objeto de bons estudos históricos, a exemplo do livro de John Krige (2006) intitulado *American Hegemony and the Postwar Reconstruction of Science in Europe*. No nosso país, documentamos bem, pelo menos no caso da física, a transição de uma influência predominantemente europeia para a norte-americana precisamente no período da Segunda Guerra e do pós guerra (Freire & Silva, 2020). Por isto, vamos nos circunscrever aqui à influência do contexto norte-americano no desenvolvimento da história da ciência enquanto disciplina acadêmica.

Esse cenário do pós-guerra trouxe importantes implicações para a ciência nos EUA. Viveu-se uma verdadeira lua de mel entre ciência e estado. A ciência tinha ajudado a nação do norte vencer a guerra, produzindo o radar, e tinha ajudado a curar as feridas da guerra, com os britânicos produzindo os antibióticos. Ademais a ciência, a física, tinha produzido a arma que assegurou aos EUA a hegemonia no imediato pós-guerra, a bomba atômica. Essa fase de lua de mel, que vai até início dos anos 1970, está bem documentada nos estudos de Kevles (1979) e de David Kaiser (2002, 2007), que explorou as implicações de tudo isto para o treinamento de cientistas. Turmas de doutorado em física, por exemplo, com 3 a 5 alunos, passaram a ter 15 a 20 alunos. A GI Bill foi uma medida que facilitou essa expansão, a legislação que assegurava aos jovens que voltavam da guerra bolsas para o pagamento das anuidades nas caras universidades norte-americanas.

Essa pujança da ciência norte-americana será acompanhada, mais tarde, pela recuperação da ciência europeia e soviética, e, ainda mais tarde, pela afirmação da ciência asiática, e chinesa em particular. Mas para o que nos interessa aqui, é notar que aquela pujança foi acompanhada de um acolhimento da história da ciência como disciplina relevante naquele cenário intelectual. Um personagem chave nesse processo de acolhimento foi James B. Conant, químico e antigo reitor da Universidade de Harvard. Por vezes nós olhamos para Conant apenas como o reitor dessa universidade de prestígio, mas devemos ter em conta que ele foi uma figura importante do estado norte-americano. Teve papel de liderança no Projeto Manhattan e depois da guerra foi o embaixador dos EUA na área da Alemanha ocupada pelas forças norte-americanas, mais tarde a Alemanha Ocidental, talvez a mais importante embaixada dos EUA à época, por se tratar da linha de frente da disputa de influência com a então União Soviética.[6] Conant escreve um pequeno livreto, *Understanding Science*, publicado no Brasil por iniciativa de Anísio Teixeira, onde a história da ciência comparece como disciplina útil ao entendimento do papel da ciência nas sociedades contemporâneas (Conant 1964). Mais que isso, ele organiza, em Harvard, um curso, oferecido no equivalente de um ciclo básico da universidade, no qual uma formação em ciências para não cientistas é introduzida através da análise de episódios relevantes da história da ciência. É parte dessa história, vocês conhecem bem, o modo como Thomas Kuhn fez sua transição da física para a história e a filosofia da ciência. Ele publica em 1962 o livro que o transformará em uma celebridade, *A estrutura das revoluções científicas*, mas esse Kuhn, treinado em física teórica, havia sido contratado por Harvard para trabalhar nesse esforço educacional liderado por Conant e é nesse contexto que ele é atraído pela história da ciência como disciplina e escreve seu livro mais famoso. No prefácio dessa obra, Kuhn reconhece que Conant foi o primeiro a apresentá-lo a história da ciência, o que o levou a uma mudança na sua própria concepção do que seja um avanço científico (Kuhn 2018).

Também ilustrativo do reconhecimento e do apoio à história da ciência por parte dos cientistas norte-americanos é a história de como foi produzido esse grande projeto, o Archives for the History of Quantum Physics. Físicos norte-americanos, John Archibald

---

[6] Para uma biografia de Conant, ver Hershberg (1993).

Wheeler à frente, tomam a iniciativa de organizar esse projeto para coletar fontes para a história da mecânica quântica, e para liderá-lo chamam Thomas Kuhn porque entendiam que um profissional da história da ciência deveria desempenhar tal papel. Os auxiliares que Kuhn levou consigo foram John Heilbron e Paul Forman, doutorandos em história da ciência à época e, mais tarde, renomados pesquisadores nesse campo. A atitude de Wheeler expressa, então, o que quero aqui destacar, a consolidação profissional da história da ciência, pelo menos no mundo acadêmico norte-americano. Como o modelo de produção da ciência norte-americana se tornou muito influente em todo o mundo, é plausível pensarmos que essa influência comportou um papel relevante para a história da ciência no espectro das disciplinas acadêmicas, embora reste por documentar como tal influência pode ter ocorrido em casos concretos.

Esse cenário favorável à institucionalização da história das ciências no cenário norte-americano possivelmente teve influência positiva em várias iniciativas, também de apoio, que ocorreram no nosso país, a exemplo da criação na USP, por proposição de Eurípedes Simões de Paula, de uma cadeira de História da ciência, quando da reforma universitária; da acolhida às teses em história da ciência no Programa de Pós-graduação da mesma universidade; da criação do Centro de Lógica, Epistemologia e História das Ciências, na Unicamp, em 1977; assim como a criação do Museu de Astronomia e Ciências Afins, MAST, em 1985, e da Casa de Oswaldo Cruz, em 1986, ambos no Rio de Janeiro. No caso do MAST cabe notar que o fato de o antigo prédio do Observatório Nacional, prédio que data dos tempos do império, bem como suas coleções, terem sido afetados a uma nova instituição, dedicada à pesquisa em história da ciência e da divulgação da ciência, e não ter se transformado em um espaço de divulgação subordinado ao próprio Observatório Nacional, é indicativo do prestígio então adquirido pela história das ciências. Esse apoio e prestígio não resultou apenas da presença de historiadores da ciência brasileiros, que eram poucos, àquela altura, com a Sociedade Brasileira de História da Ciência (SBHC) tendo sido criada dois anos antes.

Deveu-se também ao apoio que a disciplina recebia de influentes cientistas brasileiros, como Carlos Chagas Filho, Mario Schenberg e Simão Mathias. Embora a influência norte-americana não tenha sido única entre esses cientistas, parece-me plausível considerar que a atitude dos mesmos foi também influenciada pela prática da ciência norte-americana em boa convivência com a história da ciência.[7]

O DESENVOLVIMENTO INTELECTUAL DA HISTÓRIA DAS CIÊNCIAS

O período posterior à guerra não foi apenas de desenvolvimento institucional, também têm ocorrido importantes desenvolvimentos intelectuais. Uma análise do conjunto desses desenvolvimentos escapa deste artigo, mas vamos citar pelo menos alguns deles. Existiu um continuado debate entre abordagens ditas externalistas e internalistas, mas tal debate se esgotou com um reconhecimento amplo de que os dois polos eram simplificações excessivas do que acontece na história da ciência. O grande desafio tem sido compreender o desenvolvimento dos conteúdos das ciências nos contextos em que tais desenvolvimentos ocorrem. Um desenvolvimento no campo da filosofia da ciência impactou particularmente a história da ciência, trata-se das correntes pós-positivistas, com destaques para Kuhn, Imre Lakatos e Paul Feyerabend, que evidenciaram a insuficiência do conceito de verdade como fiel correspondência entre representações e dados empíricos (Hammersley 2019). Um terceiro desenvolvimento, especialmente influente na história da ciência foi o desenvolvimento do que se apresentava como a nova sociologia da ciência, a exemplo do chamado programa forte da sociologia da ciência (Barnes 1990, 60-73). O debate sobre as contribuições dessa abordagem, e de seus desenvolvimentos, é tema ainda presente nos debates sobre o desenvolvimento histórico das

---

[7] Sobre Chagas, ver (Domingues, 2012). Sobre a presença de Mathias, assim como Shozo Motoyama e Ubiratan d'Ambrosio, na criação da SBHC, ver prefácio de Silvia Figueiroa, em Varela (2006, p. 15).

ciências. Cabe notar que, no que pese certas limitações hoje amplamente reconhecidas nessas abordagens, a exemplo da ênfase na busca de explicações causais para o funcionamento das comunidades científicas, é inequívoco que tais abordagens enriqueceram a nossa compreensão da prática da ciência, não apenas pela sua ênfase em mecanismos sociais para entendermos a prática da ciência, mas também pela abertura que tais abordagens permitiram para o diálogo da história da ciência com contribuições da antropologia, etnografia, psicologia e da própria história. As atuais tendências de valorização da história social e da história cultural na historiografia da ciência resultam dessas contribuições.

Cabe, por fim, mas com ênfase, registrar que as contribuições anteriormente apontadas deslocaram o foco do estudo de uma ciência "desencarnada", história de conceitos e experimentos abstraindo a história dos humanos que produzem tal ciência, para o foco na prática da ciência, compreender a ciência tal qual ela é praticada por homens e mulheres, em contextos locais e sociedades concretas; o que coloca o desafio de compreendermos como o conhecimento produzido localmente circula e é apropriado em diferentes contextos. Essa mudança de foco foi particularmente importante para o estudo da história da ciência na América Latina, e no Brasil em particular, como apontado em coletânea influente nas décadas de 1980 e 1990 (Lafuente y Saldaña, 1987). Isso facilitou, no caso do Brasil, um olhar para a ciência que aqui foi produzida, particularmente ao longo do século XIX e antes da criação das universidades. Esse movimento permitiu a produção de uma historiografia crítica da visão recebida de que a prática da ciência no Brasil era produto tardio. Um balanço do alcance da historiografia produzida sob a influência dessas abordagens é o artigo (Dantes, Figueirôa e Lopes, 2011).

O FIM DA COEXISTÊNCIA PACÍFICA ENTRE AS CIÊNCIAS E A HISTÓRIA DAS CIÊNCIAS

As décadas finais do século XX presenciaram um lento esgarçamento das relações favoráveis que haviam se estabelecido entre a história das ciências e as ciências, nos EUA, no pós-

Segunda Guerra. Vários fatores contribuíram para isso e apresentamos aqui um esboço muito esquemático desses fatores. O primeiro fator é que no início dos anos 1970, tanto nos EUA quanto na Europa, aparece uma crítica ao modo como a ciência vinha sendo produzida, crítica voltada tanto para os usos da ciência na guerra do Vietnam e na corrida armamentista quanto para os impactos tecnológicos, ambientais e urbanos. Exemplo disso foi a denúncia e a crítica do projeto Jason, projeto no qual alguns dos melhores cientista norte-americanos trabalhavam para a criação de armas mais mortíferas para uso na guerra do Vietnam. Pela sua participação no Jason, o físico Murray Gell-Mann, que havia acabado de receber o Prêmio Nobel de Física de 1969, foi impedido pelos jovens pesquisadores do Collège de France, em Paris, de realizar palestra sobre suas pesquisas. Os franceses demandavam que antes de falar sobre física de partículas ele explicasse o envolvimento dele no esforço da guerra do Vietnam (Freire 2015, 198). Expressão do desconforto social com a pouca sensibilidade da ciência aos problemas sociais e ambientais foi expressão do próprio presidente dos EUA, Lyndon Johnson, ao chamar a atenção para a responsabilidade social da ciência, em fins da década de 1960 (Kevles 1979). A história da ciência, ou pelo menos os jovens historiadores da ciência estavam engajados nessa crítica. Ademais, os cientistas nem sempre receberam com naturalidade nem o modo independente como a história da ciência era praticada, nem a crítica filosófica da ciência conduzida pelos pós-positivistas, nem as análises conduzidas pelas correntes da sociologia das ciências.

O mal-estar entre a história da ciência, mas não só, com as humanidades em geral, e a própria ciência ficou evidente no processo conhecido como guerra das ciências, e em particular com o chamado Caso Sokal. O caso é bem conhecido. O físico Alan Sokal pregou uma peça a uma revista de estudos culturais submetendo um artigo cheio de sentenças sem sentido mescladas a referências à gravitação quântica. Sokal arguiu que a aceitação do embuste pela revista era uma evidência da falta de rigor acadêmico presente em várias áreas das humanidades. Em seguida, em coautoria com o também físico Jean Bricmont (Sokal e Bricmont 2012), escreveu livro que se notabiliza tanto pelo empirismo ingênuo no terreno filosófico quanto por críticas generalizadas particularmente a acadêmicos de língua francesa. Historiadores e filósofos da ciência, filósofos, psicanalistas e sociólogos reagiram defendendo seus campos disciplinares. Aqui no Brasil, por exemplo, a defesa do filósofo francês Henri Bergson, atacado nesse livro, foi feita pelo filósofo Bento Prado Junior. O saldo líquido, entretanto, de toda essa querela foi uma imagem negativa para a história da ciência, em particular, porque gerou a impressão, dentre cientistas, que o campo dos estudos sobre a ciência, aí incluída a história da ciência, não era suficientemente rigoroso.

No mesmo início da década de 1990, com o fim da Guerra Fria e a desaparição da União Soviética, a própria ciência nos EUA vai sofrer reconfiguração, com a redução do peso da área de física de partículas, e de outro lado, com a emergência forte da biologia, em especial com a promessa do Genoma Humano. Que tal projeto não tenha confirmado todas as expectativas que criou não muda o meu argumento, o qual está centrado na reconfiguração da física, e da sua influência, por fatores muito diversos. Essa reconfiguração certamente teve influência na redução do apoio institucional recebido pela história da ciência; afinal o apoio havia se materializado no contexto da lua de mel que apontei anteriormente. Muito do que estou me referindo aconteceu com a física, mas não foi limitado a essa disciplina. O fato é que, na minha percepção pelo menos, dado o peso da história da física na história da ciência, no imediato pós-guerra, a reconfiguração dessa disciplina também contribuiu para um enfraquecimento do prestígio da história da ciência no conjunto do mundo acadêmico.

DESAFIOS ATUAIS

A parte final deste trabalho é ainda mais esquemática que as anteriores. Quero listar, sem possibilidade de desenvolvê-los, o que penso ser um conjunto de desafios postos atualmente para a disciplina da história da ciência. Vivemos hoje uma quase crise de identidade: a história da ciência deve sobreviver como uma disciplina ou deve submergir em um campo mais vasto denominado de estudos sobre a ciência (*science studies*)? Eu digo quase porque certamente há uma defesa importante da identidade da história da ciência como disciplina. Há um reconhecimento de uma significativa superposição da história da ciência com os *science studies*, mas há uma defesa da autonomia da história da ciência como disciplina histórica, a exemplo do artigo de Lorraine Daston (2009).

A defesa da história da ciência como disciplina não é uma defesa estática. Alguns historiadores têm defendido o conceito de história do conhecimento como algo que pode iluminar aspectos que a história da ciência e da tecnologia não conseguem abordar, a exemplo do conhecimento tácito e dos conhecimentos populares. Em outro sentido, certos temas que já têm sido abordados no âmbito da história da ciência, a exemplo das relações entre ciência e raça, gênero e ciência, ciência e eurocentrismo estão a requerer maior atenção dos historiadores da ciência. Em países como os EUA muitos dos historiadores da ciência atuam em programas intitulados "Science, Technology, and Society" (STS), que é também abordagem mais ampla que a história da ciência. Nada disso é problemático em si, pois tem sido típico que profissionais da história da ciência atuem em programas e departamentos de ciências da natureza, de história, de filosofia, de STS (Graham 2007). Em outro sentido, como apontado pelo historiador Paul Forman (2007), o próprio campo da história da ciência tem cedido às tendências pós-modernistas presentes no mundo acadêmico, submissão essa que se expressaria tanto pela subordinação da ciência à tecnologia quanto pelo abandono do rigor próprio de disciplinas acadêmicas. Vistos em conjunto, temos problemas e desafios. Minha conclusão é que esses problemas têm causado a diluição de uma certa coesão, necessária a disciplinas jovens como é o caso da história da ciência; e tudo isso torna tanto incerto quanto desafiador o desenvolvimento da disciplina.

Neste início de século XXI, enfrentamos também problemas externos ao campo da história da ciência que impactam negativamente o seu desenvolvimento. O risco à credibilidade da própria ciência tem sido trazido por certo número de cientistas e certas práticas. Os primeiros sinais apareceram no início do século e envolvem a temática da mudança climática em escala global. Estudo dos historiadores Naomi Oreskes e Erik Conway (2010) mostrou que comportamentos que já estavam presentes em fins do século XX, em relação aos efeitos do tabaco na saúde humana, foram largamente utilizados na questão do clima. A tese da gravidade da mudança climática em curso, de origem antropogênica, no que pese o seu largo apoio entre os cientistas engajados no estudo do tema, tem sido desafiada por cientistas, usualmente ligados a setores privados ou a setores políticos conservadores, com a estratégia de semear a dúvida quanto ao bom fundamento dessa tese. Tudo isso tem posto novos desafios aos estudiosos do funcionamento da ciência, não apenas aos historiadores. O pesquisador que mais rapidamente percebeu isso, a meu ver, foi justamente um dos líderes da nova sociologia da ciência, Bruno Latour, que passou a defender ajustes nessa abordagem de modo a torná-la efetiva para a crítica à tragédia ambiental anunciada (Latour 2020).

Um outro aspecto adverso é um certo distanciamento adotado por instituições acadêmicas, universidades e agências de fomento, em relação às humanidades, e por consequência, em relação à história da ciência. Vemos efeitos disso, atualmente, no Brasil, quando o Ministério da Ciência e da Tecnologia aprova uma lista de temas e áreas estratégicas sem referências tanto às humanidades quanto às ciências básicas. Trata-se, entretanto, de tendência internacional. O congresso da History of Sciency Society, em 2019 em Utrecht, dedicou enorme atenção a esse problema. Se existem dificuldades na sociedade quanto ao apoio às humanidades, seria ingenuidade nossa achar que com o nosso pequeno barco da história da ciência não seremos atingidos por esse maremoto que se desenvolve contra as humanidades. Apresento aqui um exemplo recente dessa crise com as humanidades. Ela ocorreu com a Professora Beverly Gage, na Universidade de Yale. Ela dirigia o projeto chamado Grande Estratégia, que havia sido iniciado pelo historiador John L. Gaddis.[8] Gage solicitou demissão de seu posto, para defender a liberdade acadêmica, porque os financiadores do projeto externavam descontentamento com o escrutínio da política externa norte-americana que era realizado pelo programa, e em especial a crítica feita por membros do projeto ao negacionismo, tanto da mudança climática quanto da pandemia, professado pelo Presidente Trump.

Com a referência ao negacionismo chegamos ao último aspecto que eu queria trazer à discussão para essa reflexão sobre as perspectivas para a história da ciência. O surgimento do negacionismo de resultados científicos é fenômeno cultural novo na história das civilizações, e seu exame escapa ao escopo dessa apresentação. Para infelicidade nossa, no Brasil, nós fomos o epicentro do negacionismo em relação à pandemia do coronavírus, mas não somos o único caso. Trump corrigiu sua posição inicial e passou a financiar a pesquisa pelas vacinas; mas não avisou Bolsonaro que precisava corrigir sua posição. Agrava a situação brasileira o apoio de destacados setores das Forças Armadas às tendências negacionistas em curso na sociedade brasileira. Forças Armadas que, no passado, influenciados pelo positivismo e mais tarde pelas aspirações desenvolvimentistas, apoiaram o desenvolvimento da ciência.

A crise que a ciência enfrenta com o crescimento de tendências negacionistas tem um efeito inesperado sobre a história da ciência como disciplina. Se no passado ainda existia alguma possibilidade de ela crescer em uma redoma, afastada das práticas concretas da sociedade, hoje essa possibilidade está efetivamente descartada. Estamos vivendo um momento, no mundo e no Brasil, em que a ciência tem sido subestimada ou criticada em círculos variados. Então se a história da ciência tem um futuro, este depende do futuro da própria ciência. Essa afirmativa pode ser ampliada para dizermos que se temos um futuro como espécie neste planeta, tão ameaçado em termos ambientais, e se temos um futuro como sociedade menos iníqua, afinal o desenvolvimento científico e

---

[8] Disponível em: <https://foreignpolicy.com/2021/10/15/yales-grand-strategy-program-has-always-been-broken/>, acesso em 18 de junho de 2022.

tecnológico muitas vezes amplia as iniquidades, isso acontecerá com mais e não com menos ciência. Nesse sentido, nós, historiadores da ciência, somos chamados a participar dessa grande batalha em defesa da ciência, contra o negacionismo, e em defesa da ciência e tecnologia para uma sociedade ambientalmente sustentável e com equidade social. Então, o futuro da nossa disciplina está associado ao desfecho desse embate que, eu diria, é um embate civilizatório.

AGRADECIMENTOS

Agradeço a Cibelle Celestino Silva e a Maria Elice de Brzezinski Prestes o convite para essa apresentação por ocasião dos 30 anos do Grupo de História e Teoria da Ciência. Agradeço ao CNPq (Projeto 305772/2013-9) o apoio que tem permitido essa pesquisa.

REFERÊNCIAS

BARNES, Barry. Sociological theories of scientific knowledge. Chapter 5, in: OLBY, Robert C.; CANTOR, G. N.; CHRISTIE, John R. R.; HODGE, M. Jonathan S. (Eds.). *Companion to the History of Modern Science*. London: Routledge, 1990.

BURGUIÈRE, André. (Org.). *Dicionário das ciências históricas*. Rio de Janeiro: Imago, 1993.

CHRISTIE, John R. R. The development of the historiography of science. Chapter 1, pp. 5-22, in: OLBY, Robert C.; CANTOR, G. N.; CHRISTIE, John R. R.; HODGE, M. Jonathan S. (Eds.). *Companion to the History of Modern Science*. London: Routledge, 1990.

CONANT, James. *Como compreender a ciência: Acesso histórico*. São Paulo: Cultrix, 1964.

CONDÉ, Mauro L. *Um papel para a história: O problema da historicidade da ciência*, Curitiba: Editora UFPR, 2017.

DANTES, Maria Amelia M.; FIGUEIRÔA, Silvia; LOPES, Maria M. Lopes. Sciences in Brazil: An Overview from 1870-1920. Pp. 95-105, in: KRAUSE, Décio; VIDEIRA, Antonio A. P. (Eds.). *Brazilian Studies in Philosophy and History of*

Science: An Account of Recent Works. Dordrecht: Springer, 2011.

DASTON, Lorraine. Science Studies and the History of Science. *Critical Inquiry*, **35**: 798-815, 2009.

DOMINGUES, Heloisa M. Bertol. Carlos Chagas Filho: Um articulador da história das ciências no Brasil. *História, Ciências, Saúde-Manguinhos*, **19** (2): 637-651, 2012.

DUHEM, Pierre. *Le système du monde: histoire des doctrines cosmologiques de Platon à Copernic*. Paris: Hermann, 1913.

FERRAZ, Márcia H. M.; ALFONSO-GOLDFARB, Ana M.; WAISSE, Silvia. Science and History of Science: Between Comte and Canguilhem. *Transversal: International Journal for the Historiography of Science*, **4**: 108-117, 2018.

FORMAN, Paul. The Primacy of Science in Modernity, of Technology in Postmodernity, and of Ideology in the History of Technology. *History and Technology*, **23** (1-2): 1-152, 2007.

FREIRE JUNIOR, Olival. Sobre "As Raizes Sociais e Economicas dos Principia de Newton". *Revista da Sociedade Brasileira de História da Ciência*, **9**: 51-64, 1993.

FREIRE JUNIOR, Olival. *The Quantum Dissidents: Rebuilding the Foundations of Quantum Mechanics 1950- 1990*. Berlin: Springer, 2015.

FREIRE JUNIOR, Olival; SILVA, Indianara. A americanização da física brasileira (1939-1985): A política de boa vizinhança, o papel dos Rockefellers e a Guerra Fria. Pp. 203-224, in: SÁ, Magali R.; SÁ, Dominichi M.; SILVA, André F. C. (Orgs.). *As Ciências na História das Relações Brasil-EUA*. Rio de Janeiro: Mauad, 2020.

FREUDENTHAL, Gideon; McLAUGHLIN, Peter (Eds.). *The Social and Economic Roots of the Scientific Revolution: Texts by Boris Hessen and Henryk Grossmann*. Berlin: Springer, 2009.

GRAHAM, Loren. The Intellectual Strengths of Pluralism and Diversity. Pp. 69-72, in: GAVROGLU, Kostas; RENN,

Jürgen (Eds.). Positioning the History of Science. Dordrecht: Springer, 2007.

HAMMERSLEY, Martyn. From Positivism to Post-Positivism: Progress or Digression? *Teoria Polityki*, **3**: 175-188, 2019.

HERSHBERG, James G. *James B. Conant: Harvard to Hiroshima and the Making of the Nuclear Age*. New York: Knopf, 1993.

KAISER, David. Scientific Manpower, Cold War Requisitions, and the Production of American Physicists after World War II. *Historical Studies in the Physical and Biological Sciences*, **33**: 131-159, 2002.

KAISER, David. Turning Physicists into Quantum Mechanics. *Physics World*, **20**: 28-33, 2007.

KEVLES, Daniel. *The Physicists: The History of a Scientific Community in Modern America*. New York: Vintage, 1979.

KOYRÉ, Alexandre. *Estudos galilaicos*. Lisboa: Don Quixote, 1986.

KRIGE, John. *American Hegemony and the Postwar Reconstruction of Science in Europe*. Cambridge, MA: MIT Press, 2006.

KUHN, Thomas. *Revolução copernicana*. Lisboa: Edições 70, 2002.

KUHN, Thomas. *The Essential Tension: Selected Studies in Scientific Tradition and Change*. Chicago: Chicago University Press, 1977. [Traduzido e publicado no Brasil como *A tensão essencial: Estudos selecionados sobre tradição e mudança científica*. São Paulo: UNESP, 2011]

KUHN, Thomas. *A estrutura das revoluções científicas*. Ensaio introdutório de Ian Hacking. 13ª ed. São Paulo: Perspectiva, 2018.

LAFUENTE, Antonio; SALDAÑA, Juan. *Historia de las ciências*. Madri: CSIC, 1987.

LATOUR, Bruno. *Onde aterrar? Como se orientar politicamente no Antropoceno*. Rio de Janeiro: Bazar do Tempo, 2020.

MAIA, Carlos A. *História das ciências, uma história de historiadores ausentes: Precondições para o aparecimento dos* sciences studies. Rio de Janeiro: EDUERJ, 2013.

MERTON, Robert K. *Science, technology & society in seventeenth century England*. New York: H. Fertig, 1970. [Originalmente publicado em *Osiris*, **IV** (2): 360-632, 1938].

METZGER, Hélène; MACHADO, Hallhane. O historiador das ciências deve fazer-se contemporâneo dos cientistas dos quais ele fala? *Revista de teoria da história*, **25** (1): 165-173, 2022.

ORESKES, Naomi; CONWAY, Erik. *Merchants of Doubt: How a Handful of Scientists Obscured the Truth on Issues from Tobacco Smoke to Global Warming*. New York: Bloomsbury Press, 2010.

SARTON, George. *The History of Science and the New Humanism*. With recollections and reflections by Robert K. Merton. New Brunswick: Transaction, 1988.

SOKAL, Alan; BRICMONT, Jean. *Imposturas intelectuais*. Rio de Janeiro: Record, 2012.

TALBOT, Chris; PATTISON, Olga (Eds.). *Boris Hessen: Physics and Philosophy in the Soviet Union, 1927–1931 - Neglected Debates on Emergence and Reduction*. Chaim, Switzerland: Springer, 2021.

VARELA, Alex G. *"Juro-lhe pela honra de bom vassalo e bom português": Análise das memórias científicas de José Bonifácio de Andrada e Silva (1780-1819)*. São Paulo: Annablume, 2006.

WERSKEY, Gary. The Marxist Critique of Capitalist Science: A History in Three Movements? *Science as Culture*, 16:4, 397-461, 2007a.

WERSKEY, Gary. The visible college revisited: Second opinions on the red scientists of the 1930s. *Minerva*, **45**: 305-319, 2007b.

ZILSEL, Edgar. *The Social Origins of Modern Science*. Dordrecht: Kluwer, 2000.

Os primeiros experimentos de James Prescott Joule sobre o calor gerado pela eletricidade em condutores metálicos: uma leitura orientada

Roberto de Andrade Martins
Professor aposentado da UNICAMP,
UNIFESP
roberto.andrade.martins@gmail.com

INTRODUÇÃO

Costuma-se atribuir a James Prescott Joule (1818-1889) o estabelecimento da relação entre a resistência elétrica R, a corrente elétrica i e o calor desprendido por unidade de tempo dQ/dt por um condutor percorrido por essa corrente elétrica:

$$\frac{dQ}{dt} = k.R.i^2$$

Esta relação, às vezes chamada de "lei de Joule" ou "efeito Joule", foi publicada em um artigo de 1841, onde o autor apresentou alguns experimentos procurando fundamentar essa proporcionalidade (Joule, 1841). Este capítulo apresenta uma visão geral a respeito da contribuição de Joule sobre esse assunto, seguida de uma tradução para o português desse trabalho. Dois artigos publicados anteriormente (Martins & Silva, 2021; Martins, 2022) analisaram detalhadamente a contribuição de Joule sobre o assunto, bem como seu contexto. O objetivo deste capítulo não é reproduzir nem resumir todo o conteúdo desses estudos anteriores e sim comentar a respeito de uma técnica importante do trabalho de um historiador da ciência: aprender a ler uma fonte primária.

ANÁLISE DE TEXTOS CIENTÍFICOS PRIMÁRIOS

O modo pelo qual um historiador da ciência aborda uma obra antiga é completamente diferente do modo de leitura de um cientista. Quando um professor ou estudante atual, sem treino histórico, lê um texto primário – como a *Origem das espécies* de Darwin, ou o *Diálogo sobre os dois principais sistemas do mundo*, de Galileo – ele está interessado em compreender o texto e em aprender a partir dele os seus conteúdos científicos. Sua atitude é como a de um aluno assistindo a uma aula, com submissão ao autor – afinal de contas, trata-se de um famoso pensador – e aceitação de tudo o que ele afirma. Não há um posicionamento crítico, não há um diálogo com o texto – existe apenas uma tentativa de absorção de seu conteúdo. Além disso, o estudante ou professor de alguma área científica, ao abordar um texto primário, antigo, tem a expectativa de lá encontrar aquilo que se aceita hoje em dia – os mesmos conceitos, as mesmas leis, as mesmas teorias que são ensinadas atualmente. Ou seja: tem uma atitude anacrônica, transporta para a sua leitura de um texto antigo uma visão contaminada pela ciência recente. Muitas vezes, há um agravante: a pessoa é fã do autor do texto primário, considera que esse autor é um gênio, o que bloqueia qualquer possibilidade de uma atitude crítica em relação ao que está lendo. Esse respeito exagerado pelo autor também impede o estudo de seu contexto e de seus precedentes históricos.

Um dos mais importantes historiadores da ciência a introduzir a leitura crítica de textos primários foi Aleksandr Vladimirovitch Koïranskiï (1892-1964), mais conhecido como Alexandre Koyré. Seus estudos a respeito de Galileo (Koyré, 1939) romperam a barreira da admiração exagerada do gênio, apontando diversos problemas em seu trabalho, nas suas biografias hagiográficas (como a de Viviani) e mostrando também que ele reproduziu muitas ideias que já haviam surgido antes, embora alguns de seus antecessores fossem pouco conhecidos. A desmitificação avançou, depois, com a leitura iconoclástica de Paul Karl Feyerabend (1924-1994), que em sua obra *Against method* (Feyerabend, 1975) revelou inconsistências e estratégias de propaganda utilizadas por

Galileo. Independentemente de aceitarmos ou não as consequências filosóficas tiradas por Feyerabend de seus estudos históricos, é inegável que ele ajudou a difundir uma atitude crítica em relação aos "grandes gênios" da ciência.

Naturalmente, minha trajetória pessoal passou pela fase de admiração acrítica por Galileo e outros pensadores antigos. A partir de meados da década de 1980, no entanto, meus trabalhos históricos já eram lastreados por uma leitura mais adequada dos textos primários. Em um estudo sobre Ørsted, apresentei uma desconstrução da versão tradicional sobre a descoberta do eletromagnetismo, a partir de uma leitura cuidadosa do trabalho original do pesquisador dinamarquês (Martins, 1986). Ao traduzir os *Tratados físicos* de Blaise Pascal, apontei diversos problemas de sua obra, inclusive experimentos que ele descreveu, mas certamente não realizou (Martins, 1989). Em colaboração com Lilian Al-Chueyr Pereira Martins, apontamos as limitações do trabalho de Pasteur sobre geração espontânea, em oposição às versões mais comuns de sua contribuição (Martins & Martins, 1989). Uma outra análise crítica da obra de Pasteur foi apresentada posteriormente, em colaboração com Renata Rivera Ferreira, com forte influência de Feyerabend (Ferreira & Martins, 1996). Em um artigo curto, publicado em 1900, iniciei um trabalho de análise e desconstrução da versão tradicional sobre a contribuição de Henri Becquerel à descoberta da radioatividade (Martins, 1990) – um caminho que foi completado muitos anos depois com a publicação de meu livro sobre o assunto (Martins, 2012). Em todas essas pesquisas, um papel central foi desempenhado pela leitura dos textos primários com a visão de um historiador da ciência.

Em minha atividade didática, procurei também transmitir a importância dessa leitura ativa e crítica dos textos primários. Em 1986 ministrei a disciplina "Tópicos Especiais de História da Ciência I" no programa de pós-graduação em Filosofia da Ciência da Unicamp, onde abordei o "Diálogo sobre os dois principais sistemas do mundo" de Galileo, adotando uma visão inspirada por Koyré e Feyerabend. O mesmo tipo de leitura foi utilizado dez anos depois, quando ministrei a disciplina "História da Física: Galileo

Galilei e a revolução copernicana" (1997) no programa de pós-graduação em História da Ciência da PUC-SP e no curso livre sobre "O Diálogo sobre os dois maiores sistemas do mundo, Ptolomaico e Copernicano, de Galileo Galilei", em 2003, no Departamento de Raios Cósmicos e Cronologia, IFGW, Unicamp.

Por outro lado, abordei explicitamente as técnicas de análise de textos em uma disciplina sobre "Metodologia da Pesquisa em História da Ciência" no programa de pós-graduação em Filosofia da Ciência da Unicamp (1989) e em duas disciplinas específicas do Curso de Especialização em História da Ciência da Unicamp, uma delas voltada para a análise de textos primários (1990) e a outra para a análise de textos metacientíficos (1991).

Com os meus estudantes de pós-graduação, constantemente nos sentamos juntos para analisar, frase por frase, alguns dos textos primários de suas pesquisas, daí resultado algumas publicações em conjunto (ver, por exemplo, Silva & Martins, 1996; Martins & Silva, 2001).

Acredito que nada substitui o contato pessoal e a discussão "ao vivo" de um texto. No entanto, quero indicar aqui algumas técnicas que podem ser utilizadas ao abordar uma fonte científica primária, como o artigo de Joule sobre o calor produzido em condutores por correntes elétricas.

O ESTUDO DO TEXTO

O primeiro passo é, evidentemente, ler o texto – fazendo anotações e marcações de coisas que lhe pareçam importantes. Para essa leitura preliminar, recomendo fortemente: (1) trabalhar com uma versão *impressa* do texto (e não uma versão digital); e (2) ler o texto *em voz alta*. A versão impressa, em papel, facilita a marcação de partes importantes, preferivelmente com canetas ou lápis de diferentes cores. Um trabalho impresso facilita muito, também, comparar diferentes trechos do texto, que estão em páginas diferentes – isso é muito mais difícil de fazer usando uma versão eletrônica. Ler em voz alta obriga a pessoa a inteirar-se do texto todo, sem pular palavras ou trechos – o que muitas vezes pode ocorrer em uma leitura muda.

4.3 Leitura preliminar: mapeando o texto

Na leitura preliminar, o objetivo é inteirar-se do conteúdo do trabalho e tentar compreendê-lo. Qual o assunto do texto? Qual o objetivo do autor, ou seja, o que ele quer mostrar? Qual a metodologia utilizada pelo autor? Quais os passos mais importantes do texto? Quais são as ideias admitidas como ponto de partida pelo autor, que ele não questiona e que utiliza no trabalho? O que ele apresenta como sendo sua própria contribuição, como algo novo?

Sugiro que, neste instante, você já passe para a seção 4 deste capítulo, que contém a tradução do artigo de Joule de 1841, e o leia uma primeira vez, retornando depois a este ponto.

Após esta primeira leitura, você deve ser capaz de fazer um *resumo* do texto. No caso do artigo de Joule, o autor não escreveu um *abstract*. Vamos fingir que você está ajudando Joule e escreva o resumo do artigo, para ele, mencionando os pontos indicados nas perguntas colocadas no início desta seção. Talvez você precise reler o texto. Pode ser útil começar a fazer marcações no texto, preferivelmente com diferentes cores, para facilitar o seu trabalho.

4.4 O contexto da pesquisa estudada

Como estamos tratando de um estudo *histórico*, é importante esclarecer o contexto daquele trabalho que você está estudando. Quem é o autor (ou autores)? Qual o seu treino ou formação? Era uma pessoa vinculada a uma universidade ou alguma outra instituição? Em que país ou local ele estava trabalhando? Qual época? Nesse local e nessa época estavam sendo realizados muitos estudos sobre esse assunto, ou sobre temas relacionados?

Tentar responder a essas perguntas já pode proporcionar uma nova visão sobre o texto que está sendo estudado. Você pode descobrir que aquele autor pertencia a um importante grupo de pesquisas (por exemplo: os primeiros trabalhos de Rutherford foram realizados no grupo liderado por J. J. Thomson); ou pode verificar que era uma pessoa isolada, que trabalhava em uma instituição ou em sua própria casa, nas horas vagas.

É claro que, para tentar esclarecer esses pontos, você vai precisar utilizar informações biográficas sobre o autor. Onde conseguir essas informações? Por favor, não confie em fontes da Internet! Você pode até consultar um verbete biográfico da Wikipedia (em inglês), mas apenas para procurar referências bibliográficas (artigos e/ou livros) onde você possa obter informações confiáveis. Conforme o caso, você vai precisar também procurar informações sobre uma instituição (universidade, laboratório, ...).

Esta é sua tarefa, agora. Procure boas fontes de informação biográficas sobre Joule e tente responder às questões colocadas no início desta seção, antes de passar para a frente.

4.5 Aprofundando a leitura

Concluídos os primeiros passos, vamos agora aprofundar a leitura. Releia o artigo, procurando identificar (e marcar no texto): Quais são os principais conceitos científicos utilizados no texto? Quais são as principais afirmações científicas (relações, hipóteses ou leis) que aparecem no texto, seja como pontos de partida (coisas que o autor admite sem discutir) ou como propostas, especulações ou conclusões? No caso de trabalhos experimentais, como é o caso neste artigo de Joule: Quais os principais instrumentos de observação e medida utilizados?

Faça uma listagem da terminologia científica do trabalho e também dessas relações mencionadas no texto. Depois, você deve perguntar a si próprio: eu sei o significado desses conceitos e dessas proposições – leis, hipóteses, relações? E, principalmente: eu sei o que tudo isso significava *na época em que o trabalho foi escrito*?

4.6 Inteirando-se sobre a ciência da época

Quando se adota a abordagem de história conceitual da ciência, que é a que está sendo considerada aqui, o pesquisador precisa ter um conhecimento científico que lhe permita entender *todos os detalhes* das fontes primárias que está estudando. Não se pode fazer história conceitual da mecânica quântica sem conhecer mecânica quântica, ou fazer história da genética sem conhecer genética. Porém, não basta conhecer a ciência *atual* correspondente ao conteúdo do texto: é necessário saber, *além disso*, qual o conhecimento que existia *naquela época* a respeito do assunto. Ou seja: você precisa fazer um estudo *diacrônico* do texto e não um estudo *anacrônico*.

Nem sempre isso representa um problema grave. Por exemplo: Joule fala sobre temperatura, que ele mede com um termômetro. Não é necessário fazer um longo estudo histórico para compreender o conceito de temperatura que ele estava utilizando e o instrumento empregado, pois isso já estava bem estabelecido desde o século XVIII. Por outro lado, quando Joule se refere a outros conceitos e também a certos aparelhos (como baterias), surgem pontos delicados que precisam ser esclarecidos por um estudo histórico.

Como o artigo de Joule trata, fundamentalmente, sobre fenômenos associados ao calor e à eletricidade, uma leitura diacrônica desse texto pode ser auxiliada se você dispuser de pelo menos uma boa obra sobre história da eletricidade no século XIX, e outra sobre história do calor no século XIX. Uma alternativa é localizar uma boa obra *didática*, da época, sobre calor; e outra boa obra *didática*, da época, sobre eletricidade. Como o artigo de Joule é de 1841, tais obras devem ser, idealmente, da década de 1830 – não muito anteriores, nem posteriores ao trabalho que está sendo estudado. Em alguns casos, um verbete de uma enciclopédia da época pode ser uma ótima fonte de consulta.

Esta é a sua próxima tarefa. Localize obras que lhe permitam conhecer de forma detalhada os conceitos, instrumentos e leis científicas sobre calor e eletricidade que são mencionados ou utilizados no artigo de Joule. Não é necessário *estudar detalhadamente* essas obras inteiras, e sim aprender a *consultá-las* e localizar as informações pontuais de que você precisa para compreender os conceitos, os instrumentos e as relações científicas que aparecem no texto.

4.7 Verificando o trabalho estudado

Tente, agora, colocar-se na posição de um pesquisador da época do texto estudado, que quisesse decidir se deve ou não aceitar aquele trabalho. Se a obra estudada contém deduções e argumentos, essa argumentação ou dedução é suficientemente detalhada, pode ser reproduzida? Há saltos? Há lacunas? Existem cálculos que podem ser verificados? O que poderia ser questionado, quanto à argumentação apresentada?

No caso do artigo de Joule, existem não apenas dados experimentais, mas também cálculos ou verificações que ele fez – seja no texto, ou na tabela apresentada. Você consegue repetir esses cálculos e testar o que ele afirmou?

Se a obra descreve observações e experimentos (como é o caso do artigo de Joule), você saberia como repetir essas observações, experimentos e medidas? Há detalhes suficientes, no texto estudado, para que a pesquisa pudesse ser reproduzida e testada por outros autores – ou por você? Faça uma lista de todos os aparelhos e objetos utilizados nos experimentos e faça um esquema de como tudo deveria ser montado e organizado, para refazer as observações ou experimentos. Procure pensar em todos os detalhes. Como Joule pode ter medido a espessura dos fios que utilizou – por exemplo, 1/50 de polegada?

A efetiva reprodução de um experimento histórico pode ser extremamente interessante e trazer uma compreensão profunda e inovadora sobre aquela pesquisa antiga. No entanto, nem sempre isso é possível. No caso do trabalho de Joule que estamos estudando, com esforço e com despesas moderadas é possível montar tudo aquilo que é necessário para reprodução dos experimentos. Em outros casos, o custo de reprodução pode ser extremamente alto.

Mesmo quando você não pode (ou não quer) repetir um experimento, vale a pena tentar fazer a "reconstituição do crime" – simular toda a situação e tentar seguir os passos do procedimento experimental, para compreender melhor o que o pesquisador fez e, também, para ver se aquilo é razoável ou absurdo. Por exemplo: monte sobre uma mesa uma situação que simule a aparelhagem utilizada por Joule – uma caixa de fósforos com um prego em cima para simular o galvanômetro, barbantes ou fios de qualquer grossura para simular os fios que ele utilizou, um objeto qualquer para simular a bateria, lápis ou caneta para simular o termômetro, etc. Depois, tente seguir as descrições do artigo como se você estivesse realmente realizado o experimento e fazendo as medidas. Além de permitir uma compreensão muito melhor do que o texto descreve, essa simulação pode trazer percepções surpreendentes. Por exemplo: você vai se conscientizar de que não existe apenas o fio dentro da água, descrito por Joule, mas existem também outros fios conectando a bateria, o galvanômetro, etc. A corrente elétrica passa por todos eles e é claro que todos devem se aquecer. Será que Joule estava realmente medindo aquilo que ele queria medir? Será que uma parte do calor gerado no fio condutor não está sendo perdida para o ambiente, fora d'água?

4.8 Análise crítica

Após todos esses passos, você terá uma base para realizar uma análise crítica do trabalho que estudou, procurando suas possíveis falhas. O que poderia estar errado naquela pesquisa? Talvez você não possa ter *certeza* de que alguma coisa estava errada, mas pode procurar pontos que *poderiam* conter falhas. Coloque-se novamente na posição de um pesquisador daquela época, que quisesse criticar o artigo que você está estudando. Quais os aspectos claramente frágeis ou mesmo errados do trabalho? O que o autor poderia ter feito e não fez? Como aquela pesquisa poderia ser melhorada, com os recursos da época?

4.9 Precedentes históricos

Nunca (ou apenas excepcionalmente) uma pesquisa é feita em um vazio histórico. Normalmente, houve outros autores anteriores que se preocuparam com o mesmo assunto e que publicaram suas ideias e pesquisas sobre aquilo. Se o trabalho que você está estudando tem uma bibliografia, este é um ponto de partida para você procurar saber o que já havia sido feito antes. Verifique, no artigo de Joule, quais as referências que ele indica (ou autores que ele menciona, mesmo sem indicar as referências correspondentes).

Nem todas as referências serão relevantes. Procure selecionar as indicações que aparecem no trabalho que possam sugerir precedentes da pesquisa que você está estudando. Faça isso agora, com relação ao texto de Joule. Tente obter esses trabalhos referidos por ele e verifique se apresentam precedentes das ideias, métodos ou conclusões de Joule.

Nem sempre um autor vai mencionar tudo o que leu, nem todos os trabalhos anteriores que são relevantes. Como localizar precedentes históricos que não são citados por ele? Você pode utilizar, primeiramente, os dois tipos de fontes indicadas na seção 3.4: estudos históricos sobre o tema estudado; e obras didáticas da época considerada. Como você já localizou esse tipo de fonte de pesquisa anteriormente, veja se encontra algum trabalho anterior ao de Joule, sobre o mesmo tema. Em tratados sobre eletricidade anteriores a 1841, por exemplo, você poderá encontrar a descrição de estudos a respeito do aquecimento produzido por correntes elétricas.

Existe algum outro modo de localizar precedentes históricos? Sim, mas o método a ser utilizado depende da época que você está estudando. No caso da física do século XIX, existe a possibilidade de utilizar uma fonte terciária que é o *Catalogue of scientific papers* produzido pela *Royal Society*, e seu índice de assuntos (Csiszar, 2017). Esse *Catalogue* é uma obra monumental, que foi o resultado do trabalho de bibliotecários de diversas instituições do Reino Unido, realizado durante o século XIX e início do século XX, fazendo um levantamento de todos os artigos científicos publicados em dezenas de periódicos importantes do mundo todo. Nos dezessete volumes do *Catalogue*, esses trabalhos são listados por ordem alfabética de autores. Porém, no início do século XX, foram elaborados alguns volumes de índices de assuntos, que permitem localizar os artigos pelos temas tratados (e não por autores). Infelizmente, o trabalho de elaboração desses índices de assuntos ficou incompleto, cobrindo apenas Matemática, Mecânica e Física (duas partes). Atualmente, é fácil localizar nas bibliotecas virtuais (Internet) tanto o *Catalogue*[9] quanto os seus índices,[10] onde você pode procurar outros trabalhos anteriores ao de Joule sobre o mesmo assunto, que tenham sido publicados no século XIX.

4.10 Discussões, críticas e avaliações da época

Além do estudo dos precedentes, é importante tentar perceber como aquele trabalho foi recebido pelos contemporâneos. Ele foi citado positivamente ou negativamente? Foi criticado? Foi elogiado? Foi utilizado? Foi aceito e integrado ao conhecimento científico da época?

O mesmo tipo de fontes de informação que já foram mencionadas na seção anterior podem ser empregadas para verificar isso. Você pode utilizar enciclopédias e livros didáticos da época *um pouco posteriores* ao trabalho que você está estudando (no caso, obras publicadas nas décadas de 1840 até 1860), bem como outras pesquisas sobre o assunto posteriores ao trabalho que você estudou (localizadas, no caso, através do *Catalogue of scientific papers*).

4.11 Outros aspectos

As indicações apresentadas nas seções anteriores não esgotam as possibilidades de leitura e análise do artigo de Joule. Há muitos outros aspectos que podem ser estudados. Além disso, para outros textos diferentes, pode ser que algumas das categorias aqui introduzidas não sejam relevantes e que outras sejam mais importantes. O objetivo deste capítulo não foi esgotar o tema da análise de textos científicos primários, mas sim apresentar uma amostra daquilo que pode ser feito, tomando como objeto de estudo o caso específico do artigo de Joule.

---

[9] Todos os volumes estão disponíveis em: https://www.biodiversitylibrary.org/bibliography/1931
[10] https://www.biodiversitylibrary.org/bibliography/24034

4.12 Resultados que podem ser obtidos

O processo de análise de um texto científico, exemplificado aqui, é longo e exige um intenso trabalho de pesquisa histórica. É claro que um historiador da ciência não aplica essa metodologia em *todos* os textos que lê. Porém, quando se localiza uma obra primária fundamental, a utilização de uma análise detalhada como foi mostrado aqui pode resultar em uma contribuição historiográfica relevante. Os dois artigos citados no início do presente capítulo (Martins & Silva, 2021; Martins, 2022) são, essencialmente, o resultado de uma investigação cuidadosa como a indicada aqui, embora não se limitem aos tópicos apontados nas seções anteriores. Após fazer a sua própria leitura do texto de Joule, sugiro que consulte esses dois artigos, onde encontrará nossas respostas a muitas das questões orientadoras introduzidas nas seções anteriores.

O ARTIGO DE JOULE

Apresentamos a seguir a tradução para o português da primeira parte do artigo de Joule sobre a produção de calor pela eletricidade (Joule, 1841). A segunda parte, que trata sobre o calor gerado na eletrólise, não foi traduzida.

Nesta tradução, são indicadas as transições de páginas do original. A indicação [p. 262], por exemplo, indica que neste ponto começa a página 262 do artigo original, em inglês. Os parágrafos do artigo original são numerados, o que também facilita a comparação com o texto em inglês.

A presente tradução, sem o restante deste artigo, está disponível para download no link a seguir, o que pode facilitar seu uso para fins didáticos: https://doi.org/10.5281/zenodo.6048355

Artigo original: JOULE, James Prescott. On the Heat evolved by Metallic Conductors of Electricity, and in the Cells of a Battery during Electrolysis. *The London, Edinburgh, and Dublin Philosophical Magazine and Journal of Science* [Series 3], **19** (124): 260-277, 1841.[11]

[p. 260]
Sobre o calor desenvolvido por condutores metálicos de eletricidade e nas células de uma bateria durante a eletrólise. Por James Prescott Joule, Esq.[12]

1. Existem poucos fatos na ciência mais interessantes do que aqueles que estabelecem uma conexão entre calor e eletricidade. Seu valor, de fato, não pode ser estimado corretamente, até que obtenhamos um conhecimento completo dos grandes agentes sobre os quais eles lançam tanta luz. Espero, portanto, que os resultados de minha cuidadosa investigação sobre o calor produzido pela ação voltaica sejam de interesse suficiente para justificar que eu os apresente à Royal Society.

Cap. I. – *Calor desenvolvido por condutores metálicos.*

2. Sabe-se que a facilidade com que um fio metálico é aquecido pela corrente voltaica é inversamente proporcional ao seu poder condutor; e geralmente se acredita que essa proporção é exata; no entanto, eu queria verificar esse fato para minha própria satisfação, e especialmente porque era da maior importância saber se a resistência à condução é a única causa dos efeitos do aquecimento. Portanto, o detalhamento de alguns experimentos confirmatórios da lei, além daqueles já registrados nas páginas da ciência, não será, espero, considerado supérfluo. [p. 261]

---

[11] [Nota do tradutor] O artigo original pode ser acessado através dos seguintes *links* da *Internet*: <https://doi.org/10.1080/14786444108650416> e <https://zenodo.org/record/1431029>.
[12] Comunicado pelo Autor. [Nota do original]

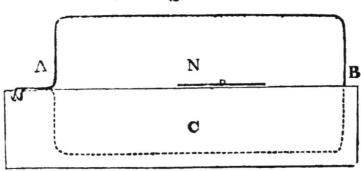

Fig. 1.

3. Era absolutamente essencial trabalhar com um *galvanômetro* cujas indicações pudessem ser confiáveis, que marcassem quantidades definidas de eletricidade. Dobrei uma haste de cobre na forma de um retângulo (AB, fig. 1), com doze polegadas de comprimento e seis polegadas de largura. Eu o prendi em uma posição vertical por meio do bloco de madeira C; N é a agulha magnética, com 3 3/4 polegadas de comprimento, apontada em suas extremidades e suspensa sobre um fino pivô de aço, acima de um cartão graduado colocado um pouco antes do centro do instrumento.

4. Devido ao grande tamanho relativo do condutor retangular do meu galvanômetro, as tangentes dos desvios da agulha são quase exatamente proporcionais às quantidades de corrente elétrica. A pequena correção que é necessário aplicar às tangentes, eu obtive por meio do processo experimental rigoroso que descrevi há algum tempo nos "Annals of Electricity".[13]

5. Expressei minhas quantidades de eletricidade com base na grande descoberta de Faraday da eletrólise definida; e atrevo-me a propor que a quantidade de corrente elétrica que é capaz de eletrolisar um equivalente químico expresso em grãos em uma hora, seja chamada de *grau*. Agora, por uma série de experimentos, descobri que a agulha do meu galvanômetro desviava 33.5° do

---

[13] Vol. IV. pp. 131-132 e 476. [Nota do original]

cartão graduado quando uma corrente passava em quantidade suficiente para decompor nove grãos de água por hora; esse desvio, portanto, indica *um grau de corrente de eletricidade* na escala que proponho que seja adotada. Veremos na sequência algumas das vantagens práticas que tive ao usar essa medida.

6. O termômetro que usei tinha sua escala graduada na haste de vidro. As divisões eram amplas e precisas. Ao medir a temperatura com ele, agito o líquido suavemente com uma pena; e então, suspendendo o termômetro pelo topo de sua haste, de modo a fazê-lo assumir uma posição vertical, coloco meu olho ao nível do topo do mercúrio. Dessa forma, [p. 262] um pouco de prática me permitiu estimar com certeza temperaturas até a décima parte do grau Fahrenheit.

7. Para determinar o poder de aquecimento de um determinado fio metálico, ele foi passado através de um tubo de vidro fino e, em seguida, enrolado sobre ele. As extremidades da bobina assim formada eram então separadas, de modo a deixar um pequeno espaço entre cada volta e, se isso não pudesse ser bem feito, um pedaço de fio de algodão era interposto. O aparelho assim preparado, quando colocado em uma jarra de vidro contendo uma determinada quantidade de água, estava pronto para o experimento. A Fig. 2 explicará o arranjo: A é a bobina de fio; B a jarra de vidro, parcialmente cheia de água; T representa o termômetro. Quando a eletricidade voltaica é transmitida através do fio, nenhuma quantidade apreciável sai dele para fazer o percurso mais curto através da água. Nenhum traço de tal corrente pode ser detectado, seja pela produção de hidrogênio ou pela oxidação do metal.

8. Antes de cada um dos experimentos, tomou-se o cuidado necessário de levar a água no frasco de vidro e o ar da sala à mesma temperatura. Quando isso é feito com precisão, os resultados dos experimentos têm as mesmas proporções entre si, como se nenhum agente de resfriamento estranho, como radiação, estivesse presente; pois seus efeitos em um determinado tempo são proporcionais à diferença das temperaturas dos corpos resfriados e resfriadores; e, portanto, embora ao final de alguns experimentos

esse efeito de resfriamento seja muito considerável, somente as *quantidades absolutas* de calor são afetadas, não as *proporções* que são geradas ao mesmo tempo. (Veja a tabela de calores produzidos durante meia hora e uma hora, p. 264.)

Fig. 2.

9. Exp. 1. – Peguei dois fios de cobre, cada um com duas jardas de comprimento, um com 1/28 de polegada e o outro com 1/50 de polegada de espessura, e os dispus em bobinas da maneira que descrevi (7). Estes foram imersos em dois jarros de vidro, cada um contendo nove onças *avoirdupois* de água. Uma corrente da quantidade média 1.1° Q foi então passada consecutivamente através de ambas as bobinas,[14] e ao final de uma hora observei que a água na qual o fio fino estava imerso havia ganhado 3.4°, enquanto o fio grosso havia produzido apenas 1.3°. [p. 263]

10. Ora, por experiência direta, descobri que três pés do fio fino podem conduzir exatamente tão bem quanto oito pés do fio grosso; e, portanto, é evidente que as resistências de duas jardas de cada um estavam na razão de 3,4 para 1,27, o que se aproxima muito da razão dos efeitos de aquecimento exibidos pelo experimento.

11. Exp. 2. – Substituí agora um pedaço de fio de ferro com 1/27 de polegada de espessura e duas jardas de comprimento no lugar do fio de cobre grosso usado no Exp. 1, e coloquei cada bobina em meia libra de água. Uma corrente de 1.25° Q foi passada por ambos durante uma hora, quando o aumento de temperatura causado pelo ferro foi de 6°, enquanto o produzido pelo fio de cobre foi de 5,5°. Neste caso, as resistências dos fios de ferro e cobre foram encontradas na razão de 6 para 5,51.

---

[14] Coloco Q no final dos meus *graus* [de eletricidade], para distingui-los dos do cartão graduado. [Nota do original]

12. Exp. 3. – Uma bobina de fio de cobre foi então comparada com uma de mercúrio, o que foi feito colocando o último num tubo de vidro curvo. Desta forma eu tinha imerso, cada um em meio quilo de água, 11 1/4 pés de fio de cobre de 1/50 de polegada de espessura e 22 3/4 de polegada de mercúrio 0,065 de polegada de diâmetro. Ao fim de uma hora, durante a qual a mesma corrente elétrica passou por ambos, o primeiro causou um aumento de temperatura de 4,4°, o segundo de 2,9°. Por um experimento cuidadoso, encontrei que as resistências estavam na proporção de 4,4 para 3.

13. Foram feitos outros ensaios com resultados exatamente do mesmo caráter; todos conspiram para confirmar o fato de que, quando uma determinada quantidade de eletricidade voltaica passa por um condutor metálico por um determinado período de tempo, a quantidade de calor liberada por ele é sempre proporcional à resistência que apresenta,[15] qualquer que seja o comprimento, espessura, forma ou tipo desse condutor metálico.

14. Ao considerar a lei acima, pensei que o efeito produzido pelo aumento da intensidade da corrente elétrica seria como o quadrado desse elemento, pois é evidente que nesse caso a resistência seria aumentada em uma razão dupla, decorrente do aumento da *quantidade* de eletricidade que passa em um determinado tempo, e também do aumento da *velocidade* da mesma. Veremos em seguida que esta visão é realmente sustentada pela experiência.

15. Peguei a bobina de fio de cobre usada no Exp. 3, e encontrei as diferentes quantidades de calor adquiridas por meia libra de água na qual ela foi imersa, pela passagem de eletricidades [p. 264] de diferentes graus de tensão. Meus resultados estão organizados na tabela a seguir:

---

[15] O Sr. Harris, e outros, provaram esta lei muito satisfatoriamente, usando eletricidade comum. [Nota do original]

Desvios médios da agulha do galvanômetro	Corrente de eletricidade expressa em graus (5.)	Quantidades de calor produzidas em meia hora pela intensidade da coluna 2	Razão dos quadrados das intensidades na coluna 2	Quantidades de calor produzidas em uma hora pelas intensidades da coluna 2	Razão dos quadrados das intensidades da coluna 2
16°	0·43 Q	......	......	1·2°	1
31½	0·92 Q	3	2·9	4·7	4·55
55	2·35 Q	19·4	18·8		
57⅔	2·61 Q	23	23·2		
58½	2·73 Q	25	25·4	39·6	40·

16. As diferenças entre os números nas colunas três e quatro, e nas colunas cinco e seis, são insignificantes, levando em conta a natureza dos experimentos, e devem-se principalmente à dificuldade que existe em manter o ar da sala no mesmo estado de repouso, de higrometria, etc. durante os diferentes dias em que os experimentos foram feitos. São muito menores quando se utiliza uma quantidade maior de água, de modo a reduzir os efeitos de resfriamento (28.).

17. Vemos, portanto, que quando uma corrente de eletricidade voltaica se propaga ao longo de um condutor metálico, o calor desenvolvido em um dado tempo é proporcional à resistência do condutor multiplicada pelo quadrado da intensidade elétrica.[16]

18. A lei acima é de grande importância. Ela nos ensina o uso correto dos instrumentos que se destinam a medir as correntes elétricas pelas quantidades de calor que elas produzem. Se tais

---

[16] Os experimentos de De la Rive mostram que o efeito calorífico da corrente voltaica aumenta em uma proporção muito maior do que a simples razão das intensidades. *Ann. de Chimie*, 1836, parte i. pág. 193. Ver também os resultados de Peltier, *Ann. de Chimie*, 1836, parte ii. pág. 249. [Nota do original]

instrumentos forem empregados (embora em seu estado atual sejam muito inferiores em precisão a muitas outras formas de galvanômetros), é óbvio que apenas as raízes quadradas de suas indicações são proporcionais às intensidades que se destinam a medir.

19. Por outra importante aplicação da lei, podemos agora comparar as eletricidades de atrito[17] e voltaicas, [p. 265] de maneira a determinar seus elementos pela quantidade de calor que eles geram ao passar por um dado condutor; pois se uma certa quantidade de eletricidade voltaica produz um certo grau de calor ao passar por um dado condutor, e se a mesma quantidade de calor for gerada pela descarga de uma certa bateria elétrica ao longo do mesmo condutor, o produto da quantidade e da velocidade de transferência da eletricidade *voltaica* será igual ao produto da quantidade e velocidade da eletricidade de *atrito*, ou QV=qv, portanto Q/q = v/V.

AGRADECIMENTOS

O autor agradece o apoio recebido por parte do Conselho Nacional de Desenvolvimento Científico e Tecnológico (CNPq).

REFERÊNCIAS BIBLIOGRÁFICAS

CSISZAR, Alex. How lives became lists and scientific papers became data: cataloguing authorship during the nineteenth century. *The British Journal for the History of Science*, **50** (1): 23-60, 2017.

FERREIRA, Renata Rivera; MARTINS, Roberto de Andrade. Os estudos de Pasteur sobre os bichos-da-seda e a gênese da teoria microbiana das doenças. *Perspicillum*, **9**: 113-75, 1996.

---

[17] Os experimentos de Brooke, Cuthbertson e outros provam que a quantidade de fio fundido pela eletricidade comum é igual ao quadrado da carga da bateria. Harris, no entanto, chegou à conclusão de que o poder de aquecimento da eletricidade é simplesmente proporcional à carga (Phil. Trans. 1834, p. 225). É claro que o comentário no texto é feito assumindo que, quando as limitações apropriadas são observadas, o efeito calorífico da eletricidade é proporcional ao quadrado da carga de qualquer bateria. [Nota do original]

FEYERABEND, Paul. *Against method: Outline of an anarchistic theory of knowledge*. London: Verso, 1975.

JOULE, James Prescott. On the Heat evolved by Metallic Conductors of Electricity, and in the Cells of a Battery during Electrolysis. *The London, Edinburgh, and Dublin Philosophical Magazine and Journal of Science* [Series 3], **19** (124): 260-277, 1841.

KOYRÉ, Alexandre. *Études galiléennes*. 3 vols. Paris: Hermann, 1939.

MARTINS, Lilian Al-Chueyr Pereira; MARTINS, Roberto de Andrade. Geração espontânea: dois pontos de vista. *Perspicillum*, **3** (1): 5-32, 1989.

MARTINS, Roberto de Andrade. Ørsted e a descoberta do eletromagnetismo. *Cadernos de História e Filosofia da Ciência* (10): 89-122, 1986.

MARTINS, Roberto de Andrade. Tratados físicos de Blaise Pascal. Tradução e notas. *Cadernos de História e Filosofia da Ciência* [série 2] **1** (3): 9-168, 1989.

MARTINS, Roberto de Andrade. Como Becquerel não descobriu a radioatividade. *Caderno Catarinense de Ensino de Física*, **7**: 27-45, 1990.

MARTINS, Roberto de Andrade. *Becquerel e a descoberta da radioatividade: uma análise crítica*. São Paulo: Editora Livraria da Física; Campina Grande: EDUEPB, 2012.

MARTINS, Roberto de Andrade. Joule's 1840 manuscript on the production of heat by voltaic electricity. *Notes and Records: the Royal Society Journal of the History of Science*, **76** (1): 117-154, 2022.

MARTINS, Roberto de Andrade; SILVA, Ana Paula Bispo da. Joule's experiments on the heat evolved by metallic conductors of electricity. *Foundations of Science*, **26** (3): 625-701, 2021.

MARTINS, Roberto de Andrade; SILVA, Cibelle Celestino. Newton and colour: the complex interplay of theory and experiment. *Science & Education,* **10** (3): 287-305, 2001. Publicado também no livro: Pp. 273-291, in: BEVILACQUA,

Fabio; GIANNETTO, Enrico & MATTHEWS, Michael R. (eds.). *Science education and culture: the contribution of history and philosophy of science.* Dordrecht: Kluwer Academic Publishers, 2001.
SILVA, Cibelle Celestino; MARTINS, Roberto de Andrade. A "Nova teoria sobre luz e cores" de Isaac Newton: uma tradução comentada. *Revista Brasileira de Ensino de Física,* **18** (4): 313-27, 1996.

Fontes históricas e etno-históricas da Astronomia Cultural no Brasil

Walmir Thomazi Cardoso
Programa de Pós-Graduação em História das Ciências e das Técnicas e Epistemologia da Universidade Federal do Rio de Janeiro (HCTE-UFRJ)
Professor da Faculdade de Ciências Exatas e Tecnológicas da Pontifícia Universidade Católica de São Paulo (FCET-PUC-SP)
walmir.astronomia@gmail.com

INTRODUÇÃO

Desde o início da chegada dos portugueses e demais europeus ao Brasil, a partir do início do século XVI, etnógrafos, viajantes e naturalistas visitaram o país. Eles foram acompanhados ou seguidos por missionários, militares, comerciantes e exploradores diversos. Uma parte dos inventários produzidos por essas pessoas foi publicada em livros, mas muito material pode ser encontrado na forma de diários de campo, relatórios, correspondências, ilustrações, mapas, além de coleções de objetos e/ou artefatos, dentre outros documentos[18]. A partir dos séculos XIX e XX, somam-se fotos, filmes, gravações em áudio, diagramas associados a algumas representações cosmológicas e trabalhos de pesquisa etnográfica. Dentre essas fontes, as que possuem caráter

---

[18] O Brasil constitui uma especificidade dentro da América do Sul, por ter apenas a língua portuguesa como oficial. Embora formalmente haja o reconhecimento da existência de centenas de línguas indígenas já há algum tempo (Rodrigues, 1986), ainda são poucos os municípios que apresentam seus documentos oficiais em mais de uma língua. O caso mais emblemático é o do município de São Gabriel da Cachoeira, no Amazonas, onde, segundo a Lei n°. 145 de 11 de dezembro de 2002, foram tornadas cooficiais à Língua Portuguesa, as Línguas *Nheengatu, Tukano e Baniwa*, o que foi seguido por mais uma dezena de municípios brasileiros.

antropológico dialogam com a construção do campo acadêmico que vem sendo chamado, desde os anos 1990, de Astronomia Cultural. Metodologicamente, tais fontes são lidas à luz das balizas teóricas desse campo e auxiliam a perceber o contexto de investigações realizadas, aportando contribuições documentais variadas às pesquisas.

No sentido de apontar o recente processo de institucionalização do campo de pesquisa, utilizaremos uma classificação em três fases temporais, que chamamos "gerações", identificadas especialmente a partir do contexto da América Latina e mais especificamente para o Brasil. A cada uma das três gerações, atribuímos os agentes sociais envolvidos e os reflexos que as fontes produziram no campo. Muito embora essa classificação possa ser aplicada num amplo espectro de casos, devemos levar em conta situações isoladas nas quais algumas produções publicadas no período de uma determinada geração tem filiação a outra. Esse fato evidencia que, entre as gerações, há detalhes e ramificações que podem dar lugar a classificações refinadas em estudos posteriores. Se a publicação de um trabalho se dá numa geração, mas a coleta de informações em campo ocorreu em outro período ou sua interpretação se deu segundo determinada filiação conceitual, isso certamente implicará numa reclassificação, como veremos ao longo deste texto. Assim, os três blocos não devem ser olhados de maneira estanque. E o que pode parecer anacronismo de nossa parte, deve ser lido como uma tentativa de estimular uma atitude exatamente oposta, na medida em que chamamos a atenção para o contexto de produção ou mesmo as bases epistemológicas que sustentam as produções em destaque neste artigo.

A etnolinguística ocupa um papel bastante significativo nas pesquisas em Astronomia Cultural. Não se trata apenas de saber o nome ou traduzi-lo, mas entender o que essas representações significam em cada contexto.

	1ª geração	2ª geração	3ª geração
Período	Entre os séculos XVII e XX (1989)	Entre a década de 1990 e 2011	decênio entre 2012-2022
Agentes	Relatos de missionários, viajantes e etnógrafos	Pesquisadores de disciplinas diferentes	Surgimento de uma associação científica na América Latina e aumento de publicações[19]
Campo	Categorias difusas	Surgimento da expressão Astronomia Cultural e primeiras associações acadêmicas internacionais[20]	Proposta, conceitos chave e categorias do campo

Dessa maneira, tais aspectos resultam em camadas de significados que interagem entre si, tornando complexo aquilo que parece simples numa primeira aproximação ao tema. Gerardo Reichel-Dolmatoff (1912-1994), afirmou em um de seus trabalhos clássicos sobre etnias presentes em território colombiano que:

> [...] o céu é visto como uma enorme planta de tudo que foi, é e virá a ser, na terra; um enorme mapa repleto de informações sobre todos os aspectos do comportamento biológico e cultural [...] em suma, um corpo enciclopédico

---

[19] A *Sociedad Interamericana de Astronomía en la Cultura* (SIAC), criada em 2012, organizou a Primeira Escola Interamericana de Astronomia Cultural, nesse ano. O segundo marco, de caráter global, foi a publicação do *Handbook of Archaeoastronomy and Ethnoastronomy* (Ruggles, 2015).

[20] Associações profissionais internacionais criadas na década de 1990 foram a *The International Society for Archaeoastronomy and Astronomy in Culture* (ISAAC) e a *Société Européenne pour l'Astronomie dans la Culture* (SEAC). O termo "Astronomia Cultural" passou a figurar em alguns textos iniciais do campo, como Iwaniszewski, 1991, 1994; Ruggles & Saunders, 1993.

de tudo que devemos chamar "informações para a sobrevivência" [...]. (Reichel-Dolmatoff, 1982)

Em outras palavras, os nomes não são traduções de uma Língua para outra, mas conceitos distintos. Em uma obra clássica (Magalhães, 1876) sobre a Amazônia, o Sol pode aparecer como *Coaracy*, nome em Língua Geral, emprestado do Tupi. Em outra comunidade, ele será *Izi*, já em outra ainda o Sol assumirá o nome de *Muipũ*, em razão das diferentes línguas e suas variações. Importa analisar esses termos em sua verticalidade semântica, a cada caso. Além disso, nenhum conhecimento pode ser encarado como algo congelado no tempo e no espaço ou ainda submetido a olhares etnocêntricos. Para jovens pesquisadores do campo não é incomum certa naturalização de algumas representações, como, por exemplo, da figura do Sol como ente masculino e da Lua com atributos femininos[21]. A leitura do material de referência traz uma realidade bem mais complexa que essa.

As representações cartográficas também são importantes fontes simbólicas para apreendermos as visões de mundo de modo contextualizado. Os mapas fornecem concepções circunstanciadas do que vem a ser um conjunto de interpretações a respeito da complexidade de uma cultura, seja como realidade projetada em imagem ou metáfora. Com os mapas geográficos – políticos, demográficos, históricos, econômicos ou as anamorfoses –, percebe-se como um território, real ou imaginário, pode ser lido à luz de distintas interpretações (Faulhaber, Domingues & Borges, 2014). Logo, os referenciais teórico-metodológicos são como as legendas desses mapas, que nos permitem dar foco a este ou aquele conceito (La Lègende des Sciences, 1987).

Além das fontes, a Astronomia Cultural identifica-se também pelas interpretações, múltiplas, conferidas às relações céu-terra, a partir das variadas perspectivas encontradas em grupos humanos. Mas, vale ressaltar que o objeto do campo não se restringe às astronomias geralmente tomadas como produções de povos

---

[21] Alguns pesquisadores (Fargetti, 2021; Cardoso, 2007) mostram como não é raro entre muitos povos originários que ambos sejam masculinos.

exóticos, estranhos e diferentes. A Astronomia praticada nos centros institucionalizados de pesquisa científica, incluindo suas subáreas, também compõem o objeto de pesquisa da Astronomia Cultural. Dito de outro modo, a chamada Astronomia Ocidental também é objeto de interpretação da Astronomia Cultural (Ruggles, 2015).

Estudos desenvolvidos com referenciais das Ciências Sociais constituem parte fundante das metodologias utilizadas nas pesquisas em Astronomia Cultural. Dada a sua natureza interdisciplinar, além das Ciências Naturais e Matemáticas ou ainda as Etnomatemáticas (Cardoso, 2022), ela interage principalmente, mas não só, com a Arqueologia, a História da Ciência, a Etnolinguística, a Arte, a Arquitetura e a Educação. Enfim, os trabalhos atualmente publicados no campo nos mostram a riqueza de possibilidades em termos de investigações científicas lastreadas em espaços acadêmicos já consolidados.

Este trabalho é um convite para o aprofundamento acerca de alguns dos temas que serão abordados nas seções a seguir. Dentro de uma abordagem direcionada para o campo em questão nos baseamos numa seleção de textos, utilizando especialmente material acessível em repositórios digitais[22].

A ATUALIDADE DA ARQUEOASTRONOMIA

A paisagem não representa apenas uma moldura para as observações do céu, mas constitui-se num elemento ativo na cosmovisão de um grupo[23]. Civilizações inteiras ou pequenos

---

[22] Para esse levantamento bibliográfico, utilizamos amplamente o repositório disponível na Biblioteca Digital Curt Nimuendajú – Coleção Nicolai (Disponível em: <www.etnolinguistica.org>, acesso em dezembro de 2022). Consideramos também levantamentos bibliográficos de nossos trabalhos prévios e a crescente produção de publicações a respeito da Astronomia Cultural no e sobre o Brasil.

[23] A Casa dos Homens orientada (Fabian, 1982; 1992; Campos, 2006) ou a utilização das montanhas como marco para observações do Sol em relação ao horizonte em Chankillo, no Peru, (Ghezzi & Ruggles, 2015) são apenas alguns exemplos.

grupos isolados parecem perceber as eloquentes variações nas posições de nascimento e ocaso do Sol e da Lua no horizonte.

A questão que nos parece mais importante aqui não é a constatação em si, de que esse seja um comportamento comum a muitos grupos humanos, mas quais as razões simbólicas que os levam a concretizar esses conhecimentos em suas edificações ou usar posições privilegiadas de observação de determinados fenômenos em relação à paisagem. Assim, por que eles faziam ou fazem isso? A "necessidade de sobrevivência" ou a conjugação com "render homenagem aos seres imateriais e supostamente poderosos" podem ser apenas respostas singelas e gerais diante da beleza e da complexidade desse tema. Entender essas razões, para além da relação binomial sobrevivência/transcendência, parece ser um dos desafios do campo.

Por isso, tanto Arqueoastronomia quanto a Etnoastronomia, estudos culturais, História da Astronomia e História da Ciência, estão profundamente relacionados.

Como o próprio nome indica a Arqueoastronomia se ocupa principalmente dos estudos interdisciplinares da Arqueologia e da Astronomia. Incluindo as edificações de povos extintos e que nos deixaram um vasto legado cultural, como os maias, incas, celtas, egípcios, persas etc. E os alinhamentos da paisagem no horizonte – com nascimentos e ocasos do Sol, da Lua, de Vênus ou estrelas brilhantes, em relação às montanhas–, mas também nos diversos significados simbólicos associados a essas configurações entre astros, humanos e forças espirituais.

As abordagens nos referenciais teóricos são diversas. Partindo de construções e alinhamentos astronômicos com Sol, Lua, planetas e estrelas (Ruggles, 2015) e até mesmo de heranças de agrupamentos humanos mais recentes, como se pode notar nas reduções jesuíticas no Paraguai, Argentina e Brasil (Giménez Benitez *et al.*, 2018). Assim, para além de pirâmides ou de círculos de pedra como Stonehenge, a Arqueoastronomia supõe compreender construções, traçados de ruas, marcos e orientações que não respondem apenas aos Equinócios e Solstícios padrão.

No Brasil têm sido desenvolvidos alguns estudos arqueológicos com implicações astronômicas. Mesmo que o material seja pouco conhecido pela comunidade internacional de arqueoastrônomos, destaca-se na primeira geração, o texto histórico de Koch-Grünberg que trata dos petróglifos na região do Rio Negro (Koch-Grünberg, 2010); o trabalho realizado nos estados da Bahia (Costa & Silveira, 2004; Costa, Nader & Silveira, 2013; Costa & Nader, 2018) e do Amapá (Cabral & Saldanha, 2008; Green & Green, 2010); além de outras iniciativas em andamento em todo o território nacional. Muitos dos quais, classificados como fontes de terceira geração, de acordo com nossa proposta.

Parte do processo de institucionalização do campo, fundamenta-se nas publicações de resultados de pesquisa em periódicos de Arqueologia, além da submissão de trabalhos à comunidade internacional da Astronomia Cultural. Nesse sentido, as produções brasileiras ainda possuem vasto horizonte de crescimento.

ETNOGRAFIAS E ASTRONOMIA CULTURAL

No contexto da segunda metade do século XIX, parte da produção etnográfica sobre as populações indígenas estava fortemente eivada da perspectiva *assimilacionista* que resultou num processo de falta de reconhecimento histórico desses grupos, produzindo prejuízos identitários e fortes tendências de aculturação[24]. Ao mesmo tempo, o conteúdo astronômico nem sempre era explicitamente reconhecido nessas obras, até porque as descrições eram apresentadas como "mitos", "folclore" e "lendas". Em geral, a temática da Etnoastronomia se encontrava dispersa em capítulos ou partes do texto relacionados com religião, cosmologia, mitologia etc. (Leopoldi, 1990). Isso explica as razões da dificuldade de se encontrar, durante algum tempo, uma literatura

---

[24] Uma discussão sobre os limites do emprego da metodologia da etno-história ou os cuidados que devem ser tomados com respeito a ela estão presentes na literatura (Almeida, 2003; Cavalcante, 2011).

diretamente relacionada ao tema. O surgimento do campo dependeu de uma recomposição desse olhar ao longo dos séculos XX e XXI, na medida em que os pesquisadores, munidos de metodologias próprias da Antropologia, passaram a reconhecer que muitos trabalhos etnográficos realizados em solo brasileiro, ou em regiões de fronteira, em diferentes contextos e períodos, continham informações preciosas para investigações na Astronomia Cultural - razão pela qual estamos dividindo a literatura do tema em fases. Há um vasto campo de investigação de fontes nas bibliotecas e repositórios digitais. Cabe aos pesquisadores um trabalho permanente de busca ativa, voltado ao reconhecimento das temáticas nem sempre evidentes em cada obra.

Uma das publicações mais reconhecidas na História Natural, por conter informações e apontamentos sobre a Astronomia de populações originárias em território brasileiro, foi assinada por Claude D'Abbeville[25]. A obra *História da Missão dos Padres Capuchinhos na Ilha do Maranhão e terras circunvizinhas*, publicada originalmente em 1614 na França, foi resultado de quatro meses de permanência desse religioso na região do Maranhão, então ocupada pelo grupo dos Tupinambá. Mais tarde, alguns trabalhos de pesquisadores brasileiros (Lima, 2004; Lima e Borges, 2005; Afonso, 2006, 2009), partindo de diferentes enfoques, utilizaram a obra de D'Abbeville como referência para

---

[25] A obra pode ser encontrada em algumas versões. Segundo Rodolfo Garcia (D'Abbeville, 1975), foi produzida uma edição facsimilar, de tiragem reduzida no Brasil, em 1922, com prefácio e necrológio de Capistrano de Abreu, autor cuja produção representa uma parte importante da diacronia também necessária para a Astronomia Cultural. Em Língua Portuguesa temos uma edição impressa no Brasil pela Editora Itatiaia em associação com a Editora da Universidade de São Paulo, em 1975. O leitor consegue acesso fácil e gratuito a uma edição realizada pela Biblioteca do Senado Federal do Brasil em 2008 (Disponível em: <https://www2.senado.leg.br/bdsf/bitstream/handle/id/576068/000838911_His toria_padres_capuchinhos_Maranhao.pdf>, acesso em 10 de julho de 2022]. Como há críticas a essa tradução, o leitor também pode acessar o original francês de 1614, junto à Biblioteca Nacional de França (BnF, Gallica).

estabelecer relações entre Astronomia Cultural, Etnolinguística e História da Astronomia.

Como já destacamos, essas fontes históricas devem ser lidas em seus contextos, o que permite ao pesquisador a compreensão das condições ou panoramas socioculturais em que elas foram produzidas[26]. Na atualidade, o conjunto de constelações de grande parte dos grupos de fala Tupi-Guarani, apresenta similaridades com as constelações apresentadas na obra de D'Abbeville. No entanto, isso não significa dizer que essas constelações sejam as mesmas desde os referidos registros no século XVII[27].

A complexidade do conceito de constelação precisa ser levada em conta em termos espaço-temporais e em relação aos conceitos socioculturais (Cardoso, 2021a). Há uma semântica para o céu que ultrapassa as representações de figuras, sejam elas reuniões de estrelas ou áreas escuras do céu no interior da Via-Láctea. Em outras palavras, não estamos falando de identificação de constelações, mas de atribuições de significados a configurações que existem nas relações céu-terra em cada uma das culturas. Esse é um forte argumento que corrobora críticas ao uso de expressões gerais como "astronomia dos índios brasileiros" ou "céu dos índios", como se existisse apenas uma categoria genérica e ampla de "índios" no Brasil ou ainda um conjunto de representações convencionadas e internacionais, a exemplo do que aconteceu com o a Astronomia ocidental através do processo histórico da divisão do céu em 88 constelações (Ridpath, 1995; Frank, 2015). Portanto,

---

[26] Um exemplo claro dessas afirmações corresponde à surpresa de D'Abbeville diante do conhecimento dos Tupinambá acerca dos fenômenos celestes: "[...]poucos entre eles desconhecem a maioria dos astros e estrelas do seu hemisfério [...]" (D'Abbeville, 1975: 246). Este autor também fala de eclipses e calendários assim como outros conhecimentos astronômicos que precisam ser entendidos contextualmente (Lima, 2004).

[27] Podemos considerar como um dos exemplos a constelação da Avestruz/Ema que aparece em muitos mitos e apontamentos em etnologias distintas, incluindo lugares diversificados da Terra (Gullberg *et al.*, 2020; Lehmann-Nitsche, 1936). Ora, essas representações de constelações aparecem em áreas escuras da Via-Láctea, entre as regiões do Cruzeiro do Sul e Escorpião, ora, entre as estrelas da constelação do Cruzeiro do Sul (Afonso, 2006, 2009).

não se trata de um, mas de muitos céus para grupos humanos distintos como indígenas, quilombolas, pequenos produtores rurais ou pescadores artesanais, dentre outros.

No longo período dos últimos 300 anos, emerge um diversificado conjunto de registros que reúne visões de mundo constituídas como importantes referências para pesquisas envolvendo a História da Astronomia e a Astronomia Cultural. Os trabalhos do etnólogo alemão Theodor Koch-Grünberg (1872-1924) no território amazônico resultaram de sua dedicação ao estudo das mitologias e culturas de etnias indígenas, sobretudo na Venezuela e Brasil. Na mesma medida, os frutos de seu trabalho extrapolaram as fronteiras da etnografia[28]. Do ponto de vista de uma maior presença de conteúdo voltado para a Astronomia Cultural, temos a obra *Começos da Arte na Selva* (Koch-Grünberg, 2009), em que são apresentadas constelações tais como foram descritas por dois especialistas Mirití-Tapúyo do rio Tiquié e Kobéua, do rio Cuduyarý. As representações dos dois conhecedores estão presentes na obra e são transcritas para uma carta celeste, tendo por referência as constelações ocidentais. Uma reprodução dessa carta celeste, assim como informações das constelações dessa região amazônica, foi transcrita em outra obra referencial de Claude Lévi-Strauss, *O cru e o cozido*, cujo original francês é de 1964 (Lévi-Strauss, 2004[29]). Vale reforçar que ambos os autores integram a aqui chamada primeira geração.

Se nem sempre o conteúdo de Astronomia aparecia de forma explícita nas obras da primeira fase, algumas vezes, mesmo que a palavra astronomia constasse do título ou subtítulo da obra, o conteúdo era desenvolvido de maneira marginal. O livro *Rã-txa hu-ni-ku-í, a língua dos Caxinauás do Rio Ibuaçu, afluente do Muru*, (Capistrano de Abreu, 1914), do historiador brasileiro João

---

[28] Em sua obra *De Roraima ao Orinoco...* (Koch-Grünberg, 2006), encontramos as influências para a construção de uma das mais significativas obras literárias do movimento Modernista: o Macunaíma, de Mário de Andrade (Barreto, 2014). Os mitos Arekuna e Taulipang que auxiliaram a ambientação e teia narrativa em Macunaíma serviram de base para a produção dessa obra literária.
[29] A publicação original: "Le cru et le cuit" é datada de 1964.

Capistrano de Abreu (1853-1927), apresenta um capítulo sobre Astronomia também citado na obra já apontada de Lévi-Strauss.

Metodologicamente, seria importante destacar que meras traduções das narrativas míticas correspondem a uma grande oportunidade para que o pesquisador em Astronomia Cultural entenda como essa literatura da primeira fase pode ser desafiadora. Essa é a razão e importância de se considerar o contexto de produção da fonte escolhida, em seu espaço-tempo. Toda a vastidão amazônica não se restringe à área por ela ocupada ou mesmo a um período temporal. A complexidade decorre da interação entre os múltiplos atores direta ou indiretamente presentes.

Seguindo o raciocínio, vamos destacar mais algumas obras dessa primeira geração. Em 1876, o General José Vieira Couto de Magalhães (1837-1898) publica *O Selvagem* (Magalhães, 1876). A obra reforçava o projeto de assimilação dos povos indígenas pela cultura colonizadora, numa perspectiva de privilegiar o projeto imperial. O trabalho do autor desenvolve amplamente o tema da mitologia e uma coleção de "lendas", além dos aspectos de caráter linguístico. Em particular, as lendas do jabuti[30], que estavam também presentes nos trabalhos do geólogo, etnógrafo e explorador canadense Charles Frederick Hartt (1840-1878) em seu *Amazonian Tortoise Myths* (Mitos das tartarugas amazônicas) (Hartt, 1875; Lima & Figueirôa, 2010).

Há fortes conexões entre esses autores e outras descrições encontradas nos trabalhos pioneiros de Ermano Stradelli (1852-1926). Na emblemática *La leggenda del Jurupary* (A lenda do Jurupari) (Stradelli, 1964), o autor se propõe a registrar uma versão das mais significativas narrativas míticas da região visitada por esses exploradores. As "leis" estabelecidas pelo Jurupari se relacionam com o mundo natural, seus ciclos ou mesmo com a sexualidade e seus interditos (Reichel-Dolmatoff, 1996).

---

[30] A lenda do jabuti aborda a suposta lerdeza do cágado em contraposição a outros animais. O jabuti permanece nas narrativas e, por sua espertaza, os outros animais – como onças, antas, macacos e o próprio homem –, se tornam suas "vítimas".

Couto de Magalhães e Stradelli tinham posturas bastante distintas com respeito às populações indígenas. Ambos se envolveram com os estudos linguísticos, mas Stradelli sempre manteve uma postura respeitosa com relação aos grupos originários, perspectiva que lhe conferiu reciprocidade por parte deles (Raponi, 2016).

E como as culturas sempre sofrem modificações ao longo do tempo, os mitos podem e devem ser reinterpretados pelo pesquisador, tendo em vista a necessidade de compreender as diferentes camadas de significados. Ainda mais porque as pesquisas em Astronomia Cultural dependem de uma ação interpretativa fortemente atrelada às referências antropológicas, artísticas e linguísticas (Schaden, 1989; Martins Fargetti, 2021, 2019; Borges, 2021). Missionários, exploradores e etnógrafos

Nos períodos analisados, a produção dos missionários salesianos em diferentes regiões do Brasil representa outro tipo de fonte etnográfica, importante por permitir relacionar Etnoastronomia e História da Ciência[31]. E, fundamentalmente, por oferecer informações valiosas acerca da importância dada por povos originários às relações céu-terra. Uma expressiva quantidade de tais materiais se encontra na primeira geração das produções do campo. Destacamos, mais uma vez, que essas produções precisam ser lidas como documentos, em seus respectivos contextos e espaço-tempos, inclusive com o reconhecimento de que as informações contidas carregam marcas institucionais e sociais e, portanto, foram atravessadas por vieses morais e práticas católicas salesianas.

No Noroeste amazônico, as obras do Pe. Alcionílio Bruzzi (1903-1988) são valiosas como registros etnográficos (Silva, 1994; 1962) e foram estudadas por alguns autores (Cardoso, 2021b; Epps & Oliveira; 2013). A Etnoastronomia aparece em alguns pares de páginas em seu livro *A Civilização indígena do Uaupés* (Silva, 1962) e juntamente à coleção de narrativas míticas presentes no livro *Crenças e Lendas do Uaupés* (Silva, 1994). Parte do material

---

[31] Os salesianos de Dom Bosco representam uma Congregação religiosa Católica e chegaram ao Brasil em 1883.

reconhecido como Etnoastronomia aparece de maneira explícita no primeiro, *A Civilização*, mas apenas de forma pontual no segundo, *Crenças*. Cronologicamente, a primeira obra de 1962 seria classificada na primeira geração de documentos, enquanto a obra de 1994 estaria na segunda geração. No entanto, como mencionado anteriormente, ambas poderiam ser encaradas como trabalhos de primeira geração, levando em conta que grande parte dessas produções foram realizadas sob o mesmo conjunto de premissas. A sequência de constelações no céu se apresenta de maneira muito similar com aquela obtida em pesquisas mais recentes (Cardoso, 2007; Maia-Akʉto, 2016). Contemporâneo do Pe. Bruzzi e seu companheiro de trabalho na missão evangelizadora do Alto Rio Negro, o Pe. Casimiro Beksta aparece neste texto como tradutor da obra de Koch-Grünberg para a Língua Portuguesa, sendo seu papel infinitamente maior para os estudos sobre o Rio Negro[32].

Realizamos nosso trabalho de campo na região do rio Uaupés, identificando constelações que resultaram basicamente na produção de cartas celestes planas e um calendário circular dinâmico, associando os fenômenos socioambientais com as posições das constelações nas proximidades do horizonte do ocaso (Cardoso, 2007). Outros trabalhos contemporâneos merecem destaque. O capítulo de livro escrito por Patience Epps e Melissa Oliveira sobre constelações, como da Serpente, e áreas do céu, como das Plêiades – usando como referência a constelação ocidental do Touro – nos ajuda a compreender a complexidade do conceito de constelação para os grupos de fala Tukano e de outras etnias (Epps & Oliveira; 2013). O trabalho de Janet Chernela sobre os Kotiria – grupo de língua Tukano –, mostra como o calendário encontra-se fortemente associado com suas constelações (Chernela, 2014). Representações muito parecidas podem ser

---

[32] A importante tradução, *Começos da Arte na Selva: desenhos manuais de indígenas colecionados por Dr Theodor Koch-Grünberg em suas viagens pelo Brasil* (Koch-Grünberg, 2009), está longe de ser a única ou mesmo a mais importante contribuição do Pe. Beksta, pois carrega apontamentos e representações que já foram destacadas neste texto e outros de nossa autoria (Cardoso, 2007; Cardoso, 2021b).

encontrados nos trabalhos anteriormente citados neste parágrafo. Estas são consideradas produções de terceira geração e estão relacionadas com trabalhos desenvolvidos numa fase de transição entre a segunda e a terceira geração. Como já foi salientamos anteriormente, há trabalhos que se encontram em regiões intermediárias entre as gerações propostas em nossa classificação.

Dentre os trabalhos referenciais sobre a Astronomia Cultural, bem como Antropologia, realizados no Alto Rio Negro, destacamos parte da obra de Stephen Hugh-Jones (1945-). Desde seu primeiro livro publicado, *The Palm and Pleiades* (A palmeira e as plêiades) (Hugh-Jones, 1979), que se pode notar, ao lado da profunda influência do Estruturalismo de Claude Lévi-Strauss (1908-2009) e de seu orientador, Edmund Leach (1910-1989), o compromisso em mostrar a complexidade e a importância das relações céu-terra para os Barasana – conclusão que pode ser replicada para várias outras etnias da região. A produção do autor se constitui numa importante referência para a Astronomia Cultural e a leitura de suas obras é mandatória para os que desejam ingressar nesse campo de pesquisa com interesse na região amazônica[33].

Voltemos às contribuições dos salesianos. Dentre as extensas obras de caráter etnográfico desenvolvidas por eles (Colbacchini & Albisetti, 1942), a *Enciclopédia Bororo* representa uma das mais conhecidas (Albisetti & Venturelli, 1962). Como o título indica, trata-se de um tipo de trabalho de caráter monumental, com informações preciosas acerca da Língua Bororo[34], dispondo verbetes construídos pela colaboração entre os missionários católicos e os especialistas indígenas. A enciclopédia inclui

---

[33] Uma outra publicação de Hugh-Jones é igualmente essencial porque enfeixa a complexidade dos temas da Astronomia Cultural estudada por ele em 1982: "As Plêiades e Escorpião na Cosmologia Barasana", em tradução publicada em português em 2017 (Hugh-Jones 1982; 2017).

[34] A Língua Bororo é escrita de maneira silábica, pois esse grupo, assim como muitos outros povos originários, não possuía língua escrita – o que não significa que eles deixem de possuir uma extraordinária riqueza simbólica associada às suas linguagens, conhecidas parcialmente por nós, graças a seus desenhos e representações.

também uma leitura acerca das concepções astronômicas dos Bororo. Alguns pesquisadores em Astronomia Cultural que se ocuparam desse grupo étnico, em grande parte produziram obras sobre o assunto localizadas na terceira geração, realizando uma revisão crítica a respeito do trabalho desses religiosos – justamente em relação ao objeto e metodologias empregadas na interpretação das relações céu-terra. (Fabian, 1982; 1992; Lima, 2004; Lima & Borges 2005; Borges, 2015).

As pesquisas em Astronomia Cultural destacam também a etnia dos Kuikuro, na região do Alto Xingu, como grupo da família linguística Karib, cujos rituais, artefatos e construções têm relação direta com as visões de mundo ou cosmopercepções desse grupo. Segundo o trabalho de alguns pioneiros – do físico e antropólogo Márcio D'Olne Campos (2006) e da linguista, pesquisadora do Museu Nacional, Bruna Franchetto (1987) –, as narrativas míticas, as classificações e palavras utilizadas para a organização do espaço social nessa comunidade, assim como os calendários que reúnem fenômenos celestes e terrestres, correspondem a esse conhecimento completo e complexo dos saberes dos povos originários. Ritos de luta, mitos e calendários estão presentes na investigação desses pesquisadores (Franchetto & Campos, 1987). Cabe apontar que Márcio Campos apresenta outras contribuições, por exemplo, a partir de sua pesquisa com os Caiapó da Aldeia de Gorotire, no estado do Pará (Campos, 2006; Campos & Borges, 2012). Ele pode ser considerado um dos pioneiros da Etnoastronomia no Brasil[35], assim como os trabalhos de Priscila Faulhaber acerca dos Tikuna (Faulhaber, 2011). Muitos outros pesquisadores têm contribuído para o vigor do campo, sendo o número de obras acadêmicas e eventos científicos um dado

---

[35] Seria anacronismo usar Astronomia Cultural nesse caso, uma vez que a expressão foi proposta depois dos trabalhos de Márcio Campos, como já destacamos neste texto. Apesar de ser considerado pioneiro, o trabalho de Campos se enquadra, em termos cronológicos, como um autor cujas contribuições iniciais são de segunda geração, mas que segue pressupostos da terceira geração, em cujo período continua produzindo escritos importantes.

crescente. Todavia, não foi uma pretensão esgotar esse assunto ao longo desta breve explanação sobre a temática.

Muito embora o texto tenha dado ênfase aos povos indígenas, precisamos destacar que a Astronomia Cultural não se limita a eles. Como mencionados anteriormente, pescadores artesanais, quilombolas, ribeirinhos e pequenos produtores rurais representam alguns dos muitos grupos humanos em que as relações céu-terra constituem parte central de suas cosmopercepções e, por isso mesmo, igualmente representam atores cujas visões compõem o objeto da Astronomia Cultural.

ASTRONOMIAS PLURAIS

A presença atual de registros narrativos produzidos a partir de conhecedores, especialistas, acadêmicos ou pesquisadores indígenas, resultou de um longo processo ainda em curso. Mesmo com a participação e reconhecimento de especialistas indígenas, as vozes dos sabedores ecoavam, algumas vezes, de maneira longínqua, através daqueles que detinham o poder do registro escrito – etnógrafos, missionários, militares ou exploradores. Assim aconteceu com Maximiano José Roberto, por parte de Stradelli (Stradelli, 1964); de Antônio Goes, do povoado S. Paulo, no rio *Papuri* para Alcionillio Bruzzi (Silva, 1962); ou das relações contraditórias com os conhecedores Bororo para Colbacchini (Colbacchini & Albisetti, 1942; Montero, 2007). Cabe ressaltar o trabalho pioneiro da antropóloga, etnógrafa e museóloga, Berta Gleiser Ribeiro (1924-1997), junto aos narradores Umusĩ Pãrõkumu (Firmiano Arantes Lana) e seu filho Tõrãmũ Kẽhíri (Luiz Gomes Lana)[36]. Incentivados pelo Pe. Casimiro Beksta (Pãrõkumu, Kẽhíri, 2019) eles registraram o que viria a se tornar,

---

[36] A autora continuou sua parceria com Kẽhíri em outros trabalhos como um artigo para a revista *Ciência Hoje* (Ribeiro & Kenhiri, 1987) e o livro *Os índios das águas pretas: modo de produção e equipamento produtivo* (Ribeiro, 1995), que se apresentam como importantes fontes de segunda fase para a Astronomia Cultural no Brasil, principalmente para a região do Noroeste amazônico, já destacada a partir de trabalhos de pesquisadores não indígenas.

com ajuda de Berta Ribeiro, a primeira edição de *Antes o mundo não existia: mitologia Desana-Kehíripõrã*.

A segunda edição de: *Antes o mundo não existia [...]* abriu a Coleção: *Narradores Indígenas do Rio Negro*[37] publicada pela Federação das Organizações Indígenas do Rio Negro (FOIRN). Essa aproximação entre os pesquisadores não indígenas e os especialistas, conhecedores funciona de uma maneira complexa. Esse fenômeno ocorreu de modo notável na região do Rio Negro (Andrello, 2010; Cabalzar, 2010; Cabalzar, 2012; Cabalzar, 2016).

O trabalho de parceria entre conhecedores indígenas e não indígenas não representa uma ação nova[38], constituindo um caminho importante para a produção de documentos da segunda e terceira gerações. Um exemplo recente de investigação inicial, realizada por pesquisadores indígenas, pode ser encontrado no texto *Etnoastronomia indígena do povo Karajá Xambioá.* (Carvalho *et al.*, 2021) que explora brevemente aspectos da cosmovisão do referido povo. O mestrado intitulado *Bahsamori o tempo, as estações e as etiquetas sociais dos Yepamahsã (Tukano)*, de Gabriel Sodré Maia-Akuto (2016), apresenta um bom número de fontes de pesquisa e conhecimentos de especialistas ligados ao Noroeste amazônico, com ênfase no tema socioambiental e calendários relacionados com as constelações desse grupo humano. A complexidade envolvida nas pesquisas que se ocupam da Astronomia Cultural não permite dizer que um trabalho de pesquisa no interior da academia seja mais "verdadeiro", somente

---

[37] Esse material, apesar de não estar diretamente relacionado com o tema da Astronomia Cultural, traz parte das informações articuladas com os saberes céu-terra. Um exemplo, coletado para mostrar um conceito aplicável à Etnoastronomia resulta do mito de surgimento da Gente Estrela – *Ñokoã Mahsã* – no quinto volume da coleção (Ñahuri & Kumarõ, 2003). Não é um texto de Astronomia, mas o tema mitológico está carregado de elementos simbólicos que nos ajudam a compreender a cosmopercepção desse grupo humano.

[38] Sem os trabalhos de coleta de informações como as *Lendas em Nheêngatú e em Portuguez* (Amorim, 1926) realizadas por Antônio Brandão Amorim (1865-1926) e a presença do conhecedor e especialista indígena Baré Maximiano José Roberto, não sabemos se o trabalho de Stradelli (Stradelli, 1964) teria sido possível.

porque foi realizado pelo representante de uma cultura originária específica. As regras e filtros a que todos os trabalhos dessa natureza são submetidos – a presença de orientador e coorientadores, bancas, colegas e demais elementos institucionais –, mostram que todas as contribuições são relevantes e importantes. O aumento de publicações acadêmicas produzidas por pesquisadores indígenas no campo da Astronomia Cultural tem sido um ponto positivo.

Lembremos que a própria Astronomia Ocidental pode ser pensada como uma Astronomia Cultural – dentro de um trabalho que corresponda a uma parceria entre pesquisadores de diferentes etnias, desenvolvendo-se segundo um conjunto de negociações, regras, alianças, no âmbito dos espaços de poder institucionais (Bourdieu, 2003). Além dos trabalhos individuais ou resultantes de parcerias entre pesquisadores nas revistas científicas[39], a categoria conhecida como "dossiê"[40] representa uma modalidade de publicação que concentra artigos de pesquisa no campo específico.

---

[39] No campo da Astronomia Cultural, destaca-se a Revista Cosmovisiones/Cosmovisões da Sociedade Interamericana de Astronomia na Cultura – SIAC. Essa publicação passa a operar em colaboração com o *Journal of Astronomy in Culture* da International Society for Archaeoastronomy and Astronomy in Culture – ISAAC, trocando artigos em busca de maior impacto nas publicações do campo. Disponível em: <https://revistas.unlp.edu.ar/cosmovisiones/about>, acesso em 4 de julho de 2023. Há outros veículos internacionais como o *The Journal of Skyscape Archaeology* (*JSA*), com artigos de pesquisadores da América do Sul e alguns brasileiros, disponível em: <https://journal.equinoxpub.com/JSA>, acesso em 4 de julho de 2023.

[40] Dois exemplos de terceira geração que podem ser citados em Astronomia Cultural foram publicados na *Revista Anthropológicas* do Programa de Pós-Graduação de Antropologia da Universidade Federal de Pernambuco (López, Faulhaber & Athias, 2017) e na Revista *Avá*, do Programa de Pós-Graduação em Antropología Social da Faculdad de Humanidades y Ciencias Sociales da Universidad Nacional de Missiones, Argentina (López & Fargetti, 2019). Em ambos os casos há artigos de pesquisadores brasileiros e estrangeiros que se ocupam de temáticas relacionadas ao Brasil ou às regiões de fronteiras geográficas – inclusive alguns aparecem citados neste artigo.

No caso da História da Astronomia, recomenda-se o *Journal for the History of Astronomy*[41], até por trazer publicações sobre Astronomia Cultural como outras fontes (Terapicos, 2019), além do *The British Journal for the History of Science*[42]. Em se tratando de fontes brasileiras e sobre o Brasil, podemos encontrar publicações bastante consolidadas, em Língua Portuguesa, como é o caso da Revista Brasileira de História da Ciência[43], além da própria *Revista Cosmovisiones/Cosmovisões*[44].

Desde 2102, as "Escuelas" da SIAC associadas às Jornadas de Astronomia Cultural correspondem a um marco regional importante na constituição do campo da Astronomia Cultural na América Latina (Giménez Benitez & Gómez, 2016) e, portanto, no Brasil. Concretamente, os eventos e as publicações derivam um processo bastante consequente de consolidação institucional da SIAC e do próprio campo.

CONSIDERAÇÕES FINAIS

O desenvolvimento do presente texto buscou oferecer ao público leitor, em especial jovens pesquisadores e ingressantes no campo, reflexões, sugestões e algumas referências com o intuito de contribuir na constituição de sua formação e investigações. As nervuras no tecido que resultam em novas pesquisas necessitam contar com fontes pouco exploradas, mas também, como procuramos ilustrar aqui, exigem revisitar as antigas referências com os novos olhares da Astronomia Cultural.

Parte do material selecionado, constitui-se em referências históricas lastreadas em registros feitos por exploradores, etnógrafos, missionários e militares em quase todas as regiões do

---

[41] Disponível em: <https://journals.sagepub.com/home/jha>, acesso em dezembro de 2022.
[42] Disponível em: <https://www.cambridge.org/core/journals/british-journal-for-the-history-of-science>, acesso em dezembro de 2022.
[43] Disponível em: <https://rbhciencia.emnuvens.com.br/revista/about>, acesso em dezembro de 2022.
[44] Disponível em: <https://revistas.unlp.edu.ar/cosmovisiones/issue/archive>, acesso em dezembro de 2022.

Brasil. Classificamos esses documentos como sendo da "primeira geração". Eles não foram produzidos com o intuito de servirem como fontes para a Etnoastronomia e Arqueoastronomia e, por isso mesmo, os conhecimentos aparecem sem a organização característica da terceira geração. Parte do conteúdo das relações céu-terra é exposto nas "lendas", nos mitos e folclore.

A segunda e terceira gerações de fontes, respectivamente, se organizam de maneira crescente em relação ao campo da Astronomia Cultural. As pesquisas incluem os trabalhos de campo e metodologias desenvolvidas a partir das produções em Antropologia e Etnografia. Esse material, cada vez mais extenso e frequente, nutre o campo de revisões e novas interpretações epistemológicas à luz dos temas explorados.

Principalmente ao longo dos séculos XIX e XX-XXI há extenso material que serve de base para pesquisas usando a História ou a Etno-história. Lembramos que as conjunturas são sempre relevantes e não podem ser desconsideradas. Assim, para além da Astronomia, da Arqueologia e da Antropologia, a História das Ciências também está fortemente presente nesses estudos.

De tal maneira, cuidados em evitar etnocentrismos e anacronismos são sempre importantes. Assim como importa reconhecer como ingênua a pretensão de que basta saber Astronomia para conhecer Astronomia Cultural, ou mesmo Antropologia, para dar conta completa do tema investigado. Esses constituem apenas alguns alertas para quem deseja se empenhar a estudar e publicar no campo. O alerta soa mais forte para pesquisadores da área das Ciências da Natureza que têm pouca experiência com temas etnográficos. Torna-se bastante recomendável passar a conhecer outras categorias que não aquelas de sua área original de pesquisas, no sentido de um processo profissional de formação em serviço, capaz de agregar outros temas para além da sua área de especialidade, abordados com igual rigor metodológico.

Com relação à documentação *sobre* e *dos* povos originários, não se trata de recuperar um tipo de passado glorioso ou "resgatar" espaços-tempos que só existem nas memórias individuais ou coletivas de seus representantes ou no imaginário social, mas, explorar a compreensão das permanências e rupturas das relações céu-terra em cada contexto. Na História da Ciência somos levados a compreender que não bastam conhecimentos metodológicos da História e nem conhecimentos técnicos de Ciência para a produção na área – é preciso mobilizar a epistemologia identitária da História da Ciência. Raciocínio similar vale para o caso da Astronomia Cultural.

Por meio dos artigos, livros e demais materiais, acredita-se que as pessoas interessadas poderão acessar uma quantidade mais expressiva ainda de produções relacionadas ao tema geral da Astronomia Cultural no Brasil. Assim, o trabalho foi escrito com o objetivo de explorar um repertório de materiais pouco usuais na literatura sobre o assunto. Avançar não significa deixar de revisitar as fontes primárias, mas entender que há outros possíveis recortes conceituais para o investigador, especialmente a partir de fontes que serviram para produções de pesquisas em outros contextos.

REFERÊNCIAS BIBLIOGRÁFICAS

AFONSO, Germano B. Mitos e Estações no Céu Tupi-Guarani. *Scientific American Brasil,* Edição Especial: Etnoastronomia, (14): 46-55, 2006.

AFONSO, Germano B. Astronomia Indígena. Pp. 1-5, in: *Anais da 61ª Reunião Anual da SBPC.* Manaus, julho de 2009. Disponível em: <http://www.sbpcnet.org.br/livro/61ra/conferencias/co_germanoafonso.pdf>, acesso em 15 de outubro de 2022.

ALMEIDA, Maria Regina C. *Metamorfoses indígenas: Identidade e cultura nas aldeias coloniais do Rio de Janeiro.* Rio de Janeiro: Arquivo Nacional, 2003.

ALBISETTI, César; VENTURELLI, Ângelo J. *Enciclopédia bororo.* Volume 1: Vocabulários e etnografia. Campo Grande: Museu Regional Dom Bosco, 1962.

AMORIM, Antonio B. de. Lendas em Nheêngatú e em Portuguez. *Revista do Instituto Histórico e Geographico Brasileiro*, tomo 100, v. 154 (2): 9-475, 1926.

BARRETO, Mêrivania R. Makunaima/Macunaíma: Theodor Koch-Grünberg e Mário de Andrade, entre fatos e ficções. Bragança, 2014. Dissertação (Mestrado em Linguagens e Saberes na Amazônia) – Universidade Federal do Pará, Campus de Bragança.

BORGES, Luiz Carlos (Org.). *Diferentes povos, diferentes saberes na América Latina: Contribuições da astronomia cultural para a história da ciência*. Rio de Janeiro: Museu de Astronomia e Ciências Afins (MAST), 2015. Disponível em: <https://www.gov.br/mast/pt-br/imagens/publicacoes/2015/diferentes_povos_diferentes_saberes_na_america_latina.pdf >, acesso em 12 de julho de 2022.

BORGES, Luiz Carlos. Asterismos Guarani: Identificação e algumas controvérsias. Pp. 299-309, in: IWANISZEWSKI, Stanislaw; VASCONCELLOS, Ricardo Moyano; GILEWSKI, Michał. *La vida bajo el cielo estrellado: La arqueoastronomía y etnoastronomía en Latinoamérica*. Varsovia: Editorial de la Universidad de Varsovia, 2021.

BOURDIEU, Pierre. *Os usos sociais da ciência: Por uma sociologia clínica do campo científico*. Trad. Denice B. Catani. Sao Paulo: Unesp, 2003.

CABALZAR, Aloisio (Org.). *Manejo do Mundo: Conhecimentos e Práticas dos Povos Indígenas do Rio Negro*. São Paulo: ISA; São Gabriel da Cachoeira: FOIRN, 2010.

CABALZAR, Aloisio. *Ciclos anuais no Rio Tiquié: Pesquisas colaborativas e manejo ambiental no noroeste amazônico*. São Paulo: ISA; São Gabriel da Cachoeira: FOIRN, 2016.

CABALZAR, Flora D. (Org.). *Educação escolar indígena do Rio Negro: Relatos de experiências e lições aprendidas*. São Paulo: ISA; São Gabriel da Cachoeira: FOIRN, 2012.

CABRAL, Mariana P.; SALDANHA, João D. M. Paisagens megalíticas na costa norte do Amapá. *Revista de Arqueologia*, **21** (1): 09-26, 2008.

CAMPOS, Marcio D. A cosmologia dos Caiapó. *Scientific American Brasil*, **14**: 62-71, 2006.

CAMPOS, Marcio D.; BORGES, Luiz Carlos. Percursos simbólicos de objetos culturais: Coleta, exposição e a metáfora do balcão. *Boletim do Museu Paraense Emílio Goeldi. Ciências Humanas*, **7** (1), 2012.

CAPISTRANO DE ABREU, João. Rã-txa hu-ni-ku-í, a língua dos Caxinauás do Rio Ibuaçu, afluente do Muru. Rio de Janeiro: Typographia Leuzinger, 1914.

CARDOSO, Walmir T. O Céu dos Tukano na escola Yupuri: Construindo um calendário dinâmico. São Paulo, 2007. Tese (Doutorado em Educação Matemática) – Pontifícia Universidade Católica de São Paulo. (Orientador: Ubiratan D`Ambrosio)

CARDOSO, Walmir T. A complexidade do conceito de constelação astronômica: Povos indígenas do noroeste amazônico. *Revista Scientiarum Historia*, **1**, 17, 2021 (a).

CARDOSO, Walmir T. Estrelas, constelações e astronomia indígena em dois livros do Pe. Alcionílio Bruzzi. *Cosmovisiones/Cosmovisões* 3 (1): 165-190, 2021 (b).

CARDOSO, Walmir T. Etnomatemática e Etnoastronomia: dimensões e desafios comuns. Pp. 159-172, in: CONRADO, Andréia L.; MIRANDA, Gustavo A.; OLIVEIRA, Zaqueu V. (Orgs). *Ubiratan Incomensurável*. São Paulo: Livraria da Física, 2022.

CARVALHO, Sheyse M.; LEMOS, Luis J. R. L. R.; SILVA, Cláudia A.; MATOS, Rodolfo H. S.; KARAJÁ, Adriano D. G. Etnoastronomia indígena do povo Karajá Xambioá. *Espaço e Tempo Midiáticos*, **4** (1), 2021. Disponível em: <https://sistemas.uft.edu.br/periodicos/index.php/midiaticos/article/view/11723>, acesso em 12 de julho de 2022.

CAVALCANTE, Thiago L. V. Etno-história e história indígena: Questões sobre conceitos, métodos e relevância da pesquisa. *História*, **30** (1): 349-371, 2011.

CHERNELA, Janet (Org.). *As estrelas de chuva: O ciclo anual de chuvas e enchentes*. Manaus: Reggo, 2014.

COLBACCHINI, Antonio; ALBISETTI, Cesar. *Os Bororos Orientais*. São Paulo: Editora Nacional, 1942.

COSTA, Cíntia Jalles C. A.; SILVEIRA, Maura I. *Olhando o céu da Pré-História: Registros arqueoastronômicos no Brasil.* Rio de Janeiro: MAST, 2004.

COSTA, Cíntia Jalles C. A.; NADER, Rundsthen V.; SILVEIRA, Maura I. Olhai pro Céu, Olhai pro chão. Rio de Janeiro: MAST, 2013. Disponível em: <https://www.gov.br/mast/pt-br/imagens/publicacoes/2013/olhai_pro_ceu_olhai_pro_chao.pdf>, acesso em 10 de novembro de 2022.

COSTA, Cíntia Jalles C. A.; NADER, Rundsthen V. Representações arqueoastronômicas brasileiras. 16º Seminário Nacional de História da Ciência e da Tecnologia. Anais Eletrônicos dos Seminários, 2018. Disponível em: <https://www.16snhct.sbhc.org.br/site/anais complementares#R>, acesso em setembro de 2022.

D'ABBEVILLE, Claude. *História da Missão dos Padres Capuchinhos na Ilha do Maranhão e terras circunvizinhas.* Trad. Sérgio Milliet. São Paulo: Editora Itatiaia/EDUSP, 1975.

EPPS, Patience; OLIVEIRA, Melissa. The Serpent, the Pleiades, and The One-Legged Hunter: Astronomical themes in the Upper Rio Negro. *In:* EPPS, Patience; STENZEL, Kristine. (Eds.). *Upper Rio Negro: Cultural and Linguistic Interaction in Northwestern Amazonia.* Rio de Janeiro: Museu do Índio/FUNAI/Museu Nacional, 2013.

FABIAN, Stephen M. *Space-Time of the Bororo of Brazil.* Gainesville: University Press of Florida, 1992.

FABIAN, Stephen M. Ethnoastronomy of the Eastern Bororo Indians of Mato Grosso, Brazil. *Annals of The New York Academy of Sciences*, **385** (1): 283-301, 2006.

FARGETTI, Cristina M. Mãdïka: Lua, o marido de todas as mulheres. *Revista Brasileira de Linguística Antropológica*, **13** (01): 397-432, 2021.

FARGETTI, Cristina M. Céu e clima: Uma metáfora juruna? *Avá, Revista de Antropología*, Dossier: Experiencias humanas entre el cielo y la tierra, **35**: 95-128, 2019.

FAULHABER, Priscila. Ticuna knowledge, Worecü stars and sky movements. Pp. 58-64, in: RUGGLES, Clive. (Ed.). *Archaeoastronomy and Ethnoastronomy: Building Bridges Between Cultures*. Cambridge: Cambridge University Press/International Astronomical Union, 2011.

FAULHABER, Priscila; DOMINGUES, Heloisa M. B.; BORGES, Luiz Carlos (Orgs.). *Ciências e Fronteiras*. Rio de Janeiro: Museu de Astronomia e Ciências Afins, 2014.

FRANCHETTO, Bruna; CAMPOS, Marcio D. Kuikúru: Integration Cielo y Tierra en la Economia y en el Ritual. Pp. 255-270, in: HILDEBRAND, Elizabeth de von; GREIFF, Jorge A. (Comp.). *Etnoastronomias Americanas*. Ponencias del Simposio Etnoastronomía y Arqueoastronomía Americana, Bogotá 1 a 7 de Julio de 1985, realizado en el 45° Congreso Internacional de Americanistas. Bogotá: Ediciones de la Universidad Nacional de Colombia, 1987.

FRANK, Roselyn M. Origins of the "Western" Constellations. Pp. 147-162, in: RUGGLES, Clive L. N. *Handbook of Archeoastronomy and Ethnoastronomy*. Dordrecht: Springer, 2015.

GHEZZI, Iván; RUGGLES, Clive L. N. Chankillo. Pp. 808-820, in: *Handbook of Archaeoastronomy and Ethnoastronomy*. Dordrecht: Springer, 2015.

GIMÉNEZ BENITEZ, Sixto R.; GÓMEZ, Cecilia (Eds.). Primera Escuela Interamericana de Astronomía Cultural. La Plata: Universidad Nacional de La Plata. Faculdad de Ciencias Astronómicas y Geofísicas. Observatório Nacional de La Plata, 2016.

GIMÉNEZ BENITEZ, Sixto R.; LÓPEZ, Alejandro M.; MARTÍN, Gamboa; MUDRIK, Armando. Churches orientations in the Jesuits missions among Guarani people. *Mediterranean Archaeology and Archaeometry*, **18** (4): 165-171, 2018.

GREEN, Lesley; GREEN, David. The Rain Stars, the World's River, the Horizon and the Sun's Path: Astronomy along the Rio Urucaua, Amapá, Brazil. *Tipití. Journal of the Society for the Anthropology of Lowland South America*, **8** (2): Article 3, 2010.

GULLBERG, Steven R.; HAMACHER, Duane W.; MARTÍN-LOPEZ, Alejandro; MEJUTO, Javier; MUNRO, Andrew M.; ORCHISTON, Waine. A Cultural comparison of the 'dark constellations' in the Milky Way. Journal of Astronomical History and Heritage **23** (2): 390-404, 2020.

HARTT, C. F. (1875) Tortoise myths. Rio de Janeiro: William Scully.

HUGH-JONES, Stephen. *The Palm and the Pleiades: Initiation and cosmology in Northwest Amazonia*. Cambridge: Cambridge University Press, 1979.

HUGH-JONES, Stephen. The Pleiades and Scorpius in Barasana Cosmology. Pp. 183-201, in: AVENI, Anthony F.; URTON, Gary (Eds.). *Ethoastronomy and Archaeoastronomy in the American Tropics*. New York: Academy of Sciences, 1982.

HUGH-JONES, Stephen. As Plêiades e Escorpião na Cosmologia Barasana. *Antropológicas* **28** (1): 8-40, 2017.

IWANISZEWSKI, Stanislaw. Astronomy as a Cultural System. ИНТЕРДИСЦИПЛИНАРНИ ИЗСЛЕДВАНИЯ, **18**: 282-288, 1991.

IWANISZEWSKI, Stanislaw. De la astroarqueología a la astronomía cultural. *Trabajos de Prehistoria*, **51** (2): 5-20, 1994.

KOCH-GRÜNBERG, Theodor. *Do Roraima ao Orinoco: Observações de uma viagem pelo norte do Brasil e pela Venezuela durante os anos de 1911 a 1913*. Trad. Cristina Alberts-Franco. São Paulo: Editora da UNESP, 2006.

KOCH-GRÜNBERG, Theodor. *Começos da arte na selva: Desenhos manuais de indígenas colecionados por Dr. Theodor Koch-Grünberg em suas viagens pelo Brasil*. Trad. Casimiro Beksta. Manaus: UFAM/ Faculdades Salesianas Dom Bosco, 2009.

KOCH-GRÜNBERG, Theodor. *Petróglifos Sul Americanos*. Trad. João Batista Poça da Silva. Belém: Museu Paraense Emilio Goeldi / São Paulo: ISA, 2010.

LA LÈGENDE des Sciences. Realisateur: Robert Pansard-Besson. Production: Roberto Pansare-Besson et Michel Serres. France: La Sept-Arte France, La Cinquiéme, Le Musée du Louvre, Nickel Odéon Productions, Les Éditions audiovisuelles, Caméras Continentales, France3, 1987. Série documentaire en 12 épisodes. (600 min), son., color.

LEHMANN-NITSCHE, Robert. El avestruz galaxial de los guaraní. Pp. 201-205, in: Obra del cincuentenario del Museo de La Plata. Tomo II. Buenos Aires: Imprenta y Casa Editora "Coni", 1936.

LÉVI-STRAUSS, Claude. *O Cru e o cozido*. Trad. Beatriz Perrone-Moisés. São Paulo: Cosac & Naify, 2004. (Mitológicas, 1)

LEOPOLDI, José S. Elementos de etnoastronomia indígena do Brasil. *Revista Brasileira de Informação Bibliográfica em Ciências Sociais*, 30: 3-18, 1990.

LIMA, Flavia P. *Observações e descrições astronômicas de indígenas brasileiros: A visão dos missionários, colonizadores, viajantes e naturalistas*. Rio de Janeiro, 2004. Dissertação (Mestrado em História das Ciências e das Técnicas e Epistemologia) - COPPE/UFRJ.

LIMA, Flavia P.; Borges L. C. Representações Missionárias do Céu Tupi-Guarani. In: *10º Seminário Nacional de História da Ciência e da Tecnologia*. 1 CD-ROM. São Paulo: Sociedade Brasileira de História da Ciência, 2005.

LIMA, Flavia P.; FIGUEIRÔA, Silvia F. de M. Etnoastronomia no Brasil: A contribuição de Charles Frederick Hartt e José Vieira Couto de Magalhães. *Boletim do Museu Paraense Emílio Goeldi*, Ciências Humanas, 5 (2), 2010.

LÓPEZ, Alejandro M.; FAULHABER, Priscila; ATHIAS, Renato. Antropologia e Astronomia Cultural: Repensando teorias e análises etnograficamente enraizadas. *Revista Anthropologicas*, 21, 28 (1): 1-7, 2017. Disponível em: <https://periodicos.ufpe.br/ revistas/revistaanthropologicas/issue/view/2313/showToc>, acesso em 10 de setembro de 2022.

LÓPEZ, Alejandro M. Presentación al Dossier Experiencias Humanas entre el Cielo y la Tierra. *Avá, Revista de Antropología*, **35**, 2019. Disponível em: <https://www.ava.unam.edu.ar/index.php/ava-35-dossier-experiencias-humanas-entre-el-cielo-y-la-tierra>, acesso em 10 de setembro de 2022.

MAGALHÃES, José V. C. *O Selvagem*. Rio de Janeiro: Typographia da Reforma, 1876.

MAIA-AKʉTO, Gabriel S. *Bahsamori: O tempo, as estações e as etiquetas sociais dos Yepamahsã (Tukano)*. Manaus, 2016. Dissertação (Mestrado em Antropologia Social) – Universidade Federal do Amazonas. Disponível em: <https://tede.ufam.edu.br/handle/tede/5648>, acesso em 20 de julho de 2022.

MONTERO, Paula. Antonio Colbacchini e a etnografia salesiana. *Revista Brasileira de Ciencias Sociais*, **22** (64), 2007. Disponível em: <https://doi.org/10.1590/S0102-69092007000200004>, acesso em 10 de julho de 2022.

PÃRÕKUMU, Umusí; KẼHÍRI, Tóramu. *Antes o mundo não existia: Mitologia Desana-Kehíripõrã*. 3ª edição revista e ampliada. Rio de Janeiro: Dantes, 2019.

RAPONI, Livia (Org.). *A única vida possível: Itinerários de Ermano Stradelli na Amazônia*. São Paulo: Editora da UNESP, 2016.

REICHEL-DOLMATOFF, Gerardo. *Yuruparí: Studies of an Amazon Foundation Myth*. Cambridge, Massachusetts: Harvard University Press, 1996.

REICHEL-DOLMATOFF, Gerardo. Astronomical Models of Social Behavior Among Some Indians of Colombia. *Annals of The New York Academy of Sciences*, **385** (1): 165-181, 1982.

RIBEIRO, Berta G. *Os índios das águas pretas: Modo de produção e equipamento produtivo*. São Paulo: EDUSP/Cia da Letras, 1995.

RIBEIRO, Berta G.; KENHIRI, Tolamãn. Chuvas e Constelações: Calendário Econômico dos Índios Desâna. *Ciência Hoje*, **6** (36): 26-37, 1987.

RIDPATH, Ian. Origin of the constellations. *Astronomy Now*, **9** (9): 40-43, 1995.

RODRIGUES, Aryon D. *Línguas brasileiras: Para o conhecimento das línguas indígenas*. São Paulo: Loyola, 1986.

RUGGLES, Clive L. N. *Handbook of Archeoastronomy and Ethnoastronomy*. Dordrecht: Springer, 2015.

SCHADEN, Egon. *A mitologia heróica de tribos indígenas do Brasil: Ensaio etnossociológico*. 3ª ed. São Paulo: EDUSP, 1989.

SILVA, Alcionilio B. *Crenças e lendas do Uaupés*. Quito: Abya-Yala; Manaus: CEDEM, 1994.

SILVA, Alcionilio B. *A civilização indígena do Uaupés*. São Paulo: Linográfica, 1962.

STRADELLI, Ermanno. *"La Leggenda del Jurupary" e outras lendas amazónicas*. São Paulo: Instituto Cultural Ítalo-Brasileiro, 1964.

Impresso na Prime Graph
em papel offset 75 g/m²
fonte utilizada adobe caslon pro
fevereiro / 2024